高等职业教育财务会计类专业新形态教材

业财一体会计信息化应用教程

——供应链

（用友ERP-U8V10.1版）

主　编◎刘振威　梁士旗
副主编◎肖　飒　赵　琪

同济大学出版社
TONGJI UNIVERSITY PRESS
·上海·

内容提要

本书通过深入分析会计职业工作岗位，依托用友 ERP-U8V10.1 软件，以“项目导向、任务驱动”为原则进行编写，阐述了会计信息化基础知识、业务流程及基本操作技能。全书共七个项目，主要包括会计信息化应用基础、系统管理、基础档案设置与维护、供应链系统初始设置、供应链日常业务处理、供应链期末业务处理和财务报表编制。

本书既可作为高等职业教育财务会计类专业的课程教材，也可作为从事会计工作的专业人士及相关领域社会人士的参考用书。

图书在版编目(CIP)数据

业财一体会计信息化应用教程. 供应链：用友 ERP-U8V10.1 版 / 刘振威，梁士旗主编；肖飒，赵琪副主编. — 上海：同济大学出版社，2023.10

ISBN 978-7-5765-0965-6

Ⅰ. ①业… Ⅱ. ①刘… ②梁… ③肖… ④赵… Ⅲ. ①会计信息－财务管理系统－教材 Ⅳ. ①F232

中国国家版本馆 CIP 数据核字(2023)第 209894 号

业财一体会计信息化应用教程——供应链(用友 ERP-U8V10.1 版)

刘振威　梁士旗　**主编**　　肖　飒　赵　琪　**副主编**

责任编辑　杨　艳　　**助理编辑**　张瀚文　　**责任校对**　徐逢乔　　**封面设计**　渲彩轩

出版发行　同济大学出版社　　www.tongjipress.com.cn
(地址：上海市四平路 1239 号　邮编：200092　电话：021-65985622)
经　　销　全国各地新华书店
排　　版　南京文脉图文设计制作有限公司
印　　刷　苏州市古得堡数码印刷有限公司
开　　本　787mm×1092mm　1/16
印　　张　19.5
字　　数　487 000
版　　次　2023 年 10 月第 1 版
印　　次　2023 年 10 月第 1 次印刷
书　　号　ISBN 978-7-5765-0965-6

定　　价　63.80 元

前言

随着大数据时代的到来及各种新技术的应用和普及，企业经营管理的数字化进程正在逐步加快。尤其是在当前业财深度融合的背景下，企业利用业财一体信息化平台进行精准数字化管理的需求也越来越强烈，企业经营管理的模式与架构也发生了重大变化。业财一体信息化处理模式为企业决策提供了有力的支持，但同时也对数据收集、整理、分析提出了更高要求。企业必须利用高效的工具和平台来收集、处理经营数据，并借助业财一体信息化平台对企业的每一个经营环节都了如指掌，从而做到科学精准决策，提高决策能力。目前全国已有成千上万家企业实施了业财一体信息化处理模式，未来急需大量具备业财一体化思维、熟练掌握相关知识与操作技能的复合型高技能人才。

“业财一体信息化应用”是高等职业教育会计类专业的核心技能课程，在实现专业人才培养目标的过程中发挥着重要作用。随着中国特色高水平高职学校和专业建设计划（简称“双高计划”）的逐步深入，先进的职业教育理念逐渐深入人心。突出职业能力的培养已经成为高职院校专业建设的核心内容。本书作者深度参与了国家双高院校建设过程，在本书编写中应用了双高院校建设的理念和成果。本书在充分分析职业教育会计类专业学生学情特点的基础上，强调业财一体信息化应用能力和专业知识的结合，基本知识以“必需”“够用”为度，重点突出企业业财一体信息化的应用过程，培养学生的实践动手能力，具有科学性、先进性、系统性和实用性的特点。具体来说，本书具有以下特点：

1. 巧妙设计教学任务，适应高职学生认知水平和特点

本书遵循基于工作过程的课程开发理念，以“项目导向、任务驱动”原则来组织编写内容。在进行职业岗位工作分析的基础上，结合职业资格标准，按照主要工作流程设计了七个递进式项目，并分解出多个典型递进式工作任务，根据企业工作过程由易到难设计工作场景、提出工作任务、分解和实施任务、拓展知识、强化技能训练，着力培养学生的职业能力和职业素养。

2. 采用理实一体、工学结合新模式，教、学、练、做、创一体化

本书基于业财一体信息化应用过程进行教材内容设计，将“教、学、练、做、创”融为一体，既可作为专业核心课程教材，又可作为工作指导手册，真正实现了“做中学、学中做”的理实一体教学模式，符合职业教育重点培养学生技能的教学特点。本书中的每个任务均按以下模式编写：

（1）任务场景：根据企业实际工作内容设计任务场景，提出问题，在真实工作场景中激发学生学习兴趣。

（2）任务目标：结合工作任务，确定学生需要达成的知识目标、能力目标和素质目标。

（3）任务内容：导入企业真实工作任务，并按照工作步骤进行逐层分解，融入相关知识和技能。

(4) 任务实施:按照企业工作流程,逐步完成工作任务,让学生熟练掌握工作中涉及的知识和技能。

(5) 知识拓展:讲述与本任务有关的理论知识及延伸知识,为学生理解概念和后续学习奠定基础,同时便于学生进行拓展学习,开拓视野。

(6) 技能训练:为巩固学习效果,由学生自行训练,这样既便于学生自测,也便于教师评价学习效果。

3. 突出课程思政,强化学生职业素养的培育

本书全面贯彻党的二十大精神,坚持立德树人根本任务。本书根据每个项目工作任务的内容和特点,巧妙融入课程思政内容,在帮助学生掌握知识和能力的同时,注重学生职业素养的培育,做到知识、能力和素养"三位一体",综合培养。

4. 图文并茂,教学直观,突出实用性

本书内容按照典型工作任务实施流程逐步展开,图文结合,简洁明了。项目前后衔接紧密,由易到难,逐层深入,易学易用。本书的案例都经过精挑细选,范例典型,针对性强,对操作过程进行了详细的示范、分析、讲解,有助于学生快速掌握相关知识并融会贯通。

本书既可作为高等职业教育会计类或经济管理类相关专业的教材,也可作为企业财务人员或相关人员学习参考用书。

本书由黄河水利职业技术学院刘振威、梁士旗任主编,负责全书大纲的制定及统稿工作,郑州电力高等专科学校肖飒、国家税务总局清丰县税务局赵琪任副主编。具体编写分工如下:肖飒编写项目一,刘振威编写项目二、项目四、项目五,梁士旗编写项目三、项目七,赵琪编写项目六。本书作为校企合作共编教材,是校企深度合作的成果,在教材编写过程中,厦门网中网软件公司钱宁、安阳钢铁集团有限责任公司王志勇、中联集团教育科技有限公司赵飞鹏在教材体例设计及案例收集、整理过程中作出了极大贡献,在此表示深深感谢。

本书在编写过程中参阅了诸多文献资料,在此一并表示诚挚的感谢。由于作者水平有限,书中难免存在疏漏和不足之处,恳请读者多提宝贵意见,以便本书进一步修订和完善。

编　者

2023 年 6 月

目录

前言

01 项目一

会计信息化应用基础

项目综述

会计信息化应用系统是在整个企业范围内调整供需平衡的管理工具，它可以连接客户和供应商并形成完整的供应链系统，是专门解决企业信息集成问题的专业性的系统解决方案。会计信息化应用系统的精髓是把企业的销售、营销、生产、运作、后勤、采购、财务、新产品开发以及人力资源等各个环节集成起来，共享信息和资源，从而有效地支撑经营决策，达到降低库存、提高生产效能和质量以及快速应变的目的。ERP 业财一体信息化的实施牵涉到企业业务流程的重组和企业文化的重建，是一项复杂的系统工程。

职业能力培养

通过项目的实施及运营，了解会计信息化应用的基本知识，熟悉会计信息化应用的基本规律，能够熟练地进行财务系统软件的选择与安装。在项目实施过程中做到实事求是、客观公正、严谨认真、一丝不苟。培养学生具备创新精神，掌握先进技术，践行科教兴国理念。

思政园地

在中国共产党第二十次全国代表大会开幕会上，习近平总书记在二十大报告中强调："必须坚持科技是第一生产力、人才是第一资源、创新是第一动力，深入实施科教兴国战略、人才强国战略、创新驱动发展战略，开辟发展新领域新赛道，不断塑造发展新动能新优势。"

"我们要坚持教育优先发展、科技自立自强、人才引领驱动，加快建设教育强国、科技强国、人才强国，坚持为党育人、为国育才，全面提高人才自主培养质量，着力造就拔尖创新人才，聚天下英才而用之。"

办好人民满意的教育。坚持以人民为中心发展教育，加快建设高质量教育体系，发展素质教育，促进教育公平。加快义务教育优质均衡发展和城乡一体化，优化区域教育资源配置，强化学前教育、特殊教育普惠发展，坚持高中阶段学校多样化发展，完善覆盖全学段学生资助体系。推进教育数字化，建设全民终身学习的学习型社会、学习型大国。

完善科技创新体系。坚持创新在我国现代化建设全局中的核心地位。完善党中央对科技工作统一领导的体制，健全新型举国体制，强化国家战略科技力量，优化配置创新资源,提升国家创新体系整体效能。扩大国际科技交流合作,加强国际化科研环境建设,形成具有全球竞争力的开放创新生态。

加快实施创新驱动发展战略。加快实现高水平科技自立自强。以国家战略需求为导向,集聚力量进行原创性引领性科技攻关,坚决打赢关键核心技术攻坚战。加快实施一批具有战略性全局性前瞻性的国家重大科技项目,增强自主创新能力。营造有利于科技型中小微企业成长的良好环境,推动创新链产业链资金链人才链深度融合。

深入实施人才强国战略。坚持尊重劳动、尊重知识、尊重人才、尊重创造,实施更加积极、更加开放、更加有效的人才政策。着力形成人才国际竞争的比较优势。加快建设国家战略人才力量。深化人才发展体制机制改革,把各方面优秀人才集聚到党和人民事业中来。

党的二十大报告为我们今后的发展指明了方向,我们一定要认真掌握科学文化知识,坚持创新驱动,掌握先进技术,为祖国的美好明天努力奋斗。

典型工作任务

1. 会计信息化应用认知。
2. 会计信息化的实施与财务软件选择。
3. 会计信息化软件安装与维护。

任务一 会计信息化认知

【任务场景】

企业实施会计信息化时,必须在会计人员上岗前对其进行会计信息化理论知识和专业技能培训,要求其能够了解会计信息化的相关知识,掌握实施会计信息化的方法,具备应用财务系统处理会计业务的能力。

【任务目标】

1. 理解会计信息化的含义、任务与基本内容,了解会计信息化系统与手工会计系统的差异;

2. 了解国内外会计信息化的发展历程。

【任务内容】

了解会计信息化的基本概念、会计信息化系统的结构、会计信息化系统与手工会计系统的差异和会计信息化的发展历程。

【任务实施】

一、会计信息化的基本概念

（一）会计信息化的含义

会计信息化是指将以电子计算机为主的当代电子技术和信息技术应用到会计业务中，它是一个用电子计算机代替人工来进行记账、算账、报账，以及进行部分会计信息的处理、分析和判断的过程。会计信息化是一门融合计算机科学、管理科学、信息科学和会计学为一体的新兴边缘学科，是会计发展史上的一次重大革命，也是经济和科技发展过程中对会计工作提出的必然要求。

（二）会计信息及会计信息系统

会计信息是经过加工处理并对会计业务或管理活动产生决策影响的数据，它是在会计核算和会计分析中形成的凭证、账簿、报表等数据，是会计核算的主要内容，也是企业进行经济决策的依据。

会计信息主要有三类：财务信息、定向信息和决策信息。财务信息反映过去发生的一切，如资产负债表、利润表、账簿等报表中包含的内容；定向信息是管理过程中所需要的特定信息，如实际花费与成本预算、本期记录与历史记录比较产生的分析报告等；决策信息是对未来具有预测作用的信息，如年度计划、单项规划、期间决策所需要的信息等。

会计信息系统是将会计数据转换为信息的系统，它是一个可以为投资人、债权人、政府各部门、企事业单位的管理者提供财务信息、分析信息、决策信息的人机结合的有机整体。会计信息系统通过一系列的方法收集、储存、加工和输出各种会计信息并提供给有关部门和单位，为企业经营和决策提供帮助。

会计信息系统可分为手工会计信息系统和信息化会计信息系统。将计算机作为主要数据处理工具的会计信息系统称为信息化会计信息系统，简称为会计信息系统（Accounting Information System，AIS）。会计信息系统是管理信息系统的子系统，是一个人机结合的系统。

（三）会计信息系统的特点

1. 数据量大

会计信息系统以货币作为主要计量单位，对生产经营活动进行系统、连续、全面、综合的核算和监督。一个企业在生产经营活动过程中涉及的货币资金、债权债务的收支增减变动，材料物资、机器设备和工具器具的增减变动等信息都要归入会计信息系统，这些信息经过加工处理后得出反映单位财务状况和经营成果的综合性数据。会计数据核算详细、存储时间长、数据量大，占整个企业管理信息量的70%左右。

2. 数据结构复杂

会计信息必须反映企业的整体经济活动，主要从资产、负债、所有者权益、成本和损益五方面进行，核算时表现为五大分支体系。这些分支结构具有如下特点：

(1) 分支层次多

会计信息的构成层次有的多达五六层。例如，资产可以分为货币资产类、存货资产类、结算资产类、无形资产类和固定资产类等若干一级科目。一级科目往下还可以继续分类,例如,存货资产类中的原材料可以分为原料及主要材料、辅助材料等二级科目,依此类推。核算要求越细,分类越细,层次就越多。

(2) 结构复杂

资产、负债、所有者权益、成本和损益五个方面呈现相互联系的网状结构,任何一方面的增减,都会引起其他方面的变化,例如,资产现金的增加会引起资产银行存款的减少;支付销售费用会引起资产银行存款的减少,成本费用的增加。

由此可见,会计信息系统不仅数据结构复杂,而且数据处理流程比较烦琐。一项经济业务的发生,可能引起五个方面的变化,导致数据处理错综复杂。

(3) 数据加工处理方法要求严格

会计信息系统对各项经济业务的处理都必须遵循一套严格的准则和方法,例如,固定资产的折旧、成本计算等从内容到范围、方法,在会计法规和财经制度中都作了明确的规定,必须严格按规定执行,不得随意更改。

(4) 数据要求及时、真实、准确、完整、全面

会计信息的及时性是对经济活动进行有效核算和监督的基础。会计信息系统应该及时地向相关部门及个人提供数据,将资金流动、成本消耗的信息反馈给管理部门,以便于管理者作出正确的决策。

为全面反映经济活动情况,会计信息系统收集的数据必须齐全,不允许有疏漏,保证资料的连续、完整;数据加工的过程要有高度的准确性,不能有任何差错。只有全面、完整、真实、准确地处理会计数据,才能准确反映单位的经营成果和财务状况,准确处理国家、企业、个人之间的财务关系。

(5) 安全可靠性要求高

会计信息系统的有关资料包含了企业单位的财务状况和经营成果的全部信息,是重要的历史档案材料,不能随意泄露、破坏和丢失。企业应采取有效措施加强资料管理,保证系统数据的安全可靠。

二、会计信息化系统的结构

会计信息化系统的结构,从不同的角度来分析则可以有不同的定义,如概念结构、层次结构、功能结构、应用结构等。概念结构是任一信息系统的基本构成,层次结构是按信息需求确定的构成,功能结构是对层次结构的细化和分解,应用结构是不同行业应用功能的组合。

(一) 会计信息化系统的概念结构

会计信息化系统的概念结构是指会计信息化系统所具备的一般结构,主要由数据输入、数据处理、信息输出等元素组成,其结构组成如图 1-1 所示。

1. 数据输入

数据输入着重于确认企业经营过程中发生的内外部交易事项,确认能够进入会计信息化系统处理的相关资料,并且根据既定的会计准则和会计制度予以定量化记录反映。换言之,会计信息化系统并不是要处理经营交易事项产生的全部数据,而是需要经过确认与计量,选择可以输入会计信息化系统的交易资料进行处理。

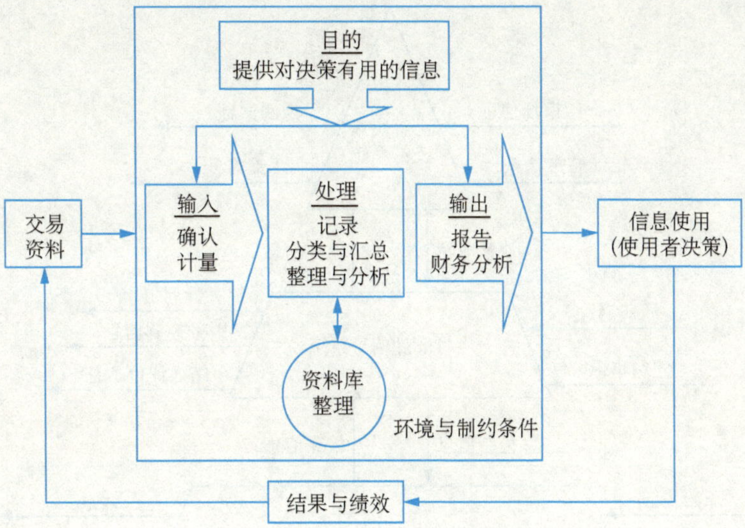

图 1-1　会计信息化系统的概念结构

2. 数据处理

输入会计信息化系统的交易资料必须预先经过一系列的处理，包括记录、分类、汇总、整理、分析等。例如，采购交易的相关资料将被分别记录于存货、应付账款、现金支付等明细账，并录入有关的总账；企业在既定期间内发生的各种费用支出必须根据相关的费用账户分别记录、汇总、整理和分析。输入会计信息化系统的资料经过一系列处理后，可以转化为满足管理需要或者其他使用需要的有用信息。

3. 信息输出

信息输出是指根据既定的报表格式与时间要求，将已经处理好的资料传送给特定的使用者。例如，在各个会计期末向企业内外部使用者提供反映企业经营成果的损益表，反映企业期末财务状况的资产负债表，以及反映企业资金状况的现金流量表等；或者根据企业管理者的需要，随时提供关于产品生产与销售、存货变动、费用支出的预算标准和实际绩效等信息的各种报表，为各级管理者规划和控制企业的营运活动提供必要的依据。

（二）会计信息化系统的层次结构

会计信息化系统包括财务会计系统和管理会计系统。财务会计侧重于事后会计业务的确认、计量、核算和披露；管理会计以核算数据、市场数据、管理数据为基础，侧重于事前的决策和事中的控制。所以，会计信息处理具有明显的层次性。会计信息化系统按服务层次的不同可以划分为会计核算信息系统、会计管理信息系统和会计决策支持系统。会计信息化系统的层次结构及其主要数据关系如图 1-2 所示。

1. 会计核算信息系统

会计核算信息系统是一种面向业务数据处理的信息系统，其主要功能是对业务原始凭证和记账凭证进行输入、编辑、存储，并按规定输出各种会计账簿和会计报表。会计核算信息系统以财务会计理论和核算方法为基础，必须严格按照会计准则和会计制度的要求进行会计业务数据处理，其数据来源比较固定，结构化程度较高，侧重于对经济业务的事后记录和反映，完成会计的核算职能。

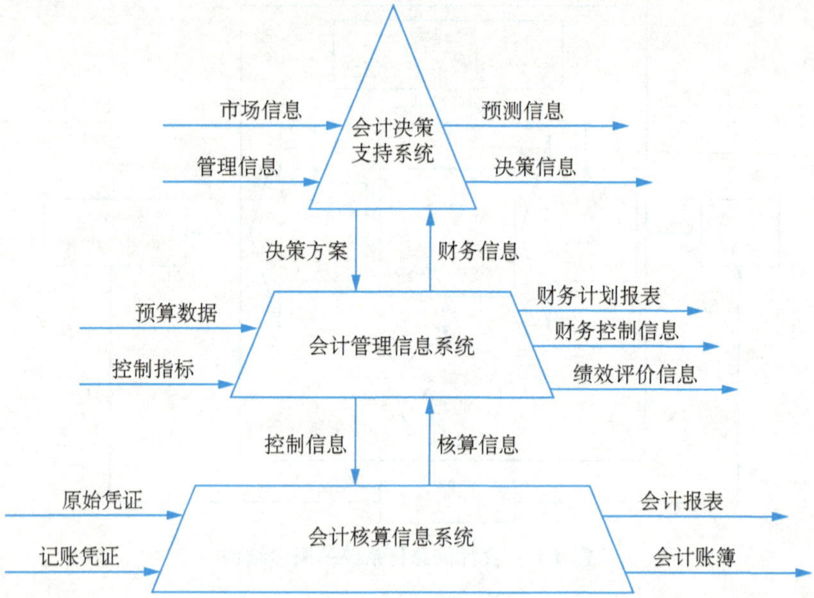

图 1-2 会计信息化系统的层次结构

2. 会计管理信息系统

会计管理信息系统是为实现辅助管理功能而设计的一种信息系统，是在会计核算信息系统基础上逐渐发展形成的。会计管理信息系统以各种控制指标、预算数据、核算数据为数据基础，通过相应的数学模型进行数据处理，输出各种财务分析、财务预算、财务控制报表和绩效评价报告。会计管理信息系统以提高管理的效益为目标，以会计管理和财务管理的理论和方法为基础，侧重于对资金、费用、收入、利润的事中管理，完成会计的控制职能。

3. 会计决策支持系统

会计决策支持系统以管理科学、计算机科学、行为科学和控制论为基础，以计算机技术、人工智能技术、经济数学方法和信息技术为手段，解决半结构化的决策问题，是支持决策者会计决策活动的一种人机交互系统。会计决策支持系统是在会计核算信息系统和会计管理信息系统的基础上逐渐发展形成的，以财务信息、市场信息、管理信息为数据基础，对其进行加工处理，输出预测信息和决策信息。会计决策支持系统以提高决策的效益为目标，侧重于辅助企业决策者制订科学的经营决策，完成会计的决策职能。

(三) 会计信息化系统的功能结构

会计信息化系统的功能结构是对会计核算信息系统、会计管理信息系统、会计决策支持系统三个层次的进一步分解，明确了会计信息化系统具体的系统构成、各系统完成的基本财务会计工作以及各系统之间的数据与控制关系。由于企业性质、行业特点、会计核算方法和管理需求不同，会计信息化所包含的内容并非完全一致，其系统的划分也不尽相同。

1. 会计信息化系统的功能构成

就工业企业而言，会计信息化系统一般由三大系统组成，即财务系统、供应链系统和管理决策系统。各系统功能的进一步分解如图 1-3 所示。

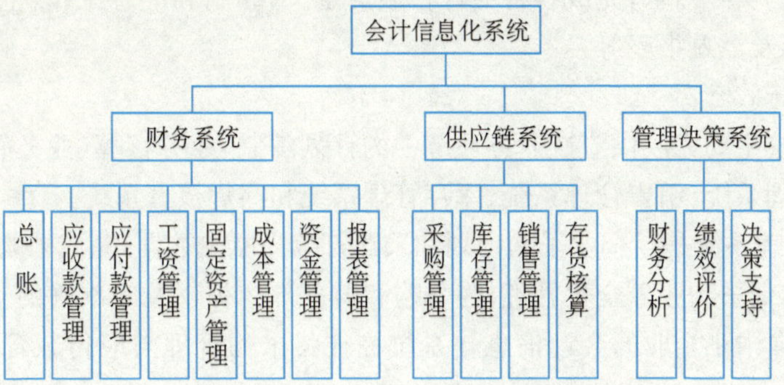

图 1-3　会计信息化系统的功能结构

(1) 财务系统

财务系统主要完成会计核算及管理业务，具体包括总账系统、应收款管理系统、应付款管理系统、工资管理系统、固定资产管理系统、成本管理系统、资金管理系统和报表管理系统。

① 总账系统是以会计凭证为原始数据，通过凭证输入、凭证审核，完成记账和结账、银行对账、账簿查询及打印输出等基本功能，以及个人往来核算与管理、部门核算与管理、项目核算与管理、现金银行管理等辅助功能。

② 应收款管理系统是以销售发票和收款单为原始数据，完成各种应收款的登记、核销工作，动态反映各客户信息及应收款信息，并进行账龄分析和坏账估计，提供详细的客户档案及其统计分析信息。

③ 应付款管理系统是以采购发票和付款单为原始数据，完成各种应付款的登记、核销以及应付款的分析预测工作，及时分析各种应付款的数额及偿还应付款所需的资金等，提供详细的供应商档案及其统计分析信息。

④ 工资管理系统是以职员档案和工资数据为原始数据，完成职员工资的计算，工资费用的汇总和分配，个人所得税的计算，查询、统计和打印各种工资表，自动编制工资费用分配转账凭证并传递到总账系统等。

⑤ 固定资产管理系统是以固定资产卡片为原始数据，通过对固定资产卡片的增加、删除、修改、查询、打印、统计与汇总等处理，进行固定资产的变动核算，完成折旧费用的计提和汇总分配，自动编制费用分配转账凭证并传递到总账系统。

⑥ 成本管理系统是根据成本核算的要求，通过用户对成本核算对象的定义、对成本核算方法的选择，以及对各种费用分配方法的选择，自动对工资、存货、固定资产、总账系统传递的数据或用户手工输入的数据进行汇总计算，输出用户需要的成本核算底稿，自动编制相关转账凭证并传递到总账系统。

⑦ 资金管理系统是以银行单据、企业内部单据为原始数据，记录资金业务以及其他涉及资金管理方面的业务，处理对内及对外的收款、付款和转账等业务，提供逐笔计息管理和积数计息管理，实现往来存贷资金的管理，并提供各单据的动态查询情况以及各类统计分析报表。

⑧ 报表管理系统是以各系统会计核算和管理的信息为原始数据，结合会计制度的要求和企业管理的实际需求，完成各种会计报表的定义、编制和汇总工作，生成各种内部报表、外部报表以及汇总报表等。

(2) 供应链系统

供应链系统主要完成供应链业务环节中的计划编制、业务核算、业务管理等流程，具体包括采购管理系统、销售管理系统、库存管理系统和存货核算系统。

① 采购管理系统是以企业采购计划和采购订单为原始数据，完成采购发票和采购入库单的输入，实现采购业务全程管理，为采购和财务部门提供及时准确的信息，辅助管理决策。一些面向中小企业的会计信息化系统往往将采购管理与应付款管理合并成一个系统。

② 销售管理系统是以企业的销售订单为原始数据，完成销售发票和销售出库单的输入，实现销售业务全程管理。一些面向中小企业的会计信息化系统往往将销售管理与应收款管理合并成一个系统，实现对销售收入、销售费用、销售税金、销售利润的核算等流程管理。

③ 库存管理系统是以企业的各种入库单和出库单为原始数据，对各种出入库单进行输入和审核，反映各种存货的入库、出库及库存情况。

④ 存货核算系统是以已审核的入库单、出库单为原始数据，对企业存货的收发存业务进行核算，掌握存货的耗用情况，及时准确地把各类存货成本归集到各成本项目和成本对象上，为企业的成本核算提供基础数据，自动编制转账凭证并传递到总账系统。

(3) 管理决策系统

管理决策系统主要提供财务分析信息、辅助决策信息等，具体包括财务分析系统、绩效评价系统和决策支持系统。

① 财务分析系统主要进行指标分析、报表分析、因素分析等，生成各种分析和评价企业财务状况及经营成果的信息。

② 绩效评价系统是通过杜邦分析、经济增加值分析、平衡记分卡等功能，将企业实际结果与预算目标相比较，为企业提供综合全面的业绩评价信息。

③ 决策支持系统是通过建立数据库和决策模型，生成决策信息，辅助决策者对未来经营方向和目标进行量化分析和论证。

2. 会计信息化系统的数据关系

会计信息化系统整体功能是通过上述各系统局部功能实现的。各系统输入或接收其他系统传递的数据，经过加工处理后输出相关信息或传递数据到其他系统，各系统之间的数据传递和数据共享，以及各系统之间的相互联系和相互控制，构成了一个完整的会计信息化系统。各系统之间的主要数据传递关系如图 1-4 所示。

从图 1-4 可以看出，会计信息化系统以总账系统为核心，其他各系统的数据处理都是围绕总账系统展开的。各系统的数据关系表现如下：

(1) 总账系统与工资管理系统之间的数据联系

总账系统设置的初始数据，如会计科目、部门档案、职员档案等，可以与工资管理模块数据共享。会计科目在总账系统中设置后，在工资管理中就不必重复设置；部门档案、

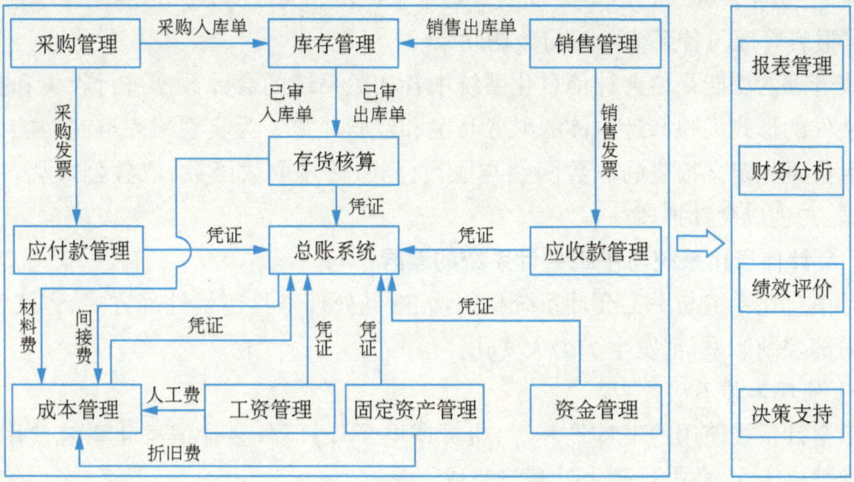

图 1-4　各系统之间的主要数据传递关系

职员档案在工资管理中设置后，在总账系统中也不必重复设置。在工资管理中完成工资业务处理后，各项工资费用的分配及其相关费用的代扣、提列，可以通过相应的转账凭证传递到总账系统中，不必再进行手工填制。

(2) 总账系统与固定资产管理系统之间的数据联系

总账系统与固定资产管理系统可以共享会计科目、部门档案、固定资产期初余额等初始设置数据。固定资产管理日常业务处理中所产生的业务数据，如固定资产增加、固定资产减少或固定资产的其他变动数据，可以生成相应的转账凭证传递到总账系统。月末固定资产折旧费用的计提与分配数据，也可以生成相应的转账凭证直接传递到总账系统。

(3) 总账系统与采购管理、库存管理、存货核算和应付款管理系统之间的数据联系

总账系统与采购管理、库存管理、存货核算和应付款管理系统可以共享会计科目、部门档案、供应商档案、存货档案等初始设置数据。在采购管理系统中录入采购入库单和采购发票，采购入库单经过库存管理系统的审核，传递到存货核算系统中汇总记账，存货核算系统将入库材料或商品的汇总数据生成转账凭证传递到总账系统。采购发票经过应付款管理系统审核后进行采购结算，生成付款凭证或转账凭证传递到总账系统。

(4) 总账系统与销售管理、库存管理、存货核算和应收款管理系统之间的数据联系

总账系统与销售管理、库存管理、存货核算和应收款管理系统可以共享会计科目、部门档案、客户档案、存货档案等初始设置数据。在销售管理系统中录入销售出库单和销售发票，销售出库单经过库存管理系统的审核后传递到存货核算系统中汇总记账，存货核算系统将出库汇总数据生成转账凭证传递到总账系统；销售发票经过应收款管理系统审核后进行销售结算，生成收款凭证或转账凭证传递到总账系统。

(5) 总账系统与成本管理系统之间的数据联系

总账系统与成本管理系统可以共享会计科目、部门档案、项目档案、产品档案等初始设置数据。各产品的主要成本管理数据均来自于相关系统，例如，直接人工费用来自于工资管理系统，直接材料费用来自于存货核算系统，制造费用来自于固定资产管理系统、

总账系统、存货核算系统。成本管理的处理结果以转账凭证的方式传递到总账系统。

(6) 报表管理与各系统之间的数据联系

报表管理的功能是将会计信息化系统中各相关系统的会计数据进行收集和整理,并以报表文件的形式反映会计主体的财务状况和经营成果。为实现报表编制功能,系统要求操作人员事先定义报表的取数函数与取数公式,通过取数函数、取数公式从各系统中读取数据,并生成会计报表。

三、会计信息化系统与手工会计系统的差异

会计信息化系统与手工会计系统相比,无论是处理工具还是处理方式、方法、组织机构以及内部控制体系,都发生了很大变化。

(一) 处理工具不同

手工会计系统使用的工具是算盘、机械或电子计算器;会计信息化系统使用的工具以电子计算机为主,数据处理由计算机完成。

(二) 信息载体不同

手工会计系统的信息以纸张为载体,保管难度大,占用空间较多,不易查找;会计信息化系统以磁性介质或光盘为载体,保管方便,占用空间较少,可以利用网络系统传输,易于查询。

(三) 账簿及记账规则不同

首先,账簿的存在方式不同。手工会计系统规定日记账、总账采用订本式,明细账可用订本式或活页式;会计信息化系统下,账簿是打印输出的折叠账页。

其次,账簿的修改和结账方法不同。手工账簿的错误可以用划线更正法、红字冲销法和补充登记法修改,账页中的空行、空页用红线划销;信息化账簿为保证审计的追踪线索,规定已经记账的凭证数据不能修改,只能采用红字冲销法和补充登记法修改错误,以便留下修改痕迹,打印输出的账页空白部分也不允许划线注销。

(四) 会计核算形式不同

会计核算形式即账务处理程序。手工会计系统的账务处理程序有四种方案:记账凭证核算程序、科目汇总表核算程序、日记账核算程序和汇总记账凭证核算程序。手工账务处理的目的是避免登账时重复登录和计算,但伴随而来的是工作人员和处理环节的增多,出错概率也随之增加。

会计信息化系统的账务处理程序有两种方案:第一种是将手工的程序移植过来,但处理过程发生了变化,兼容了多种核算形式,目前大多数商品化软件采用这种方案;第二种是完全理想的全自动账务处理程序,即会计凭证磁性化(或条形码),由阅读机识别后输入计算机,根据用户的定义由计算机加工处理,并按照用户的设定输出(可以通过显示器或打印机)。

(五) 会计机构及人员不同

手工会计系统下,会计一般由出纳、工资、材料、固定资产和成本等若干工作岗位进行具体的业务核算,并设专职会计人员负责记账、编制报表等工作;会计信息化系统中,会计岗位分为录入、审核、维护等,队伍由会计专业人员、计算机软硬件操作员等多种类型的人员组成。

（六）内部控制方式不同

会计信息化系统对手工会计系统的内部控制方式作了必要的改变，甚至有的控制方式已经取消。例如，已经不再使用账证核对、账账核对、账表核对的控制方式，而是更强调输入的严密控制，保留了签字、盖章等控制方式，增设了权限、序时等控制方式。

【知识拓展】

国外会计信息化的发展情况

电子计算机诞生于20世纪40年代，开始主要应用于科技领域，之后逐步进入管理领域。1954年，美国通用电气公司首次利用计算机计算工资，开创了利用计算机处理会计数据的新纪元。计算机在会计工作中的应用范围不断扩大，其发展经历了四个阶段。

1. 成批处理阶段（又称单项处理阶段）

20世纪50年代，利用计算机代替手工操作成批处理数据。其基本特征是程序和数据相互不独立，数据量大，无数据管理功能，数据依赖于程序，程序主要完成某一方面工作，如工资核算、材料核算等。

2. 实施处理阶段（又称综合处理阶段）

20世纪60年代中期到20世纪70年代初，会计信息化进入实施处理阶段，开始利用计算机对某一会计子系统进行核算。实施处理阶段的基本特征是针对某一会计子系统进行较为综合的数据处理，程序已构成一个子系统，以文件方式管理数据，数据与程序相互间有一定的独立性，使用比较灵活。

以上两阶段称为电子数据处理阶段（Electronic Data Processing，EDP）。

3. 管理信息系统（Management Information System，MIS）处理阶段

20世纪70年代以后，会计信息化进入管理信息系统处理阶段，逐步实现了经济信息的综合化、系统化，形成了计算机的管理信息系统。会计信息化作为企业管理的系统之一，是整个管理信息系统的有机组成部分，共享系统资源。在处理方式上，会计信息化系统使用了数据库管理系统，实现了应用程序与数据的相互独立，运行效率高、数据冗余度小；另一方面，构成了局部网络系统，能将分散在企业各部门的计算机和各主要设备联系起来，实现远距离的数据传递和通信。其基本特征是以文件或数据库作为软件的储存形式，数据共享性高，容量大。

4. 决策支持系统（Decision Support System，DSS）处理阶段

20世纪80年代，会计信息化开始进入决策支持系统处理阶段，在数据处理方式上实现了完整的数据管理系统，建立了经济数学模型库，能提供高层次的决策方案和决策信息。在处理方式上出现了分布网络系统，应用程序和数据均有更大的独立性。其基本特征是数据的冗余度更小，并可以无限扩张，建立网络结构及终端。

从发展阶段的内容可以看出，第一、第二阶段属于电子数据处理阶段，只有发展到第三阶段才是真正意义上的信息化。在第四阶段，会计信息化的功能有了很大的扩充，它可以为决策提供信息资料和方案，这是会计信息化的发展趋势。

我国会计信息化的发展情况

我国会计信息化从开始应用到逐渐普及的发展过程极具跳跃性。从本质上看,会计信息化是企业管理软件的一部分,企业管理软件是在会计信息化软件的基础上发展起来的,会计信息化在企业管理软件的推动下迅速发展。我国企业管理软件的发展可分为会计核算软件阶段、财务管理软件阶段和 ERP 软件阶段。

1. 会计核算软件阶段

会计核算软件是专门用于会计核算工作的电子计算机应用软件,包括采用各种计算机语言编制的用于会计核算工作的计算机程序,能够替代人工实现会计核算任务。会计核算软件从 20 世纪 80 年代开始至 20 世纪 90 年代中期经过了以下四个阶段:会计核算软件尝试阶段、会计核算软件自发发展阶段、会计核算软件稳步发展阶段和会计核算软件深入发展阶段,这是传统意义上的会计信息化发展历程。

(1) 会计核算软件尝试阶段

我国第一台电子计算机诞生于 1958 年,由于各种原因,到 20 世纪 70 年代初期才有个别单位开始利用计算机进行工资计算,但几乎没人把计算机在会计工作方面的应用作为一个科研任务来研究。1979 年,财政部拨给长春第一汽车制造厂 500 万元专款用于会计信息化的试点工作,这是我国第一次进行企业管理方面大规模信息系统的设计和实施,可以说也是我国电子计算机应用发展的一个里程碑。1981 年 8 月,在财政部、原第一机械工业部、中国会计学会的支持下,长春第一汽车制造厂召开了“财务、会计、成本应用电子计算机专题学术讨论会”,会上正式把“电子计算机在会计中的应用”简称为“会计电算化”。至此,“会计电算化”一词被广泛应用和流传。这一阶段具有缺乏人才、设备昂贵和没有引起领导重视的特点,软件开发周期长、投资大,单位依靠自身的力量开发设计,合格的财务软件开发人员少,产品水平低,管理信息化速度慢,历经多年开发,最终建成的信息系统寥寥无几。

(2) 会计核算软件自发发展阶段

20 世纪 80 年代初期,一部分单位开始考虑将计算机应用于企业管理工作中,首先从需求较大又相对规范的会计核算和工资发放等管理工作开始。在这种背景下,部分高校和研究所的一批教学和研究人员开始对会计信息化理论进行研究,框架性地提出了会计核算软件的结构与主要功能。在进行会计电算化教学和研究的同时,部分单位开始了会计核算软件的定点开发工作。

20 世纪 80 年代中期,许多单位在配备计算机的同时,积极组织计算机技术人员自主编写简单的应用程序,有些单位则委托大专院校或研究机构定点开发本单位的计算机管理系统,掀起了财务软件自主开发的热潮。1987 年以后,全国相继出现了近百家专门从事商品化财务软件开发和推广的公司,如先锋财会电算公司、金蜘蛛软件公司、万能公司、安易公司、吉联公司等。这些公司在财政部及有关部门的支持下,业务发展较快。

这个阶段的会计核算软件称为早期会计核算软件。由于应用单位不了解计算机技术,不能根据计算机的特点全面地描述自己的业务需求,而计算机技术人员对会计核算业务处理也是一知半解，开发工作处于非常盲目的状态，所以开发的会计核算软件只能片面地模拟手工业务处理过程，成功率不是很高。另外，软件开发工作的平台一般比较落后，绝大多数会计核算软件是在dBASE等小型数据库上进行开发的，开发出的软件功能也比较简单，主要集中在财务处理、报表、工资核算等功能模块上。虽然这个阶段的开发和应用不是很成功，但是为后来的软件开发积累了经验，使人们认识到定点开发不能完全解决会计信息化问题。

(3) 会计核算软件稳步发展阶段

为了克服专用财务软件重复开发所导致的资源浪费，业界提出了开发和使用通用化、商品化财务软件的要求。应各界的广泛要求，中国会计学会于1988年8月组织召开了全国首届会计电算化学术研讨会，明确提出了财务软件通用化、标准化的开发思想。1989年12月，财政部颁布了《会计核算软件管理的几项规定（试行）》，1990年7月又颁布了《会计核算软件评审问题的补充规定（试行）》，初步确定了我国会计信息化管理的框架。1994年6月，财政部发布《会计核算软件基本功能规范》。1996年6月10日，财政部制定并颁布了《会计电算化工作规范》，对单位推进会计信息化工作提出了具体的要求，同时针对单位配备计算机及软件、甩掉手工账和管理制度要求等方面制定了详细的规范，为会计核算软件推广应用奠定了基础。随着专门开发和营销通用化财务软件专业公司队伍的扩大，激烈的竞争促进了财务软件水平的不断提高，计算机在财务管理工作中的应用迅速扩大，我国财务管理信息化进入高速发展时期。财政部开始对会计核算软件进行评审，同时出台了多项对会计核算软件进行规范化管理的政策。

在这期间，商品化会计核算软件主要以计算机替代手工会计核算和减轻会计人员的记账工作量为目标，其主要功能包括账务处理、报表生成、工资核算、固定资产核算、材料核算、销售核算等。各模块可以独立运行，但模块之间在结构关联上是松散的，没有形成一个系统整体，未能解决数据重复录入和数据不一致等问题。这阶段的软件主要是用dBASE、FoxBASE、FoxPro、C语言等开发完成的。由于系统的缺陷以及小型桌面数据库系统存在的数据安全性、一致性与容错率方面的不足，开发出的软件在稳定性与数据安全性方面都存在一定的问题，导致维护工作量比较大。

(4) 会计核算软件深入发展阶段

财政部提出的会计核算软件功能规范和财政部门对会计核算软件进行的规范化评审，对提高会计核算软件质量和促进商品化发展起到了积极作用。20世纪90年代，用友、金蝶、浪潮、金算盘、好帮手、恒远、润嘉等公司迅速发展，一些公司对软件功能作出了调整，主要包括账务处理、资金管理、报表、工资核算、固定资产核算、采购与应付账款核算、销售与应收账款核算、存货核算等方面。据不完全统计，截至1998年，我国从事商品化财务软件开发与推广的专业公司为360家，财务软件产值为9.7亿美元，1999年为12亿美元，财务软件成为我国软件产业市场的明星。

为了满足不同规模企业的要求，会计核算软件开发商逐渐将核算软件分为大、中、小三个层次来进行开发，同时提供了网络连接功能。部分会计核算软件使用了服务器数据库,如 Sybase、Oracle、Informix、SQL Server、DB2 和 Access 等,提高了数据的安全性。网络操作系统除了 Netware 之外,还有 Windows NT 和 UNIX 等。

2. 财务管理软件阶段

随着我国会计信息化的发展和成熟,一个规模较大的会计软件市场逐渐形成了,并涌现出一批质量较高的会计软件,如市场占有率较高的用友、金蝶、新中大软件等。这些软件也正由原来的单一会计核算发展到以会计核算为中心的 ERP 系统,并有向全面管理信息系统发展的趋势。例如,用友公司的 ERP/NC、ERP/U8 系列产品和金蝶公司的 EAS、K/3 产品都是以企业绩效管理为核心,涵盖了企业内部资源管理、供应链管理、客户关系管理等内容,并能实现企业间协作和电子商务的应用集成。

财务管理是在会计信息化的基础上,利用会计核算的数据,借助财务管理软件的功能,帮助财务管理人员合理筹措和运用资金,节约成本和费用,提高经济效益。财务管理软件一般与会计核算软件无法分开,通常所说的管理型会计软件或财务软件就是财务管理软件。

1995 年以后,企业的巨大需求推动我国财务软件从“核算型”向“管理型”转变,集预测、控制和核算分析功能于一身的财务软件随之出现。1996 年,用友软件公司推出管理型财务软件,其他软件公司也相继开发了管理型财务软件。1995 年,用友、安易、万能三家公司成立中国软件行业协会财务软件分会,1998 年,其更名为财务及企业管理软件分会,财务及企业管理软件的发展至此走向了标准化、通用化、商品化和专业化。

财务管理软件面向的对象涉及企业的中高层管理者、高级财务人员以及高级管理决策层,需要及时向他们提供可靠的财务信息,为分析企业经营管理过程中的财务状况提供帮助,对企业未来的经营方向和经营目标进行量化分析和论证,协助企业对生产经营活动作出科学的决策,实现财务管理的全面信息化。管理型软件的功能一般包括账务处理、工资管理、现金管理、固定资产管理、报表、财务分析、财务预测、财务控制、财务计划等,一般能够满足财务和管理的需要。

3. ERP 软件阶段

ERP(Enterprise Resource Planning,企业资源计划)是 20 世纪 90 年代初期由美国著名的高德纳咨询公司(Gartner Group Inc.)首先提出的,它是在物料需求计划(Material Requirement Planning, MRP)和制造资源计划(Manufacturing Resources Planning, MRPⅡ)的基础上发展起来的更高层次的管理理念和模式。ERP 系统集信息技术与先进的管理思想于一身,成为现代企业主流的运行模式,反映时代对企业合理调配资源、最大化地创造社会财富的要求,成为企业在信息时代生存和发展的基石。ERP 将企业物流系统、财务系统、人力资源系统有机结合起来,记录、计算企业各种长、中、短期计划所需资金并进行销售、生产、采购、会计核算,为各类管理、分析人员提供信息资料。

ERP 是将企业所有资源进行整合并集成管理的信息系统,简单地说,就是将企业的物流、资金流、信息流进行全面一体化管理。它的功能模块不同于以往的财务管理软件,它不是单纯的财务管理与生产管理的组合。它不仅可用于生产企业的管理,而且许多其他类型的企业,如一些非生产、公益事业的企业,也可使用 ERP 系统进行资源计划和管理。

(1) ERP 的特点

一般 ERP 软件提供最重要的供应链管理(Supply Chain Management, SCM)、顾客关系管理(Customer Relationship Management, CRM)、销售自动化(Sales Function Automation, SFA)以及电子商务(Electronic Commerce, EC)四个扩展功能,真正实现资源的综合运用。ERP 有以下特点:

① 计划的一贯性和可行性

ERP 是一种计划主导型管理模式,计划由粗到细逐层细化,但始终与经营目标保持一致,ERP 的原则是"一个计划"。它将多级管理统一起来,计划编制工作集中在厂级管理部门,车间班组只能执行计划、调度和反馈信息。ERP 同时提供丰富的管理工具,如可长期存储产品结构的物料清单模块,验证计划可行性的能力需求模块等。因此,计划下达前可反复验证以平衡生产能力,并根据反馈信息及时调整,处理好供需矛盾,确保计划的一贯性、有效性和可执行性。

② 数据的统一性和共享性

ERP 的所有数据来自企业的中央数据库,各个子系统在统一的数据环境下工作。任何一种数据变动都能实时地反映给所有部门,做到数据共享,在统一的数据库支持下,按照规范化的生产处理程序进行管理和决策的各项操作。

③ 灵活的决策应变性

ERP 是一个从整体角度出发的信息系统,将企业内部各个系统结合,形成一个面向整个企业的一体化系统。它要求跟踪、控制和反馈信息的实际情况,使管理人员随时根据内外环境的变化迅速作出反应,及时调整决策,保证生产计划正常进行。由于它可及时掌握各种动态信息,因而有较强的应变能力。

④ 高度的模拟预测性

ERP 具有模拟功能,能根据不同的决策方针,模拟出各种可能发生的结果,因此它也是企业上层人员的决策工具。管理部门可更精确地编制未来的生产和供应计划、人力需求和资源计划,并可以对各种计划进行预测与评价。例如,根据生产计划的生产项目、库存状态和物料清单等信息,模拟未来库存和缺件状态,编制计划订单并提前下达,以确保高效率的生产。

⑤ 物流、资金流的统一性

ERP 包含了成本会计和财务功能,把实物形态的物料流动直接转换成价值形态的资金流动,保证生产数据和财务数据一致。财务部门可以及时得到资金信息,便于妥善控制成本;管理部门通过资金流动掌握物流和经营情况,可随时分析企业的经济效益,便于指导经营和控制生产活动。

(2) 财务会计在 ERP 中的作用

会计和财务管理的对象是企业的资金流,资金流是企业运营效果和效率的综合体现,所以无论是传统的财务管理软件还是 ERP 软件,财务信息系统一直是企业关注的重点。现有的软件供应商在提供 ERP 时都提供了强大的、集成度高的财务应用系统。

ERP 系统具有很好的集成性，一般由财务系统、供应链管理系统、制造管理系统、项目管理系统、人力资源管理系统和决策支持系统等组成。其中财务系统涵盖会计和财务管理的所有功能，包括现金管理、资产管理、财务计划、应收款和应付款管理、费用管理、报表及分析、财务管理等。财务信息也由过去的事后反馈转变为事前的预测决策和事中的监控，由简单信息转变为多层次、多结构的信息。

(3) ERP 的发展

进入 ERP 阶段后，以计算机为核心的企业级管理系统更为成熟，系统增加了包括财务预测、生产能力、调整资源调度等方面的功能，配合企业实现准时制(Just In Time, JIT)管理、全面质量管理和生产资源调度管理及辅助决策，成为企业进行生产管理及决策的平台工具。

在电子商务时代，互联网技术的成熟为企业信息管理系统增加了与客户或供应商实现信息共享和直接数据交换的功能，强化了企业间的联系，形成共同发展的生存链，使决策者及业务部门实现跨企业的联合作战。

任务二 会计信息化的实施与财务软件选择

【任务场景】

企业实施会计信息化时，一方面需要对企业财务状况进行分析，做好会计信息化实施规划，对财务人员进行必要的培训；另一方面要选择合适的财务软件，对企业的财务信息进行整理，并录入到财务信息系统中。

【任务目标】

1. 了解通用财务软件的特点及选择财务软件时应注意的问题；
2. 熟悉通用财务软件应用过程中计算机系统的配置，基本具备根据单位特点选择合适的通用财务软件的能力。

【任务内容】

1. 会计信息化实施；
2. 财务软件的选择；
3. 会计信息化岗位设置与职责。

【任务实施】

一、会计信息化实施

会计信息化的实施是一项复杂的系统性工作，不仅要求企业具备相应的实施条件，同时也要求企业做好大量的数据准备和人员准备，选择适合企业规模的财务软件，制订详细的实施计划，只有这样才能确保会计信息化顺利实行。

（一）会计信息化实施的条件

企业实行会计信息化的目的是使用计算机和财务软件来处理会计业务，从而代替手工记账、算账和报账，提高会计工作效率。因此，企业实施会计信息化必须具备一定的条件。

1. 具备相应的硬件

会计信息化的实施离不开计算机，如果没有计算机及相关设备，那么会计信息化就无从谈起。因此，企业要想实施会计信息化，就必须有相应的计算机设备。

2. 具有相应的财务软件

企业实行会计信息化之前要获得相应的财务软件。企业可以自己开发或者委托专门的软件公司开发适合自己的财务软件，也可以购买市场上通用的财务软件。无论是通过哪种方式获得的软件，都需要和手工会计核算双轨运行三个月以上，如果核算结果一直保持一致，就能完全使用财务软件进行记账。

3. 管理层的重视

企业实施会计信息化涉及的部门和人员非常多，除了会计人员之外，还需要计算机管理和维护人员，同时还涉及管理机构及管理体制的变动，这都需要企业管理层出面组织和协调。没有管理层的重视与支持，相关人员的配置和配套改革将很难得到解决。因此，企业应该成立信息化领导小组，领导整个企业的会计信息化工作。

4. 良好的会计基础工作和健全的内部管理制度

企业必须具有一套比较全面、规范的管理制度和方法，以及较完整的、规范化的数据。会计基础工作健全，核算规程规范，基础数据正确、完整，是做好信息化工作的重要保证。会计信息化系统无法处理无规律、不规范的会计数据，没有良好的基础工作，信息化工作的开展将遇到重重困难。

5. 专业人员的合理配置

实行会计信息化必须配有相应的专业人员，例如，上机人员必须具备会计信息化初级以上专业知识和操作技能，并取得财政部门颁发的培训合格证。

（二）会计信息化的运行环境

会计信息化的运行环境包括硬件环境和软件环境。硬件环境是指计算机等硬件设备及对应的工作方式，主要有单机运行方式、局域网运行方式和网络运行方式。软件环境指系统软件和应用软件。

1. 硬件环境

硬件主要包括计算机和外部设备。计算机一般分为六类：主机、巨型机、小型机、工作站、服务器、微机。外部设备主要包括打印机、数据备份设备、网络设备、UPS（不间断电源）等。

计算机是实现会计信息化的物质基础，企业应根据信息化应用程度和今后的发展目标投入相应的资金，选择与本单位会计信息化工作规模相适应的计算机硬件结构，以保证会计信息化工作的顺利进行。

单机运行方式一般在核算简单的中小型企业中使用，即只配置一台微机和相应的外部设备即可。单机运行方式以替代手工操作为主要目的，不能满足会计信息处理和资源共享的要求。

局域网运行方式的硬件环境一般包括服务器、客户端和通信设备。会计业务量大、地理分布较集中、资金雄厚且具有一定系统维护能力的单位可选择局域网运行环境,配置小型机或中型机及相应的终端设备和网络设备,数据可通过各终端同时输入,主机对数据集中处理,能提高系统效率。

网络运行方式是实现会计信息化首选的结构,可以实现远程数据共享,从而把跨地区的不同组织或不同部门联系在一起。地理位置分散的大型集团型企业宜选择网络运行方式,以满足异地财务信息实时交换的需要,保证会计数据的安全性和完整性。

2. 软件环境

软件环境一般包括操作系统、数据库系统和应用支持系统,不同的工作方式决定了软件环境的配置。

单机运行方式下系统的软件环境配置比较简单,一般以 Windows 系列操作系统为主,同时可以将数据库和财务软件安装到一台计算机上。

在局域网和网络运行方式下,应用软件和数据实现了分离,因此所采用的操作系统和数据库系统都与单机运行方式有很大不同,尤其是对服务器的要求更高。在客户机/服务器(C/S)模式下,服务器端要安装网络操作系统和支持远程访问的数据库管理系统,客户端则只需要安装财务软件和数据库的客户端。在浏览器/服务器(B/S)模式下,服务器端还应具有 Web 发布功能,而客户端则不需要安装相应软件和数据库客户端,只需通过浏览器即可完成相应数据处理。在多层分布式结构模式下还需要相应的中间件系统,中间件实现了应用程序、表示层和事务层的分离,系统功能大大优化。

客户端对操作系统没有太多要求,一般以 Windows 系列为主。数据库方面,单机运行方式下可以选用 FoxPro、Access 等小型数据库,其他模式则可以选用 Oracle、SQL Server 等大型数据库。

(三) 会计信息化人员

会计信息化对企业会计人员提出了更高的要求,即会计人员除了具有完备的会计理论知识和丰富的会计处理经验之外,还必须具备一定的计算机知识和计算机操作能力,包括对数据的处理和备份等。因此,企业应该加强会计信息化人员的培训。

1. 会计专业知识

会计信息化人员首先必须掌握一定的会计专业知识,对于基本的环节(如审核原始凭证、填制记账凭证、登记账簿、编制报表等)一定要熟练掌握,同时对于一些特殊业务(如债务重组、非货币性交易、会计差错的更正和资产负债表日后事项等)也要有所了解。另外,会计信息化人员还需具备丰富的手工会计核算经验,只有在手工核算时能正确地进行账务处理,才能保证信息化核算时不会出现差错,如果手工核算时都错误百出,那么很难保证会计信息化的顺利实施。

2. 计算机知识

会计信息化人员不需要非常精通计算机专业知识,但应掌握计算机的基础知识和基本操作技能,同时熟悉常用硬件设备的科学使用,例如,备份数据用的移动硬盘、优盘等移动存储设备以及打印机、网络设备等设备的使用和简单维护。另外,还应了解一些数据库的基本常识和备份查找的技能。

3. 综合管理知识

会计信息化给会计工作增添了新内容，从各方面要求会计信息化人员提高自身素质，更新知识结构，一方面为了参与企业管理，要更多地学习经营管理知识，另一方面还必须掌握计算机的有关知识。好的会计基础工作和规范的业务处理程序是实现会计信息化的前提条件，所以会计信息化也促进了会计工作的规范化。会计信息化使会计基础工作效率得到提高，会计人员劳动强度有所减轻，会计人员有更多的时间参与企业经营管理，促进会计工作职能发生转变。

（四）实施会计信息化的流程

不同的会计软件实施的方法虽然不同，但实施过程的主要工作内容基本相同，主要包括以下五个步骤：

1. 明确会计软件实施目标，制定实施规划

在会计软件实施之前，应该让与该项目有关的所有人员都能认识项目的意义，了解企业的目标，清楚自己的作用。由财务人员与咨询专家共同讨论，确定会计软件实施的目标，在此基础上制定项目实施规划，针对企业的经济业务处理流程，分析问题，确定实施方案。

2. 对财务人员及会计信息化有关人员进行培训

企业有关人员应参与专家组织的培训，掌握会计软件的功能和具体应用，具体工作包括以下内容：

（1）拟定培训计划，分层次进行初、中、高级培训。

（2）准备培训教材和案例资料。

（3）培训的具体实施。

3. 软件测试和调整

根据企业需求和新的业务处理流程，使用标准的软件和实际用户数据对会计软件进行符合性测试，对存在的问题进行记录，为会计软件和业务处理流程的调整和修改作准备。

4. 实际运行

实际运行是会计软件实施的最终阶段，具体工作包括以下内容：

（1）制订应急计划和意外事故处理措施。

（2）准备真实系统环境，进行数据最后更新，清除无关数据，确保初始余额和记录的准确性。

（3）系统正式投入运行。

5. 系统运行维护

为保证会计软件系统能够顺利实施，软件正式投入使用后还应对系统进行日常维护，系统运行维护主要包括硬件维护和软件维护，具体工作包括以下内容：

（1）实施对系统硬件设备的日常检查和维护，以保证系统的正常运行。

（2）在系统发生故障时，排除故障和恢复运行系统。

（3）在系统功能扩充时，负责系统安装、调试，直至运行正常。

(4) 在系统环境发生变化时,随时做好适应性的维护工作。

二、财务软件的选择

企业在选择会计信息化软件时,一般有购买通用软件、自主开发、合作开发等几种方式,由于自主开发及合作开发投入较高,实施时间较长,多数企业采用购买通用财务软件的方式。在购买时应综合评价软件的性能和质量,尽量与企业的实际需求一致。

(一) 通用财务软件的特点

通用财务软件与自行开发的专用软件相比,有自己的特点。

1. 通用性

软件的通用性有两层含义:一是纵向通用,即软件能适应一个单位不同时期会计工作的需要;二是横向通用,即满足不同单位会计工作的需要。通用性是商品化会计软件的决定性因素之一。

2. 保密性

商品化会计软件的保密性是指软件公司不向用户提供源程序代码,只提供经过加密的软件以防止他人模仿拷贝。

3. 软件由软件公司维护

由于会计软件较复杂,再加上软件公司加密,用户自行维护较为困难。因此,目前我国商品化会计软件一般都实行终身维护。

4. 易学性较弱

由于商品化会计软件是由专业人员设计的,不同单位的会计人员的习惯不同,适应和学习起来比较困难;商品化会计软件为了确保通用性,设有自定义功能,但会计人员掌握起来也比较困难。

(二) 财务软件的要求

会计工作要遵循全国统一的会计制度和其他财经制度的有关规定,执行会计工作的商品化会计软件也不例外。对商品化会计软件来说,尤其应满足国家有关会计软件的管理规定。

(三) 通用财务软件的购买策略

一般来说,单位在购买商品化会计软件时,首先应查看其是否通过了省级以上(含省级)财政部门的审批,即考查商品化会计软件是否符合国家统一要求的情况;其次应评价商品化会计软件的适用性和先进性;再次应考查商品化会计软件厂家的信誉和售后服务情况;最后进行成本/效益分析,作出决策。

1. 查看会计软件是否符合国家统一要求

由于商品化会计软件需要通过各级财政部门或主管部门评审以评价其是否符合国家的统一要求,所以单位只需考查商品化会计软件是否通过省级以上(含省级)财政部门的评审。

2. 评价商品化会计软件的实用性与先进性

单位在选择商品化会计软件时,除了要考虑商品化会计软件是否满足国家的要求,还应考查商品化会计软件的适用性、通用性、安全可靠性、易使用性、运行环境要求以及先进性。

(1) 适用性。适用性主要是指商品化会计软件适用于本单位会计业务处理的程度。在会计信息化的决策过程中，已经确定了单位目前需要建立一个什么样的会计信息系统，在这个系统中哪些业务项目需要商品化会计软件处理，这些业务需要用商品化会计软件处理的程度，以及商品化会计软件与其他专用软件、未来的会计信息化项目的接口。在此，就要根据这些要求确定商品化会计软件的适用性。

① 审查商品化会计软件厂家提供的文档资料。这个步骤主要是通过审查文档中描述的计算机系统之间的输入接口和输出接口，人机之间的输入接口和输出接口，软件厂家提供的输出样本来确定软件是否满足要求。例如，单位购买的账务软件需与现行的工资系统相连，则应审查软件说明中是否有这些接口，描述的接口情况是否满足要求。

② 通过操作演示考查软件。这主要是通过购买人员实际操作或观看商品化软件厂家操作员的演示，以及购买人员的提问和商品化会计软件厂家的讲解，考查软件是否和文档描述一致，是否满足本单位的需要。

③ 测试软件。由于不能获得详细的源程序，购买单位一般都需要选择一些本单位的具体数据录入计算机对选择的功能进行测试，以考查软件是否满足要求。最佳的办法是从商品化会计软件厂家取得软件，在本单位与手工会计核算一起运行，测试其适用性。

(2) 通用性。通用性是指商品化会计软件适应不同企事业单位或行政单位需要的性能。软件的通用性是一个不十分确定的概念。会计工作存在不可预见性，对会计工作中的一些业务，如财务、工资核算等，是可能完全实现横向的通用的，但要完全实现纵向的通用则还有一定难度。现在的商品化会计软件通用性较强，有的只需要简单的二次开发即可满足本单位工作的需要。单位应选择通用性强的软件，至少也应选择横向通用性较强的软件，一般应从以下四个方面进行考查：

① 各种自定义功能是否能满足单位使用的要求。对于会计工作中不十分规范、变化较多的处理，通用软件一般都是通过自定义功能来实现的。例如，通用报表生成系统，就应由使用人员定义数据来源、报表项目的算法、打印格式等。

② 各种编码是否有使用人员自定义的功能，即是否有增、删、改等维护功能。例如，会计科目的分级数和每级科目的长度及编号就应由使用人员依据会计制度的规定自行设置，同时对会计科目及其编码添加增、删、改功能，以保证适应核算内容的变化。

③ 对一些特殊需求是否设有选择功能以满足使用要求。在一些功能无法直接实现通用设置的情况下，应有可选功能，由使用单位进行选择，满足自己的要求。例如，成本核算就可设置定额核算法、平行结算法、分步法等各种方法，由单位按自己采用的方法选择设置软件的成本核算方法。

④ 一些复杂的算法是否有使用人员自定义的功能。例如，由使用人员自定义成本核算中的产品费用的归集公式。

(3) 安全可靠性。安全性是指商品化会计软件防止会计信息被泄露和破坏的能力；可靠性是指商品化软件防错、查错、纠错，防止会计工作中产生不正确会计信息的能力。评价商品化会计软件的安全可靠性主要考查以下几点：软件提供的各种可靠性保证措施结合起来是否能有效地防止差错的发生，在发生后是否能及时查出并进行修改，安全性保证措施是否能有效地防止会计信息的泄露和破坏。一般来说，考查商品化会计软件的安全可靠性主要应从以下四个方面进行：

① 安全可靠性保证措施的完备性。一般情况下，由人工录入的每一个字段都应有可靠性保证措施，由计算机接收的录入数据应有校验措施，机内存放的数据或传输中的信息都应进行加密，对重要的模块或子系统都应有存取控制，对敏感信息的处理和输出都应有可靠性保证措施。

② 安全可靠性保证措施的有效性。一些软件虽然设置有各种安全可靠性措施，但实际运行时却没有达到预期的目标。例如，软件设置了利用各种数据的勾稽关系、账户的特性等检验处理过程中数据准确性的措施，但软件既没有设置修改功能，也没有设置提示功能，在出错时仍继续处理，这样的控制措施是毫无用处的；又如，软件设置了口令控制，但将口令都显示在屏幕上，这样的口令控制不可能达到预期的目标。因此，需重点考查软件的安全可靠性保证措施的有效性，即这些措施的设置是否合理，是否达到了预期目标。

③ 安全可靠性保证措施的实用性。安全可靠性保证措施种类很多，在不同情况下，不同措施的实用性是不等的。例如，对录入凭证的校验，用屏幕显示审核就不如打印清单后由人工复核实用。

④ 是否能减少安全可靠性风险。软件可通过减少人工干涉，加强关键数据备份功能，口令几次不符合要求则自动退出等手段来减少安全可靠性风险。

对安全可靠性的评价主要是通过审查软件厂家提供的文档、操作演示以及软件测试来进行。

(4) 易使用性。易使用性是指商品化会计软件易学、易操作的程度，评价商品化会计软件的易使用性主要从以下三个方面进行：

① 培训资料的优劣。培训资料主要是指用户操作手册，对用户操作手册的评价主要考查以下几点：内容是否完整，手册是否容易看懂，各种指令或功能的用法是否解释清楚，手册中的范例是否实用。

② 厂家技术培训服务的有无与优劣。评价技术培训服务主要是考查以下几点：培训项目是否齐全(计算机的基本操作、商品化会计软件的基本操作、常见的操作维护、常见的出错处理、与其他软件的连接等)，培训资料的优劣，培训时间的安排，培训力量和质量。

对培训的评价一方面应考查软件厂家提供的培训服务资料，另一方面应访问参加过厂家培训的人员。

③ 软件是否便于操作。这主要是考查以下几点：操作是否简单；操作是否符合会计人员的习惯(主要是操作程序和操作提示用语)；各种自定义功能、控制措施的使用是否简单；是否尽量减少人工干涉；画面是否简单明了，即画面上的内容是否简明，用语是否规范，颜色是否适中，是否便于操作人员辨认。

准确评价软件易使用性的最好方法是亲自学习和操作，一些商品化软件厂家也给使用单位提供了这种机会。

(5) 对运行环境的要求。选购会计软件需确定单位提供的条件能否满足商品化会计软件对运行环境的要求。

(6) 先进性。先进性是指该软件在同类产品中的先进程度，包括安全性、可靠性、功能的完备性、通用性、运行效率等。

会计工作主要应考虑商品化会计软件的实用性，即前五个评价标准。

3. 商品化会计软件厂家的信誉和售后服务情况

就会计信息化整体工作而言，涉及面最广、最见实效的是会计软件的应用。一个单位中会计信息化工作的好坏取决于会计软件应用效果的好坏。而软件应用效果由以下三方面决定：一是所购软件的质量，包括实用性、稳定性和可靠性；二是使用单位及单位领导是否重视，实际使用人员是否得力；三是软件经销单位的售后服务是否完善。

在选择商品化会计软件时，必须对软件制造与经销单位的信誉和售后服务进行考查。信誉的考查主要看软件制造与经销单位是否重信誉、守合同。售后服务主要包括以下四个方面：

(1) 操作培训。如果一个软件制造或经销单位没有较强的培训力量和较好的培训水平，用户购买软件后就得不到好的应用指导，使用效果必然大打折扣。

(2) 应用指导与排除故障的维护工作。如果应用过程中的疑难问题得不到及时指导与解决，势必影响使用人员的信心和会计信息化的效果。因此，软件制造与经销单位能否提供优质的咨询与维护服务，应当作为用户购买软件时的考查重点。对一些在全国有分支机构的用户来说，还必须考查制造单位的经销服务是否全面，能否保障其各地的分支机构顺利应用该软件。

(3) 软件产品的保修。软件出现损坏时，能否得到及时维修与更换。

(4) 软件版本的更新。软件版本更新主要是指开发制造单位根据会计制度的变化和应用单位的具体情况及时调整软件与更新版本，这一工作关系到所应用的软件是否有“后劲”，应用单位能否减少后期投入。

4. 进行成本/效益评价

成本/效益评价主要是确定商品化会计软件的购置费用是否大于为商品化会计软件所做的预算。一般来说，商品化会计软件的购置费用包括软件费用、技术培训费、维护服务费、安装费以及其他配套费用。单位应确定几个厂家产品的购置费用，在控制成本的情况下，从中选择性价比最高的软件。

三、会计信息化岗位设置与职责

会计信息化后，企业不仅要建立和运行会计信息化系统，还要保证计算机系统的安全和稳定。会计人员要参与单位的预测、决策和控制活动，为单位提供信息和决策方案。

（一）会计信息化岗位的划分

实行会计信息化，就需要建立会计信息化岗位责任制，要明确每个工作岗位的职责范围，切实做到事事有人管，人人有专职，办事有要求，工作有检查，这是建立会计信息化岗位责任制的原则。会计信息化工作岗位可分为基本会计岗位和信息化会计岗位。

基本会计岗位可分为会计主管、出纳、会计核算、稽核、会计档案管理等。各基本会计岗位与手工会计的各岗位相对应，基本会计岗位必须由持有会计证的会计人员参与，未取得会计证的人员不得从事会计工作。基本会计工作岗位可以一人一岗、一人多岗或一岗多人，但应当符合内部控制制度的要求。出纳人员不得兼管稽核、会计档案保管和收入、费用、债权债务账目的登记工作。基本会计岗位的会计人员应当有计划地进行轮换。会计人员还必须实行回避制度。

信息化会计岗位是指直接管理、操作、维护计算机及会计软件系统的工作岗位。实行会计信息化的单位要根据计算机系统操作、维护、开发的特点,结合会计工作的要求,划分信息化会计岗位。大、中型企业和使用大规模会计信息化系统的单位可设立的各个岗位见表 1-1。

表 1-1　信息化会计岗位职责表

岗位名称	职责	能力要求	备注
信息化主管	协调计算机及会计软件系统的运行工作	具备会计和计算机应用知识以及会计信息化组织管理的经验	可由会计主管兼任,采用大、中型计算机和计算机网络会计软件的单位应设立此岗位
软件操作	输入、输出记账凭证和原始凭证、会计账簿、报表等会计数据及部分会计数据处理工作	具备会计软件操作知识,达到会计信息化初级知识培训的水平	各单位应鼓励基本会计岗位的会计人员兼任此岗位的工作
审核记账	对已录入计算机的会计数据进行审核	具备会计和计算机应用知识,达到会计信息化初级知识培训的水平	可由会计主管兼任
信息化维护	保证计算机硬件、软件的正常运行,管理会计数据	具备会计和计算机应用知识,达到会计信息化中级知识培训的水平	采用大、中型计算机和计算机网络会计软件的单位应设立此岗位
信息化审查	监督计算机及会计软件系统的运行,防止利用计算机进行会计舞弊	具备会计和计算机应用知识,达到会计信息化中级知识培训的水平	可由会计稽核人员或会计主管兼任,采用大、中型计算机和大型会计软件的单位应设立此岗位
数据分析	对会计数据进行分析	具备会计和计算机应用知识,达到会计信息化中级知识培训的水平	可由会计主管兼任,采用大、中型计算机和计算机网络会计软件的单位可设立此岗位
档案管理	磁盘或光盘等数据、程序及各种会计档案的保管	做好数据及资料的安全保密工作	可由一般会计兼任
软件开发	本单位会计软件的开发和维护工作	具备会计和计算机程序开发知识,达到中等计算机编程员的水平	本单位人员进行会计软件开发时应设立此岗位

基本会计岗位和信息化会计岗位可在保证会计数据安全的前提下交叉设置。

(二) 岗位的基本职责

1. 数据准备组

数据准备组负责会计的手工处理工作,主要有出纳员和凭证处理员。出纳员除不负责现金和银行存款日记账工作外,其主要工作职责与手工处理基本相同,即负责有关现金和银行存款的收支工作。凭证处理员主要负责外来原始凭证的审核工作,本单位原始凭证的设计、汇集、审核工作,记账凭证的填制、审核工作等。

2. 信息化运行组

信息化运行组负责计算机系统的运行工作,主要设置系统管理员、系统操作员、数据录入员、数据审核员、专职会计员、系统维护员等。信息化运行组的职责见表 1-2。

表 1-2　会计信息化运行人员职责表

管理员名称	能力要求	职责	备注
系统管理员	精通单位的财务和会计业务,有一定的计算机知识,熟悉本单位计算机系统的使用和维护	①负责信息化系统的日常管理工作,监督并保证系统的正常运行,系统发生故障时,监督与组织有关人员恢复系统;②协调系统各类人员之间的工作关系;③负责组织和监督系统运行环境的建立,以及系统的各项初始化工作;④负责系统各有关资源(包括设备、软件、数据及文档资料等)的调用、修改和更新的审批;⑤负责系统操作运行的安全性、准确性、及时性的检查;⑥负责计算机输出的账表、凭证数据准确性和及时性的检查和审批;⑦负责做好系统运行情况的总结,提出更新软件或修改软件的需求报告;⑧负责规定各使用人员的权限等级;⑨负责系统内各类人员的工作质量考评,提出任免意见	一般由符合条件的财务部门负责人担任,如主管财务的副厂长、副总经理、总会计师等,不能由软件开发人员担任
系统操作员	熟悉本单位财会业务,有一定的计算机知识,熟悉系统的使用	①负责数据登录、数据备份和输出账表的打印;②负责系统维护操作,包括数据库的修改和更新操作;③负责备份存档各类数据;④如果在系统操作过程中发现故障,及时报告系统管理员,做好故障记录及上机记录;⑤当天的日记账数据当天登录,月底打印系统所有的明细账、总分类账、会计报表和自动转账凭证	一般由经过计算机和会计两类培训的会计人员或计算机专业人员担任
数据录入员	对会计业务知识有一定的了解,有简单的计算机操作知识,能熟练地录入所需数据	①检查专职会计人员提供数据的审批手续,不得录入非法数据;②严格按照专职会计人员提供的数据进行录入,录入完毕进行自检核对,核对无误后交数据审核员复核,如发现凭证有疑问或错误,及时向系统管理员或有关专职会计人员反映,不得擅自作废或修改;③每次数据录入结束后,应及时做好数据备份;④注意安全保密,操作口令不得随意泄露,备份数据应妥善保管	一般由经过打字训练的人员担任,对录入数据的准确性负责,不能由系统开发人员担任
数据审核员	熟悉本单位会计业务	①负责输入数据凭证的审核工作,包括各类代码的合法性、摘要的规范性和数据的正确性;②负责输出数据正确性的审核工作;③对不真实、不合法、不完整、不规范的凭证,退还各有关人员更正、补齐后再行审核;④对不符合要求的凭证和不正确的账表数据,不予签章确认	一般由符合条件的会计人员担任
专职会计员	熟悉分工负责的核算业务	①按分管的内容汇集材料收发单、销售发票、工资变动及停止发放等各类单据;②在规定的期限内根据各原始凭证正确编制会计记账凭证;③编制会计凭证应符合财务制度的要求,做到内容完整、数据正确、代码合法、使用适当、摘要简明规范	一般由符合条件的会计人员担任
系统维护员	有一定的计算机和会计业务知识,能熟练地编制程序	①定期检查软件、硬件设备的运行情况;②负责系统运行中软件、硬件故障的排除工作;③负责系统的安装和调试工作;④负责维护程序实施软件的完善性、适应性和正确性	一般由软件开发人员或相应的符合条件的人员担任,不能从事系统的任何操作使用工作

3. 档案管理组

档案管理组负责保管各类数据资料。各单位可根据本单位的特点,确定是否设立该小组,如不设立,可并入数据准备组。档案管理员是指负责保管各类数据的人员,一般应具备计算机常识,如硬盘的使用与保护方法等。档案管理员一般应由能做好安全保密工作的人员担任,其主要职责包括:负责系统的各种开发文档、各类数据光盘、系统光盘及各类账表、凭证、资料的备份和存档工作;做好各类数据、资料、账表、凭证的安全保密工作,不得擅自出借;负责在规定期限向各类有关人员催交备份数据及存档数据。

4. 财务管理组

财务管理组主要负责会计信息的分析、整理,参与决策,参与管理等工作,一般应设立计划员、分析员、费用控制员、基础工作员、项目评估员和其他管理员等岗位。

财务管理组是信息化后会计部门中的核心单位之一,主要由总会计师负责。各类人员可由熟悉会计业务、有经验和水平较高的人员组成。各类人员的职责如下:

(1) 计划员主要负责各类计划、预算的编制工作,同时还与本部门和本单位的人员一起负责计划的组织与实施。

(2) 分析员主要负责会计信息的分析工作,并负责向领导提出参考性意见。

(3) 费用控制员主要负责计划预算的实施、信息反馈和控制等工作。

(4) 基础工作员主要负责各类财产的检查、定额、标准等的制定与实施工作。

(5) 项目评估员主要负责本单位新产品的开发、新技术的引进、大型设备的更新改造等重大项目的可行性研究工作。

财务管理小组是一个全新的部分,各单位在信息化后,可根据本单位的特点组织与设立该部门的工作岗位。

任务三　软件运行配置安装及维护管理

【任务场景】

企业确定会计信息化的实施路径之后,如果购买了软件,需要根据软件的要求配置设备,调试计算机环境,并对软件进行安装,保证软件能正常运行。

【任务目标】

1. 了解用友 ERP-U8V10.1 软件的基础应用准备;

2. 掌握用友 ERP-U8V10.1 软件安装与卸载的基本知识和操作方法及使用和管理方法。

【任务内容】

根据软件安装需要设置运行环境并做好安装前的准备工作。全部完成之后,安装并正确设置数据库软件。在数据库软件正常运行的基础上安装用友 ERP-U8V10.1 软件。

【任务实施】

一、运行环境要求

不同的会计信息化财务软件运行环境有所不同，运行环境是数据的载体，所以运行环境的配置优劣对系统运行效率是至关重要的。

二、系统安装

（一）在系统安装前应完成的工作

1. 清理硬盘

清理硬盘空间和文件，清除硬盘病毒，利用 Windows 工具对计算机重新进行整理。

2. 校准时钟

由于会计业务受到时间限制，在软件运行前，必须对计算机的时钟进行校对，避免业务核算中因时间问题而引起错误。

3. 安装 IIS(互联网信息服务)

依据用友 ERP-U8V10.1 软件中文版环境操作系统的要求，安装操作系统和数据库系统。根据操作系统版本情况，部分操作系统需要首先安装 IIS。单击“开始”菜单，打开“控制面板”，单击“添加/删除程序”，单击“添加/删除 Windows 组件”，打开“Windows 组件向导”对话框，选中“Internet 信息服务(IIS)”，单击“下一步”，按向导提示完成安装，如图 1-5 所示。

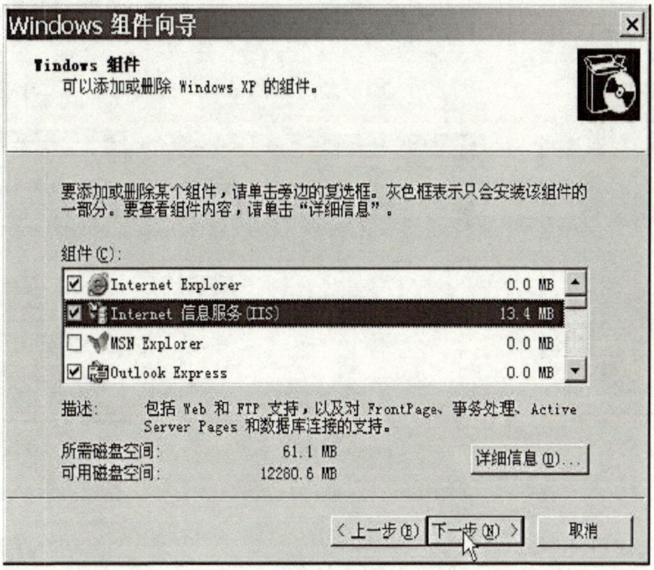

图 1-5 安装 IIS(互联网信息服务)

4. 安装 SQL Server 2005 或以上版本的数据库

可以安装 SQL Server 2005 或以上版本的数据库，为了数据库的安全稳定运行，建议安装高版本的数据库。下面以安装 SQL Server 2005 为例介绍安装过程。

单击安装光盘中的“Setup.exe”，安装协议及组件配置设置，如图 1-6 所示。按照向导提示完成安装，如图 1-7 所示。

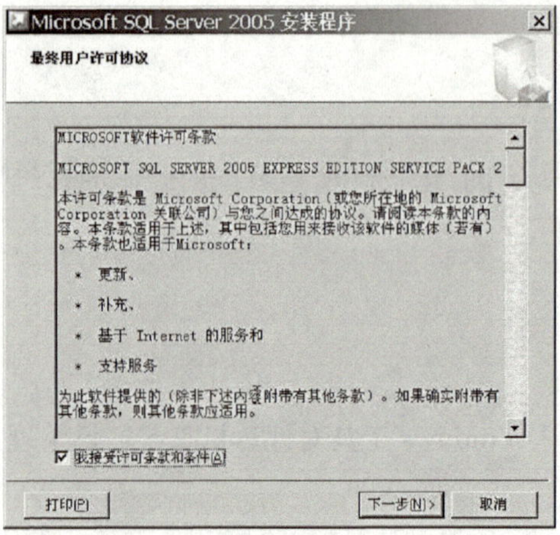

(a) 安装协议

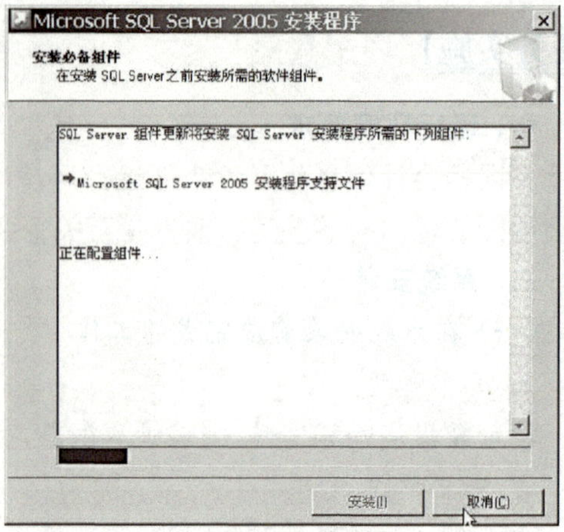

(b) 安装配置组件

图 1-6 SQL Server 2005 安装提示

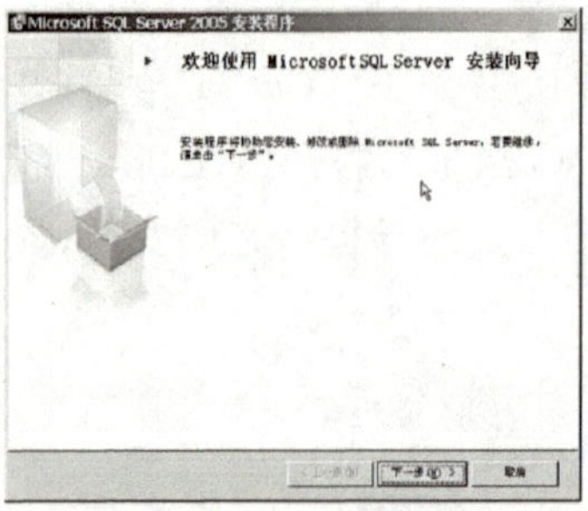

(a) 安装向导①

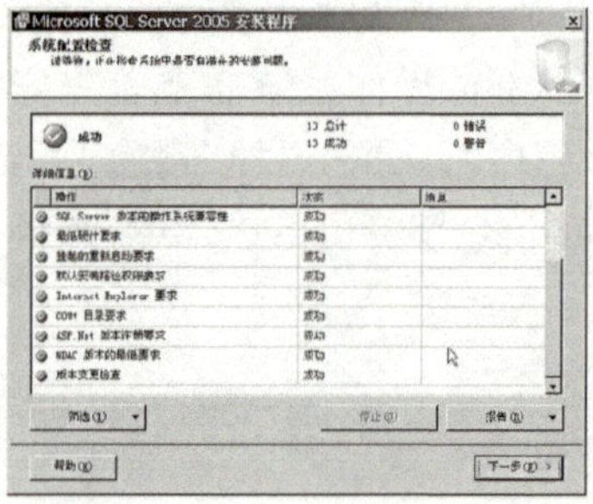

(b) 安装向导②

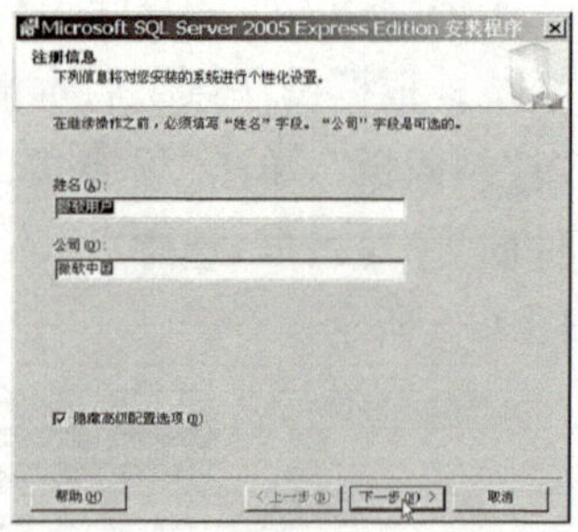

(c) 安装向导③

(d) 安装向导④

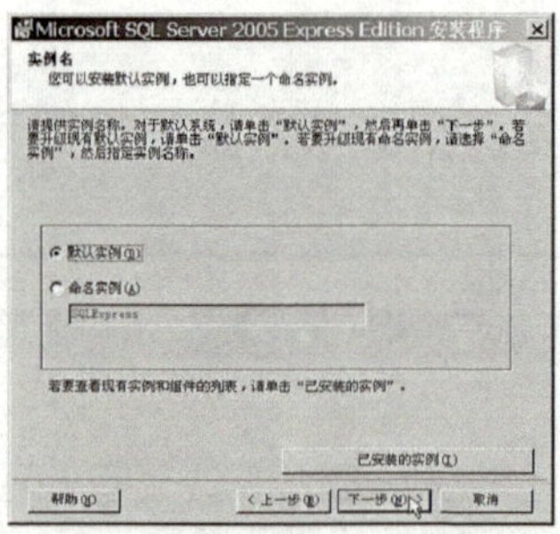

(e) 安装向导⑤

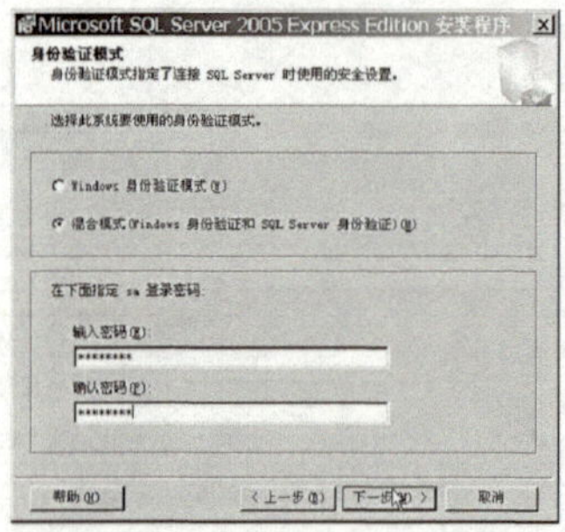

(f) 安装向导⑥

(g) 安装向导⑦

(h) 安装向导⑧

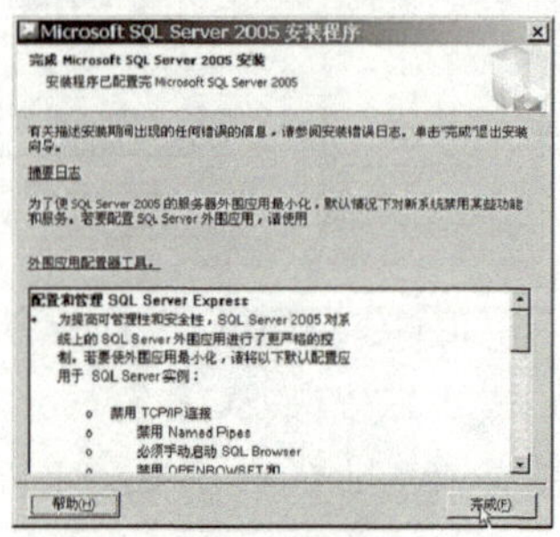

(i) 安装向导⑨

图 1-7 SQL Server 2005 安装向导

（二）安装财务软件

根据购买的软件手册使用说明书按要求将软件安装在计算机上。用友 ERP-U8V10.1 软件的安装过程为：单击“Setup.exe”文件开始安装，根据安装向导提示将软件安装在计算机中，按照安装向导的指引直至安装完成，如图 1-8 所示。

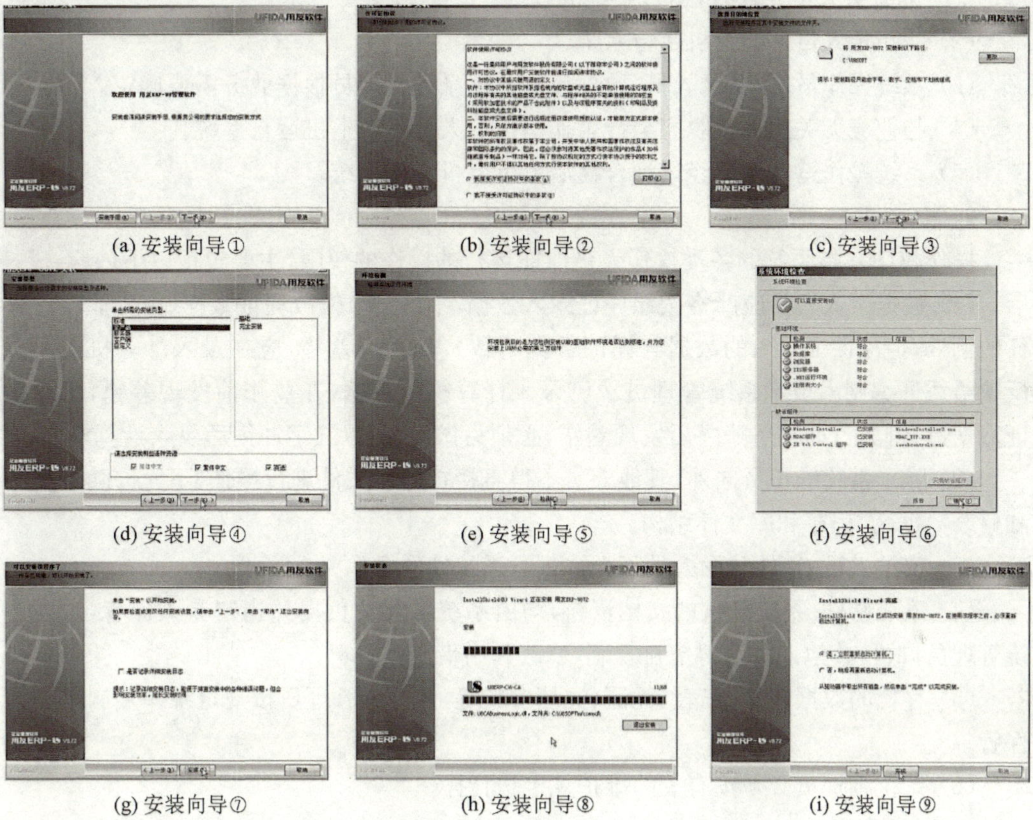

(a) 安装向导① (b) 安装向导② (c) 安装向导③

(d) 安装向导④ (e) 安装向导⑤ (f) 安装向导⑥

(g) 安装向导⑦ (h) 安装向导⑧ (i) 安装向导⑨

图 1-8 用友 ERP-U8V10.1 软件安装向导

三、会计信息系统维护与管理

（一）操作管理

单位实施会计信息化后，系统的正常、安全、有效运行的关键是操作方法正确。如果单位的操作管理制度不健全或实施不得力，会给各种非法舞弊行为以可乘之机。如果操作不正确，会造成系统内的数据的破坏或丢失，影响系统的正常运行，也会导致录入数据的不正确，输出不正确的账表，影响系统的运行效率。因此，单位应建立健全操作管理制度并严格实施，以保证系统安全、有效、正常运行。

操作管理是指对计算机及系统操作运行的管理工作，其主要体现在建立与实施各项操作管理制度上。操作管理的任务是建立电子计算机会计系统的运行环境，按规定录入数据，执行各自模块的运行操作，输出各类信息，做好系统内有关数据的备份及发生故障时的恢复工作，确保计算机系统安全、有效、正常运行。操作管理制度主要包括上机运行系统的规定、操作权限、操作规程。

1. 上机运行系统的规定

上机运行系统的规定主要用于指明哪些人员能上机运行系统，哪些人员不能上机运行系统。一般说来包括以下内容：

(1) 系统管理员、系统操作员、系统维护员、数据录入员、数据审核员及其他经系统管理员批准的有关人员，有上机运行系统的权限。

(2) 非指定人员不能上机运行系统。

(3) 系统操作员、数据录入员、数据审核员由系统管理员根据业务需要确定。

(4) 与业务无关人员及脱离会计工作岗位的人员不得上机运行系统。

(5) 系统操作运行人员经培训合格后方可上机运行系统。

2. 操作权限

操作权限是指系统的各类操作人员所能运行的操作的权限，主要包括以下内容：

(1) 数据录入人员应严格按照凭证录入数据，不得擅自修改凭证数据(由专职会计兼任的例外，但应保证录入的数据与凭证数据一致)，如发现差错，应在录入计算机前及时反映给凭证编制人员和系统管理员。已录入计算机的数据，在登账前发现差错，可按凭证数据进行修正；如在登账之后发现差错，必须另做凭证，以红字冲销后录入计算机。

(2) 除了系统维护员之外，其他人员不得直接打开库文件进行操作，不允许随意增删和修改数据、源程序和库文件结构。

(3) 出纳人员、软件开发人员不允许进行系统性的操作。

(4) 系统软件、系统开发的文档资料，均由系统管理员负责并指定专人保管，未经系统管理员许可，其他人员不得擅自复制、修改和出借文档资料。

(5) 存档的数据软盘、账表、凭证、文档资料等，由档案管理员按规定统一复制、核对、保管。

(6) 系统维护员必须按有关的维护规定执行操作。

3. 操作规程

操作规程是指操作运行系统中应注意的事项，它们是保证系统正确、安全运行，防止出现各种差错的有力措施，主要包括以下内容：

(1) 各操作人员在上机操作前后应进行上机操作登记，填写姓名、上机时间、操作内容，供系统管理员检查核实。

(2) 操作人员的操作密码应注意保密，不得随意泄露。

(3) 操作人员必须严格按照操作权限操作，不得越权或擅自上机操作。

(4) 每次上机完毕，应及时做好所需的各项备份工作，以防止发生意外事故。

(5) 不得使用来历不明的软盘进行各种非法拷贝工作，以防止计算机病毒的传入。

(二) 维护管理

系统的维护包括硬件维护和软件维护两部分。软件维护主要包括正确性维护、适应性维护、完善性维护三种。正确性维护是指诊断和清除错误的软件修改活动；适应性维护是指当单位的会计工作发生变化时，为了适应新的工作而进行的软件修改活动；完善性维护是指为了满足用户在功能上的需求或改进已有功能的需求而进行的软件修改活动。软件维护还可分为操作性维护与程序性维护两种。操作性维护主要是利用软件的各种自定义功能来修改软件，以适应工作变化；程序性维护主要是指需要修改程序的各项维护工作。

维护是系统中最重要、最费时的工作，应贯穿于系统的整个生命周期，不断地重复进行，直至系统过时和报废为止。现有统计资料表明，软件系统生命周期各部分的工作量中，软件维护的工作量一般占50%以上。因此，各单位应加强维护工作的管理，保证及时排除软件故障，满足单位会计工作的需要。加强维护管理是系统安全、有效、正常运行的保证之一。

在硬件维护工作中，较大的维护工作一般是由销售厂家进行的。使用单位一般可不配备专职的硬件维护员。硬件维护员可由软件维护员担任，即通常所说的系统维护员。

自行开发软件的单位一般应配备专职的系统维护员。系统维护员负责系统硬件设备和软件的维护工作，及时排除故障，确保系统能正常运行，负责日常的各类代码、标准摘要、数据及源程序的正确性、适应性及完善性的维护工作。

维护的管理工作主要是通过制定维护管理制度和组织实施来实现的。维护管理制度主要包括系统维护的任务、维护工作的承担人员、软件维护的内容、硬件维护的内容、系统维护的操作权限、软件修改的手续等内容。

（三）档案管理

实施会计信息化后，大量的会计数据存储在磁盘中，同时还增加了各种程序、软件等资料，各种账表也与原来的有所不同。这些都给原有的档案管理工作提出了新的要求，需要加强会计档案的管理。这里的档案主要是指打印输出的各种账簿、报表、凭证，存储会计数据和程序的软盘及其他存储介质，系统开发运行中编制的各种文档以及其他会计资料。档案管理的任务是负责系统内各类文档资料的存档、安全保管和保密工作。有效的档案管理是实现存档数据安全、完整与保密的有力保证。档案管理一般也是通过制定与实施档案管理制度来实现的。档案管理制度一般包括以下内容：

1. 存档的手续。这主要是指各种审批手续，例如，打印输出的账表必须有会计主管、系统管理员的签章才能存档保管。

2. 各种安全保证措施。例如，备份软盘应贴上写保护标签，存放在安全、洁净、防热、防潮的场所。

3. 档案管理员的职责与权限。

4. 档案的分类管理办法。

5. 档案使用的各种审批手续。调用源程序应由有关人员审批，并应记录调用人员的姓名、调用内容、归还日期等。

6. 各类文档的保存期限及销毁手续。例如，打印输出账簿应按《会计档案管理办法》的规定保管期限进行保管。

7. 档案的保密规定。对任何伪造、非法涂改更改、故意毁坏数据文件、账册、软盘等的行为都应进行相应的处理。

02 项目二

系统管理

项目综述

用友 ERP-U8V10.1 软件由多个模块组成，各模块分别用来处理企业不同领域的业务，模块与模块之间相互联系、共享数据。这些模块有共同的特点：共用基础信息，拥有相同的账套和年度账，用户和操作权限集中管理并且进行角色的集中权限管理，业务数据共用一个数据库。为此，用友软件公司开发了一个针对该软件的各个模块进行统一操作管理和数据维护的公用平台——系统管理，其主要功能如下：

1. 对账套进行管理。对账套的统一管理，包括账套的建立、修改、引入和输出等。

2. 对年度账进行管理。在用友 ERP-U8V10.1 软件中，一个账套包含了企业所有的数据，把企业数据按年度划分，称为年度账。用户以账套主管身份注册登录系统管理，可以进行年度账的引入、输出和结转上年数据、清空年度数据等操作。

3. 对系统用户及操作权限进行管理。为了保证系统及数据的安全与保密，系统管理提供了用户及功能权限的集中管理功能。通过对系统操作分工和权限的管理，一方面可以避免与业务无关的人员进入系统，另一方面可以对系统包含的各个模块的操作进行协调，以保证各负其责，使流程顺利进行。操作权限的集中管理包括定义角色、设定系统用户和设置功能权限。

4. 设立统一的安全机制。对企业来说，系统运行安全、数据存储安全是非常重要的，为此，用友 ERP-U8V10.1 软件设立了强有力的安全保障机制。系统安全管理可以监控并记录整个系统的运行过程，设置数据自动备份，清除系统运行过程中的异常任务等。

职业能力培养

通过项目的实施及运营，了解账套管理、年度账管理、用户及权限管理、视图管理的相关知识。熟练掌握账套的建立、修改、引入和输出等操作；熟练进行用户管理及权限设置；熟练使用视图管理等功能清除异常任务并保障系统的安全稳定运行。在项目实施过程中培养学生严谨认真、一丝不苟、廉洁奉公、保守财务机密等职业素养，注重数据安全的意识。

思政园地

请大家思考并讨论如何在系统管理中做好口令管理和保密工作，确保用户口令安全，确保会计信息化平台在网络和计算机环境下的安全稳定运行。想一想，如果口令外泄会造成什么后果？

系统管理员和用户口令要注意保密，经常更换，防止因口令外泄造成企业数据泄露，给企业、社会、国家造成损失和危害。

2019 年 7 月，某境外 APT(Advanced Persistent Threat，高级持久性威胁)组织仿冒我国某军工领域重点单位邮件登录界面，专门搭建钓鱼攻击平台，冒用“系统管理员”身份向该单位多名人员发送钓鱼攻击邮件。该单位职工王某点击了钓鱼攻击邮件，输入了个人邮箱账号和登录密码，导致其电子邮箱被秘密控制。之后，该 APT 组织定期远程登录王某电子邮箱收取王某邮箱内文件资料，并利用该邮箱向王某的同事、下级单位人员发送数百封木马钓鱼邮件，导致十余人下载点击了木马程序，相关人员工作计算机被控制。

我们应当坚持总体国家安全观，树立正确的网络安全意识，多层次、多维度地防范和抵御网络安全的风险与挑战。要压实各岗位数据安全防范、安全保密工作主体责任，确保各环节网络安全保密工作职责清晰、责任到人、可究可查。要把数据保密工作上升到国家安全高度，提升网络安全敌情意识和防范技能。建立保护会计数据安全、保护国家信息安全的责任意识。

典型工作任务

1. 用户及角色的增加、删除、修改和注销等操作，用户密码管理。
2. 账套的建立、修改、引入和输出等操作。
3. 用户及角色的权限分配及管理。
4. 年度账的建立、引入和输出，年度数据结转。
5. 系统安全运营维护，包括初始化及升级数据库、设置备份计划、清除异常任务、清除单据锁定、清除指定任务、管理上机日志等。

系统管理的具体工作流程如图 2-1 所示。

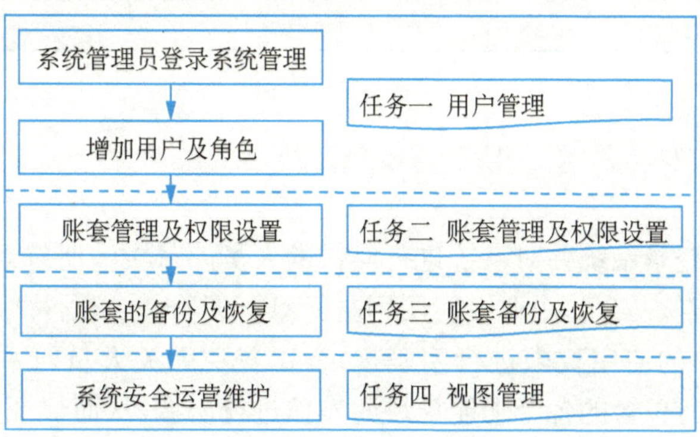

图 2-1　系统管理工作流程

任务一 用户管理

【任务场景】

会计信息往往包含着一些商业秘密，企业一般不会让所有员工都接触并掌握大量的财务数据。因此，为了使会计信息化工作能顺利进行，企业必须指定某些特定的岗位和人员来进行软件的操作，这些人员就是软件的用户。那么，如何才能让软件识别并接受这些用户呢？这就需要通过在用友 ERP-U8V10.1 软件的系统管理中增加用户和授权来实现。因此，企业实施业财一体信息化应用的时候，必须由系统管理员先在系统管理模块中将本企业相关部门的员工添加到软件平台中，员工通过“用户名＋口令”的方式登录财务软件才能进行相应的会计处理操作。

【任务目标】

1. 掌握用户的增加、删除、修改和注销等操作；
2. 能够设置或重置用户口令，确保用户能够正常登录财务系统，加强对用户口令的管理及保密工作，具备安全意识和保密意识；
3. 理解用户和角色的不同。

【任务内容】

天泽机械设备公司用户信息见表 2-1。

表 2-1 用户信息表

用户编号	用户姓名	所属部门	所属角色
01	李芳	财务部	账套主管
02	陈红	财务部	
03	刘明	财务部	
g01	赵杰	采购部	
x01	朱玲	销售部	
c01	王晶	仓储部	

【任务实施】

一、用户管理

用户是指有权登录系统并对系统进行操作的人员。每次注册登录系统，都要进行用户身份的合法性检查。因此，企业在使用用友 ERP-U8V10.1 软件之前就要指定各子系统的用户，并对用户的使用权限进行明确规定，以避免无关人员对系统进行非法操作。同时也可以对系统所包含的各个功能模块的操作进行协调，从而保证整个系统和会计数据的安全性和保密性。增加用户的具体操作步骤如下：

1. 打开系统管理。执行“开始”|“程序”|“用友 ERP-U8V10.1”|“系统服务”|“系统管理”命令，或者双击桌面上的“系统管理”图标打开系统管理模块。执行“系统”|“注册”命令，系统会显示登录界面。

2. 进行注册登录。在“登录到”框中选择正确的数据库服务器名称，也可以输入“127.0.0.1”选择默认服务器。“操作员”框中默认输入“admin”。初始密码默认为空，可以单击选中后面的“修改密码”复选框添加和修改系统管理员的登录密码。在“账套”框中下拉选择“(default)”。“语言区域”框默认为“简体中文”，如图 2-2 所示。单击“登录”按钮进入系统管理。

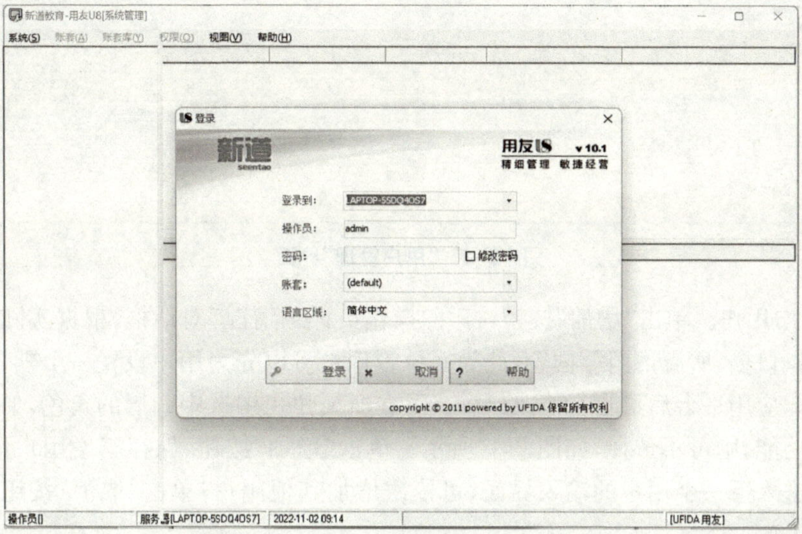

图 2-2 系统登录管理

3. 打开用户管理。执行“权限”|“用户”命令，打开“用户管理”对话框，如图 2-3 所示。对话框中会显示之前添加的用户及系统预置的用户信息，如图 2-4 所示。

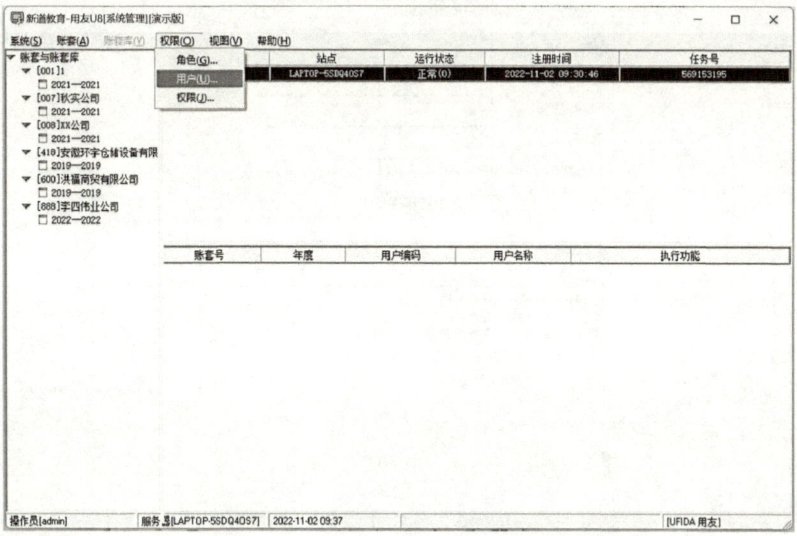

图 2-3 打开“用户管理”

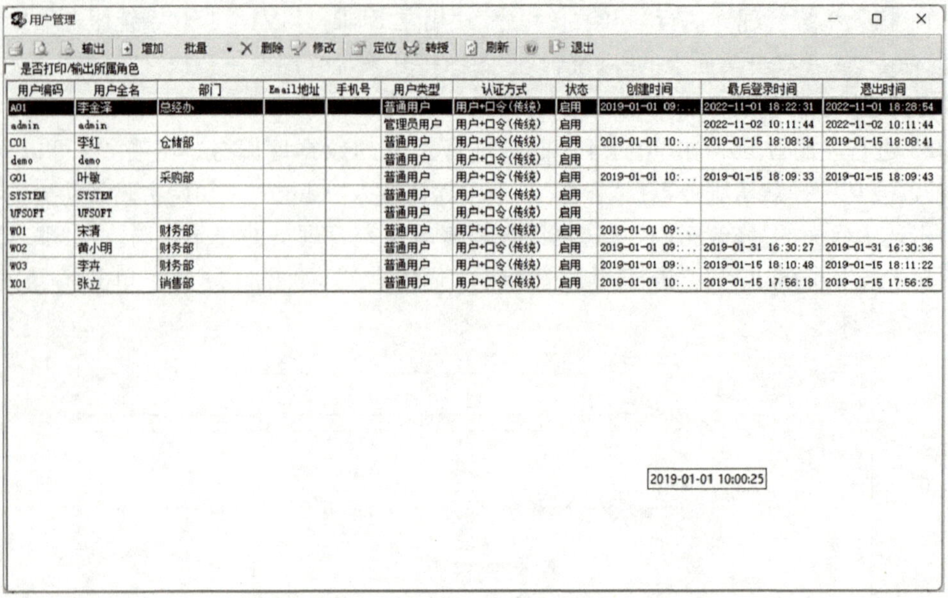

图 2-4 “用户管理”界面

4. 新增用户。单击“增加”按钮，打开“操作员详细情况”对话框，根据实际需要录入编号、姓名、口令、所属部门等内容，此处系统管理员可以先为用户设置一个默认口令，用户登录企业应用平台后可自行修改口令。可在所属角色中选中归属的角色，如果未使用角色管理功能，则可不选择，如图 2-5 所示。单击“增加”按钮，保存新增用户信息，同时系统自动进入下一个用户的输入界面，可依次增加其他用户；单击“取消”按钮则可退出新增用户界面。

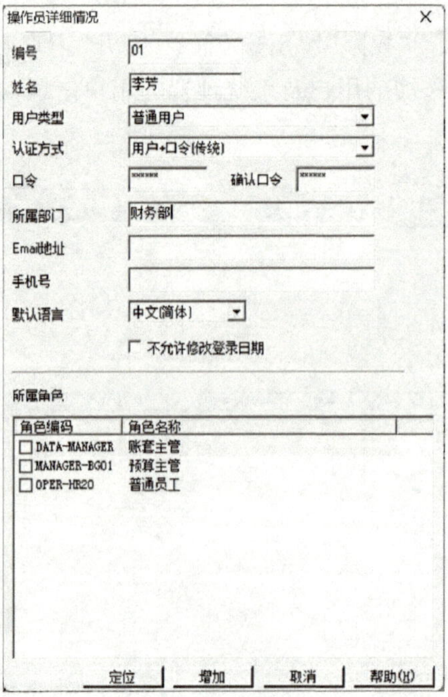

图 2-5 新增用户

注意：

(1) 编号：必须输入，不能为空，最大不能超过 20 位，不能输入数字、字母、汉字之外的非法字符。

(2) 姓名：必须输入，不能为空，最大不能超过 20 位，不能输入数字、字母、汉字之外的非法字符。

(3) 口令：可以为空，最长不能超过 20 位。

(4) 确认口令：不能输入非法字符。必须与前面输入的口令完全一致，否则不允许进行下一项内容的输入，也不允许保存该用户信息。

(5) 所属部门：可以为空，最大不能超过 20 位，不能输入非法字符。

(6) 所属角色：选择用户所属的角色。

5. 修改用户。选中要修改的用户，然后单击功能菜单中的“修改”按钮进入用户修改界面，可根据实际需要修改相关栏目的内容。如果用户忘记口令，系统管理员可以在此处为用户重置口令。注意：用户编号无法修改，如果此时发现编号不正确，只能删除后重新增加。修改完毕后，单击“确定”按钮保存修改结果，也可单击“取消”按钮放弃本次修改，如图 2-6 所示。

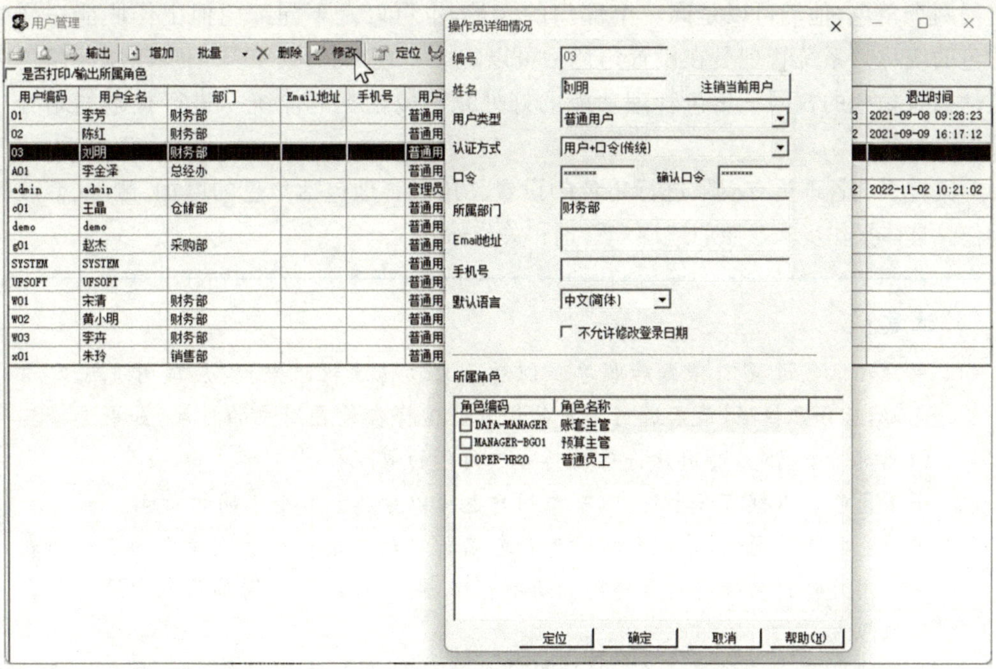

图 2-6　修改用户

6. 删除用户。选中要删除的用户，单击“删除”按钮即可删除用户。已启用的用户不能删除，如图 2-7 所示。

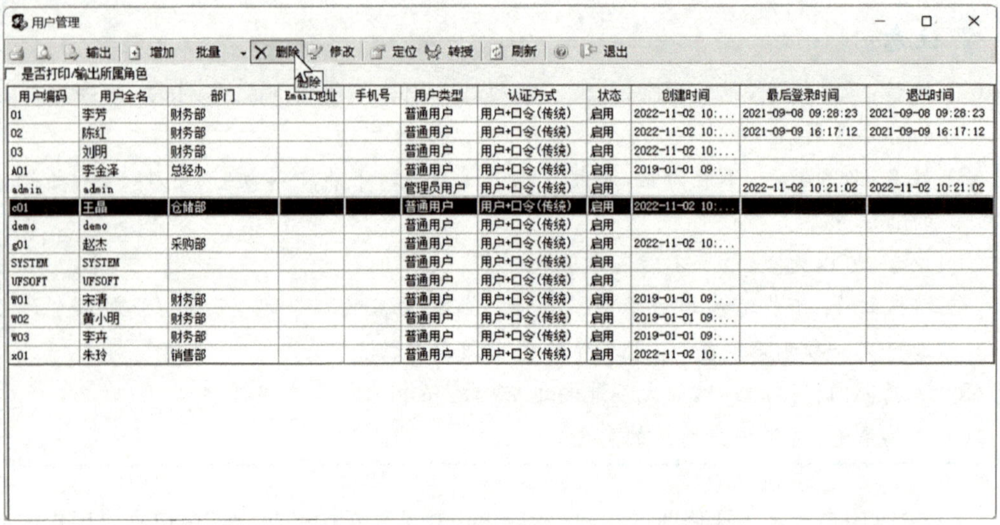

图 2-7　删除用户

二、角色管理

角色是指在企业管理中拥有某一类职能的组织，这个角色组织可以是实际的部门，也可以是由拥有同一类职能的人构成的虚拟组织。例如，实际工作中最常见的会计和出纳两个角色，他们可以是同一个部门的人员，也可以是不同部门但工作职能一样的角色的统称。系统管理员在设置角色后可以定义角色的权限，如果用户归属此角色则自动拥有角色的权限。角色管理功能的好处是可以依据职能统一进行权限的划分和设置。

只有系统管理员有权限进行角色的设置。角色管理包括角色的增加、删除、修改等操作。具体操作步骤参照前述用户管理相关步骤。

注意：

(1) 用户和角色设置不分先后顺序。但对于自动传递权限来说，应该首先设定角色，然后分配权限，最后进行用户的设置。这样在设置用户的时候，如果选择其归属哪一个角色，则用户将自动具备该角色的权限。

(2) 一个角色可以拥有多个用户，一个用户也可以分属于多个不同的角色。

(3) 若角色已经设置过，系统会将所有角色名称自动显示在角色设置中的名称列表中。用户将自动拥有所属角色的所有权限，同时可以额外增加角色中没有包含的权限。

(4) 若修改了用户的所属角色，则该用户对应的权限也随着角色的改变而相应地改变。

(5) 角色是具有同样职能的一类人的统称，其无法直接登录企业应用平台进行账务处理，只有用户才能登录系统进行相应操作。因此，在增加操作员的时候一定要注意区分角色和用户。

【知识拓展】

操作员类型说明

1. 普通用户：指登录企业应用平台、进行各种业务处理的一般用户。系统中大部分用户属于此类型。

2. 管理员用户：进行账套管理、协助系统维护的用户。他们只能登录系统管理进行操作，主要任务包括账套库备份、升级、用户/角色管理、权限管理、任务管理等。

注销用户

在修改用户的界面中，系统会在“姓名”后出现“注销当前用户”的按钮，如果需要暂时停止该用户的相应操作权限，则可单击此按钮。注销后，此按钮会变为“启用当前用户”，可以单击该按钮重新启用该用户的对应操作权限。

用户批量处理功能

单击“权限”菜单中的“用户”命令，进入“用户管理”界面，单击“批量”按钮，可以选择“生成”“修改”或“导入域账户”功能。

单击“批量”|“生成”，可以从人员档案中批量生成操作员。单击“批量”|“生成”后进入账套年度区间的选择界面，选定需要从哪个账套的哪个年度区间（账套库）中生成操作员，然后在“批量生成操作员”的界面上显示所选账套库中还未关联操作员的人员列表，逐个勾选或者通过“全选”“全消”按钮选择人员进行生成，将所选人员在当前系统中设定为操作员。

如果已有相同编码的操作员，则只把该人员与这个操作员进行关联，不新增操作员。如果勾选选项“如果存在相同编码操作员，则更新操作员档案”，则按照“修改用户”的规则更新操作员档案，同时把该人员档案和操作员建立关联关系；否则只建立关联关系而不修改已存在的操作员档案。

在用户列表界面，拖拽选择多个用户，选择“批量”|“修改”可以批量修改所选操作员的一些共有属性。

定位用户

使用“定位”功能可以在用户列表中查找相关用户，也可以在角色列表中查找所属角色。

任务二　账套管理及权限设置

【任务场景】

天泽机械设备公司是一家工业企业，是经国家税务部门核定的一般纳税人，此前一直用其他方式进行会计核算。该公司经过大量的前期准备工作，决定从 2022 年 1 月开始使用用友 ERP-U8V10.1 软件进行账务处理。因此,现在需要在用友 ERP-U8V10.1 系统中建立公司账套并进行用户的权限分配设置,以便下一步正常开展会计核算工作。

【任务目标】

1. 掌握创建账套、修改和删除账套、备份和恢复账套的操作方法;
2. 理解账套的含义和建账的意义;
3. 养成保守财务秘密、注重数据安全的职业道德和踏实认真、一丝不苟的职业习惯。

【任务内容】

1. 建账

(1) 账套号:001。

(2) 账套名称:天泽机械设备公司。

(3) 账套启用日期:2022 年 1 月 1 日。

(4) 账套主管:李芳。

(5) 单位全称:天泽机械设备公司。

(6) 单位简称:天泽公司。

(7) 单位基本情况:天泽机械设备公司是一家工业企业,是一般纳税人,主要从事机械加工业务,职工人数 15 人。单位地址:华兴市新街 358 号。法人代表:张建。纳税人识别号:71110105665627265X。记账本位币:人民币。

(8) 企业类型:工业。

(9) 行业性质:2007 年新会计制度科目,按行业性质预置会计科目。存货、客户、供应商均分类管理。有外币核算业务。编码方案见表 2-2,其余项目采用系统默认方案。

(10) 数据精度:存货数量、存货单价、开票单价、件数及换算率的小数位均为 2。

(11) 系统启用:启用总账、应收款管理、应付款管理、固定资产、薪资管理。根据需要选择启动采购管理、销售管理、库存管理、存货核算等模块。

表 2-2 编码方案表

编码项目	级次
会计科目编码	422222
客户分类编码	223
供应商分类编码	223
存货分类编码	1223
部门编码	122
地区分类编码	12
收发类别编码	12
结算方式编码	12

2. 操作员权限设置

天泽机械设备公司操作员权限分工见表 2-3。

表 2-3 操作员权限分工表

编码	姓名	所属部门	岗位	权限分工
01	李芳	财务部	财务部经理	账套主管
02	陈红	财务部	出纳	应收款管理和应付款管理中收款、付款单据处理中的卡片编辑、修改、删除、查询，选择收款和选择付款，票据管理，总账中的出纳签字、出纳
03	刘明	财务部	会计	总账：填制凭证、查询凭证、账表、期末、记账，应收款管理和应付款管理中除出纳权限之外的其他所有权限，固定资产、薪资管理、存货核算的所有权限
g01	赵杰	采购部	采购员	采购管理系统所有权限
x01	朱玲	销售部	销售员	销售管理系统所有权限
c01	王晶	仓储部	仓管员	公共单据、公共目录设置，库存管理系统所有权限

【任务实施】

账套是指在用友 ERP-U8V10.1 软件中为每一个独立核算的单位所建立的一套完整的账务体系，其作用相当于手工操作条件下明确会计核算的主体。在运行软件其他系统模块之前，需要为使用该系统的核算单位建立一个新的账套，以明确当前会计主体的核算要求，确定核算过程中应遵循的规则，并在系统中录入企业的业务背景资料。

一、新建账套

企业需要先在用友 ERP-U8V10.1 软件中建立自己企业的账套，然后才能进行相应的会计核算，新建账套的具体操作步骤如下：

1. 以 admin 的身份注册登录系统管理，然后单击“账套”菜单下的“建立”命令，如图 2-8 所示。进入“创建账套”的“建账方式”界面，选择“新建空白账套”，如图 2-9 所示。如果系统中已存在其他账套，也可以选择“参照已有账套”选项并选择具体参照的账套和会计年度进行建账。

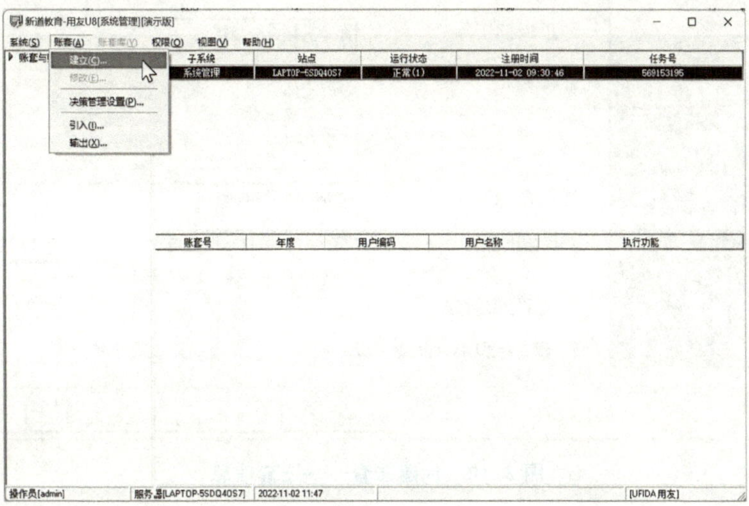

图 2-8 建立账套

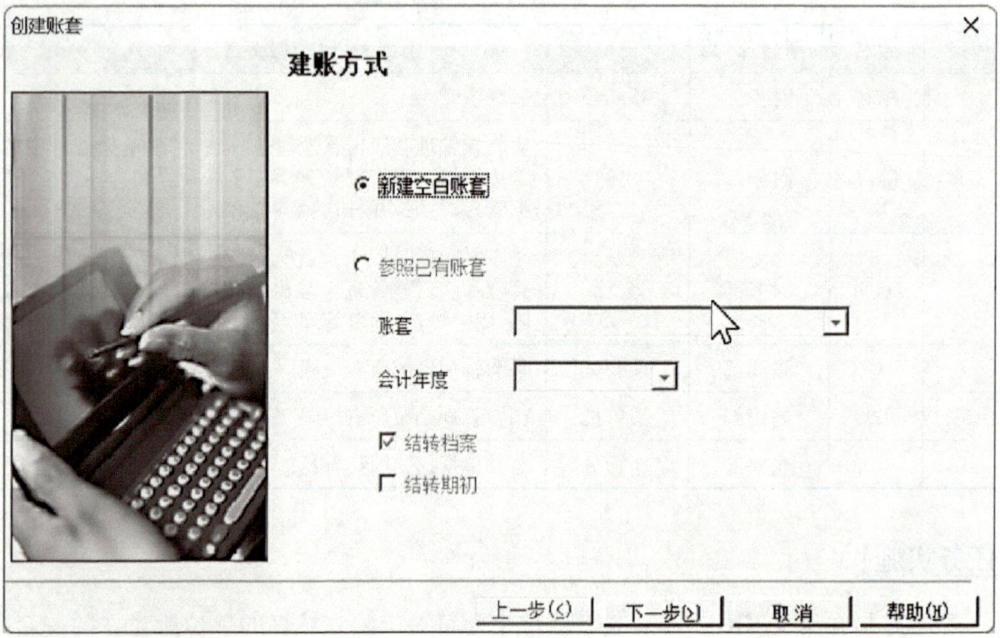

图 2-9　创建账套——建账方式

2. 单击“下一步”按钮，进入“创建账套”的“账套信息”界面，根据企业情况输入相关账套信息，如图 2-10 所示。

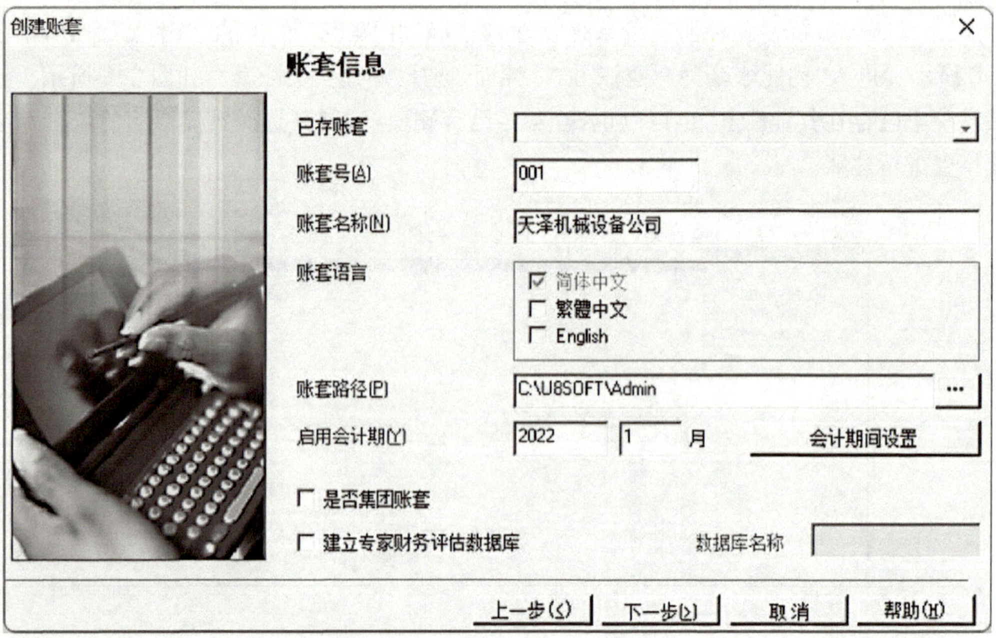

图 2-10　创建账套——账套信息

注意：

(1) 已存账套：系统将现有的账套以下拉框的形式在此栏目中表示出来，只能参照，不能输入或修改。其作用是在建立新账套时可以明确已经存在的账套，避免在新建账套时重复建立。

(2) 账套号：用来输入新建账套的编号，必须输入。可输入 3 个字符（只能是 001～999 之间的数字，而且不能是已存账套中的账套号）。

(3) 账套名称：用来输入新建账套的名称，必须输入。其作用是标识新账套的信息。

(4) 账套路径：用来输入新建账套所要保存的路径，必须输入。可以使用系统默认的路径，也可以人工更改，还可以利用按钮 ··· 进行参照输入，但不能是网络路径中的磁盘。

(5) 启用会计期：用来输入新建账套的启用时间，具体到“月”，必须输入。它是启用财务软件处理会计业务的日期，不能晚于计算机系统日期。

3. 单击“下一步”按钮，进入“创建账套”的“单位信息”界面，输入本单位的基本信息，其中单位名称必须输入，如图 2-11 所示。

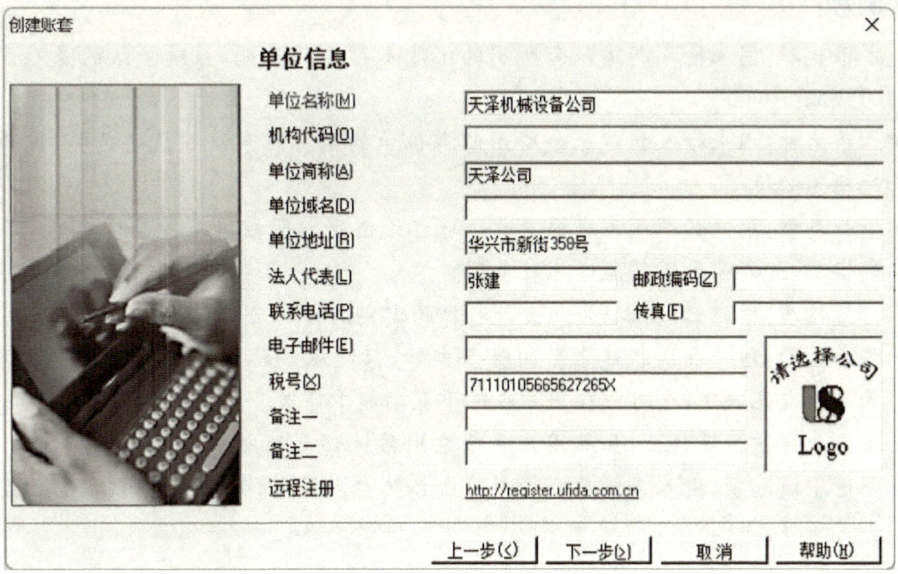

图 2-11 创建账套——单位信息

4. 单击“下一步”按钮，进入“创建账套”的“核算类型”界面，在“本币代码”中输入“RMB”，“本币名称”中输入“人民币”，“企业类型”下拉框中选择“工业”，“行业性质”下拉框中选择“2007 年新会计制度科目”，“账套主管”下拉框中选择“[01]李芳”，单击选中“按行业性质预置科目”选项，如图 2-12 所示。

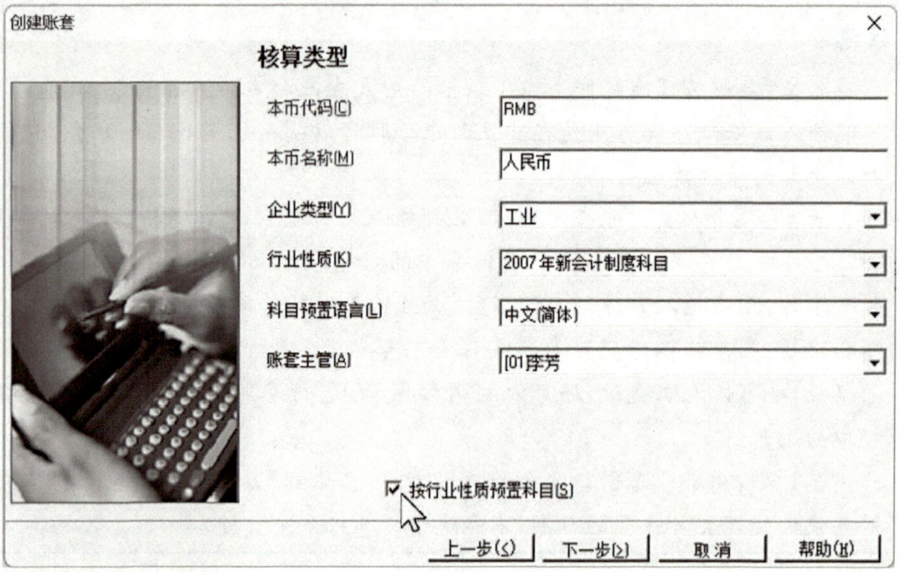

图 2-12　创建账套——核算类型

注意：

(1) 本币代码：用来输入新建账套所用的记账本位币的代码，系统默认的是人民币的代码“RMB”。

(2) 本币名称：用来输入新建账套所用的本位币的名称。系统默认的是“人民币”，此项为必填项。

(3) 企业类型：用户必须从下拉框中选择与自己企业类型相同或相近的类型。系统提供工业、商业和医药流通三种类型。

(4) 行业性质：用户必须根据企业会计科目的需要选择对应的行业。

(5) 账套主管：用来确认新建账套的账套主管，只能从下拉框中选择输入。账套主管可以在此确定，也可以在用户权限设置功能中修改。

(6) 按行业性质预置科目：如果用户希望采用系统预置所属行业的标准一级科目，则选中该选项，进入系统后会计科目由系统自动设置；如果不选，则需自己设置会计科目。

5. 单击“下一步”按钮，进入“创建账套”的“基础信息”界面，确认存货、客户、供应商是否分类及有无外币核算，如图 2-13 所示。

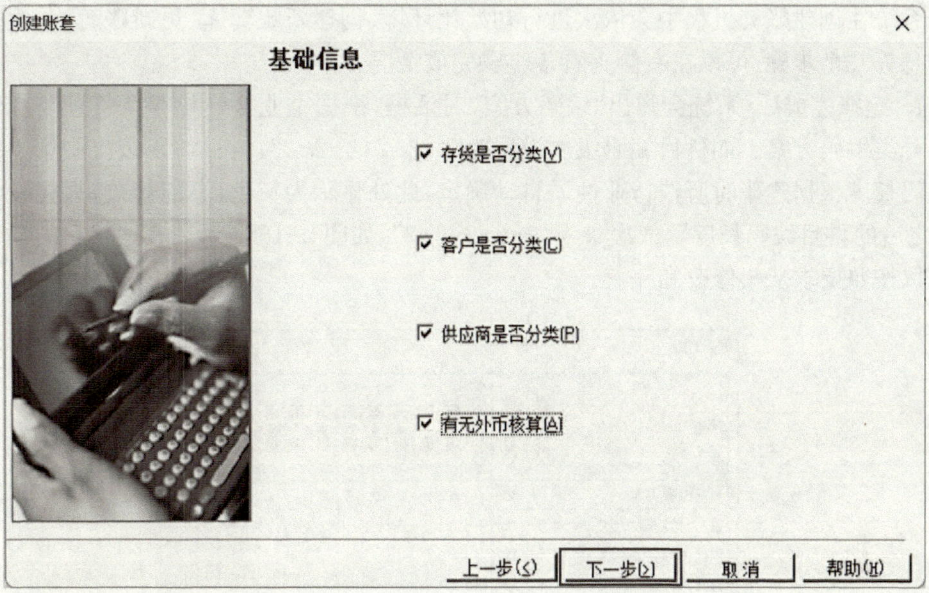

图 2-13　创建账套——基础信息

> **注意：**
>
> (1) 是否对存货、客户、供应商分类将会影响到其基础档案的设置。
>
> (2) 如果此处基础信息设置错误，可以由账套主管在“系统管理”|“账套”|“修改”中进行修改。

6. 单击“下一步”按钮，进入“开始”建账界面。确认无误后单击“完成”按钮。在弹出的“可以创建账套了么?”对话框中，单击“是”按钮，系统开始创建账套，如图 2-14 所示。

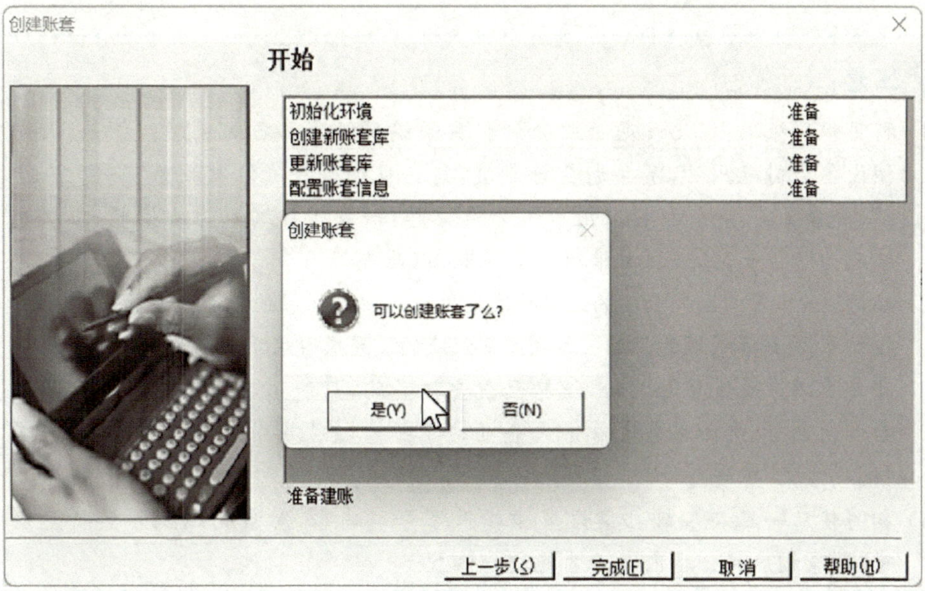

图 2-14　开始创建账套

系统在创建账套过程中会依次进行初始化环境、创建新账套库、更新账套库、配置账套信息等几个步骤,可以在右侧查看各步骤完成情况。

7. 建账完成后,系统会弹出“编码方案”对话框,根据企业会计核算及管理要求修改完善分类编码方案。如科目编码级次设置为“4-2-2-2-2-2”,科目编码级次中第 1 级科目编码长度根据建账时所选行业性质自动确定,此处显示为灰色,不能修改,只能设定第 1 级之后的科目编码长度。依次录入“2-2-2-2-2”,如图 2-15 所示。其他项目的编码方案可以按照要求从头修改和完善。

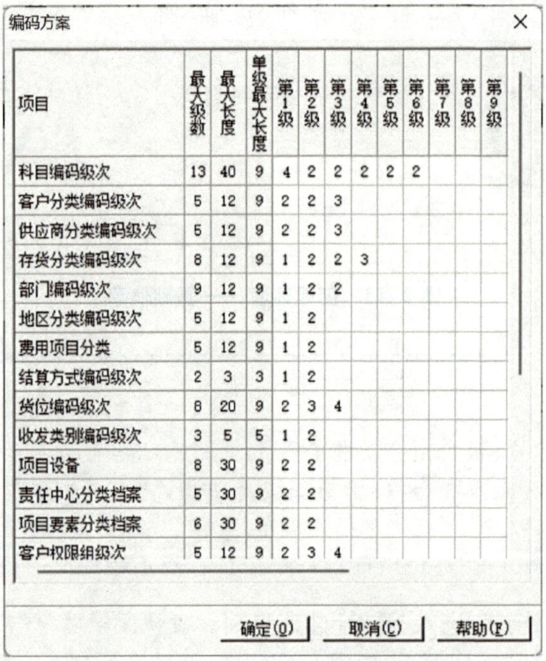

项目	最大级数	最大长度	单级最大长度	第1级	第2级	第3级	第4级	第5级	第6级	第7级	第8级	第9级
科目编码级次	13	40	9	4	2	2	2	2	2			
客户分类编码级次	5	12	9	2	2	3						
供应商分类编码级次	5	12	9	2	2	3						
存货分类编码级次	8	12	9	1	2	2	3					
部门编码级次	9	12	9	1	2	2						
地区分类编码级次	5	12	9	1	2							
费用项目分类	5	12	9	1	2							
结算方式编码级次	2	3	3	1	2							
货位编码级次	8	20	9	2	3	4						
收发类别编码级次	3	5	5	1	2							
项目设备	8	30	9	2	2							
责任中心分类档案	5	30	9	2	2							
项目要素分类档案	6	30	9	2	2							
客户权限组级次	5	12	9	2	3	4						

图 2-15 “编码方案”设置

注意:

(1) 科目编码级次:在此设定企业会计科目的编码级次和各级长度。例如,天泽机械设备公司采用 2007 年新会计制度,将科目编码级次依次设为“4-2-2-2-2-2”,其含义是:会计科目采用六级分类核算,一级科目编码为 4 位长,二级科目编码为 2 位长,三级科目编码为 2 位长,以此类推。

(2) 编码级次和各级编码长度的设置将决定单位如何编制基础数据的编号,进而构成分级核算、统计和管理的基础。各项编码级次的设置应遵从系统定义和管理需要。

(3) 此处编码方案设置好之后,该界面就会被关闭,只能通过修改账套再次将该界面调出来,或者由账套主管进入企业应用平台,在“基础设置”|“基本信息”|“编码方案”中进行修改。

(4) 相关信息一旦在基础档案设置中输入了分类内容,对应的编码方案将无法修改,删除相应的分类内容后才能进行修改。

8. “编码方案”设置好之后，单击“确定”按钮保存相关设置，再单击“取消”按钮退出“编码方案”设置界面，进入“数据精度”设置界面，如图 2-16 所示。

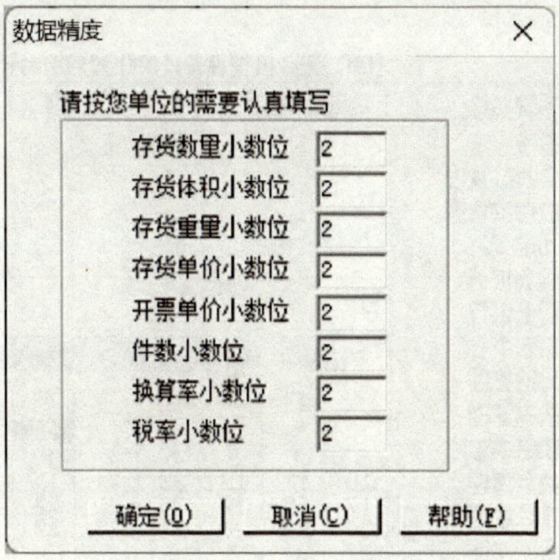

图 2-16 “数据精度”设置

9. 根据企业核算要求设置“数据精度”，然后单击“确定”按钮，系统开始更新相关单据。更新完成后会弹出系统启用提示框，如图 2-17 所示。

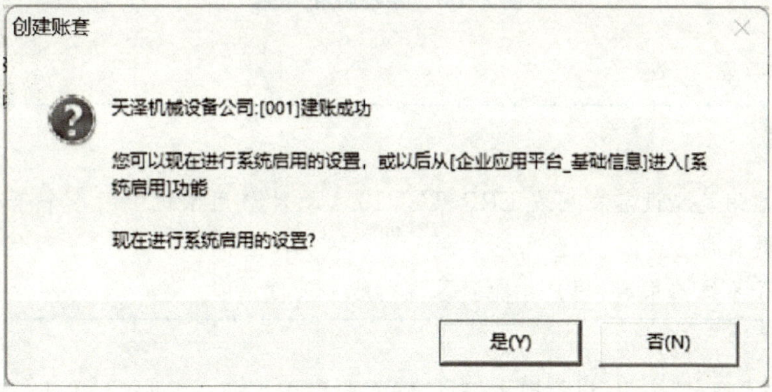

图 2-17 建账完成，系统启用

注意：

此时可以启用系统，也可进入企业应用平台，在“基础设置”|“基本信息”|“系统启用”中由账套主管进行启用。

10. 单击“是”，弹出“系统启用”窗口。

11. 根据企业会计核算要求启用相关系统。选中“总账”的系统编码“GL”前面的复选框，弹出“日历”对话框，选择启用日期“2022-01-01”，如图 2-18 所示。

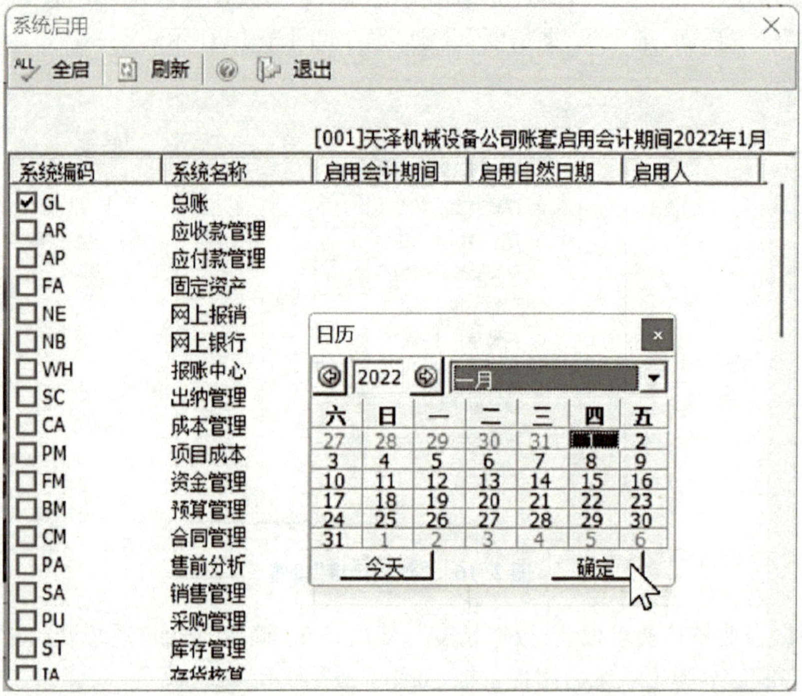

图 2-18 “系统启用”设置

注意：

(1) 系统启用是指设定在用友 ERP-U8V10.1 软件应用系统中的各个子系统开始使用的日期。

(2) 只有子系统启用后,用户才能登录进行账务处理。

12. 单击“确定”按钮,显示提示信息“确实要启用当前系统吗?”,单击“是”则可成功启用总账系统。可根据核算和管理需要依次启用固定资产、薪资管理、应收款管理、应付款管理等系统。

13. 启用完毕后,单击右上角的“退出”按钮退出系统启用窗口。此时系统弹出提示“请进入企业应用平台进行业务操作!”,单击“确定”按钮返回建账界面。单击下面的“退出”按钮返回“系统管理”界面。

二、修改账套

当系统管理员建完账后,在未进行后续操作的情况下,如果需要对某些信息进行修改,可通过修改账套重新设置。只有账套主管可以修改其具有权限的账套中的某些信息,系统管理员无权修改。具体操作步骤如下:

1. 如果已经以系统管理员身份进入了系统管理,需要执行“系统”|“注销”命令注销当前用户,如图 2-19 所示。

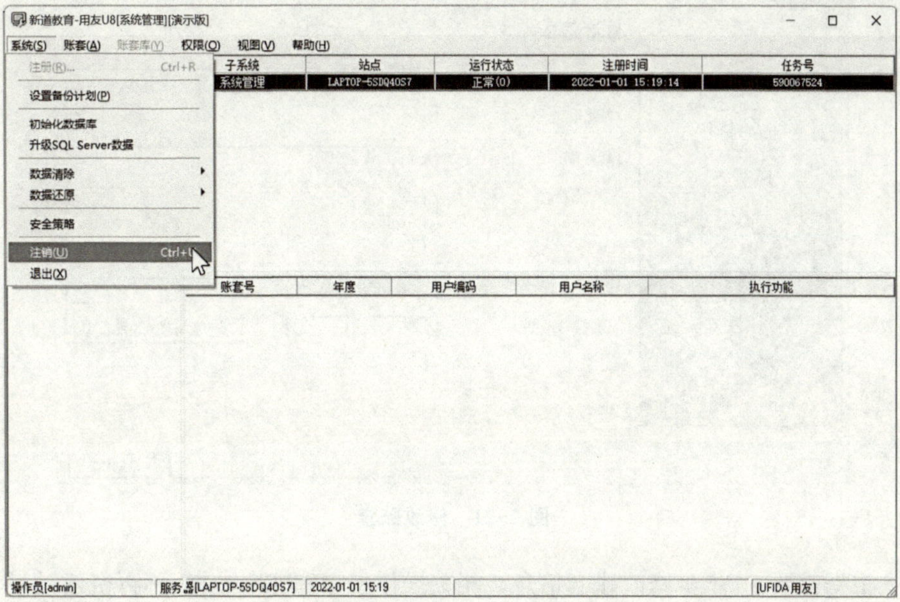

图 2-19　注销

2. 重新单击“系统”|“注册”命令，打开“登录”界面。在“操作员”框中输入账套主管的编号或者姓名，在“密码”框中输入账套主管的口令，选择需要修改的账套，单击“登录”按钮，以账套主管的身份登录系统管理，如图 2-20 所示。

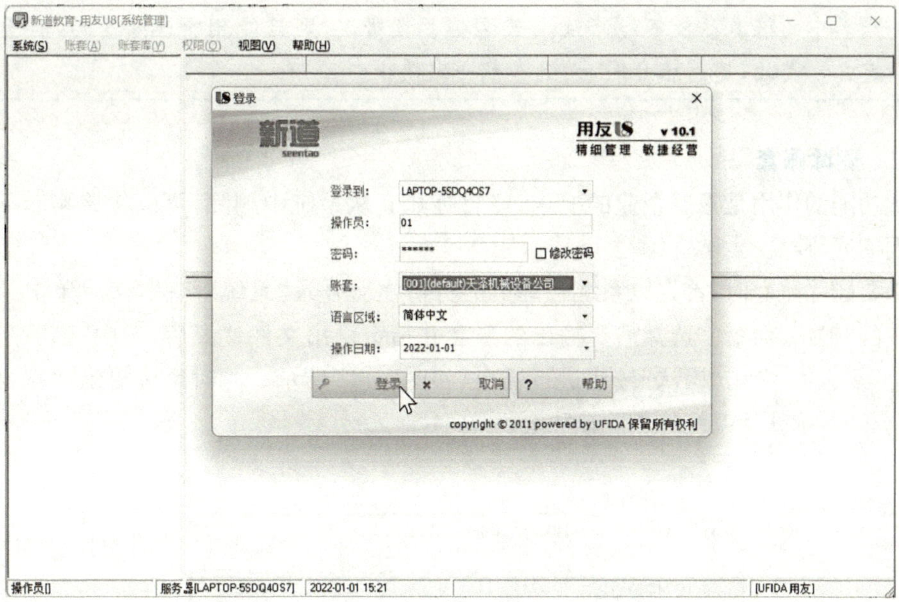

图 2-20　账套主管注册进入系统管理

3. 单击“账套”|“修改”命令，进入“修改账套”界面，如图 2-21 所示。

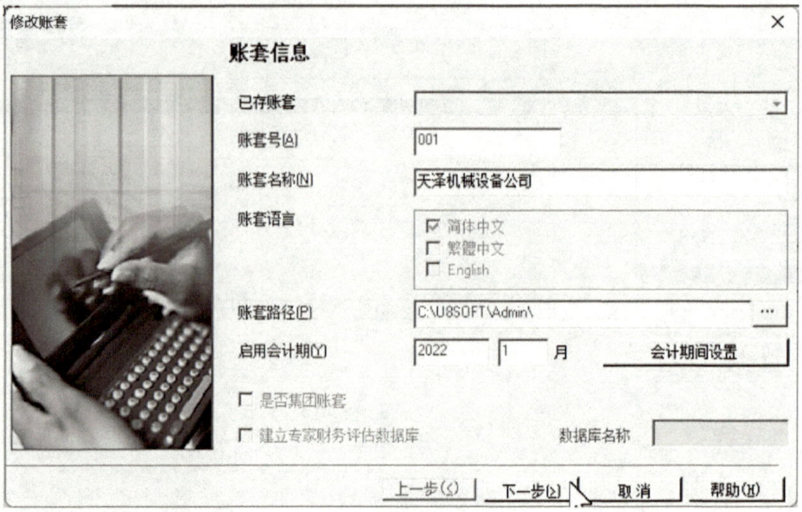

图 2-21 修改账套

4. 根据需要，一步步修改账套信息。相关操作步骤和建账一样，不再赘述，但是只能修改部分信息。

注意：

(1) 编码方案、数据精度、系统启用项目也可以由账套主管在“企业应用平台”|“基础设置”|“基本信息”中进行修改。

(2) 账套中的很多参数不能修改。若这些参数错误，则只能删除此账套后，再重新建立。因此，建立账套时，设置参数一定要小心。

三、删除账套

此功能的作用是根据企业的要求，将目标账套从系统中删除，可以将该账套下的所有数据彻底删除。

需要删除账套时，首先以系统管理员的身份注册登录“系统管理”，然后单击“账套”菜单中的“输出”命令。选择需要输出的账套并指定输出文件位置后，选中“删除当前输出账套”复选框，单击“确认”按钮进行输出，如图 2-22 所示。此时系统提示：“真要删除该账套么？”，确认后系统将删除该账套。

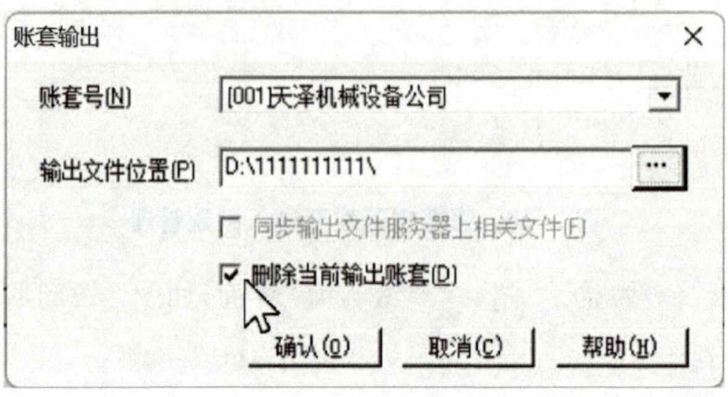

图 2-22 删除账套

如果是正在使用的账套，此时系统的“删除当前输出账套”是置灰的，即不允许选中。删除完成后，系统自动将系统管理员注销，若还需继续操作，则需要重新注册“系统管理”。需要注意的是，账套删除和账套输出备份的操作基本一样，区别只是在输出选择界面选中删除操作和完成备份后的删除确认。

四、权限设置

随着经济的发展，企业的管理要求不断变化、提高，越来越多的信息都表明权限管理必须向更细、更深的方向发展。用友 ERP-U8V10.1 软件提供集中权限管理功能，除了提供用户对各模块操作的权限之外，还相应地提供了金额的权限管理和对于数据的字段级和记录级的控制权限，不同的组合方式为企业的权限控制提供了有效的方法。用友 ERP-U8V10.1 软件可以实现三个层次的权限管理：①功能级权限管理。该权限提供划分更为细致的功能级权限管理功能，包括各功能模块相关业务的查看和分配权限。例如，赋予用户陈红对 001 账套中总账和工资管理系统的全部权限功能。②数据级权限管理。该权限可以通过两个方面进行权限控制，一个是字段级权限控制，另一个是记录级权限控制。例如，设定用户刘明只能录入某一类型的凭证或者只能审核某一特定用户填写的单据。③金额级权限管理。该权限主要用于完善内部金额控制，实现对具体金额数量划分的权限控制，对不同岗位和职位的用户进行金额级权限控制，限制他们制单时可以使用的金额上限。例如，设定用户刘明只能录入金额在 20 000 元以下的凭证。

功能权限的分配在系统管理中的权限菜单设置，数据权限和金额权限在“企业应用平台”|“系统服务”|“权限”中进行分配，如图 2-23 所示。数据权限和金额权限的设置必须在系统管理的功能权限分配之后进行。

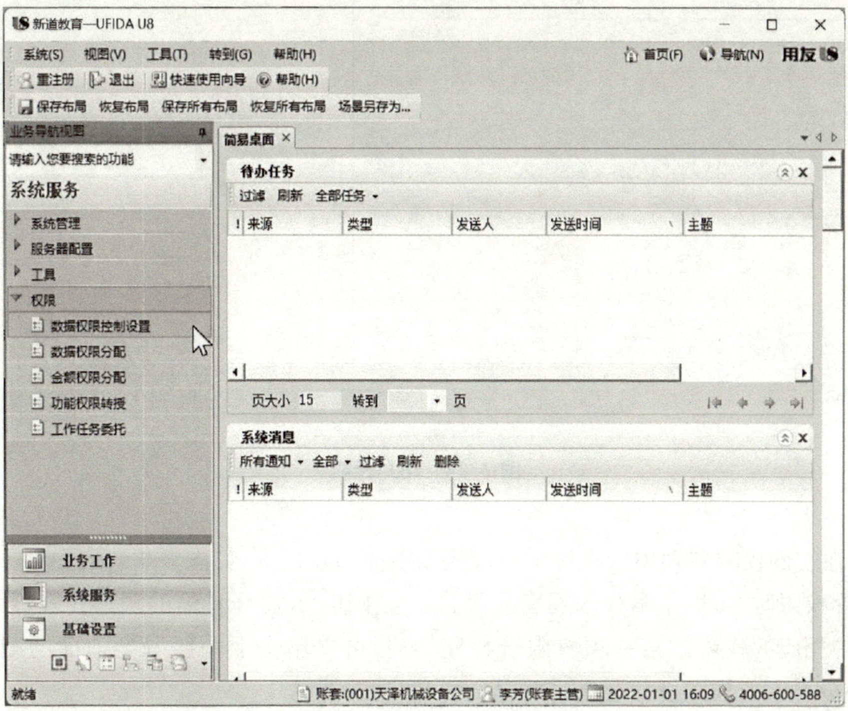

图 2-23 数据权限和金额权限设置

(一) 增加(修改)用户权限

在设置用户刘明时,如果没有给他指明所属的角色,则刘明不会拥有任何角色的权限。这种情况下可以直接给用户授权,具体操作步骤如下:

1. 以系统管理员身份登录系统管理,执行“权限”菜单下的“权限”命令,打开“操作员权限”对话框。

2. 从账套下拉列表框中选择“[001]天泽机械设备公司”账套,单击右侧下拉列表框选择相应的会计年度。单击选中左侧用户列表中的“03 刘明”用户,单击“修改”按钮,如图 2-24 所示。

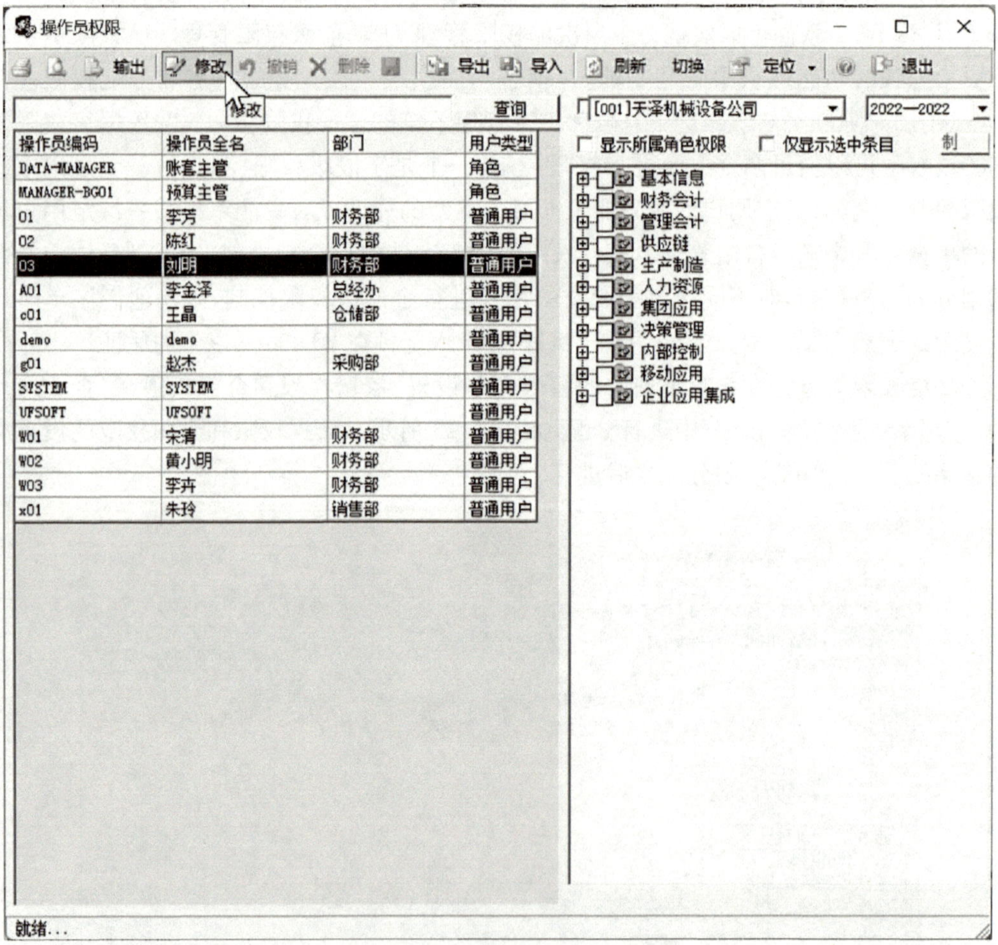

图 2-24 用户授权

3. 在右侧权限列表中依次选中对应权限前面的复选框,如图 2-25 所示。

选择权限时,可以单击权限列表前面的加号按钮⊞,展开具体的明细权限,然后依次单击选中相应的权限。某一项权限选择完毕后,可以单击上一级分类前面的减号按钮⊟,将该分类下的权限折叠起来,方便后面权限的选择。

选择过程中,如果需要选择的权限比较多,只有个别的权限不需选,那么这时候可以使用反向选择的思路进行操作，即先单击上级分类前面的复选框，选中该分类下的所有权限，然后再去掉该分类下不需要的明细权限。

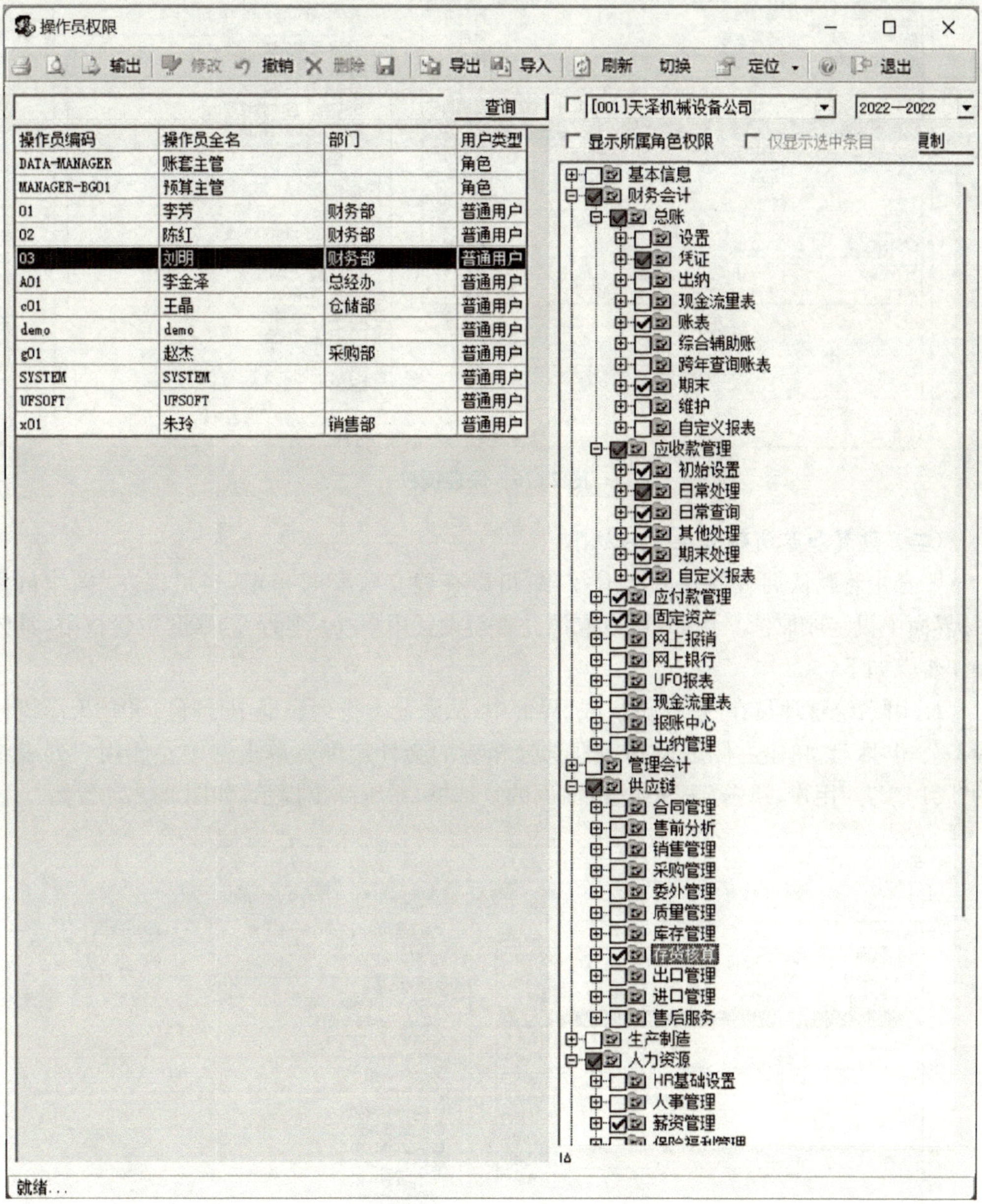

图 2-25　选择权限

4. 权限选择完毕后，单击“保存”按钮，完成权限的增加，如图 2-26 所示。

按照此方法依次设置其他操作员的权限。

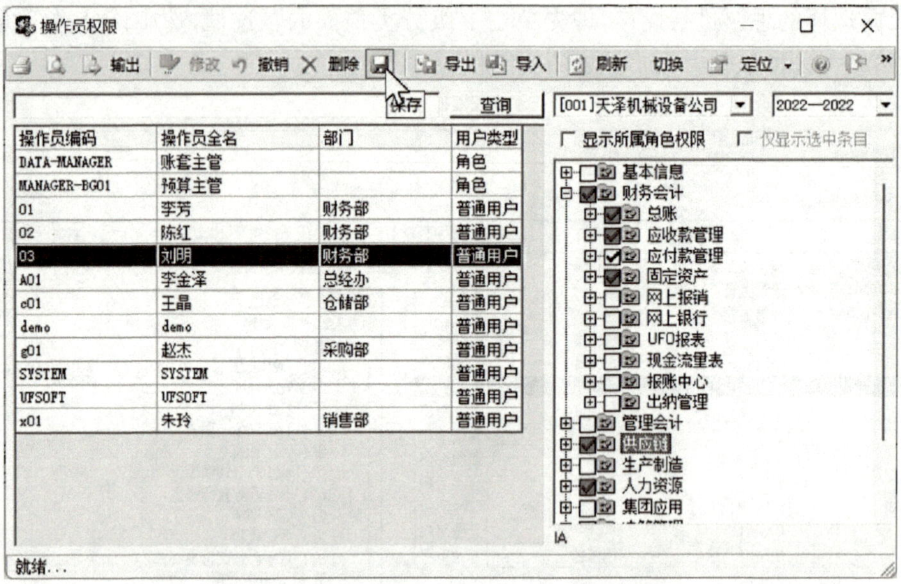

图 2-26　保存授权

(二) 设置和取消账套主管的权限

账套主管默认拥有账套的所有权限,可以在建立账套时指定,也可以在“操作员权限”界面中设定或取消。例如,可以取消并重新设置用户“01 李芳”的账套主管权限,具体操作步骤如下:

1. 由系统管理员在“操作员权限”界面中,从账套下拉列表框中选择“[001]天泽机械设备公司”账套,单击右侧下拉列表框选择相应的会计年度。单击选中左侧用户列表中的“[01]李芳”用户,单击“账套主管”前面的复选框,系统弹出提示,如图 2-27 所示。

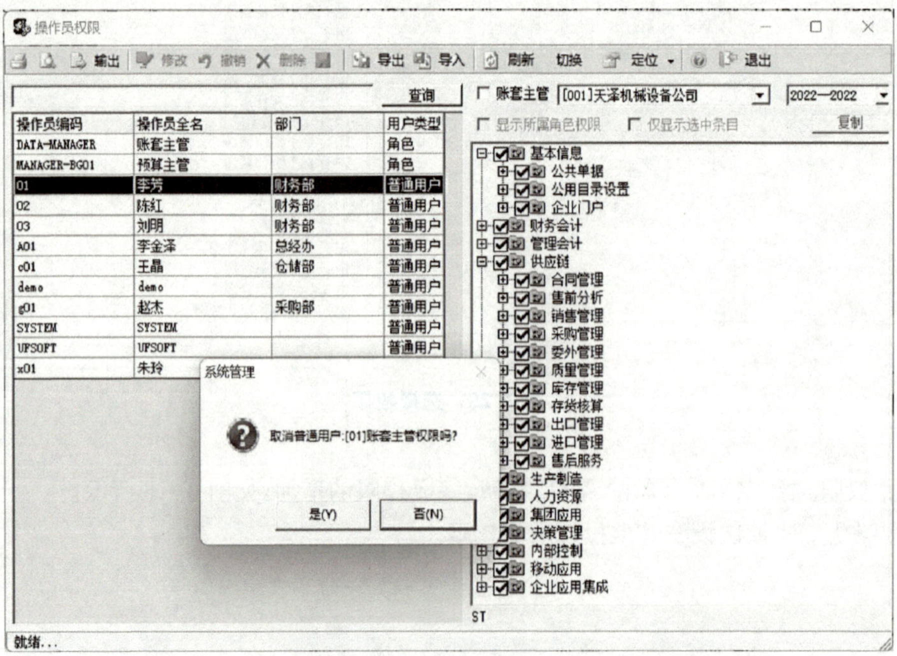

图 2-27　取消账套主管

2. 单击“是”按钮，就取消了李芳拥有的账套主管权限，右边的权限列表将显示为空，如图 2-28 所示。

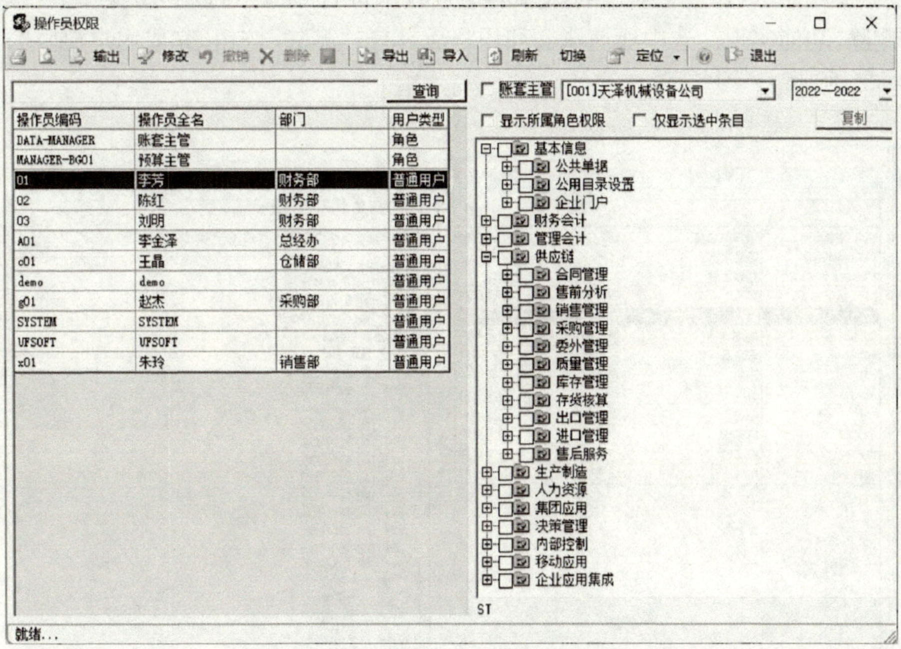

图 2-28　取消后的空白权限列表

3. 再次单击“账套主管”复选框，系统将显示“设置普通用户：[01]账套主管权限吗？”提示框，如图 2-29 所示。

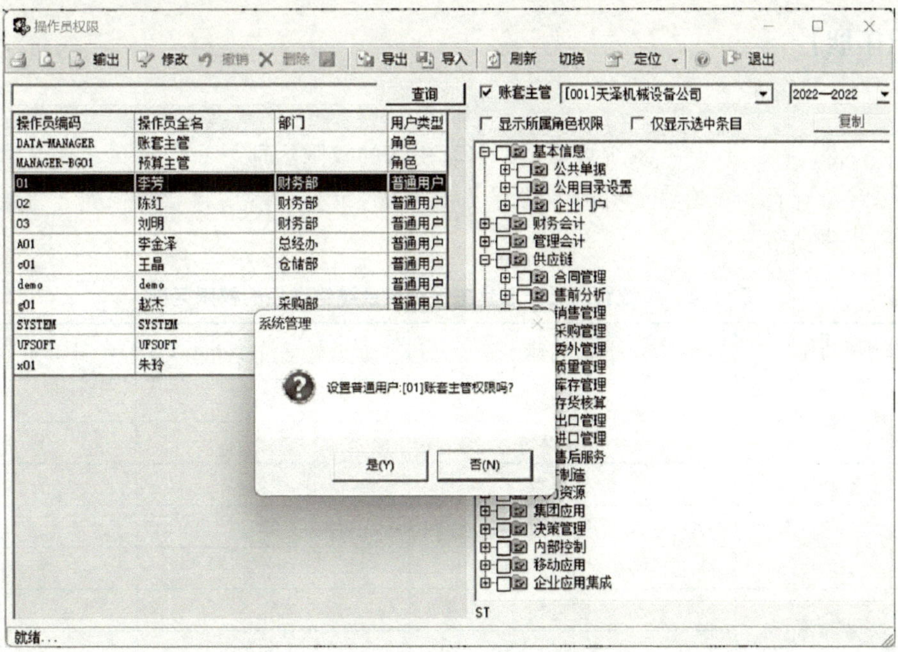

图 2-29　设置账套主管

4. 单击"是"按钮，重新将李芳设置为"001"账套的账套主管。

(三) 删除用户权限

根据实际需求，如果想对已经赋权的用户权限进行删减，可以利用操作员权限界面中的"删除"功能实现。选中所属账套和用户后，单击"删除"按钮，完成用户权限的删除，如图 2-30 所示。

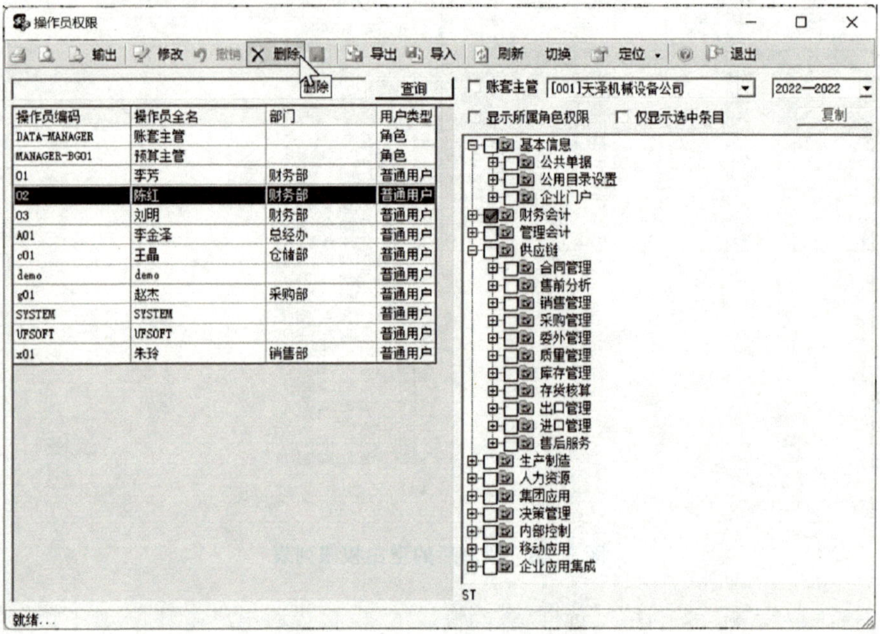

图 2-30 删除用户权限

【知识拓展】

系统管理员和账套主管的权限区别

系统管理员和账套主管都可以登录系统管理，但登录后的操作权限是不一样的，其区别见表 2-4。

表 2-4 系统管理员和账套主管登录系统管理后的权限区别

主要功能	详细功能	系统管理员(Admin)	账套主管
账套操作	新账套建立	Y	
	年度账建立		Y
账套修改	账套修改		Y
数据删除	账套数据删除	Y	
	年度账数据删除		Y
账套备份	账套输出	Y	
	年度账输出		Y

续表

主要功能	详细功能	系统管理员(Admin)	账套主管
设置备份计划	设置账套备份计划	Y	
	设置年度账备份计划	Y	
账套数据恢复	账套数据引入	Y	
	年度账引入		
	升级 SQL Server 数据	Y	
	清空年度数据		
	结转上年数据		
操作员、权限	设置角色操作	Y	
	设置用户	Y	
	分配权限		
其他操作	清除异常任务	Y	
	清除所有任务	Y	
	清除选定任务	Y	
	清退站点	Y	
	清除单据锁定	Y	
	上机日志	Y	
	视图	Y	

权限分工及内部控制

由于会计信息具有保密性，必须由专人来操作会计核算软件。此外，会计工作中有一些不相容岗位，因此必须对用户进行权限分工，以此在管理上形成一定的内部牵制。

1. 严格遵守会计信息化有关制度，主要包括：开停机制度和上下岗操作记录制度；操作过程中发现障碍应及时报告系统管理员，并做好故障记录；严格遵守会计数据、会计信息检查审核制度和安全保密制度等。

2. 负责本单位会计核算软件操作运行；负责系统日常会计数据、会计信息的汇集、输入、处理、输出、打印和储存；负责备份的操作运行，保证会计数据、会计信息的及时性、准确性和完整性。

任务三　账套的备份及恢复

【任务场景】

企业实际运营中，存在很多不可预知的不安全因素，这些因素的存在有可能对系统安全造成致命的损害。因此，对于企业系统管理员来讲，应该及时地将企业的数据存储到不同的介质上，做好数据备份。同时，财务部门更换相关工作设备之后或者有其他管理需要时,也需要及时将账套数据恢复到新的设备中,以保证账务处理工作能正常连续进行。用友 ERP-U8V10.1 软件对财务数据的存储备份功能是通过软件的输出功能来实现的。对于异地管理的公司,财务数据的备份和恢复有利于解决审计和数据汇总的问题。

【任务目标】

1. 掌握账套的备份(输出)和恢复(引入)等专业知识,并能理解数据备份的意义;
2. 在掌握专业知识的基础上能够熟练地进行账套的引入、输出等操作,确保账套数据的安全;
3. 养成细心谨慎、严格认真的职业素养,注重数据安全,具备保密意识。

【任务内容】

在计算机上建立备份文件夹,对账套数据进行输出备份,同时设置备份计划,确保账套数据的安全。

【任务实施】

一、账套备份

账套备份就是将系统中的账套数据备份到硬盘或其他存储介质上。如果系统内的账套已经不需要再保留,也可以使用账套备份中的删除账套功能进行账套删除。

现将 001 账套备份到“D:\2022 年 1 月”文件中,具体操作步骤如下:

1. 在“我的电脑”D 盘中建立名为“2022 年 1 月”的文件夹。

2. 以系统管理员身份登录系统管理,执行“账套”|“输出”命令,如图 2-31 所示。打开“账套输出”对话框。从“账套号”下拉列表中选择要输出的账套“[001]天泽机械设备公司”,单击“输出文件位置”框右侧的参照按钮 ··· ,如图 2-32 所示。

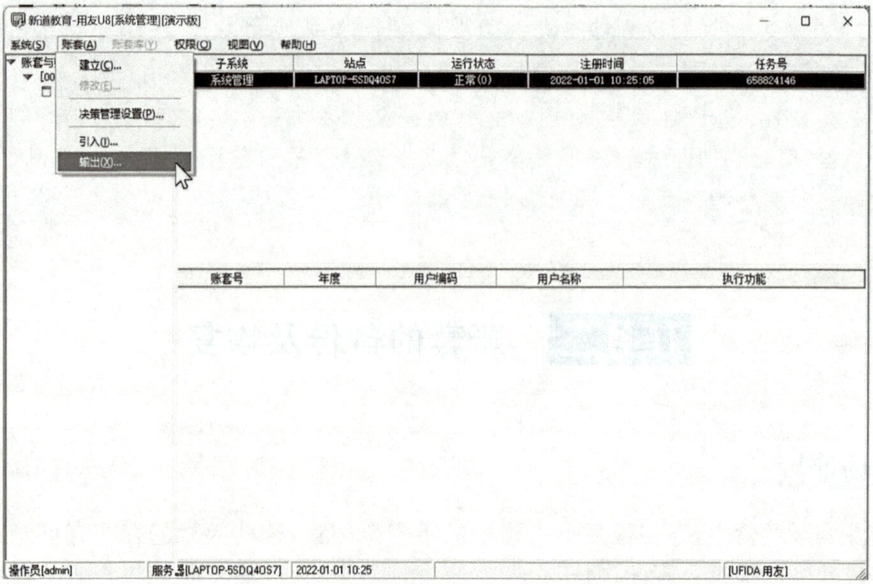

图 2-31 账套输出

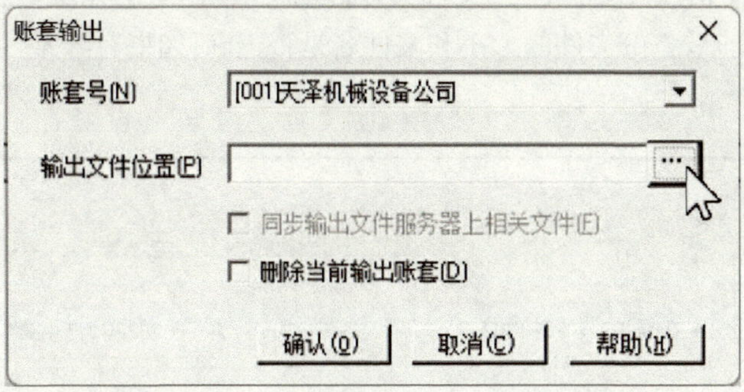

图 2-32　选择输出账套及保存位置

3. 在弹出的对话框中双击选中 D 盘中的“2022 年 1 月”文件夹，单击“确定”按钮，如图 2-33 所示。

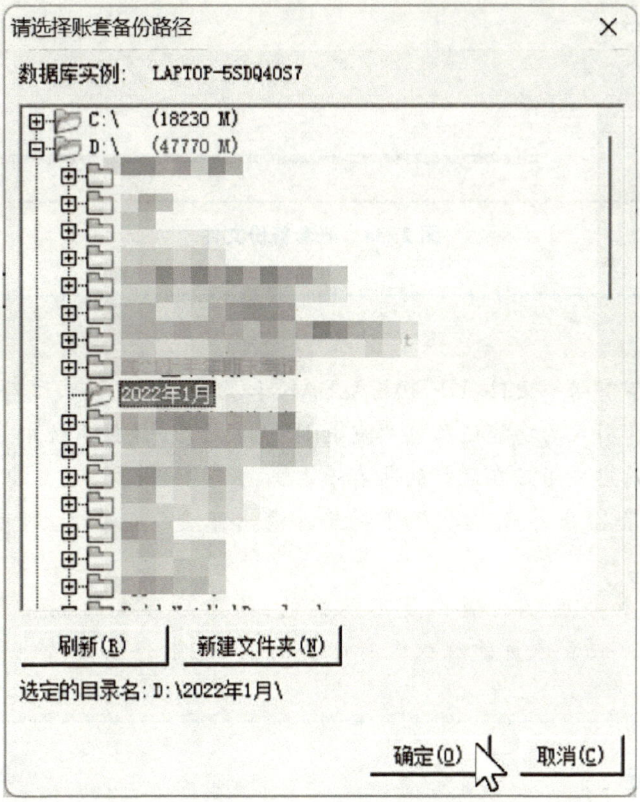

图 2-33　选择输出账套路径

4. 选择完要输出的账套和输出文件位置之后，如果不想在系统中保留此账套的数据，可选中“删除当前输出账套”复选框。如果仅仅是备份，系统中不需要删除该账套，则无需选择此项。单击“确认”按钮，系统自动对所选账套数据进行备份，备份完成后弹出“输出成功”的提示，单击“确定”按钮完成账套备份。

5. 打开 D 盘中的"2022 年 1 月"文件夹，可以看到输出后的账套数据文件，如图 2-34 所示。请注意认真查看备份文件的大小和文件名是否正确，如果有异常，可删除后重新输出备份。

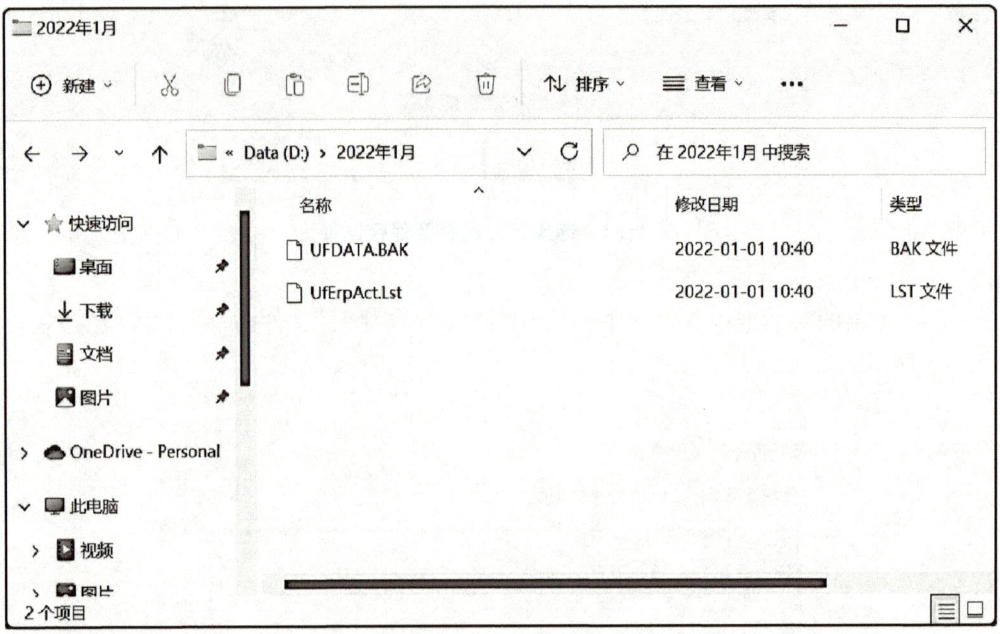

图 2-34　账套备份文件

注意：

(1) 备份路径下有两个文件：UFDATA. BAK 和 UfErpAct. Lst，这两个备份文件只能通过账套引入的功能还原到用友 ERP-U8V10.1 软件系统中。

(2) 备份账套前应关闭正在运行的所有子系统。

(3) 如果在账套输出界面选中"删除当前输出账套"复选框，则可以删除当前账套。

(4) 账套输出和年度账的输出是不一样的，输出后形成的备份文件也各不相同。只有系统管理员才有权进行账套的输出，账套主管只能进行年度账的输出。

二、账套恢复

账套恢复是将硬盘或其他存储介质的账套备份数据恢复到财务软件系统中。以将"D:\2022 年 1 月"文件夹中的 001 账套备份数据恢复到软件平台中为例，具体操作步骤如下：

1. 以系统管理员身份注册进入系统管理，执行"账套"|"引入"命令，打开"请选择账套备份文件"对话框，选中 D 盘"2022 年 1 月"文件夹中的"UfErpAct. Lst"文件，如图 2-35 所示。

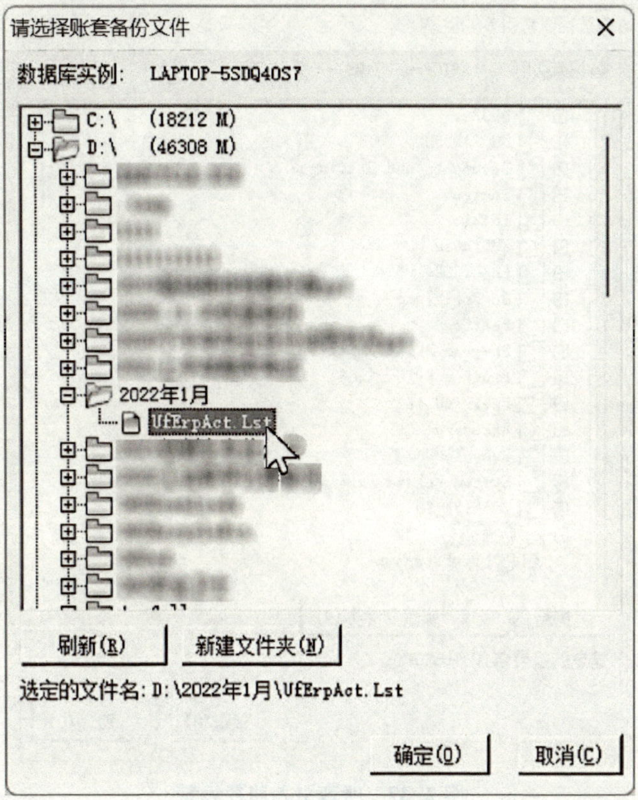

图 2-35　选择引入账套

2. 单击“确定”按钮，系统弹出“请选择账套引入的目录”提示框，如图 2-36 所示。

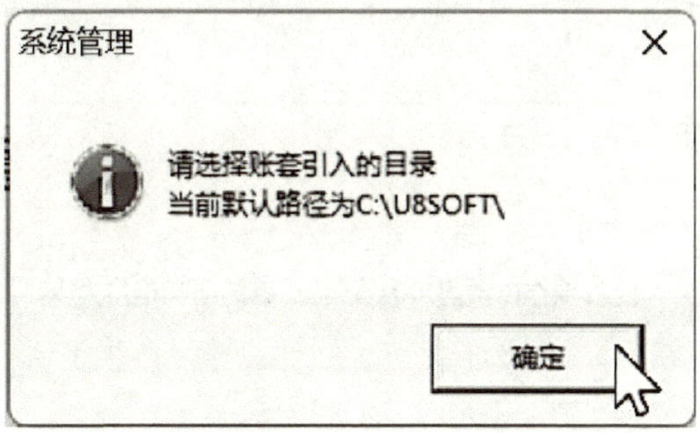

图 2-36　确认引入路径

3. 单击“确定”按钮，弹出选择路径对话框，如图 2-37 所示。系统默认路径为“C:\U8SOFT”，此处根据实际情况和需要可以更改引入路径。

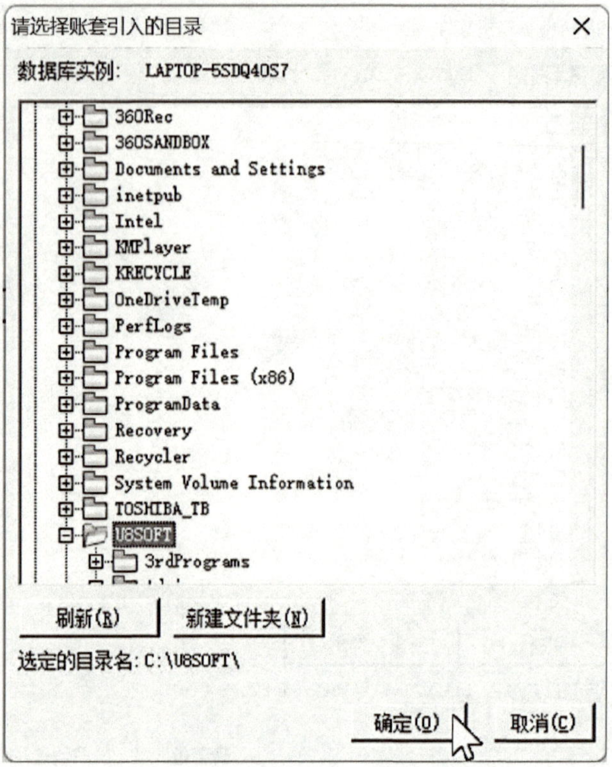

图 2-37　账套引入路径设置

4. 引入路径设置好之后,单击“确定”按钮,如果系统中存在 001 账套的信息,则会弹出“此项操作将覆盖[001]账套当前的所有信息,继续吗?”提示框,如图 2-38 所示。如果要覆盖,则单击“是”按钮完成引入,也可单击“否”按钮取消账套引入。

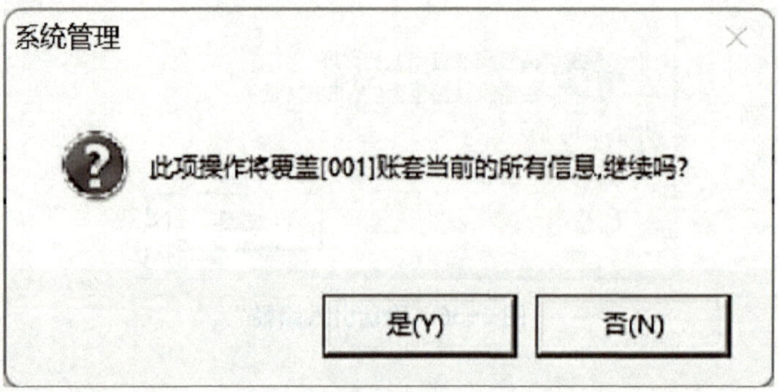

图 2-38　覆盖当前账套提示框

5. 单击“是”按钮之后，系统会自动进行账套数据的引入，引入完成后提示“[001]账套引入成功!”，单击“确定”按钮完成账套引入工作。

三、年度账管理

年度账管理主要包括建立年度账、年度账的备份和恢复、结转上年数据、清空年度账等操作。对年度账的管理只能由账套主管进行。

1. 建立年度账。对于以前已经使用用友 ERP-U8V10.1 软件进行会计核算的企业，新年度到来时应首先建立新年度核算体系，即建立年度账，再进行与年度账相关的账务处理。

2. 年度账的备份和恢复。年度账操作中的备份和恢复与账套中的备份和恢复的目的基本一致，都是对数据的备份与恢复。但两者的数据范围不同，年度账操作中备份和恢复的不是整个账套的全部数据，而是账套中某一年度的数据。为了区分这两种不同类型的备份文件，系统会用特定的文件名称或扩展名来进行标识。

3. 结转上年数据。一般情况下，企业是持续经营的，因此企业的会计工作是一个连续性的工作。每到年末启用新年度账时，就需要将上年度相关账户的余额及其他信息结转到新年度账中。如果企业管理信息系统涵盖了财务、业务等多个模块，进行年度数据结转时还要注意先后顺序。第一次使用软件进行账务处理时不存在上年数据，所以结转上年数据的功能不能使用。

4. 清空年度数据。如果年度数据中错误太多，或不希望将上年度的余额或其他信息全部转到下一年度，这时候便可使用清空年度数据的功能。“清空”并不是指将年度账的数据全部删除，而是还要保留一些信息，如账套基础信息、系统预置的科目报表等。保留这些信息主要是为了方便使用清空后的年度账重新做账。

【知识拓展】

除了可以人工进行数据的备份和恢复外，用友 ERP-U8V10.1 软件还提供了设置自动备份计划的功能，其作用是自动定时对设置的账套或年度账进行备份和输出。利用该功能可以实现定时、自动输出多个账套，有效减轻了系统管理员的工作量，保障了系统数据的安全。

设置备份计划的工作由系统管理员在系统管理中通过“系统”|“设置备份计划”来完成，具体操作步骤如下：

1. 在D盘中新建“账套备份”文件夹。

2. 以系统管理员身份在“系统管理”窗口中运行“系统”|“设置备份计划”功能。

3. 单击“增加”按钮，打开“增加备份计划”窗口。

4. 录入计划编号、计划名称、发生频率、开始时间等信息，单击上方的“增加”按钮设置备份路径，单击“[001]天泽机械设备公司”前的复选框选择需要自动备份的账套，如图 2-39 所示。

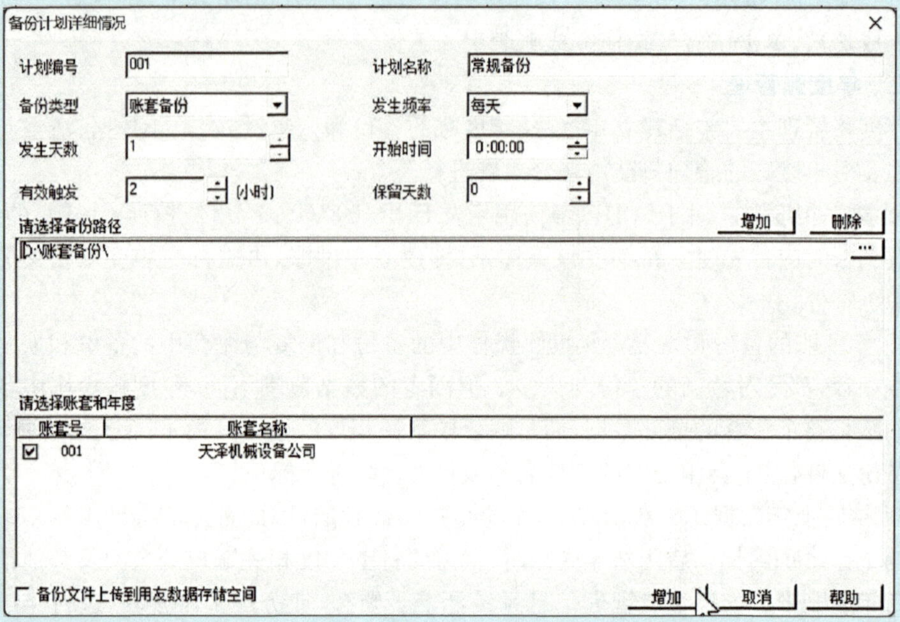

图 2-39 设置自动备份计划

5. 单击下方的"增加"按钮,完成自动备份计划的设置。

任务四 视图管理

【任务场景】

企业在使用用友 ERP-U8V10.1 软件进行账务处理的过程中,一些不可预见的原因可能会导致财务软件系统运行异常。为了确保财务核算工作的正常进行,系统管理员需要使用相关的功能清除这些异常任务,以确保系统安全稳定运行。

【任务目标】

1. 掌握清除异常任务、清除单据锁定的专业知识;
2. 理解刷新功能和上机日志的意义;
3. 在掌握专业知识的基础上能够熟练解决由于突发原因造成财务系统运行异常的问题,确保用友 ERP-U8V10.1 软件能够安全稳定地运行。

【任务内容】

完成清除异常任务、清除选定任务、清除所有任务、清退站点、清除单据锁定等功能的操作。查看和使用上机日志记录软件的运行情况，做好上机日志的输出备份工作。

【任务实施】

用友 ERP-U8V10.1 软件系统在运行过程中，一些计算机硬件或软件的问题可能导致财务系统运行异常，此时可利用视图管理功能清除异常业务。

一、刷新

系统管理一个很重要的用途就是对各个子系统的运行情况进行适时的监控。为此，系统将正在登录的子系统及其正在执行的功能在系统管理界面上列示出来，以便系统管理员或账套主管进行查看和监控。

从图 2-40 的“系统管理”界面可以看出，系统管理的功能列表分为上、下两部分，上面列示的是曾登录到软件的子系统，下面列示的是子系统中正在执行的功能。查看时可在上面选中一个子系统，下面将自动列示出该子系统中正在执行的功能。这两部分的内容都是动态的，它们都将根据系统的执行情况而自动变化，如果想看最新的情况，就需要使用刷新功能来实时更新列表中的内容。

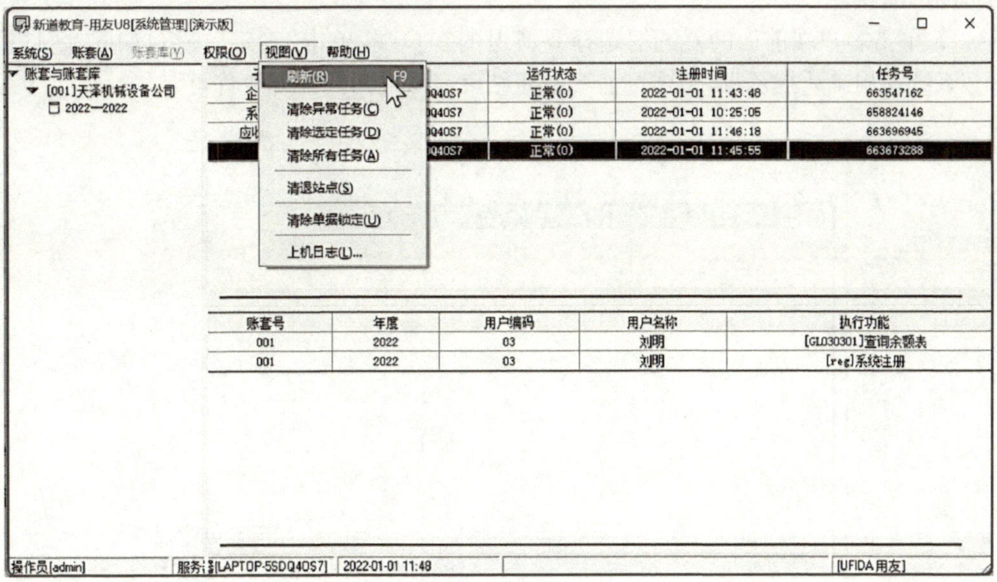

图 2-40 刷新系统管理界面

注意：

此功能在进行“清除异常操作”和“清除单据锁定”后尤为有效，通过刷新可以将异常情况更新为正常状态。

二、清除异常任务、清除所有任务、清除选定任务

1. 用友 ERP-U8V10.1 软件除了提供手动清除异常任务的功能之外，还提供了自动处理异常任务的功能，不用每次必须由系统管理员登录系统管理后手工清除。

在使用过程中,可在用友 ERP-U8V10.1 软件的服务管理器中设置服务端异常和服务端失效的时间,提高使用过程中的安全性和效率。如果服务端超过异常限制时间未工作或由于不可预见的原因非法退出某系统,则视此为异常任务,在系统管理主界面显示"运行状态异常",系统会在到达服务端失效时间时自动清除异常任务。在等待时间内,也可单击"视图"菜单中的"清除异常任务"命令,自动删除异常任务。任务的运行情况都被记录在上机日志中。

2. 用友 ERP-U8V10.1 软件提供清除当前界面所有任务的功能。单击"清除所有任务"命令,即可清除当前的所有任务。

3. 用友 ERP-U8V10.1 软件提供手动清除特定任务的功能。选择要清除的任务,单击"清除选定任务"命令,可以强制结束该任务。

三、清退站点

系统管理员可以使用"清退站点"的功能选定客户端手动清除任务,同时释放该客户端占用的所有产品许可,具体操作步骤如下:

1. 由系统管理员登录系统管理,单击"视图"菜单下的"清退站点"命令。弹出"清退站点"对话框,对话框中列出了目前占用加密点的客户端,同时列示了这些客户端上正在执行的产品功能。

2. 单击客户端前面的复选框选择要清退的客户端,单击"确定"按钮,如图 2-41 所示。系统弹出确认提示框,单击"确定"按钮结束客户端门户并释放许可。

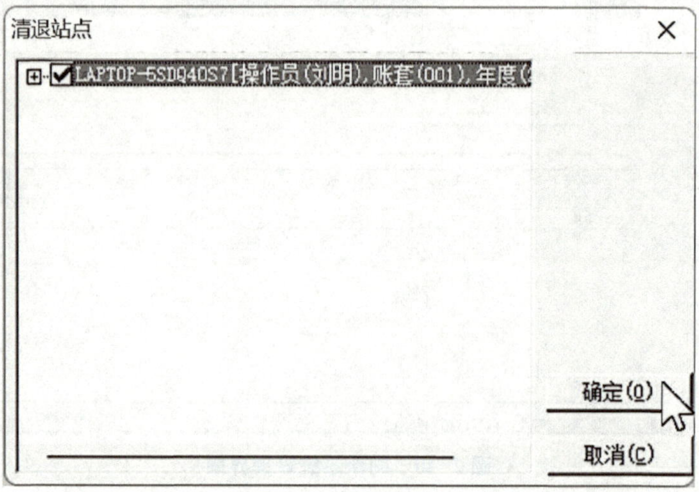

图 2-41 "清退站点"对话框

3. 被清退客户端上弹出提示,等待 15 秒后强制结束客户端的门户进程。

四、清除单据锁定

用友 ERP-U8V10.1 软件系统在使用过程中,一些不可预见的原因可能会造成单据锁定,此时单据将不能正常操作,可以使用"清除单据锁定"的功能恢复单据的正常使用。

以系统管理员身份注册进入系统管理,单击"视图"菜单下的"清除单据锁定"命令,在弹出的“删除工作站的所有锁定”对话框中，单击选中需要清除的内容。单击“确定”按钮完成单据锁定的清除，如图 2-42 所示。

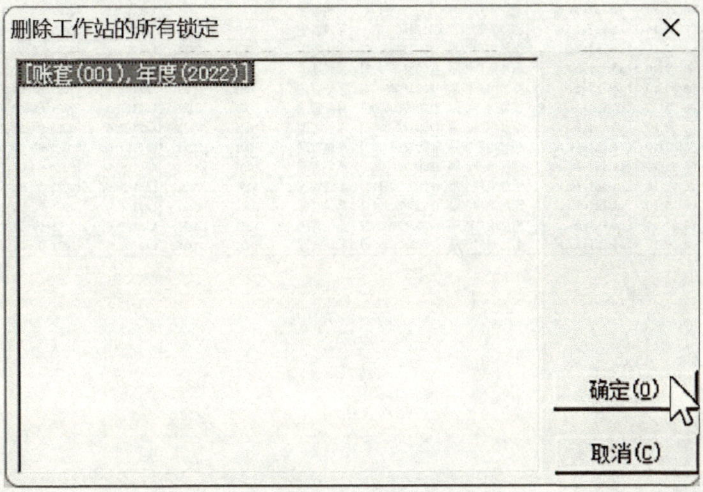

图 2-42　清除单据锁定

五、上机日志

为了保证系统的安全运行，系统随时对各个产品或模块的每个用户的上下机时间、操作的具体功能等情况进行登记，形成上机日志，使所有的操作都有所记录、有迹可循。上机日志可以进行输出、过滤、排序、刷新等操作，具体操作步骤如下：

1. 以系统管理员身份注册进入系统管理。
2. 单击“视图”菜单中的“上机日志”命令，弹出“日志过滤”对话框，如图 2-43 所示。

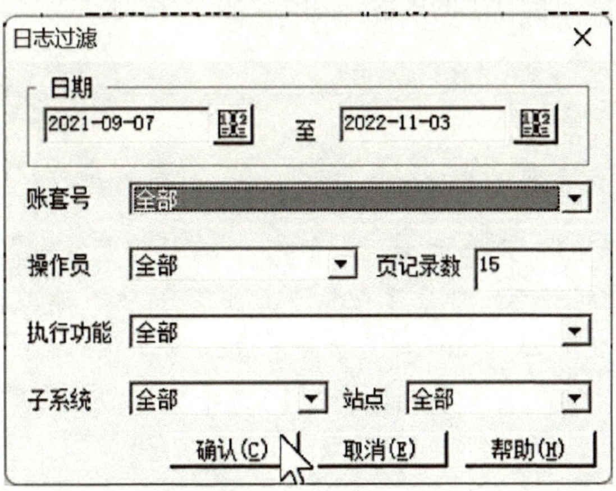

图 2-43　“日志过滤”对话框

3. 设置好相关过滤条件后，单击“确认”按钮进入上机日志，如图 2-44 所示。

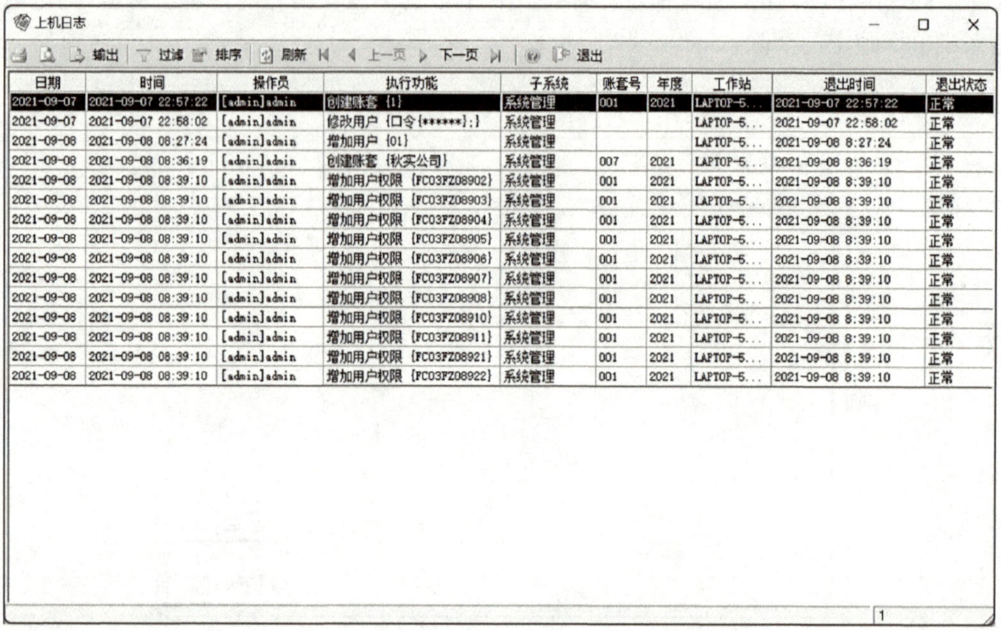

日期	时间	操作员	执行功能	子系统	账套号	年度	工作站	退出时间	退出状态
2021-09-07	2021-09-07 22:57:22	[admin]admin	创建账套 {1}	系统管理	001	2021	LAPTOP-5...	2021-09-07 22:57:22	正常
2021-09-07	2021-09-07 22:58:02	[admin]admin	修改用户 {口令{******};}	系统管理			LAPTOP-5...	2021-09-07 22:58:02	正常
2021-09-08	2021-09-08 08:27:24	[admin]admin	增加用户 {01}	系统管理			LAPTOP-5...	2021-09-08 8:27:24	正常
2021-09-08	2021-09-08 08:36:19	[admin]admin	创建账套 {秋实公司}	系统管理	007	2021	LAPTOP-5...	2021-09-08 8:36:19	正常
2021-09-08	2021-09-08 08:39:10	[admin]admin	增加用户权限 {FC03FZ08902}	系统管理	001	2021	LAPTOP-5...	2021-09-08 8:39:10	正常
2021-09-08	2021-09-08 08:39:10	[admin]admin	增加用户权限 {FC03FZ08903}	系统管理	001	2021	LAPTOP-5...	2021-09-08 8:39:10	正常
2021-09-08	2021-09-08 08:39:10	[admin]admin	增加用户权限 {FC03FZ08904}	系统管理	001	2021	LAPTOP-5...	2021-09-08 8:39:10	正常
2021-09-08	2021-09-08 08:39:10	[admin]admin	增加用户权限 {FC03FZ08905}	系统管理	001	2021	LAPTOP-5...	2021-09-08 8:39:10	正常
2021-09-08	2021-09-08 08:39:10	[admin]admin	增加用户权限 {FC03FZ08906}	系统管理	001	2021	LAPTOP-5...	2021-09-08 8:39:10	正常
2021-09-08	2021-09-08 08:39:10	[admin]admin	增加用户权限 {FC03FZ08907}	系统管理	001	2021	LAPTOP-5...	2021-09-08 8:39:10	正常
2021-09-08	2021-09-08 08:39:10	[admin]admin	增加用户权限 {FC03FZ08908}	系统管理	001	2021	LAPTOP-5...	2021-09-08 8:39:10	正常
2021-09-08	2021-09-08 08:39:10	[admin]admin	增加用户权限 {FC03FZ08910}	系统管理	001	2021	LAPTOP-5...	2021-09-08 8:39:10	正常
2021-09-08	2021-09-08 08:39:10	[admin]admin	增加用户权限 {FC03FZ08911}	系统管理	001	2021	LAPTOP-5...	2021-09-08 8:39:10	正常
2021-09-08	2021-09-08 08:39:10	[admin]admin	增加用户权限 {FC03FZ08921}	系统管理	001	2021	LAPTOP-5...	2021-09-08 8:39:10	正常
2021-09-08	2021-09-08 08:39:10	[admin]admin	增加用户权限 {FC03FZ08922}	系统管理	001	2021	LAPTOP-5...	2021-09-08 8:39:10	正常

图 2-44 “上机日志”界面

4. 为了方便查看上机日志,系统提供过滤功能来过滤上机日志的内容。单击工具栏上的“过滤”按钮,在界面中根据自己的需要输入过滤条件,单击“确认”按钮,系统将自动按照设定的过滤条件来对上机日志的内容进行重新过滤,并将过滤后的内容显示出来;如果想放弃,可单击“放弃”按钮。

5. 为了方便查看上机日志,系统还提供了“排序”的功能,选择要进行排序的列,然后单击“排序”按钮。

6. 上机日志是动态的,它随着系统的使用情况不断发生变化,因此要想看到最新的上机日志就要实时刷新上机日志的内容,即单击“刷新”按钮。

【知识拓展】

如何删除上机日志?

系统管理员可以输出、查看、过滤上机日志,或者根据需要对上机日志进行排序和刷新。但不能删除上机日志。如果需要管理上机日志,执行备份删除、恢复日志等操作,则需要以安全管理员“SAdmin”的身份登录后在“系统”菜单下的“数据清除”“数据还原”中进行。

账套数据备份

在电脑中建立一个文件夹并按日期命名,然后将账套输出备份到这个文件夹中。在账套的备份和使用过程中,要养成良好的数据安全和保密意识。

03 项目三

基础档案设置与维护

项目综述

用友 ERP-U8V10.1 软件的系统各模块的正常使用和顺利实施，都要依赖于企业基础档案的精细设计和精准设置。同时，根据企业经营的变化情况，加强对企业基础档案的维护也必不可少。企业基础档案设置与维护的主要功能如下：

1. 设置基本信息。该功能可以进行系统启用、编码方案设置、数据精度设置等。

2. 设置基础档案。该功能可以进行机构人员设置、客商信息设置、存货设置、财务档案设置、收付结算设置和业务档案设置等。

3. 设置与维护标准单据。该功能可以对单据格式和单据编号方式进行设置和维护。

职业能力培养

通过项目的实施及运营，了解企业基本信息和基础档案设置的相关知识。根据企业实际经营情况，熟练进行编码方案设置和数据精度设置；熟练进行企业基础档案的设置；熟练掌握标准单据设置与维护等操作。在项目实施过程中培养学生严谨认真、一丝不苟的职业习惯，强化规则意识和服务精神，注重原则性和灵活性的有机融合。

思政园地

请大家思考并讨论企业基础档案在用友系统应用中的地位和意义，如何才能确保企业基础档案设置够用、实用？如果基础档案设置不恰当会造成什么后果？企业基本信息如果设置得不合适，会对后续的使用产生什么影响？

新型冠状病毒感染疫情暴发后，为了满足防控治疗的需要，2020 年 1 月 23 日，中国建筑三局（以下简称“中建三局”）临危受命承建武汉火神山、雷神山医院。在项目建设过程中，中国建筑三局建设团队事先做好顶层设计，明确质量标准，组建 13 支青年突击队，制定“小时制”作业地图，搭建工程“大数据”，穿插提效施工工艺，并分专业、片区 24 小时轮班作业，科学组织 40 000 余名现场人员、3 500 余台套大型设备昼夜兼程，在亿万“云监工”的注视下展现“中国速度”，先后用 10 余个昼夜高质量完成了面积近 11.4 万平方米、病床 2 600 张的“两山医院”项目。为决胜武汉新型冠状病毒感染疫情防控立下了汗马功劳。

2020 年 4 月,中建三局武汉火神山、雷神山医院建设团队获得第 24 届“中国青年五四奖章集体”。2020 年 12 月,中建三局被国资委党委授予第五届“央企楷模”称号。

中建三局在筹建“两山医院”的过程中,充分发挥团队协作的精神,做好顶层设计,树立系统观念,强化规则意识,精巧组织,严密监控,保证质量,有序推进,最终按期交付项目,实现了预定目标。在服务社会、建设国家的过程中,公司本身也实现了高质量发展。

我们应当拥有系统思维,强化规则意识,做好顶层设计,把基础工作做实做好,才能为后续的工作打下良好的基础。

典型工作任务

1. 基本信息设置,包括系统启用、编码方案设置、数据精度设置等操作。
2. 基础档案设置,包括机构人员设置、客商信息设置、存货设置、财务档案设置、收付结算设置和业务档案设置等操作。
3. 单据格式设置。
4. 单据编号设置。

企业基础档案设置与维护具体工作流程如图 3-1 所示。

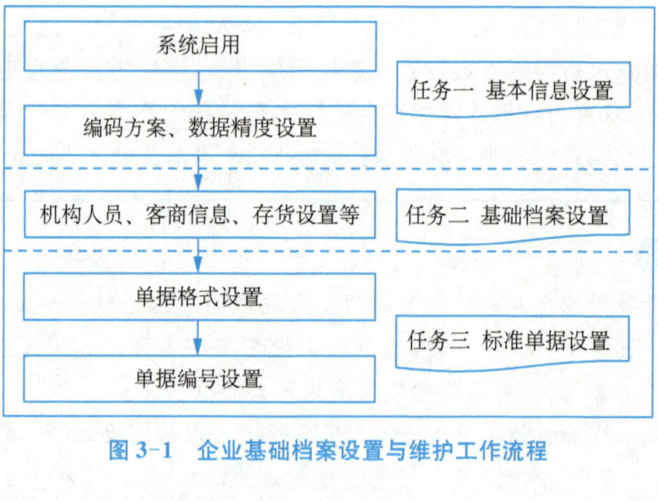

图 3-1 企业基础档案设置与维护工作流程

任务一 基本信息设置

【任务场景】

为了使企业会计信息化工作能顺利进行,企业首先要根据运营的需要启用相应的功能模块系统和设置数据精度要求。

天泽机械设备公司是一家工业企业，为了提质增效，计划实施和推进会计信息化工作。李芳作为账套主管，她需要考虑启用哪些功能模板系统，同时，为了达到数据结构化标准，她还需要设置数据精度要求。

【任务目标】

1. 掌握系统启用、设置数据精度等操作方法；
2. 能够根据企业实际情况启用相应的系统，设置合理的数据精度要求；
3. 具备规则意识和系统观念，理解设置数据精度要求的意义。

【任务内容】

(1) 账套号：001。

(2) 账套名称：天泽机械设备公司。

(3) 账套启用日期：2022 年 1 月 1 日。

(4) 账套主管：李芳。

(5) 单位全称：天泽机械设备公司。

(6) 单位简称：天泽公司。

(7) 单位基本情况：天泽机械设备公司是一家工业企业，是一般纳税人，主要从事机械加工业务，职工人数 15 人。单位地址：华兴市新街 358 号。法人代表：张建。纳税人识别号：71110105665627265X。记账本位币：人民币。

(8) 企业类型：工业。

(9) 行业性质：2007 年新会计制度科目，按行业性质预置会计科目。存货、客户、供应商均分类管理。有外币核算业务。

【任务实施】

一、系统启用

企业在使用用友 ERP-U8V10.1 软件时需要启用指定的子系统，只有事先启用对应的各子系统，后续才能正常使用相应的功能。启用哪些子系统需要根据企业的实际需要来进行选择，按需启用。

系统启用的具体操作步骤如下：

1. 打开企业应用平台。选择“开始”|“程序”|“用友 ERP-U8V10.1”|“企业应用平台”，或者双击桌面上的“企业应用平台”图标打开企业应用平台。

2. 注册登录。在“登录到”框中选择正确的数据库服务器名称，也可以输入“127.0.01”选择默认服务器。“操作员”框中默认输入“01”。初始密码默认为空，在“账套”框中选择“[001]”，“语言区域”框默认为“简体中文”，在“操作日期”框中输入“2022-01-01”，如图 3-2 所示。单击“登录”按钮。

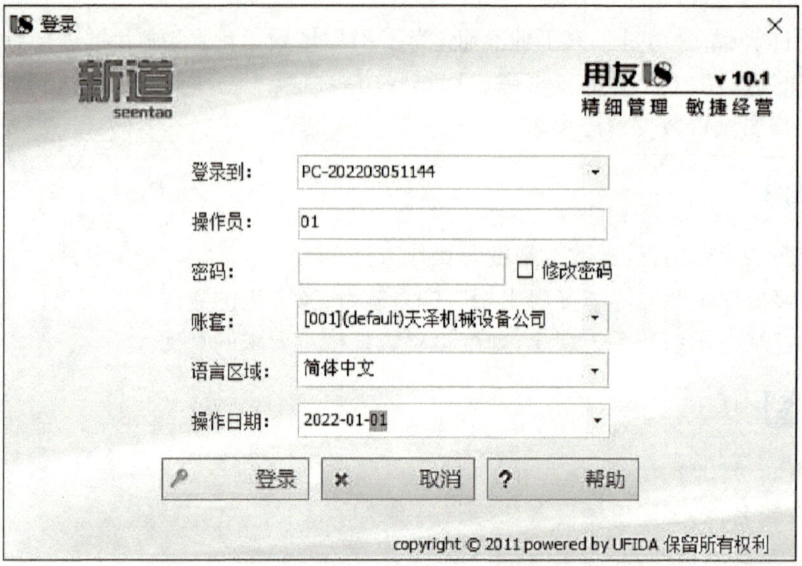

图 3-2 登录企业应用平台

3. 系统启用。登录企业应用平台后,执行“基础设置”|“基本信息”|“系统启用”命令,打开“系统启用”对话框,勾选“总账”,启用会计期间为“2022-01”,启用自然日期为“2022-01-01”,完成对总账系统的启用。同理,启用应收款管理、应付款管理、固定资产、薪资管理等系统,如图 3-3、图 3-4 所示。

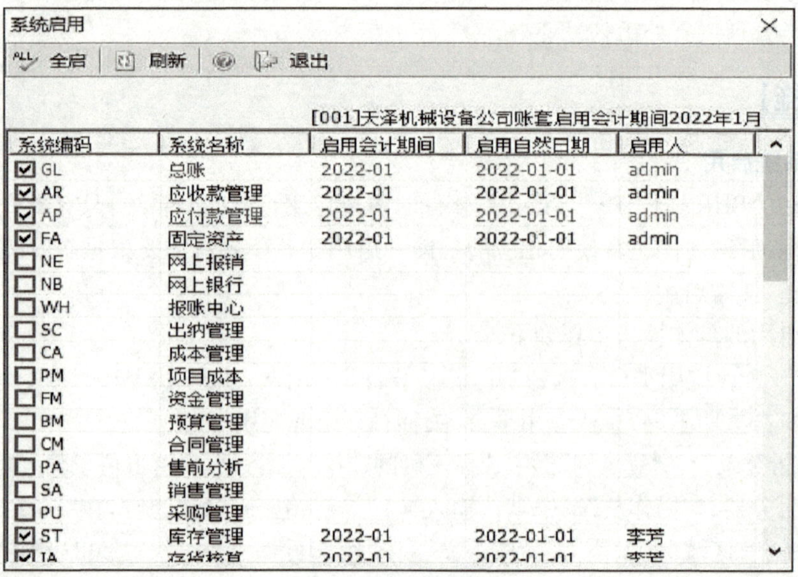

图 3-3 启用系统

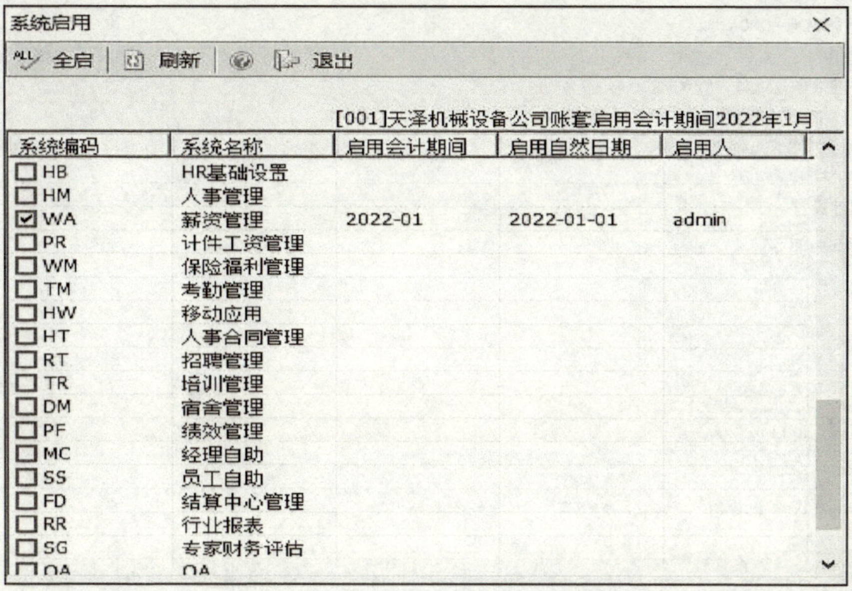

图 3-4　启用薪资管理系统

二、编码方案设置

编码方案见表 3-1,其余项目采用系统默认方案。

表 3-1　编码方案

编码项目	级次
会计科目编码	422222
客户分类编码	223
供应商分类编码	223
存货分类编码	1223
部门编码	122
地区分类编码	12
收发类别编码	12
结算方式编码	12

编码方案设置的具体操作步骤如下:

1. 打开编码方案设置窗口。在“基础设置”选项卡中,执行“基本信息”|“编码方案”命令,打开“编码方案”设置窗口,如图 3-5 所示。

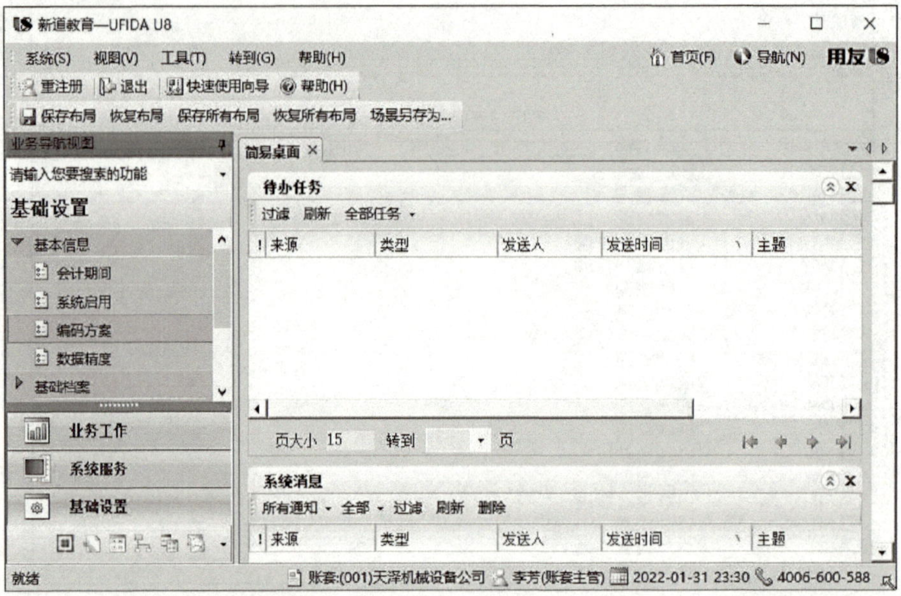

图 3-5 打开“编码方案”

2. 进行具体设置。按照要求,设置科目编码级次分别为“4-2-2-2-2-2”,设置客户分类编码级次为“2-2-3”,设置供应商分类编码级次为“2-2-3”,设置存货分类编码级次为“1-2-2-3”,部门编码级次为“1-2-2”,地区分类编码级次为“1-2”,结算方式编码级次为“1-2”,收发类别编码级次为“1-2”,其余项目采用系统默认方案,如图 3-6 所示。单击“确定”按钮。

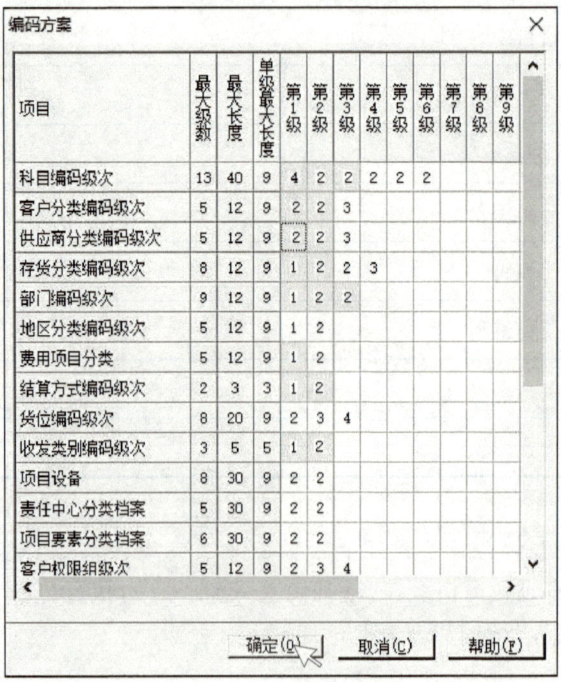

图 3-6 “编码方案”界面

三、数据精度设置

数据精度：存货数量、存货单价、开票单价、件数及换算率的小数位均为 2。

数据精度设置的具体操作步骤如下：

1. 打开数据精度设置窗口。在“基础设置”选项卡中，执行“基本信息”|“数据精度”命令，如图 3-7 所示。

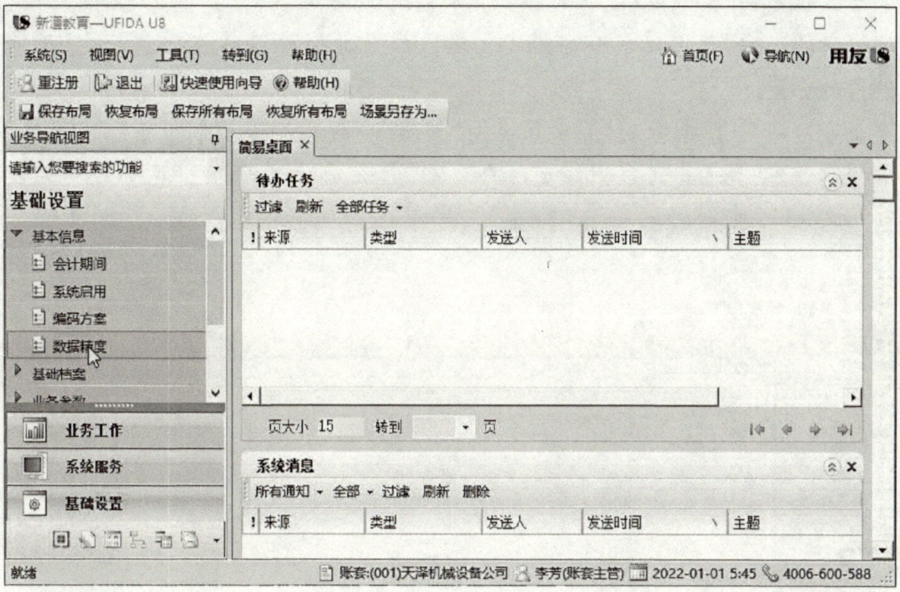

图 3-7 打开“数据精度”

2. 设置数据精度。打开数据精度设置窗口，选中要修改的项目，将存货数量、存货单价、开票单价、件数、换算率的小数位均设置为 2，其他项目采用系统默认方案，如图 3-8 所示。单击“确定”按钮。

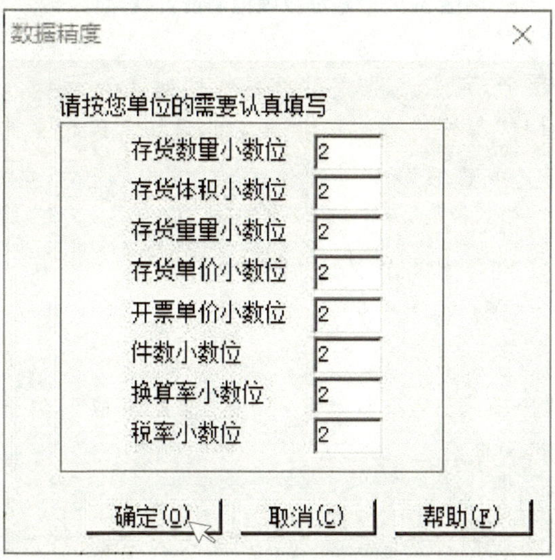

图 3-8 “数据精度”界面

【知识拓展】

数据权限控制设置

在系统管理中,可以对用户进行系统权限分配,赋予用户操作相应系统的权限。在另一个入口处,即系统服务,也可以对用户进行权限分配,在这里主要可以对用户进行数据权限的分配,而且权限分配得更细致。在对数据权限分配之前,首先要进行数据权限控制分配。

在企业应用平台中,执行"系统服务"|"权限"|"数据权限控制设置"命令,进入"数据权限控制设置"界面。可以对指定用户设置"记录级"和"字段级"两个级次的数据权限控制,如图 3-9 所示。

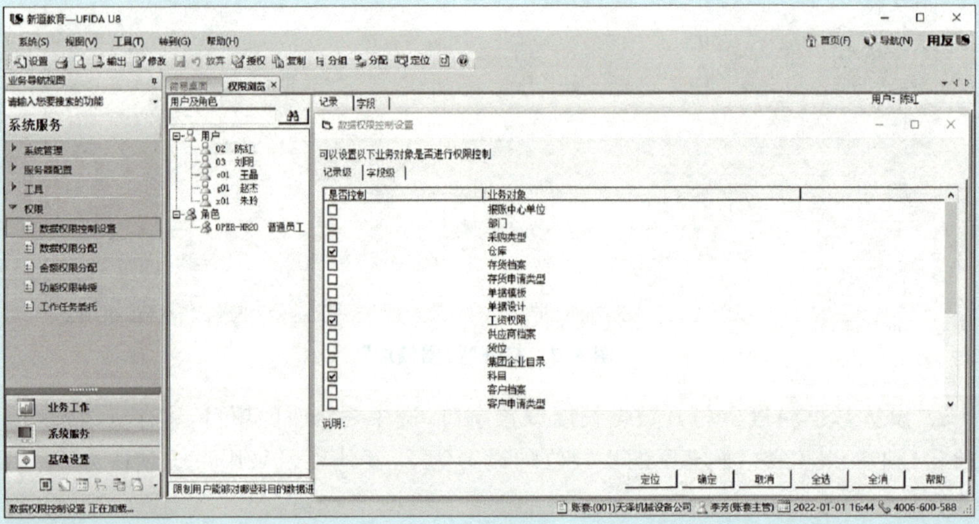

图 3-9 "数据权限控制设置"界面

单击"记录级"选项卡,可以对业务对象和维度对象进行权限控制,维度对象启用后可以在"管理维度控制"中针对各个业务对象再调整启用信息,进行精细控制。系统将自动根据"数据权限控制设置"和"管理维度控制"中的选择在数据权限设置中显示所选对象。

数据权限控制设置的具体操作步骤如下:

1. 执行"系统服务"|"权限"|"数据权限控制设置"命令,进入"数据权限控制设置"界面。

2. 单击"记录级"选项卡,对业务对象进行勾选或者取消勾选,可以控制或取消控制对应的业务对象数据权限。

3. 单击"确定"按钮。

在操作过程中,如果我们也想看到其他用户录入的单据,可以将业务对象"全消",取消所有业务对象的数据权限控制,这样所有用户都有查看全部录入单据的权限。

业务对象，就是受权限控制的目标对象，可以分为普通业务对象和维度控制对象。普通业务对象，指具体记录进行权限分配和控制的对象，如存货档案、科目、仓库、用户等。普通业务对象启用权限控制后，在“数据权限分配”中直接按记录或字段进行精细授权，在使用这些对象时，按分配的权限进行控制。

任务二　基础档案设置

【任务场景】

为了能正常使用企业用友 ERP-U8V10.1 软件系统各子系统，需要进行基础档案设置。

在基础档案设置中，要进行机构人员设置、客商信息设置、存货设置、财务档案设置、收付结算设置和业务档案设置，构建各子系统的基础档案公共信息。

【任务目标】

1. 掌握基础档案设置的操作方法；

2. 能够根据企业实际情况，进行机构人员设置、客商信息设置、存货设置、财务档案设置、支付结算设置和业务档案设置，构建各子系统的基础档案公共信息。

【任务内容】

天泽机械设备公司的部门档案、人员类别、人员档案、客户分类、客户档案、供应商分类等相关资料见表 3-2～表 3-11。

表 3-2　部门档案

编号	名称	部门属性	电话	地址	编号	名称	部门属性	电话	地址
1	行政部门	管理	100	厂内	203	供汽车间	辅助生产	203	厂内
101	厂办公室	管理	101	厂内	204	机修车间	辅助生产	204	厂内
102	财务部	管理	102	厂内	3	仓储部	生产管理	300	厂内
103	人事部	管理	103	厂内	4	业务部门	业务	400	厂内
104	培训教育部	管理	104	厂内	401	销售部	销售业务	401	厂内
105	后勤部	后勤	105	厂内	40101	本地销售部	销售业务	401	厂内
2	生产部门	生产	200	厂内	40102	外地销售部	销售业务	401	厂内
201	金工车间	基本生产	201	厂内	402	采购部	采购业务	402	厂内
202	装配车间	基本生产	202	厂内					

表 3-3　人员类别

编号	人员类别
1	企业管理人员
2	车间管理人员
3	基本生产人员
4	辅助生产人员
5	销售人员

表 3-4　人员档案

职员编号	职员名称	性别	所属部门	职员属性
1001	林同	男	厂办公室	企业管理人员
1002	李钢	男	厂办公室	企业管理人员
1003	李芳	女	财务部	企业管理人员
1004	刘明	男	财务部	企业管理人员
1005	张晨	男	人事部	企业管理人员
1006	薛明	男	培训教育部	企业管理人员
1007	张仪	男	后勤部	企业管理人员
1009	何年	男	后勤部	企业管理人员
1010	向强	男	后勤部	企业管理人员
2001	沈宏	男	金工车间	车间管理人员
2002	刘华	男	装配车间	车间管理人员
2003	周红	女	供汽车间	辅助生产人员
2004	王虎	男	机修车间	辅助生产人员
2005	张贤	男	金工车间	基本生产人员
2006	张群	男	金工车间	基本生产人员
2007	李明	男	金工车间	基本生产人员
2008	王小林	男	金工车间	基本生产人员
2009	杜华	男	装配车间	基本生产人员
2010	付强	男	装配车间	基本生产人员
2011	李更生	男	装配车间	基本生产人员
2012	张小红	女	供汽车间	辅助生产人员
2013	张道山	男	机修车间	辅助生产人员
2014	郑华三	男	机修车间	辅助生产人员

续表

职员编号	职员名称	性别	所属部门	职员属性
2015	张占英	女	金工车间	基本生产人员
2016	李天一	男	供汽车间	辅助生产人员
2017	赵一岚	女	金工车间	基本生产人员
3001	赵飞	男	仓储部	企业管理人员
3002	陈正卿	男	仓储部	企业管理人员
4001	马敏	女	本地销售部	销售人员
4002	郭芳	女	外地销售部	销售人员
4003	高洁	女	采购部	企业管理人员
4033	高惠荣	女	外地销售部	销售人员

表 3-5 客户分类

客户分类编码	客户分类名称	客户分类编码	客户分类名称
01	工业企业	0201	零售商业企业
0101	重工业企业	0202	批发商业企业
0102	轻工业企业	03	其他企业
02	商业企业		

表 3-6 客户档案

客户编号	客户名称	客户简称	所属分类码	税号	开户银行	账号
001	沈阳飞机制造厂	沈飞	0101	7474467741	工行沈阳分行	360001244
002	武汉造船厂	武汉造船	0101	7324464642	工行武汉分行	383977946
003	江西水泥制造厂	江西水泥	0102	5167741331	建行南昌分行	8456172
004	广东机贸公司	广东机贸	0202	3464310461	中行深圳分行	3674187
005	北京扬泽公司	北京扬泽	03	1779984767	华夏北京分行	253579874
006	福州工贸公司	福州工贸	03	2105977654	建行福州分行	1478547

表 3-7 供应商分类

供应商分类编码	供应商分类名称	供应商分类编码	供应商分类名称
01	工业企业	0201	零售商业企业
0101	重工业企业	0202	批发商业企业
0102	轻工业企业	03	其他企业
02	商业企业		

表 3-8 供应商档案

供应商编号	供应商名称	供应商简称	所属分类码	税号	开户银行	账号
001	沈阳铁合金厂	沈铁	0101	5499746410	工行沈阳分行	7415251244
002	南京商贸总公司	南商贸	0201	6544055896	工行南京分行	520077946
003	洛阳轴承厂	洛轴	0102	1055723987	工行洛阳分行	144454798
004	沈阳机械加工厂	沈机	0102	6277104954	中行沈阳分行	64464879
005	黑龙江木器加工厂	黑木	0102	4036981152	建行哈尔滨分行	92104143
006	南京钢铁集团	南钢	0101	9344254401	建行南京分行	64434186
007	南京华丰电子元器件厂	南京华丰	03	8211041331	建行南京分行	877116172
008	浙江机械器械加工厂	浙机器	03	3460797461	中行杭州分行	649704777
009	北京海淀交化批发市场	京海淀交化	0202	1803644767	华夏北京分行	3541179874
010	南京工具厂	南工具	03	6025447654	交行南京分行	9455448547

表 3-9 存货分类

存货分类编码	存货分类名称	存货分类编码	存货分类名称
1	原材料	2	周转材料
101	原料及主要材料	201	包装物
102	辅助材料	202	低值易耗品
103	外购半成品	3	库存商品
104	自制半成品	4	应税劳务
105	燃料	5	其他劳务

表 3-10 计量单位

分组	组名	主计量单位名称	计量单位
01	无换算组		台、套、个、把
02	重量	吨	克、千克、吨
03	面积	平方千米	平方米、平方千米
04	容积	立方米	立方分米、立方米
05	长度	千米	米、千米
06	时间	小时	秒、分、小时

表 3-11 存货档案

存货编号	所属分类	存货名称	计量单位	属性	计划成本(元)	参考成本(元)	参考售价(元)	最新成本(元)	最低售价(元)	税率(%)
001	101	铸铁件	吨	外购、生产耗用、内销、外销	3 000	3 100	3 600	2 900	3 500	13
002	101	铸铝件	吨	外购、生产耗用、内销、外销	32 000	32 000	40 000	31 000	32 500	13
003	101	钢材	吨	外购、生产耗用、内销、外销	8 000	7 800	8 800	7 900	8 600	13
004	102	润滑油	千克	外购、生产耗用、内销、外销	3.9	4	3.8	4	4.6	13
005	102	油漆	千克	外购、生产耗用、内销、外销	10	11	17	10	16	13
006	103	电动机	台	外购、生产耗用、内销、外销	800	810	880	810	860	13
007	103	轴承	套	外购、生产耗用、内销、外销	350	360	450	240	430	13
008	103	电器元件	个	外购、生产耗用、内销、外销	20	22	30	21	28	13
009	201	木箱	个	外购、生产耗用、内销、外销	400	410	490	400	480	13
010	105	原煤	吨	外购、生产耗用、内销、外销	280	290	380	290	360	13
011	202	劳动保护用品	套	外购、生产耗用	68	70	90	70	85	13
012	202	专用工具	把	外购、生产耗用	45	46	60	47	55	13
013	104	LY125 半成品	台	自制、在制、生产耗用、内销、外销	29 680	19 500	42 000	28 000	40 000	13
014	104	LY126 半成品	台	自制、在制、生产耗用、内销、外销	14 960	14 500	21 000	14 000	20 000	13
015	3	LY125 库存商品	台	自制、内销、外销	30 640	31 000	30 000	30 500	37 500	13
016	3	LY126 库存商品	台	自制、内销、外销	15 000	16 000	28 000	16 500	27 500	13
017	4	运输费	千米	应税劳务	480	200		200		9
018	5	整理挑选费	小时	应税劳务	360	100		100		

天泽机械设备公司的结算方式、付款条件、开户银行、仓库档案、收发类别、产品结构、销售类型等见表 3-12～表 3-20。系统中凭证类别为记账凭证；采购类型编码为 1，代表生产采购，入库为生产采购入库，默认值；发运方式编码 01 代表公路运输方式，编码

02代表铁路运输方式。

表 3-12 结算方式

编码	结算方式	票据管理标志	编码	结算方式	票据管理标志
1	现金结算		4	汇兑	
2	支票	选中	401	电汇	
201	现金支票	选中	402	信汇	
202	转账支票	选中	5	委托收款	
3	商业汇票		6	银行汇票	
301	商业承兑汇票		7	托收承付	
302	银行承兑汇票		8	其他	

表 3-13 付款条件

编码	信用天数	优惠天数 1(天)	优惠率 1(%)	优惠天数 2(天)	优惠率 2(%)	优惠天数 3(天)	优惠率 3(%)
1	30	5	2				
2	60	5	4	15	2	30	1
3	90	5	4	20	2	45	1

表 3-14 开户银行

编号	开户银行	银行账号	暂付标志
01	工行城东分行	60-12489894268564699	否
02	工行城东分行(外币专户)	61-39875610023768542	否

表 3-15 仓库档案

仓库编码	仓库名称	所属部门	仓库地址	电话	负责人	计价方式
1	材料库	仓储部	厂内	104	赵飞	移动平均
2	燃料库	仓储部	厂内	104	沈宏	移动平均
3	成品库	仓储部	厂内	104	刘华	移动平均

注:为所有操作员赋予所有仓库的权限,并且均显示金额。

表 3-16 收发类别

收发类别编码	收发类别名称	收发标志	收发类别编码	收发类别名称	收发标志
1	入库		2	出库	
101	生产采购入库	收	201	销售出库	发
102	产成品入库	收	202	生产领用出库	发
103	退料入库	收	205	其他出库	发
104	其他入库	收			

表 3-17　产品结构

母项编码	母项名称	生产部门	子项编码	子项名称	计量单位	存放仓库	基本用量	基础数量	使用数量
013	LY125 半成品	金工车间 (201)	002	铸铝件	吨	材料库	5	50	0.1
			003	钢材	吨	材料库	5	2.5	2
015	LY125 库存商品	装配车间 (202)	004	润滑油	千克	材料库	5	5	1
			005	油漆	千克	材料库	20	1	20
			006	电动机	台	材料库	1	1	1
			007	轴承	套	材料库	4	1	4
			008	电器元件	个	材料库	20	1	20
			013	LY125 半成品	台	成品库	1	1	1
			009	木箱	个	材料库	1	1	1
014	LY126 半成品	金工车间 (201)	001	铸铁件	吨	材料库	5	25	0.2
			003	钢材	吨	材料库	5	5	1
016	LY126 库存商品	装配车间 (202)	004	润滑油	千克	材料库	5	6.25	0.8
			005	油漆	千克	材料库	15	1	15
			006	电动机	台	材料库	1	1	1
			007	轴承	套	材料库	3	1	3
			008	电器元件	个	材料库	15	1	15
			014	LY126 半成品	台	成品库	1	1	1
			009	木箱	个	材料库	1	1	1

表 3-18　销售类型

销售类型编码	销售类型名称	出库类别	是否默认值
1	产品销售	销售出库	是
2	材料销售	销售出库	否

表 3-19　费用分类

费用分类编码	费用分类名称
1	销售费用
2	财务费用
3	管理费用
4	采购费用

表 3-20 费用项目

费用项目编号	费用项目名称	费用项目编号	费用项目名称
01	材料采购费用		
02	材料整理费用	06	装卸费
03	销售招待费用	07	包装费
04	广告宣传费用	08	保险费
05	运输费	09	仓库保管费用

天泽机械设备公司项目档案见表 3-21。

表 3-21 项目档案

项目	工程名称	
项目大类	在建工程	
项目分类	自营工程	出包工程
具体项目	设备安装工程	厂房改扩建工程
核算科目	1604 在建工程	
	160401 工程物资	
	160402 工程水电费	
	160403 工程其他费用	
	160404 预付工程款	
	160405 在建工程转出	

天泽机械设备公司 2022 年年初各相关科目的科目代码、科目名称见表 3-22。

表 3-22 相关总账科目、明细科目

科目代码	科目名称	方向	辅助核算
1001	库存现金(修改科目)	借	日记账,现金科目
1002	银行存款(修改科目)	借	日记账、银行账,银行科目
100201	工行存款(增加科目,修改科目)	借	日记账、银行账,银行科目
100202	工行美元专户(增加科目,修改科目)	借	日记账、银行账,银行科目
1012	其他货币资金	借	
101202	银行本票(增加科目)	借	
101203	银行汇票(增加科目)	借	
1101	交易性金融资产	借	
1121	应收票据(修改科目)	借	客户往来
112101	商业承兑汇票(增加科目,修改科目)	借	客户往来
112102	银行承兑汇票(增加科目,修改科目)	借	客户往来
1122	应收账款(修改科目)	借	客户往来

续表

科目代码	科目名称	方向	辅助核算
1123	预付账款(修改科目)	借	供应商往来
1131	应收股利	借	
1132	应收利息	借	
1221	其他应收款	借	
122101	备用金(增加科目,修改科目)	借	部门核算
122102	应收个人款(增加科目,修改科目)	借	个人往来
1231	坏账准备	贷	
1401	物资采购	借	
1402	在途物资	借	
1403	原材料	借	
140301	原料及主要材料(增加科目)	借	
140302	辅助材料(增加科目)	借	
140303	外购半成品(增加科目)	借	
140304	自制半成品(增加科目)	借	
140305	燃料(增加科目)	借	
1404	材料成本差异	借	
1405	库存商品	借	
1406	发出商品	借	
1408	委托加工物资	借	
1411	周转材料	借	
141101	包装物(增加科目)	借	
141102	低值易耗品(增加科目)	借	
1511	长期股权投资	借	
1601	固定资产	借	
1602	累计折旧	贷	
1604	在建工程(修改科目)	借	项目核算
160401	工程物资(增加科目,修改科目)	借	项目核算
160402	工程水电费(增加科目,修改科目)	借	项目核算
160403	工程其他费用(增加科目,修改科目)	借	项目核算
160404	预付工程款(增加科目,修改科目)	借	项目核算
160405	在建工程转出(增加科目,修改科目)	借	项目核算
1605	工程物资	借	
1606	固定资产清理	借	
1701	无形资产	借	
1801	长期待摊费用	借	

续表

科目代码	科目名称	方向	辅助核算
1901	待处理财产损溢	借	
2001	短期借款	贷	
2201	应付票据(修改科目)	贷	供应商往来
220101	商业承兑汇票(增加科目,修改科目)	贷	供应商往来
220102	银行承兑汇票(增加科目,修改科目)	贷	供应商往来
2202	应付账款(修改科目)	贷	供应商往来
2203	预收账款(修改科目)	贷	客户往来
2211	应付职工薪酬	贷	
221101	工资(增加科目)	贷	
221102	职工福利(增加科目)	贷	
221103	社会保险(增加科目)	贷	
221104	住房公积金(增加科目)	贷	
221105	工会经费(增加科目)	贷	
221106	职工教育经费(增加科目)	贷	
2221	应交税费	贷	
222101	应交增值税(增加科目)	贷	
22210101	进项税额(增加科目)	贷	
22210102	已交税金(增加科目)	贷	
22210103	转出未交增值税(增加科目)	贷	
22210105	销项税额(增加科目)	贷	
22210107	进项税额转出(增加科目)	贷	
22210109	转出多交增值税(增加科目)	贷	
222102	未交增值税(增加科目)	贷	
222103	应交消费税(增加科目)	贷	
222105	应交所得税(增加科目)	贷	
222108	应交城市维护建设税(增加科目)	贷	
222109	应交个人所得税(增加科目)	贷	
222110	其他应交款(增加科目)	贷	
222111	应交教育费附加(增加科目)	贷	
2232	应付股利	贷	
2241	其他应付款	贷	
224101	应付个人款(增加科目)	贷	
224102	应付单位款(增加科目)	贷	
2501	长期借款	贷	
2502	应付债券	贷	

续表

科目代码	科目名称	方向	辅助核算
4001	实收资本	贷	
4002	资本公积	贷	
400201	资本溢价	贷	
4101	盈余公积	贷	
410101	法定盈余公积(增加科目)	贷	
410102	任意盈余公积(增加科目)	贷	
4103	本年利润	贷	
4104	利润分配	贷	
410401	提取法定盈余公积(增加科目)	贷	
410402	提取任意盈余公积(增加科目)	贷	
410406	未分配利润	贷	
5001	生产成本	借	
500101	基本生产成本(增加科目,修改科目)	借	部门核算
500102	辅助生产成本(增加科目,修改科目)	借	部门核算
5101	制造费用	借	
510101	折旧(增加科目,修改科目)	借	部门核算
510102	管理人员工资(增加科目,修改科目)	借	部门核算
510103	其他费用(增加科目,修改科目)	借	部门核算
5201	劳务成本	借	
6001	主营业务收入	贷	
6051	其他业务收入	贷	
6111	投资收益	贷	
6301	营业外收入	贷	
6401	主营业务成本	借	
6402	其他业务成本	借	
6403	税金及附加	借	
6411	利息支出	借	
6601	销售费用	借	
660101	工资(增加科目)	借	
660102	福利费(增加科目)	借	
660103	业务招待费(增加科目,修改科目)	借	部门核算
6602	管理费用	借	
660201	工资(增加科目)	借	
660202	福利费(增加科目)	借	
660203	办公费(增加科目,修改科目)	借	部门核算

续表

科目代码	科目名称	方向	辅助核算
660204	差旅费(增加科目，修改科目)	借	部门核算
660205	折旧费(增加科目)	借	
660206	其他(增加科目)	借	
6603	财务费用	借	
6711	营业外支出	借	
6801	所得税	借	

【任务实施】

一、机构人员设置

将平台日期设置为 2022 年 1 月 1 日，以"01 李芳"的身份登录企业应用平台，增加部门档案、人员类别以及人员档案，相关信息见表 3-2～表 3-4。

(一) 部门档案

设置部门档案的具体操作步骤如下：

1. 登录企业应用平台后，执行"基础设置"|"基础档案"|"机构人员"|"部门档案"命令，进入"部门档案"界面，如图 3-10 所示。

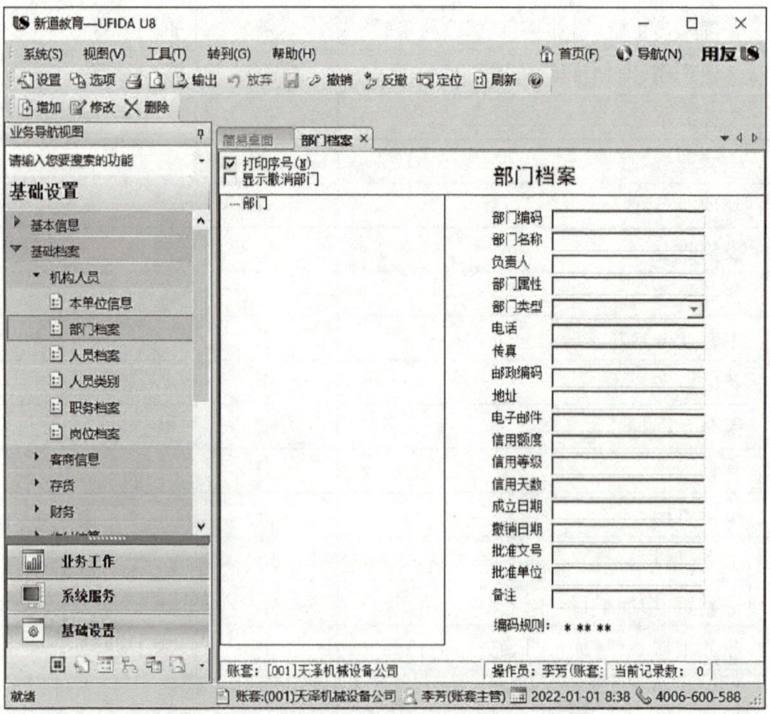

图 3-10 "部门档案"界面

2. 单击"增加"按钮，输入部门编码"01"，部门属性"管理"，电话"100"，地址"厂内"，如图 3-11 所示。

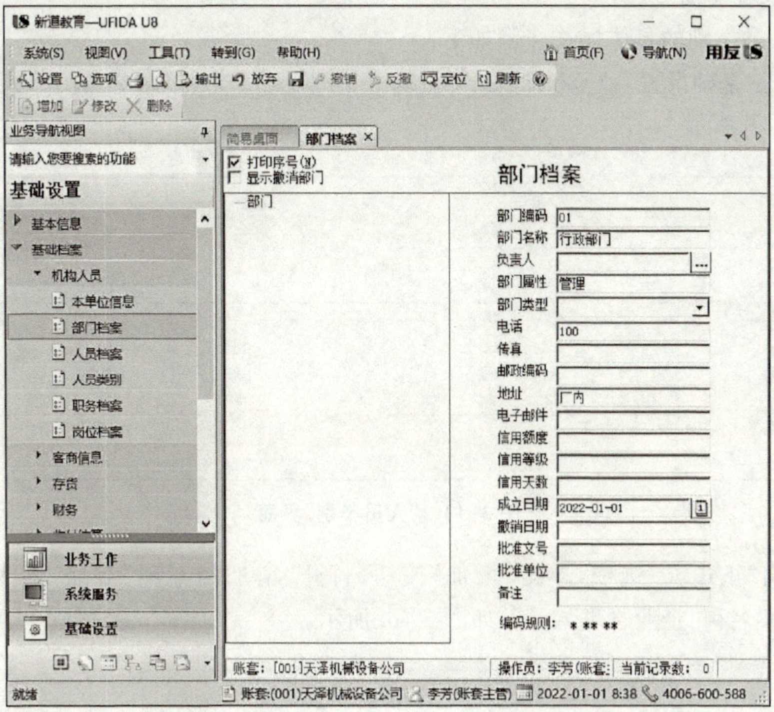

图 3-11　增加“部门档案”

3. 单击“保存”按钮。

4. 重复上述步骤,输入表 3-2 中其他部门档案信息。最后的操作结果如图 3-12 所示。

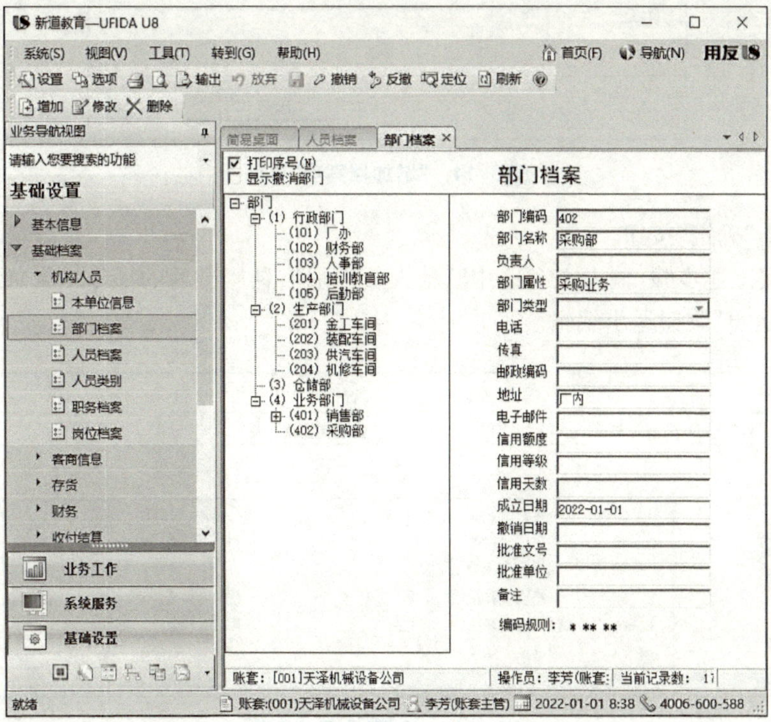

图 3-12　设置“部门档案”

(二) 人员类别

设置人员类别的具体操作步骤如下：

1. 执行"基础设置"|"基础档案"|"机构人员"|"人员类别"命令，进入"人员类别"界面，如图 3-13 所示。

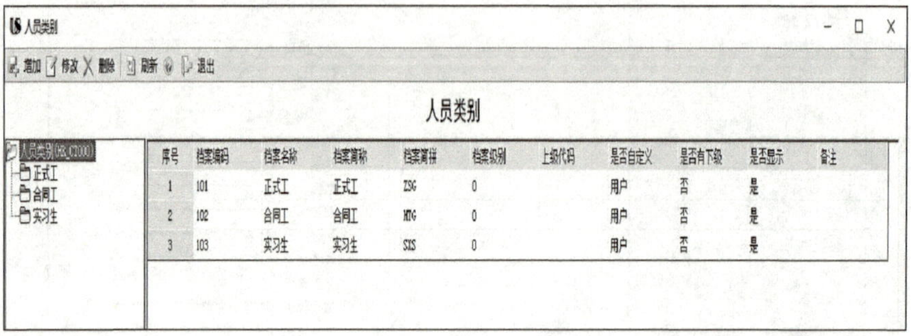

图 3-13 "人员类别"界面

2. 单击"正式工"选项，单击"增加"按钮，打开"增加档案项"界面，输入档案编码"1011"，档案名称"企业管理人员"，如图 3-14 所示。

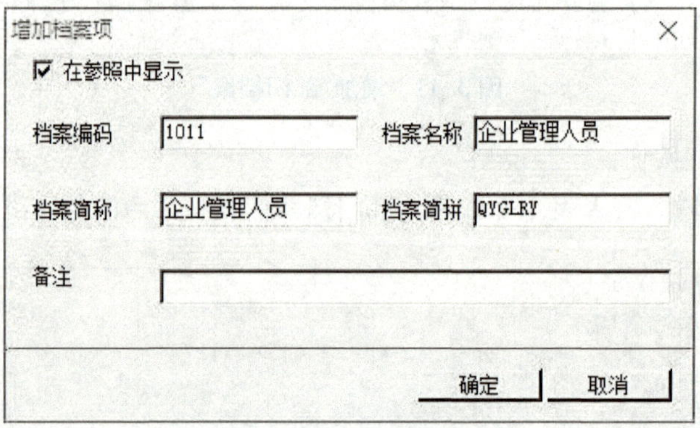

图 3-14 "增加档案项"界面

3. 单击"确定"按钮。

4. 重复上述步骤，输入表 3-3 中其他人员类别信息。最后的操作结果如图 3-15 所示。单击"退出"按钮退出编辑。

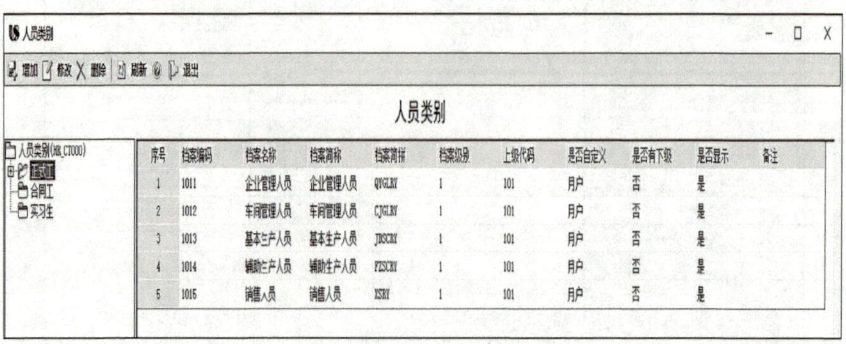

图 3-15 设置"人员类别"

注意：

(1) 人员类别的划分与工资费用的分配、分摊有关，工资费用的分配及分摊是薪资管理系统的一项重要功能。设置人员类别的目的是设置相应的入账科目，为生成工资分摊凭证做准备，可以按入账科目需要设置不同的人员类别。

(2) 人员类别是人员档案中的必选项目，需要在人员档案建立之前设置。

(3) 人员类别名称可以修改，已使用的人员类别名称不能删除。

(三) 人员档案

设置人员档案的具体操作步骤如下：

1. 执行“基础设置”|“基础档案”|“机构人员”|“人员档案”命令，进入“人员档案”界面，如图 3-16 所示。

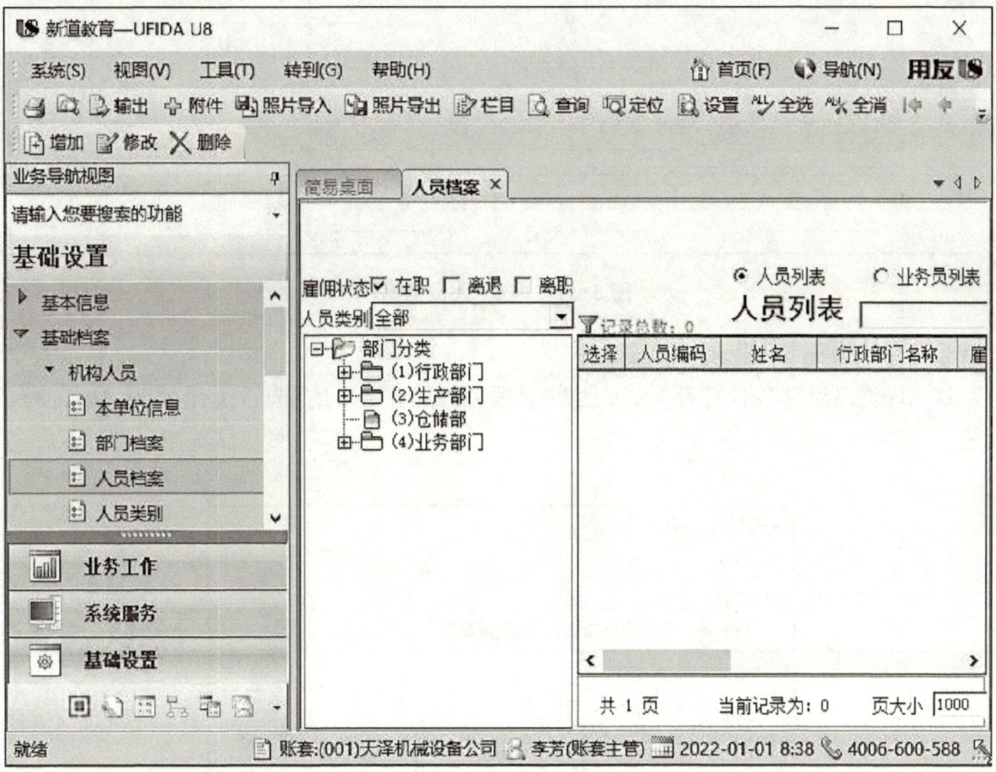

图 3-16　“人员档案”界面

2. 单击“增加”按钮，增加“人员档案”信息，输入人员编码“1001”，人员姓名“林同”，性别“男”，行政部门“厂办”，雇佣状态“在职”，人员类别“企业管理人员”，如图 3-17 所示。

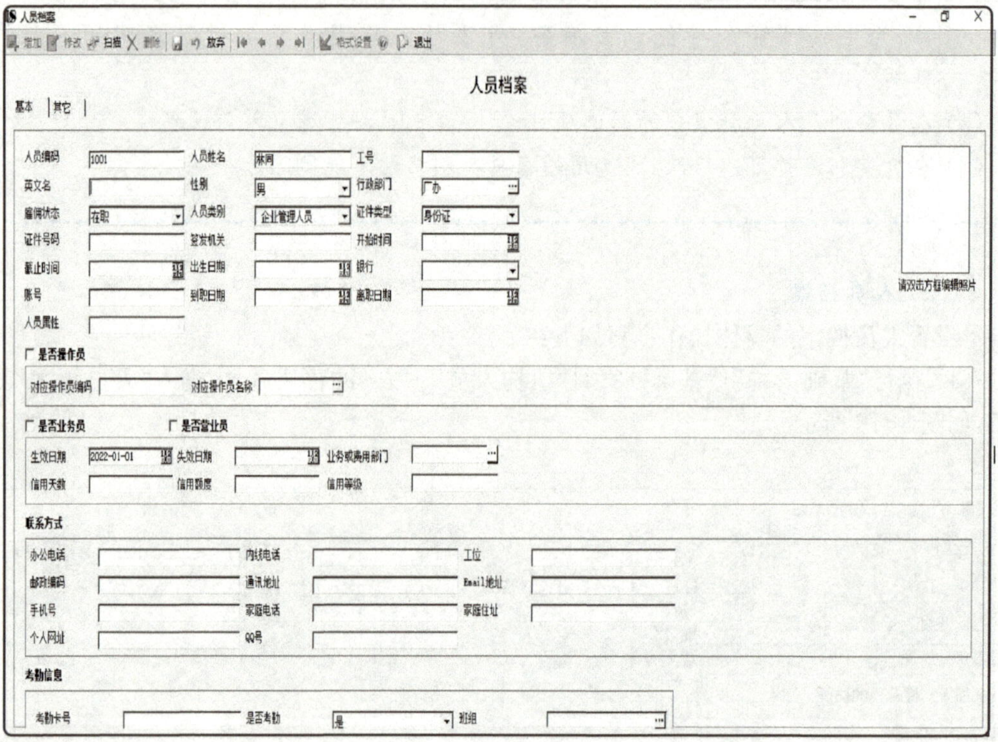

图 3-17　增加“人员档案”

3. 单击“保存”按钮。

4. 单击“退出”按钮，打开“人事信息管理”界面，单击“是”按钮退出编辑，如图 3-18 所示。

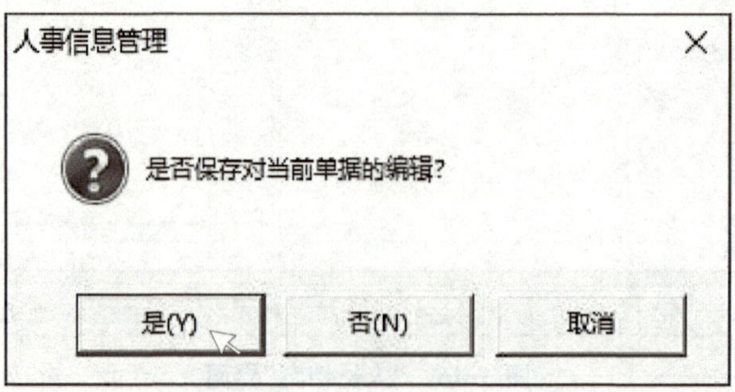

图 3-18　退出“人员档案”编辑

5. 重复上述步骤，输入表 3-4 中其他人员档案信息。最后的操作结果如图 3-19 所示。

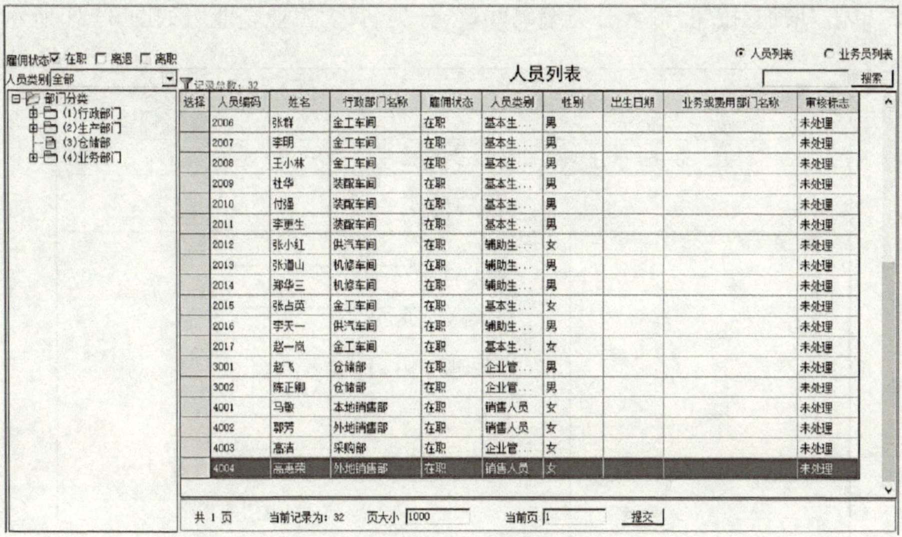

图 3-19　人员档案

注意：

(1) 人员编码必须唯一，行政部门只能是末级部门。

(2) 如果该员工需要在其他档案或者其他单据的“业务员”项目中被参照，需要选择“是否业务员”选项。

二、客商信息设置

客商信息见表 3-5～表 3-8。

(一) 客户分类

客户分类的具体操作步骤如下：

1. 执行“基础设置”|“基础档案”|“客商信息”|“客户分类”命令，打开“客户分类”界面，如图 3-20 所示。

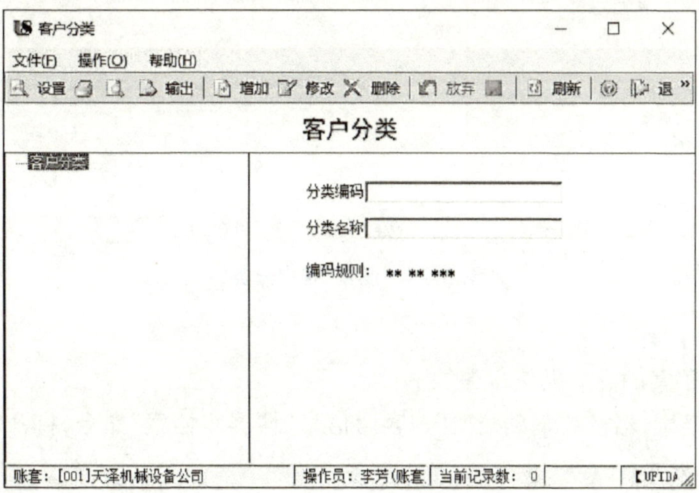

图 3-20　“客户分类”界面

2. 单击“增加”按钮,输入分类编码“01”,分类名称“工业企业”,如图 3-21 所示。

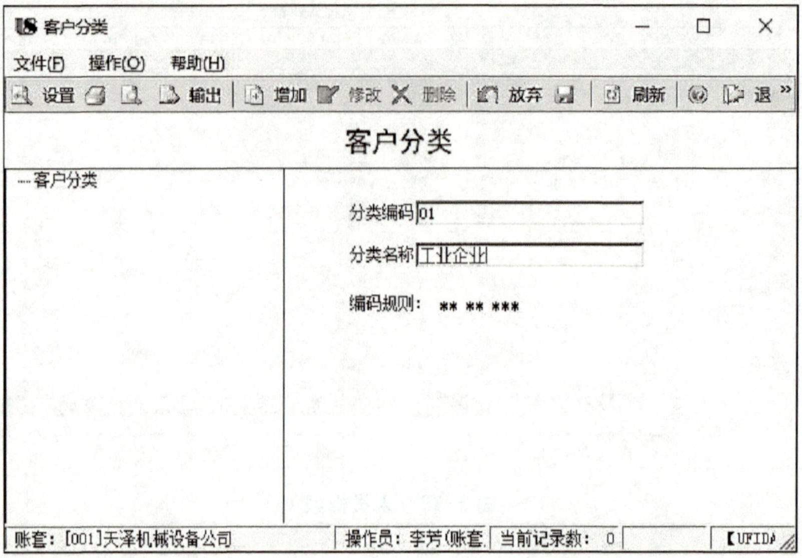

图 3-21 增加“客户分类”

3. 单击“保存”按钮。

4. 重复上述步骤,输入表 3-5 中其他客户分类信息。最后的操作结果如图 3-22 所示。

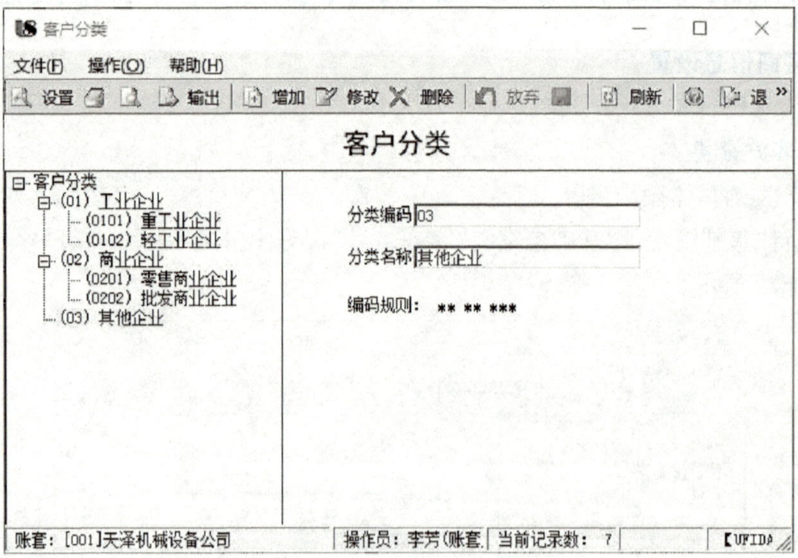

图 3-22 设置“客户分类”

(二) 客户档案

设置客户档案的具体操作步骤如下:

1. 执行“基础设置”|“基础档案”|“客商信息”|“客户档案”命令,打开“客户档案”界面,如图 3-23 所示。

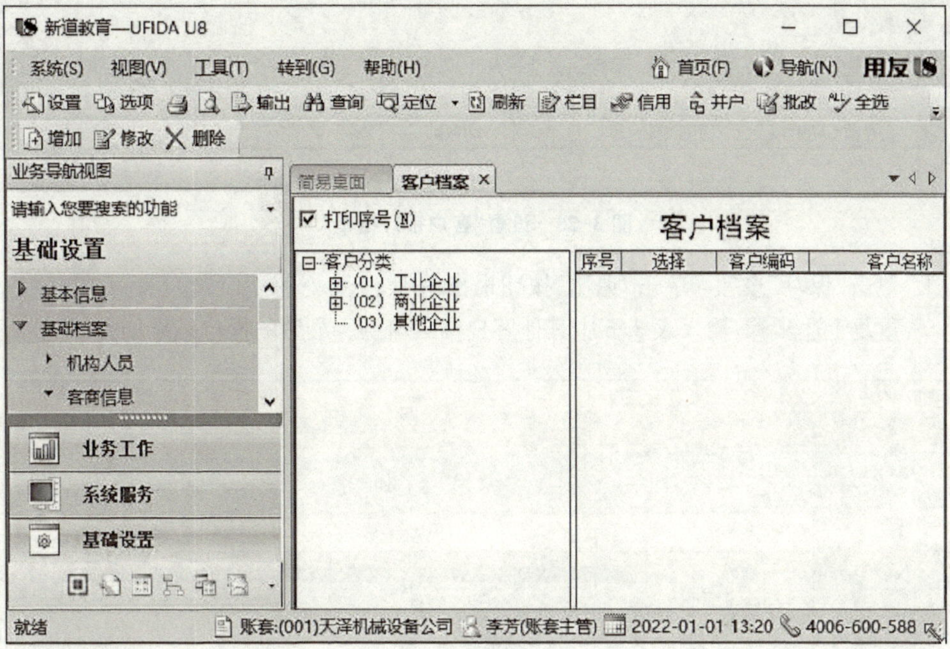

图 3-23 “客户档案”界面

2. 单击“增加”按钮，打开“增加客户档案”界面，界面包括“基本”“联系”“信用”“其它”四个选项卡，用于对客户不同的属性分别归类记录。单击“基本”选项卡，输入客户编码“001”，客户名称“沈阳飞机制造厂”，客户简称“沈飞”，所属分类码“0101”，税号“7474467741”，如图 3-24 所示。

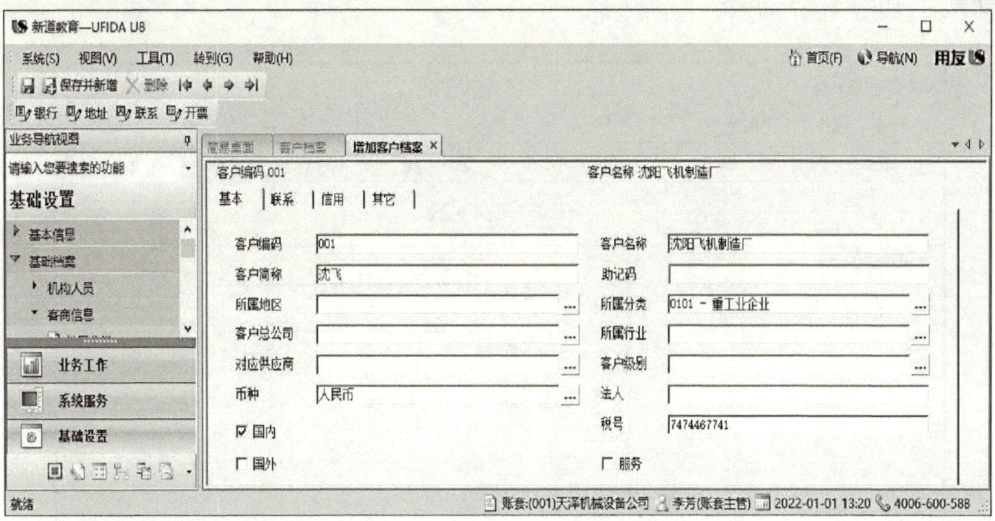

图 3-24 “增加客户档案”界面

3. 单击“银行”按钮，打开“客户银行档案”界面，单击“增加”按钮，输入所属银行“中国工商银行”，开户银行“工行沈阳分行”，银行账号“360001244”，默认值“是”，如图 3-25 所示。

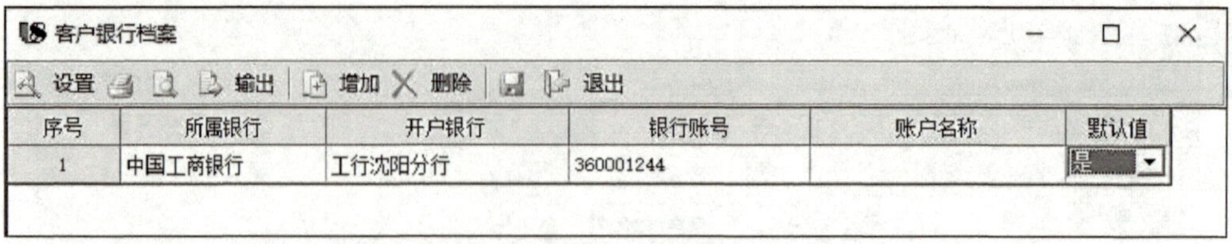

图 3-25　设置“客户银行档案”

4. 单击“保存”按钮，单击“退出”按钮退出编辑。

5. 重复上述步骤，输入表 3-6 中其他客户档案信息。最后的操作结果如图 3-26 所示。

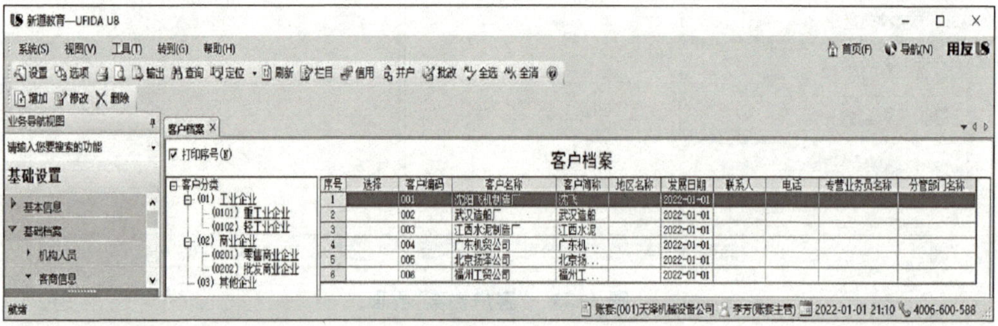

图 3-26　设置“客户档案”

（三）供应商分类

设置供应商分类的具体操作步骤如下：

1. 执行“基础设置”|“基础档案”|“客商信息”|“供应商分类”命令，打开“供应商分类”界面，如图 3-27 所示。

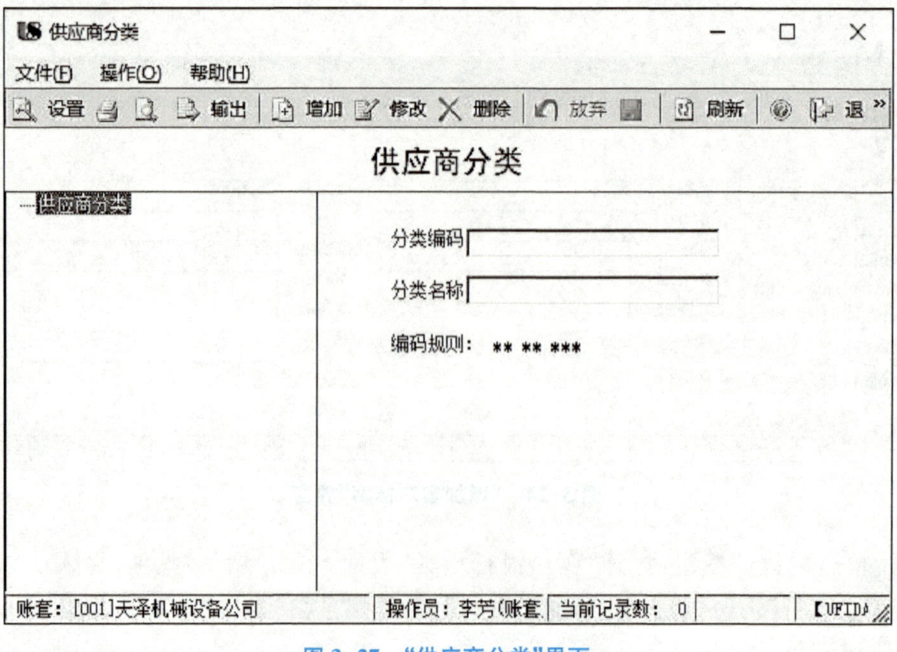

图 3-27　“供应商分类”界面

2. 单击“增加”按钮，输入分类编码“01”，分类名称“工业企业”，如图 3-28 所示。

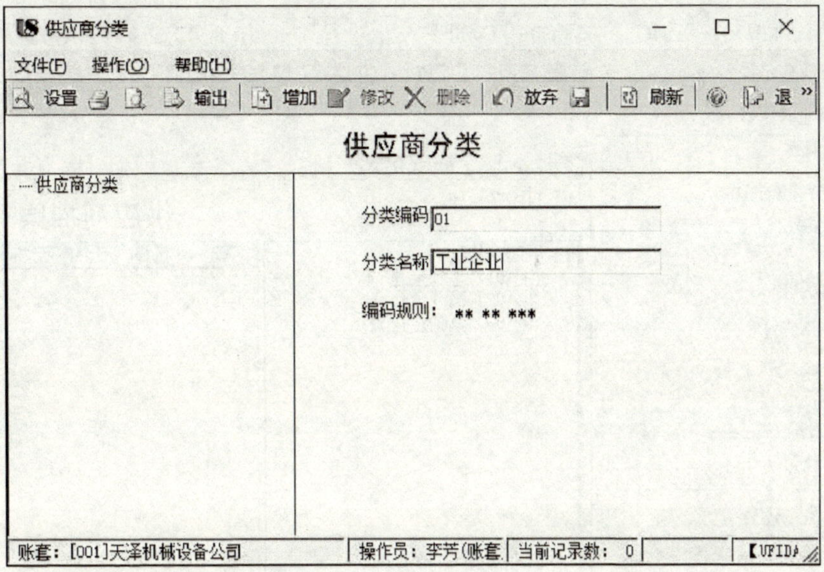

图 3-28　增加“供应商分类”

3. 单击“保存”按钮。

4. 重复上述步骤，输入表 3-7 中其他供应商分类信息。最后的操作结果如图 3-29 所示。

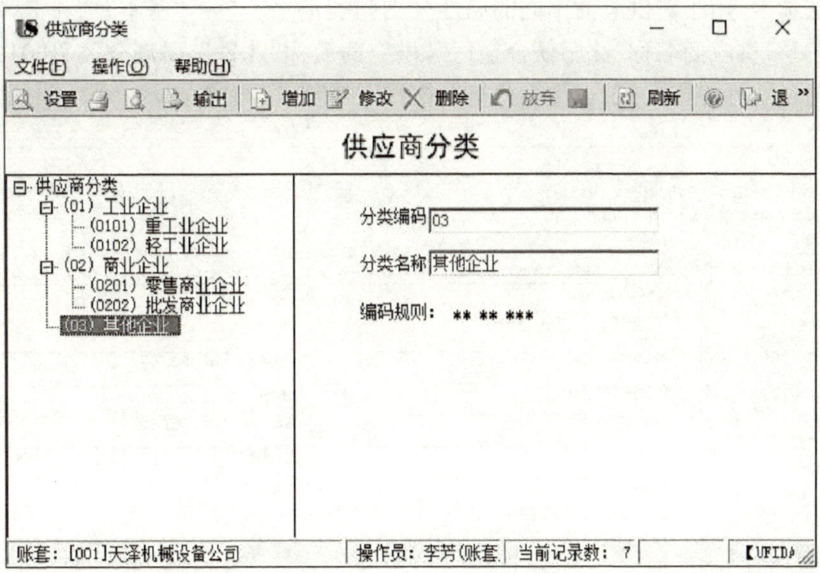

图 3-29　设置“供应商分类”

（四）供应商档案

设置供应商档案的具体操作步骤如下：

1. 执行“基础设置”|“基础档案”|“客商信息”|“供应商档案”命令，打开“供应商档案”界面，如图 3-30 所示。

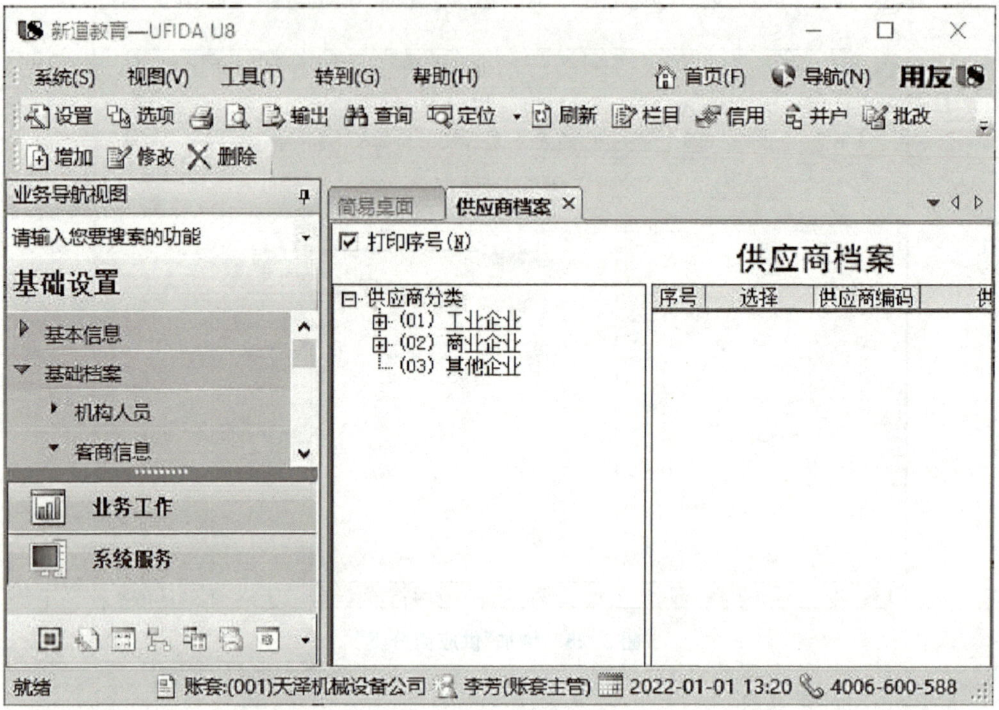

图 3-30 “供应商档案”界面

2. 单击“增加”按钮,打开“增加供应商档案”界面,界面包括“基本”“联系”“信用”“其它”四个选项卡,用于对供应商不同的属性分别归类记录。单击“基本”选项卡,输入供应商编码“001”,供应商名称“沈阳铁合金厂”,供应商简称“沈铁”,所属分类码“0101”,税号“3499746410”,开户银行“工行沈阳分行”,银行账号“7415251244”,如图 3-31 所示。

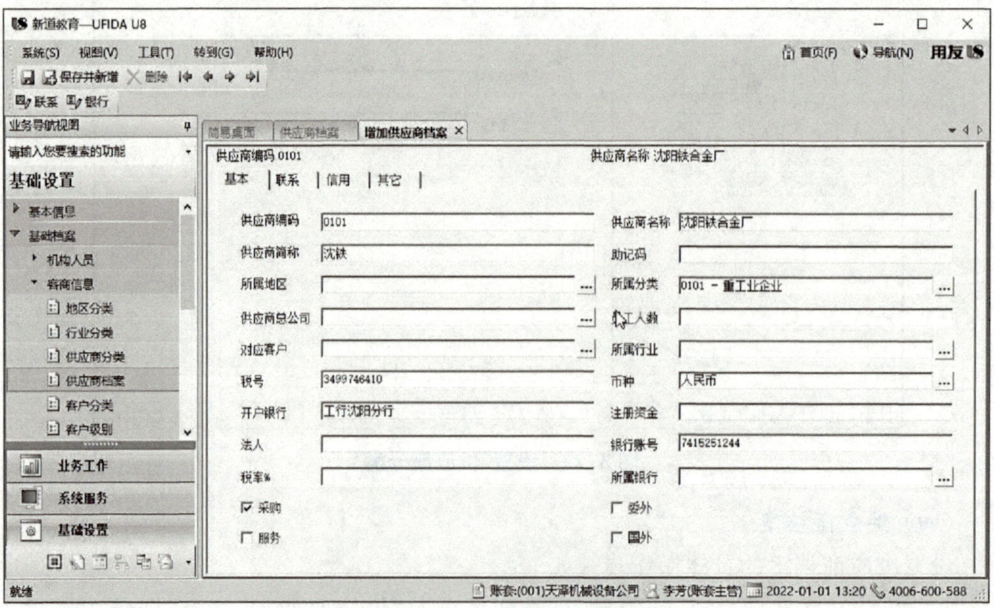

图 3-31 “增加供应商档案”界面

3. 单击“保存”按钮。

4. 重复上述步骤,输入表 3-8 中其他供应商档案信息。最后的操作结果如图 3-32 所示。

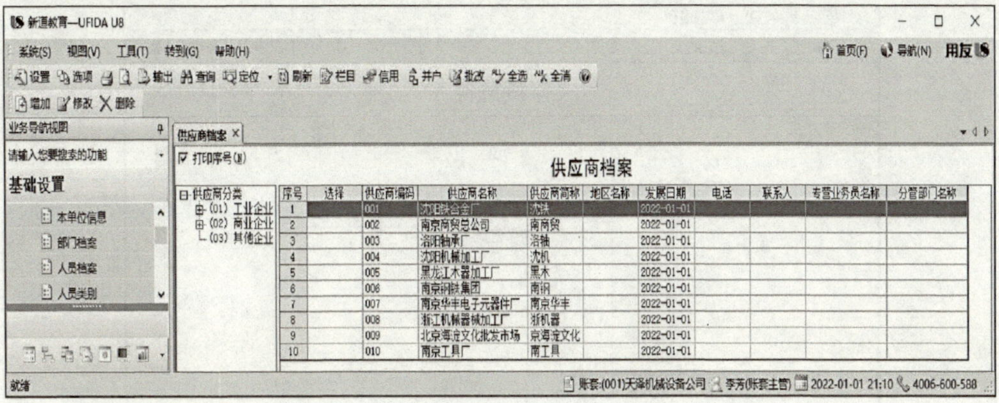

图 3-32　设置“供应商档案”

注意:

(1) 在录入客户和供应商档案时,客户编码及客户简称必须录入,供应商编码及供应商简称必须录入,客户和供应商编码必须唯一。

(2) 客户与供应商是否要分类,应根据企业的实际经营情况而定。需要分类时必须进行分类设置,其他情况下则可以省略分类的设置步骤。

三、存货设置

(一) 存货分类

设置存货分类的具体操作步骤如下:

1. 执行“基础设置”|“基础档案”|“存货”|“存货分类”命令,打开“存货分类”界面,如图 3-33 所示。

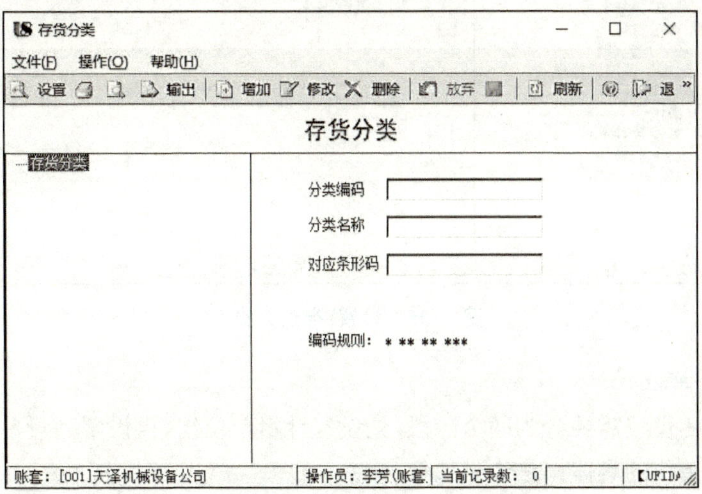

图 3-33　“存货分类”界面

2. 单击“增加”按钮，输入分类编码“1”，分类名称“原材料”，如图 3-34 所示。

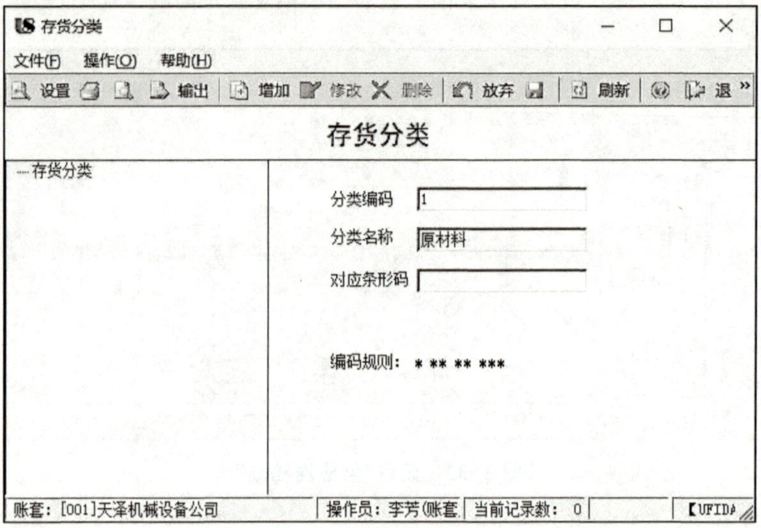

图 3-34　增加“存货分类”

3. 单击“保存”按钮。

4. 重复上述步骤，输入表 3-9 中其他存货分类信息。最后的操作结果如图 3-35 所示。

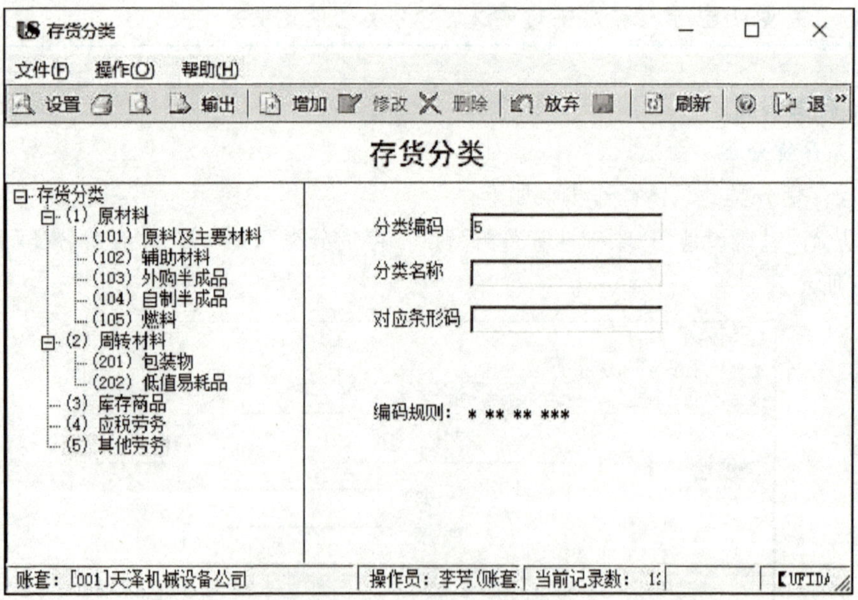

图 3-35　设置“存货分类”

(二) 计量单位

计量单位的设置需要分为两个阶段，先设置计量单位组，再设置计量单位。

设置计量单位的具体操作步骤如下：

1. 执行“基础设置”|“基础档案”|“存货”|“计量单位”命令，打开“计量单位-计量单

位组”界面，如图 3-36 所示。

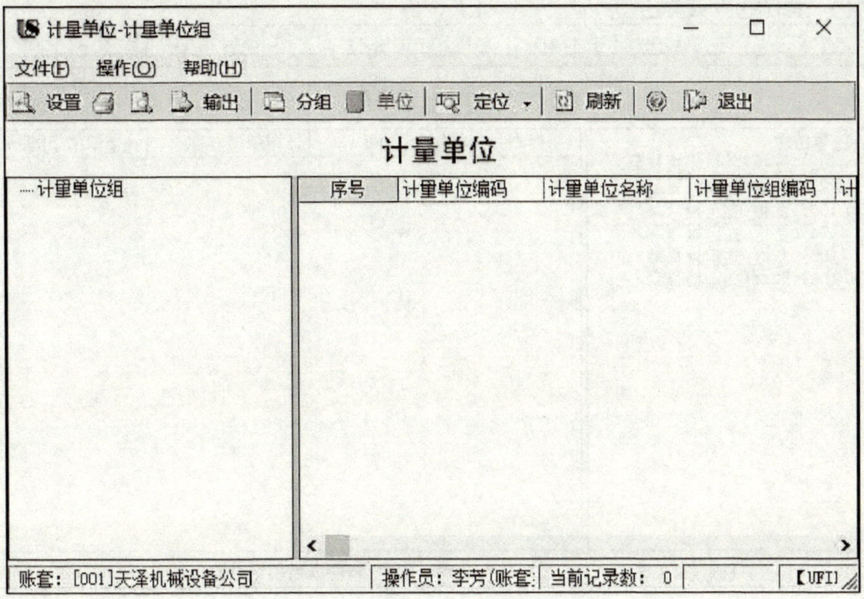

图 3-36 “计量单位-计量单位组”界面

2. 单击“分组”按钮，打开“计量单位组”界面，单击“增加”按钮，输入计量单位组编码“01”，计量单位组名称“无换算组”，计量单位组类别“无换算率”，如图 3-37 所示。

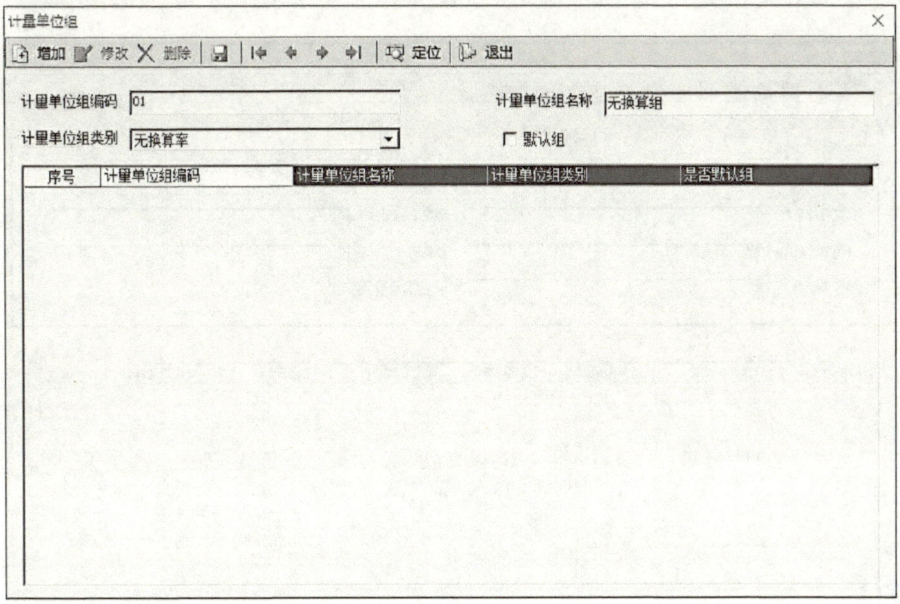

图 3-37 增加“计量单位组”

3. 单击“保存”按钮。

4. 重复上述步骤，输入表 3-10 中其他计量单位组信息。最后的操作结果如图 3-38 所示。

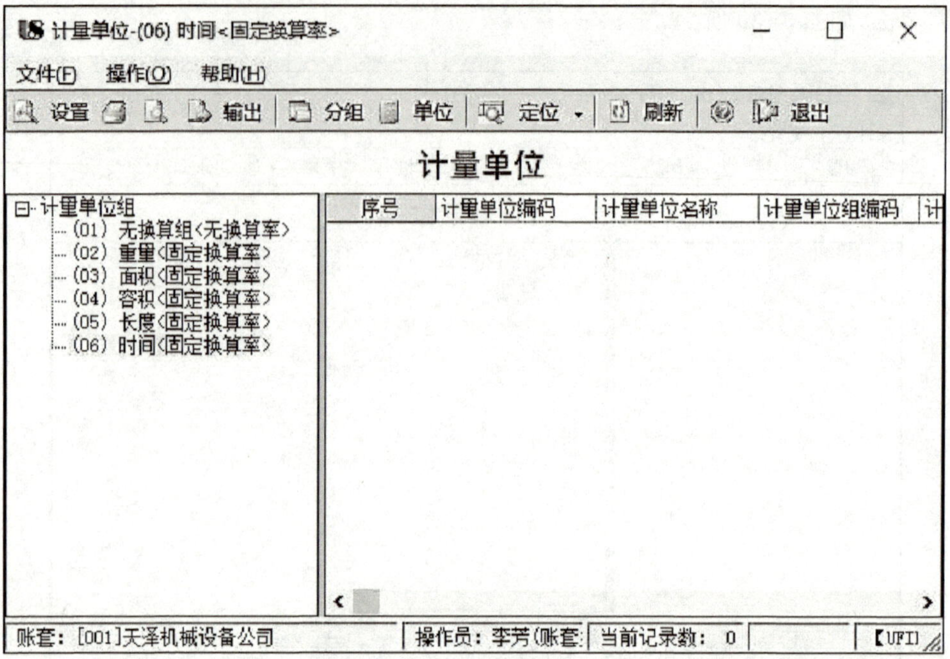

图 3-38 设置“计量单位组”

5. 单击“计量单位组”|“(02)重量〈固定换算率〉”，单击“单位”按钮，打开“计量单位”界面，单击“增加”按钮，输入计量单位编码“0201”，计量单位名称“吨”，计量单位组编码“02”，换算率“1”，勾选“主计量单位标志”前的复选框，如图 3-39 所示。单击“保存”按钮。

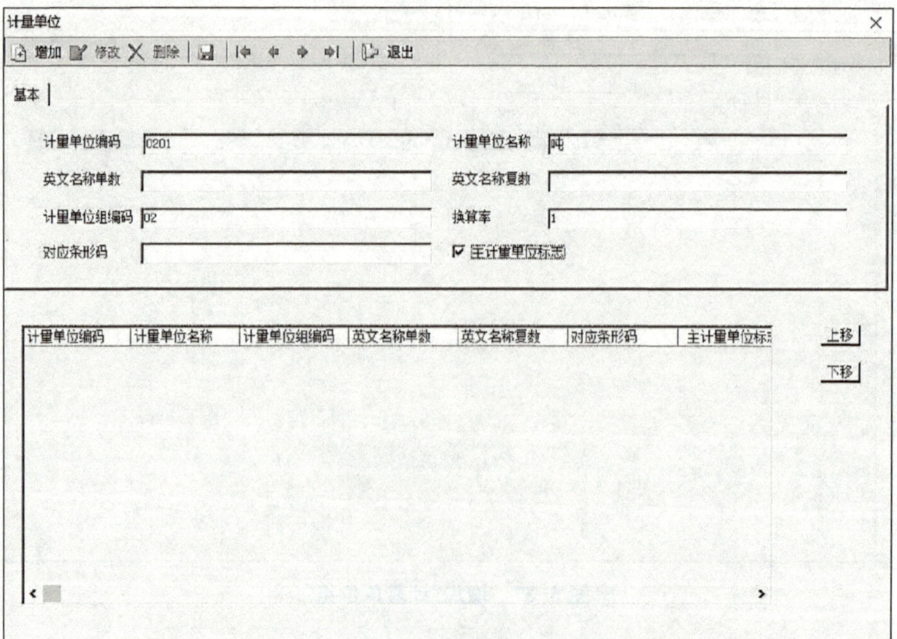

图 3-39 增加固定换算率计量单位 1

6. 单击“计量单位组”|“(02)重量〈固定换算率〉”，单击“单位”按钮，打开“计量单位”

界面，单击“增加”按钮，输入计量单位编码“0202”，计量单位名称“千克”，换算率“1000”，不勾选“主计量单位标志”前的复选框，如图 3-40 所示。单击“保存”按钮。

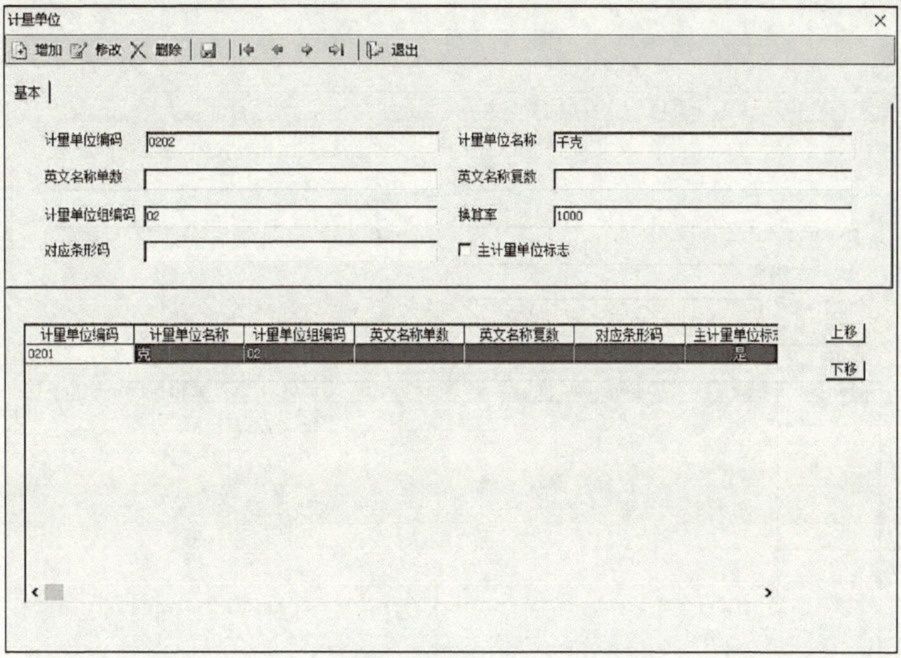

图 3-40　增加固定换算率计量单位 2

7. 单击“计量单位组”|“(02)重量〈固定换算率〉”，单击“单位”按钮，打开“计量单位”界面，单击“增加”按钮，输入计量单位编码“0203”，计量单位名称“克”，换算率“1000000”，不勾选“主计量单位标志”前的复选框，如图 3-41 所示。单击“保存”按钮。

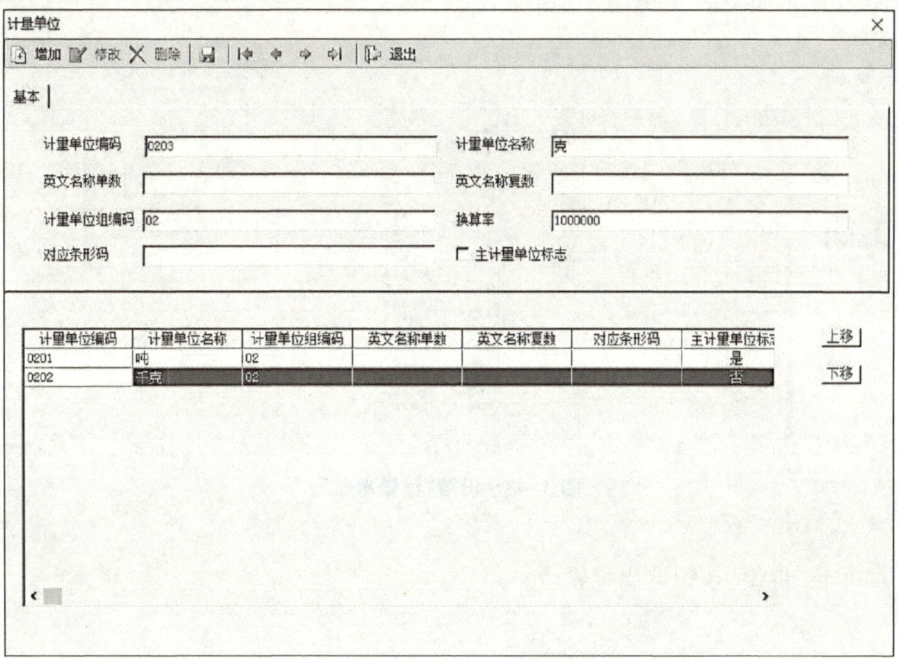

图 3-41　增加固定换算率计量单位 3

8. 单击“计量单位组”|“(01)无换算组〈无换算率〉”,单击“单位”按钮,打开“计量单位”界面,单击“增加”按钮,输入计量单位编码“0101”,计量单位名称“台”,如图 3-42 所示。单击“保存”按钮。

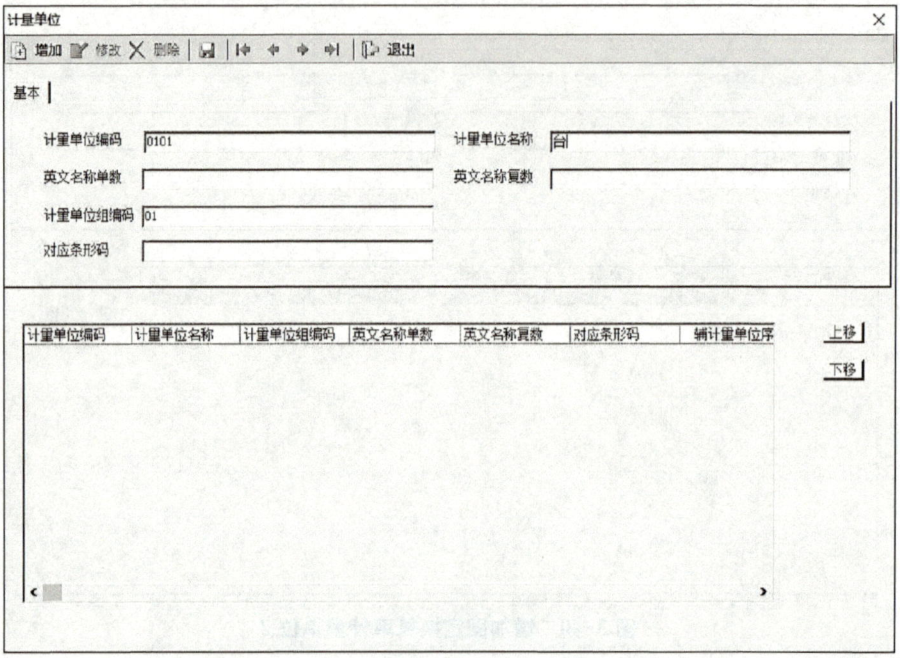

图 3-42 增加无换算率计量单位

9. 重复上述步骤,输入表 3-10 中其他固定换算率组和无换算率组计量单位信息。最后的操作结果如图 3-43 所示。

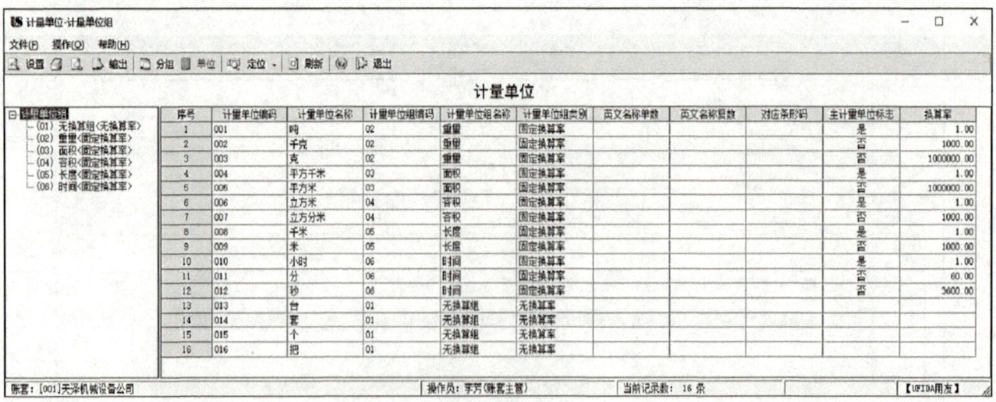

图 3-43 设置“计量单位”

10. 单击“退出”按钮退出编辑。

注意：

(1) 在设置存货档案之前必须先到企业应用平台的基础档案中设置计量单位，没有被选计量单位的存货档案不能保存。

(2) 在设置计量单位时需要先设置计量单位分组，再设置各个计量单位组中的计量单位。

(3) 计量单位组分为无换算率、固定换算率和浮动换算率三种类型。如果需要换算，一般将最小计量单位作为主计量单位。

(4) 计量单位可以根据需要随时增加。

(三) 存货档案

设置存货档案的具体操作步骤如下：

1. 执行“基础设置”|“基础档案”|“存货”|“存货档案”命令，打开“存货档案”界面，如图 3-44 所示。

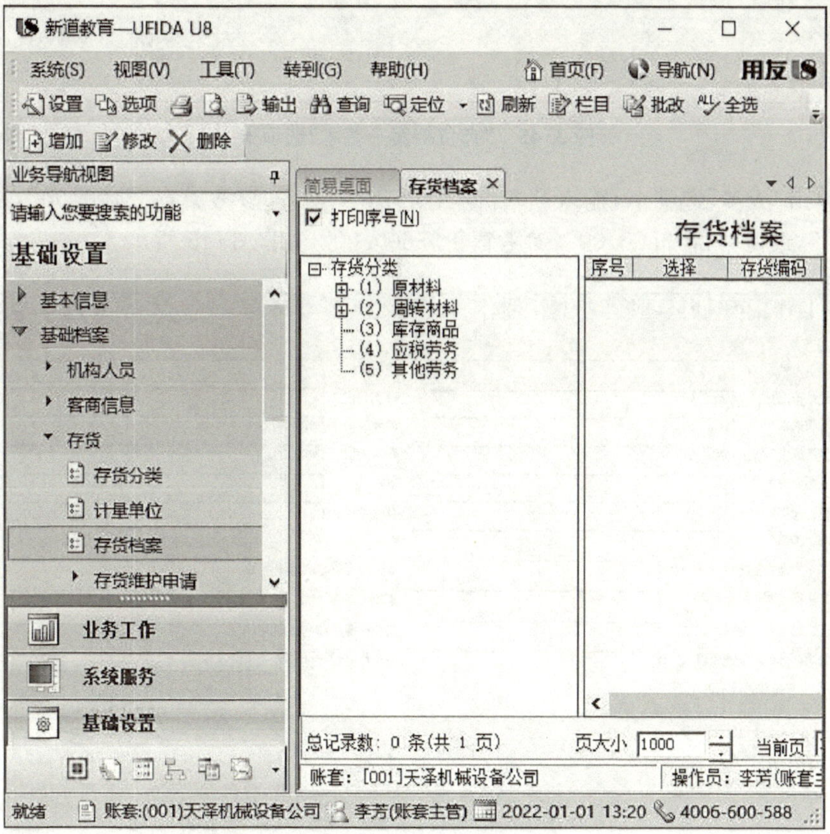

图 3-44 “存货档案”界面

2. 单击“增加”按钮，打开“增加存货档案”界面，单击“基本”选项卡，输入存货编码“001”，存货名称“铸铁件”，计量单位组参照输入“02 - 重量”，销项税率修改为“13.00”，进项税率修改为“13.00”，存货属性勾选“内销”“外销”“外购”“生产耗用”，如图 3-45 所示。

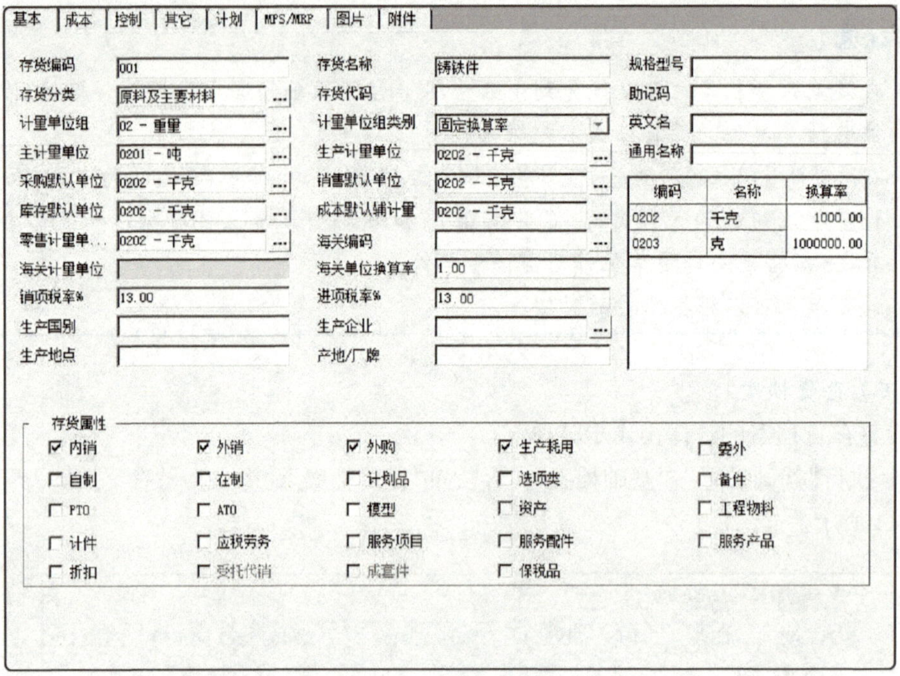

图 3-45 “存货档案—基本”选项卡

3. 单击“成本”选项卡，输入计划价/售价“3000.00”，参考成本“3100.00”，最新成本“2900.00”，最低售价“3500.00”，参考售价“3600.00”，如图 3-46 所示。

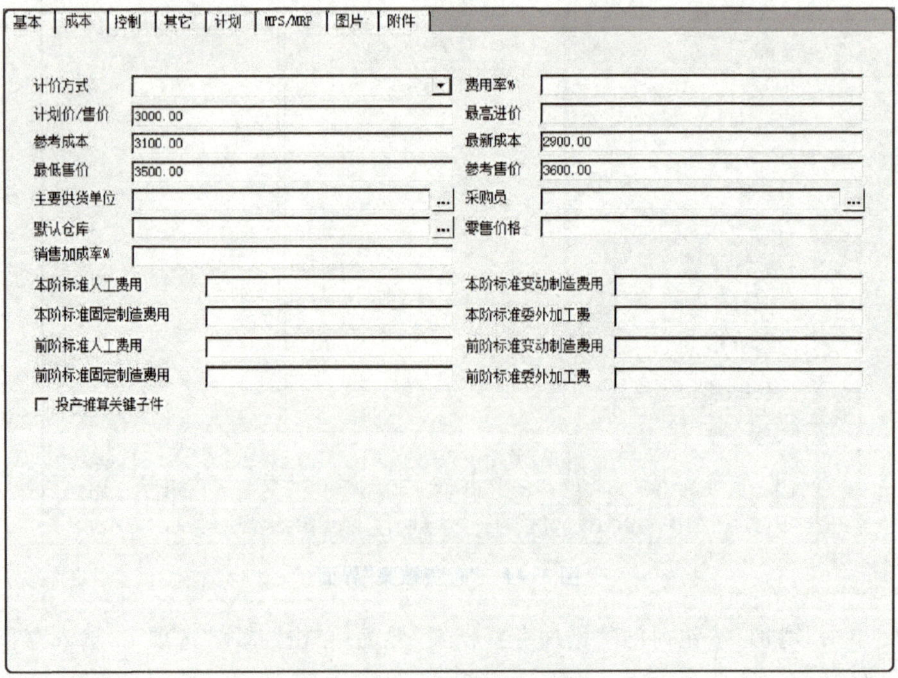

图 3-46 “存货档案—成本”选项卡

4. 单击“保存”按钮。

5. 重复上述步骤，输入表 3-11 中其他存货档案信息。最后的操作结果如图 3-47 所示。

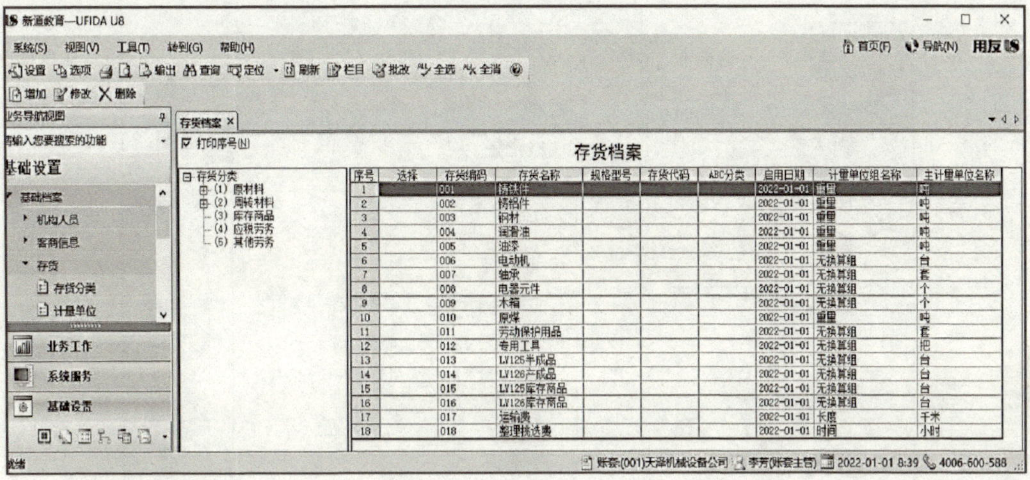

图 3-47　设置“存货档案”

注意：

(1) 存货档案需要在企业应用平台中录入。如果只启用财务系统且并不需要在应收、应付系统中填制发票，则不需要设置存货档案。

(2) 在录入存货档案时，如果存货类别不符合要求，应重新进行选择。

(3) 在录入存货档案时，如果直接列示的计量单位不符合要求，应先将不符合要求的计量单位删除，再单击“参照”按钮，在计量单位表中重新选择计量单位。

(4) 存货档案中的存货属性必须选择正确，否则，在填制相应单据时存货不会在存货列表中出现。

四、财务设置

（一）凭证类别

设置凭证类别的具体操作步骤如下：

1. 执行“基础设置”|“基础档案”|“财务”|“凭证类别”命令，打开“凭证类别预置”界面，单击“记账凭证”前的单选框，如图 3-48 所示。

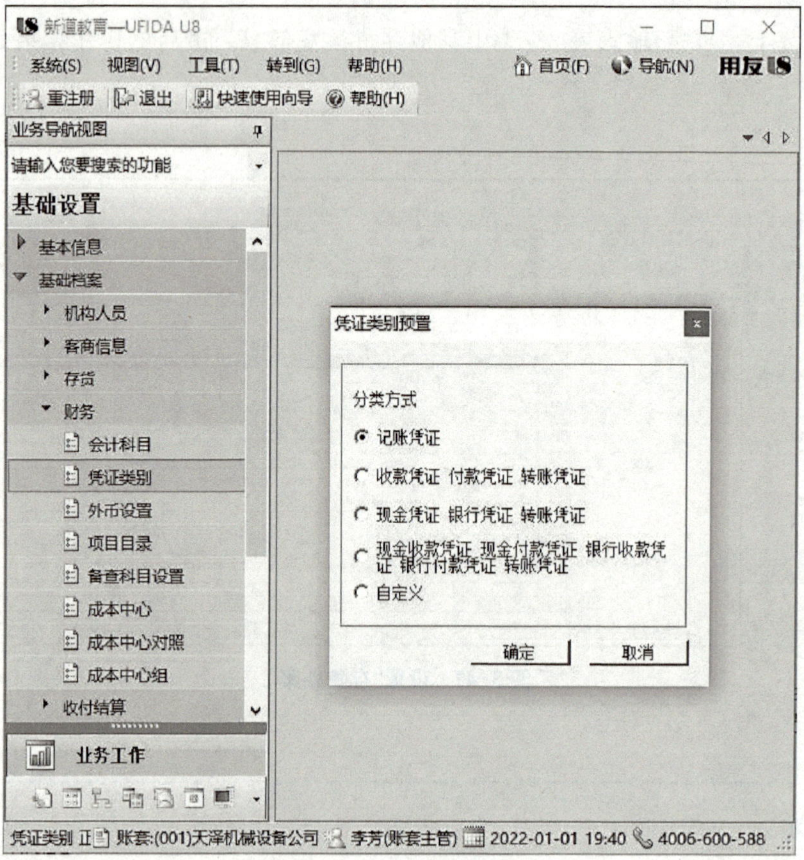

图 3-48 “凭证类别预置”界面

2. 单击“确定”按钮。最后的操作结果如图 3-49 所示。

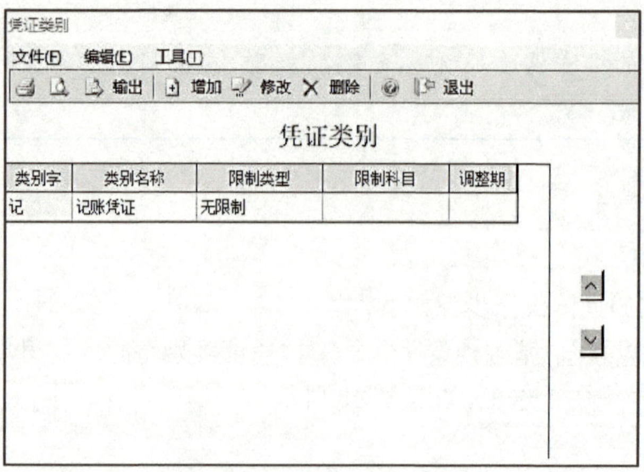

图 3-49 设置“凭证类别”

（二）修改会计科目

以把“库存现金”科目的辅助核算设置为日记账为例，修改会计科目的具体操作步骤如下：

1. 执行“基础设置”|“基础档案”|“财务”|“会计科目”命令，打开“会计科目”界面，如图 3-50 所示。

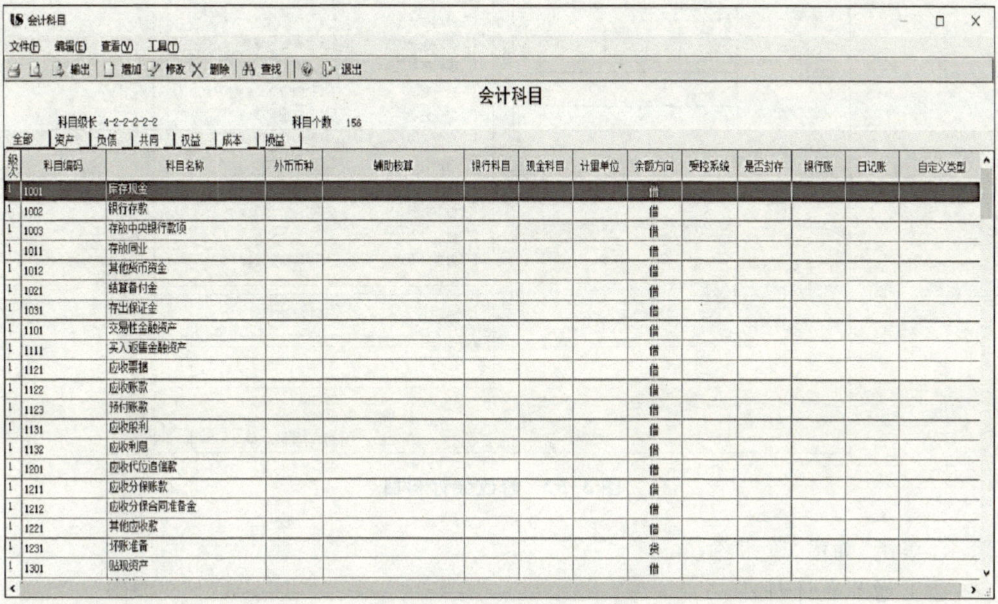

图 3-50 “会计科目”界面

2. 单击“库存现金”科目后单击“修改”按钮，打开“会计科目_修改”界面，如图 3-51 所示。

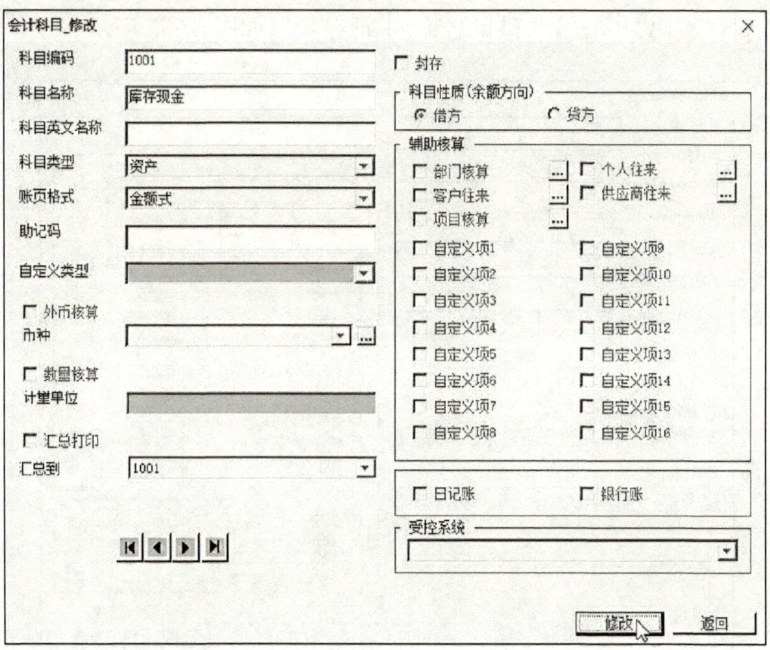

图 3-51 “会计科目_修改”界面

3. 单击“修改”按钮。单击“日记账”前的复选框,如图 3-52 所示。

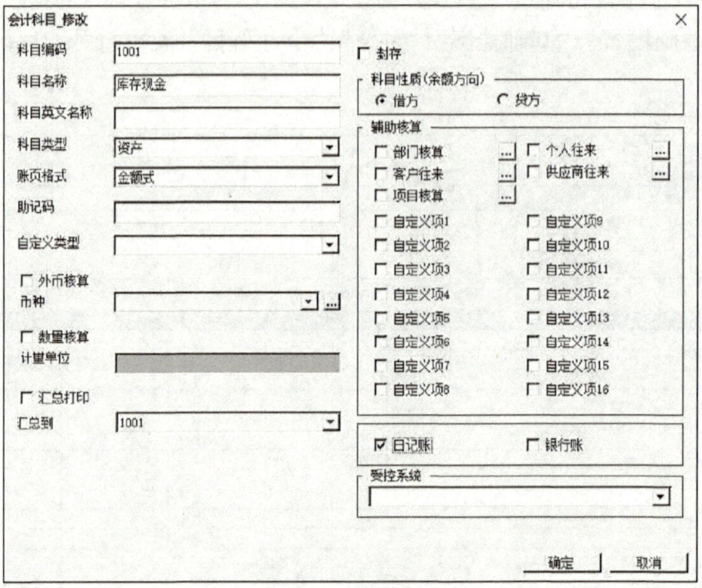

图 3-52　修改会计科目

4. 单击“确定”按钮。

(三) 增加会计科目

以在“银行存款”科目下增加两个会计科目“100201 工行存款”和“100202 工行美元专户”为例,增加会计科目的具体操作步骤如下:

1. 执行“基础设置”|“基础档案”|“财务”|“会计科目”命令,打开“会计科目”界面,单击“银行存款”科目,单击“银行存款”科目,单击“增加”按钮,打开“新增会计科目”界面。

2. 输入科目编码“100201”,科目名称“工行存款”,如图 3-53 所示。

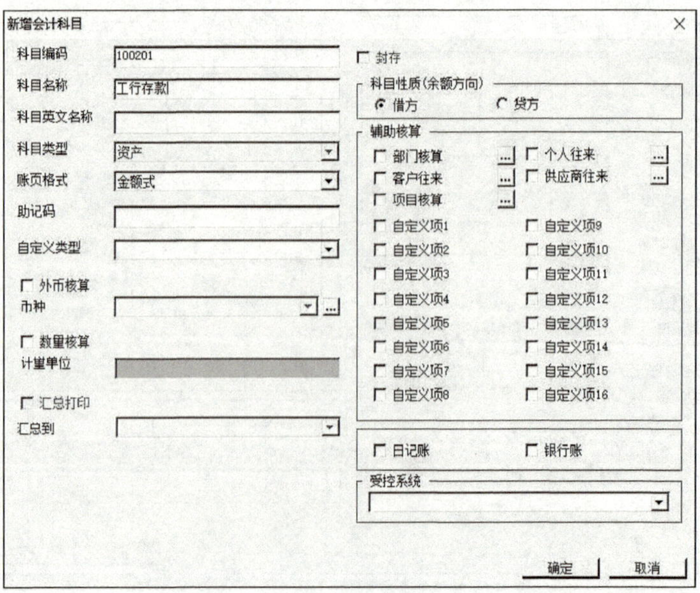

图 3-53　“新增会计科目”界面

3. 单击“确定”按钮。

4. 重复上述步骤,增加会计科目“100202 工行美元专户”。

同理,可以用此方法增加其他会计科目,具体见表3-22中需要新增的科目。

(四)指定会计科目

以指定“库存现金”为现金总账科目,指定“银行存款”为银行存款总账科目为例,指定会计科目的具体操作步骤如下:

1. 执行“基础设置”|“基础档案”|“财务”|“会计科目”命令,打开“会计科目”界面,单击“编辑”按钮,执行“指定科目”命令,如图3-54所示。

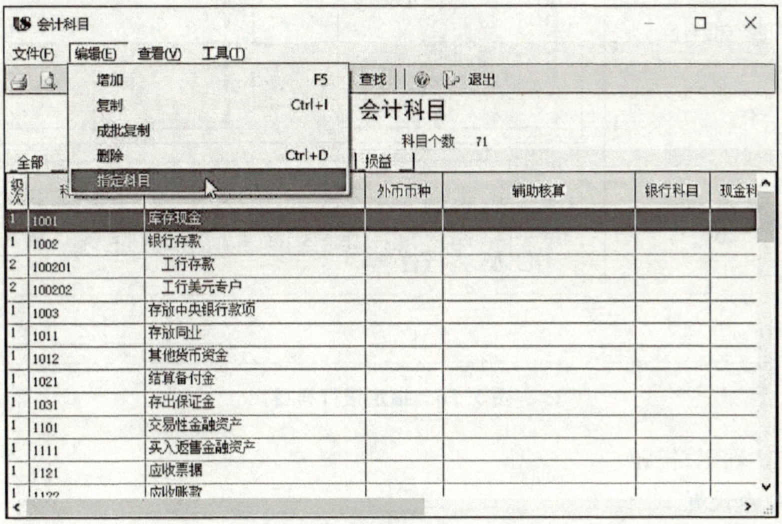

图3-54　“指定科目”命令

2. 单击选择“现金科目”选项,单击 › 按钮,将“1001 库存现金”从“待选科目”窗口选入“已选科目”窗口,如图3-55所示。

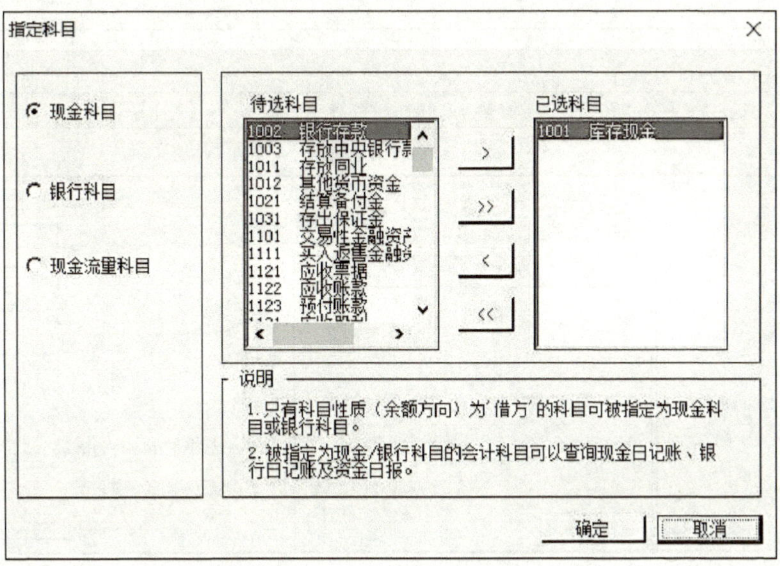

图3-55　指定现金科目

3. 单击选择“银行科目”选项,单击 › 按钮,将“1002 银行存款”从“待选科目”窗口选入“已选科目”窗口,如图 3-56 所示。

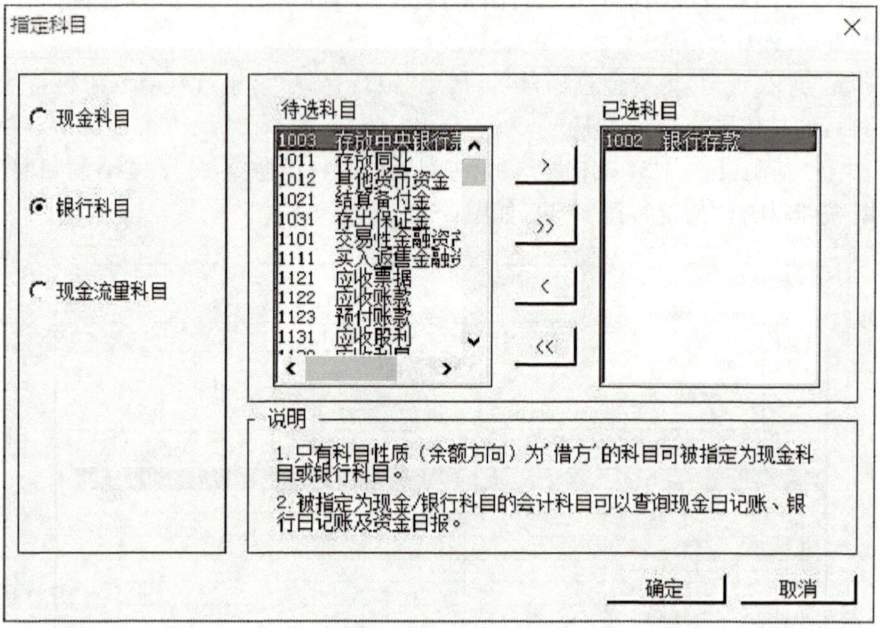

图 3-56 指定银行科目

4. 单击“确定”按钮。

(五)外币设置

以将美元设定为固定汇率 1 美元=6.80 人民币为例,外币设置的具体操作步骤如下:

1. 执行“基础设置”|“基础档案”|“财务”|“外币设置”命令,打开“外币设置”界面,如图 3-57 所示。

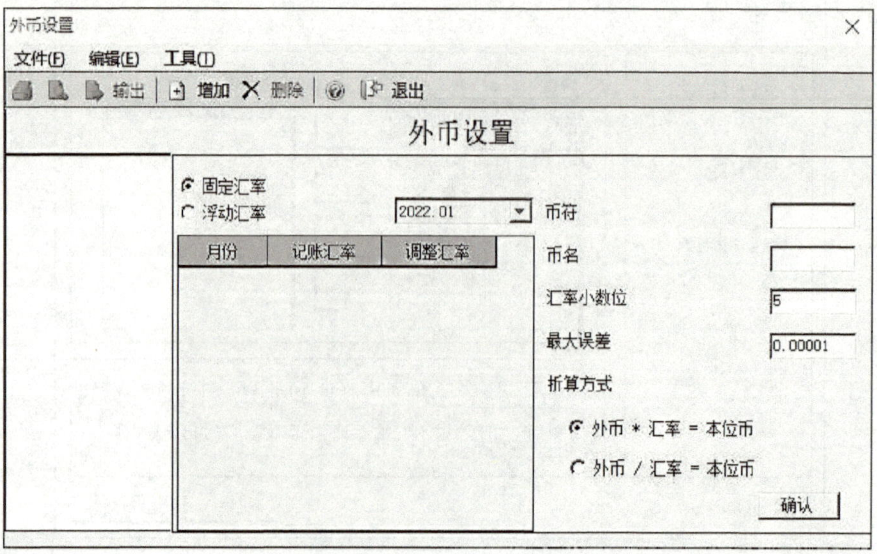

图 3-57 “外币设置”界面

2. 单击“增加”按钮，输入币符“＄”，币名“美元”，汇率小数位“5”，最大误差“0.00001”，如图 3-58 所示。

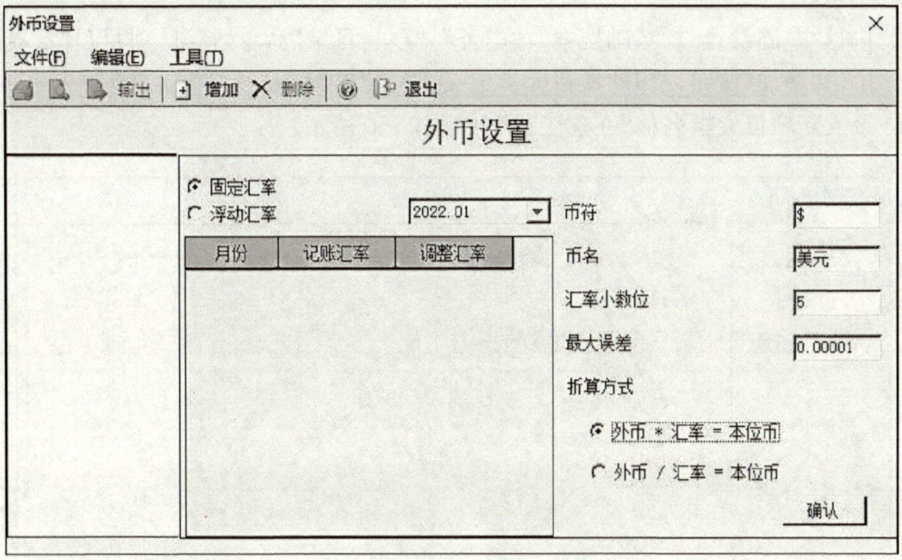

图 3-58　增加“外币设置”

3. 单击“确认”按钮。

4. 在“外币设置”界面，将 2022 年 1 月的记账汇率设置为“6.80000”，如图 3-59 所示。

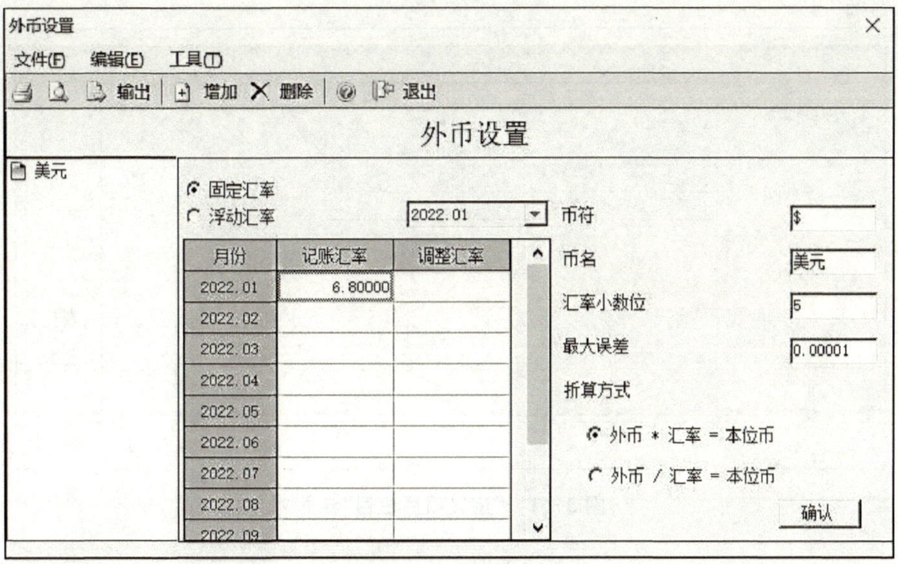

图 3-59　设置外币固定汇率

5. 单击“确认”按钮。

6. 单击“退出”按钮。

7. 单击“是”按钮。

(六)项目目录

按照表 3-21 的项目目录档案进行项目目录设置,设置项目目录的具体操作步骤如下:

1. 执行“基础设置”|“基础档案”|“财务”|“项目目录”命令,打开“项目目录”界面。
2. 单击“增加”按钮,打开“项目大类定义_增加”界面。
3. 录入新项目大类名称“在建工程”,如图 3-60 所示。

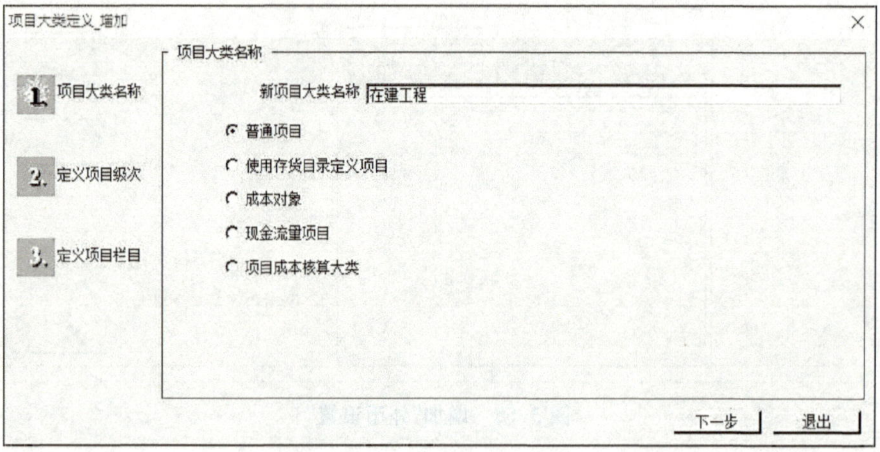

图 3-60　增加“项目大类定义”

4. 单击“下一步”按钮,打开“定义项目级次”界面。单击“下一步”按钮,打开“定义项目栏目”界面,如图 3-61 所示。

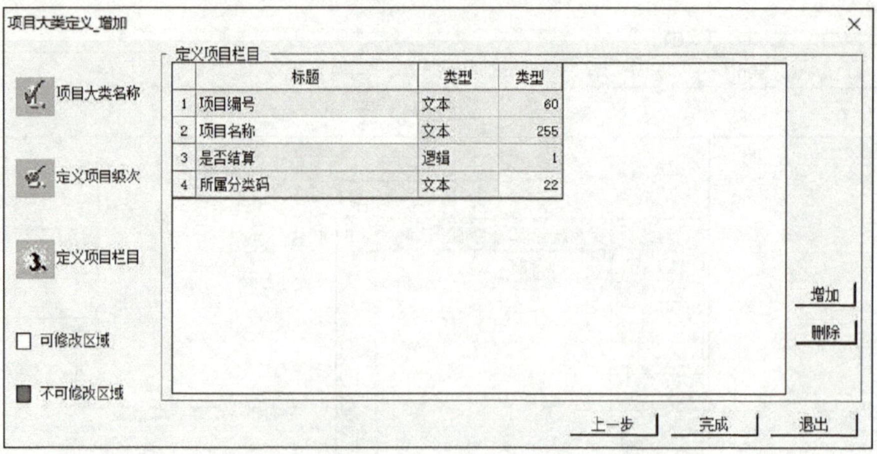

图 3-61　“定义项目栏目”界面

5. 单击“完成”按钮,返回“项目档案”界面。
6. 单击“项目大类”栏的下三角按钮,选择“在建工程”项目大类。
7. 单击“核算科目”选项卡,单击“ » ”按钮,将在建工程、工程物资、工程水电费、工程其他费用、预付工程款、在建工程转出等科目从“待选科目”列表中选入“已选科目”列表,如图 3-62 所示。

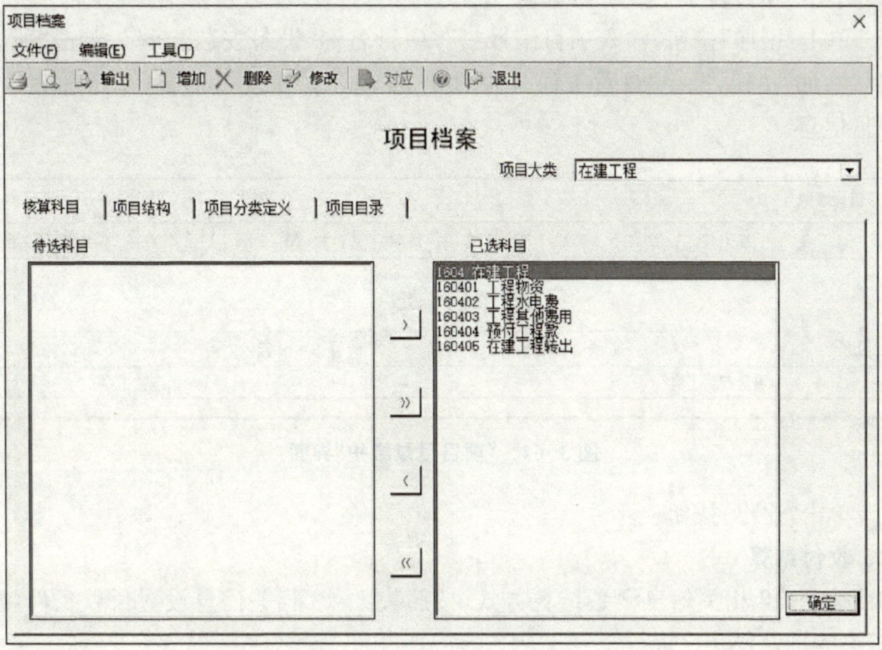

图 3-62　指定"核算科目"

8. 单击"确定"按钮。

9. 单击"项目分类定义"选项卡。

10. 单击"增加"按钮，输入分类编码"1"，分类名称"自营工程"，单击"确定"按钮，如图 3-63 所示。

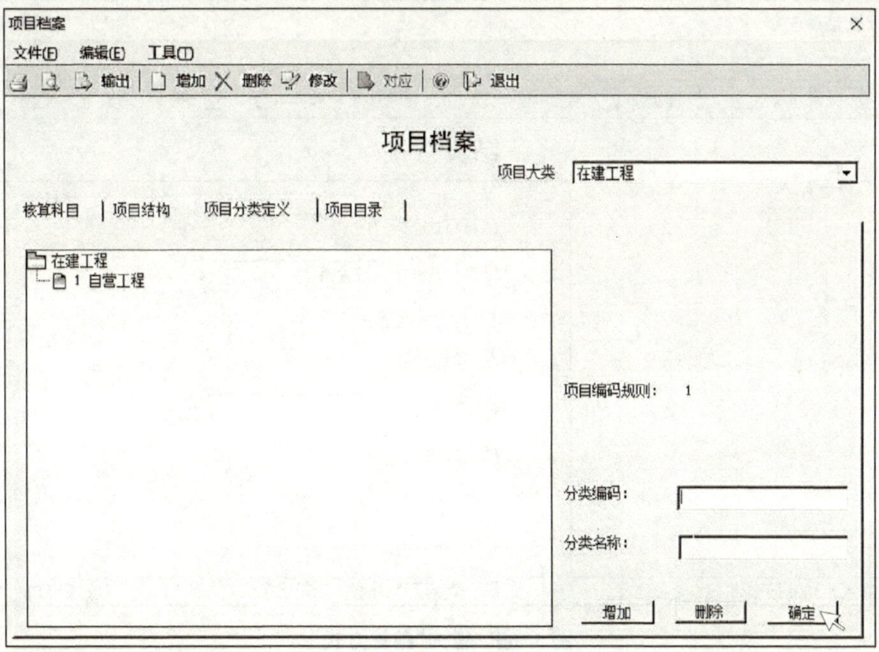

图 3-63　增加"项目分类定义"

11. 单击“项目目录”选项卡,单击“维护”按钮,打开“项目目录维护”界面。

12. 单击“增加”按钮,输入项目编号“1”,项目名称“设备安装工程”,单击“所属分类码”栏目“参加”按钮,选择“自营工程”,如图 3-64 所示。重复上述步骤,增加表 3-21 中其他项目信息。

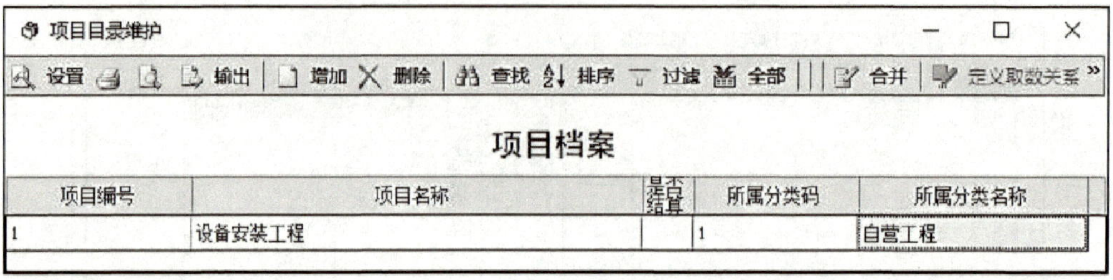

图 3-64 “项目目录维护”界面

13. 单击“退出”按钮。

五、收付结算

按照表 3-12 相关信息设置结算方式,按照表 3-13 相关信息设置付款条件,按照表 3-14 相关信息设置开户银行。

(一) 结算方式

设置结算方式的具体操作步骤如下:

1. 执行“基础设置”|“基础档案”|“收付结算”|“结算方式”命令,打开“结算方式”界面。

2. 单击“增加”按钮,输入结算方式编码“1”,结算方式名称“现金结算”,单击“保存”按钮,如图 3-65 所示。

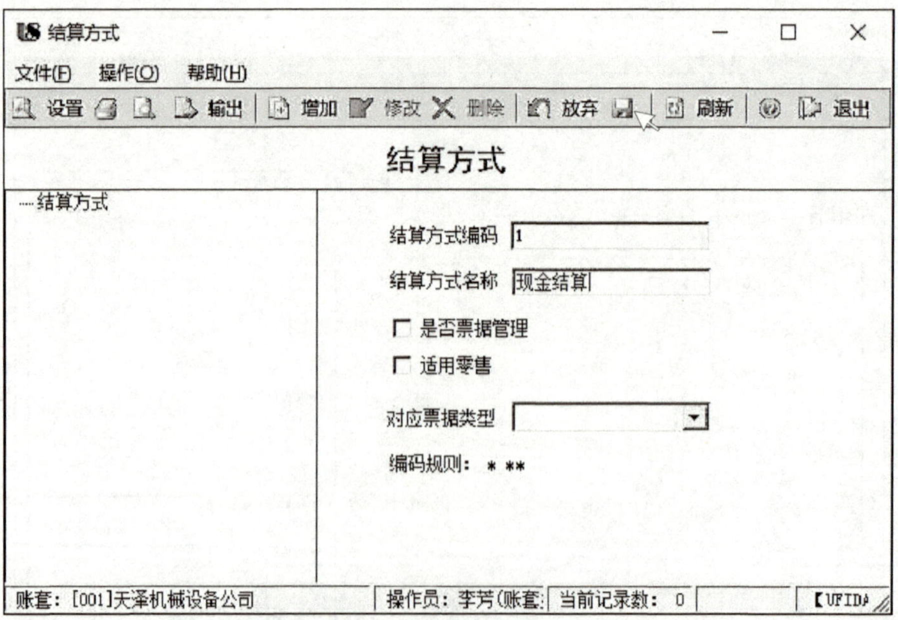

图 3-65 增加“结算方式”

3. 重复上述步骤,输入表 3-12 中其他结算方式信息。最后的操作结果如图 3-66 所示。

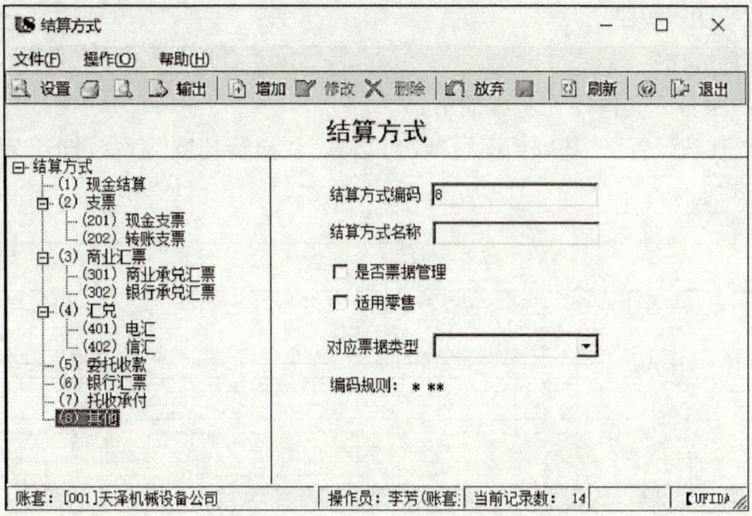

图 3-66 设置“结算方式”

4. 单击“退出”按钮。

注意：

在总账系统中，结算方式将在填制“银行账”类科目凭证时使用，并可作为银行对账的一个参数。

（二）付款条件

设置付款条件的具体操作步骤如下：

1. 执行“基础设置”|“基础档案”|“收付结算”|“付款条件”命令，打开“付款条件”界面。
2. 单击“增加”按钮，输入付款条件编码“1”，信用天数“30”，优惠天数 1“5”，优惠率 1“2.0000”。
3. 单击“保存”按钮。
4. 重复上述步骤，输入表 3-13 中其他付款条件信息。最后操作的结果如图 3-67 所示。

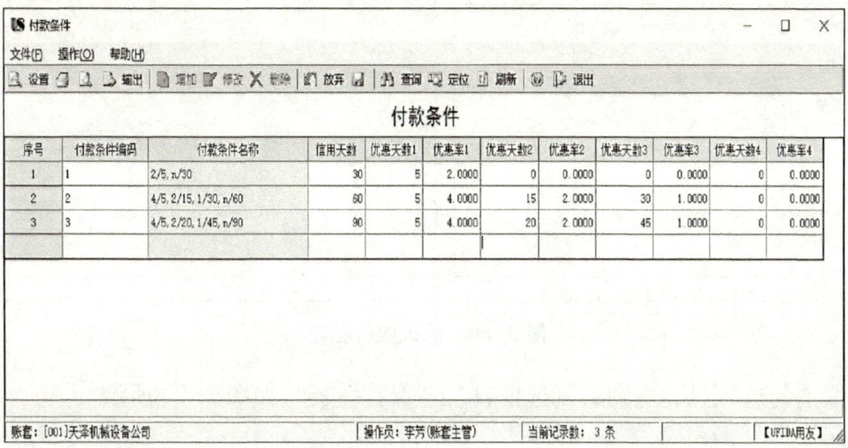

图 3-67 设置“付款条件”

5. 单击“退出”按钮。

(三)开户银行

设置开户银行的具体操作步骤如下:

1. 执行“基础设置”|“基础档案”|“收付结算”|“银行档案”命令,打开“银行档案”界面,如图 3-68 所示。

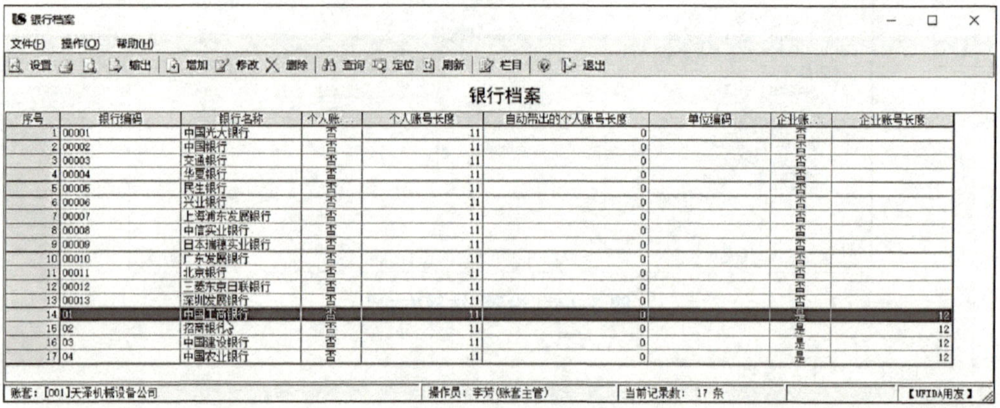

图 3-68 “银行档案”界面

2. 选中“中国工商银行”,单击“修改”按钮,打开“修改银行档案”界面,如图 3-69 所示。

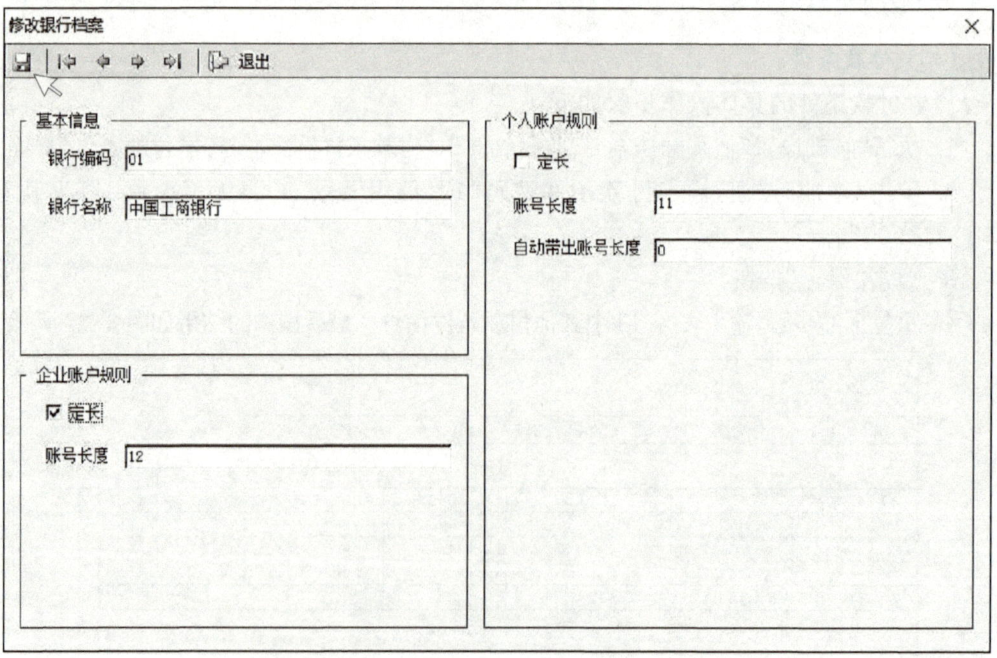

图 3-69 修改银行档案

3. 取消勾选“定长”规则的复选框,单击“保存”按钮,如图 3-70 所示。

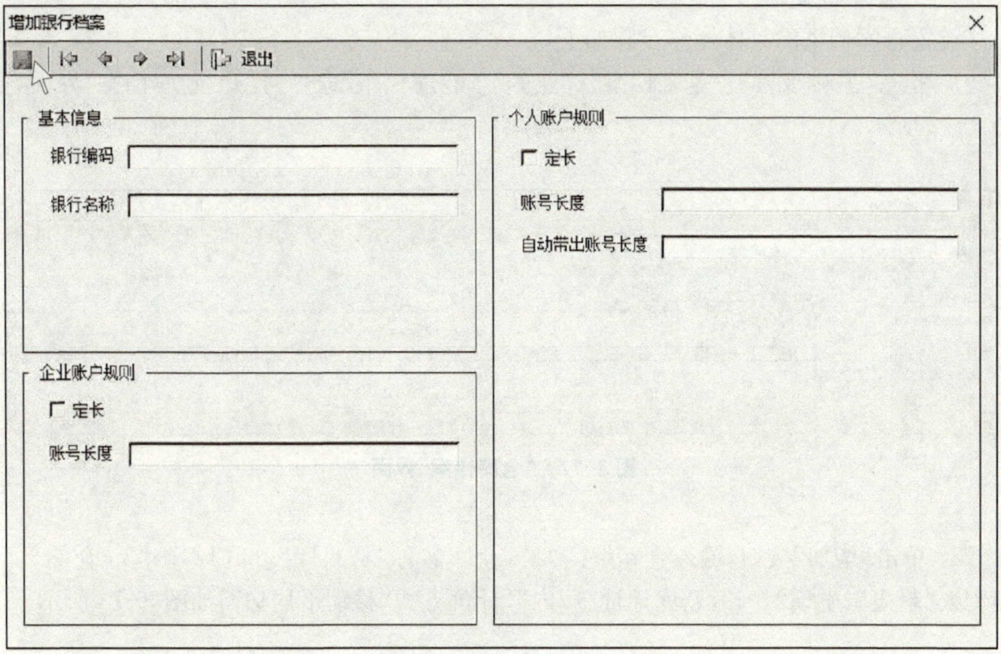

图 3-70　增加银行档案

4. 执行“基础设置”|“基础档案”|“收付结算”|“本单位开户银行”命令，打开“本单位开户银行”界面，按表 3-14 中的资料输入开户银行信息。最后的操作结果如图 3-71 所示。

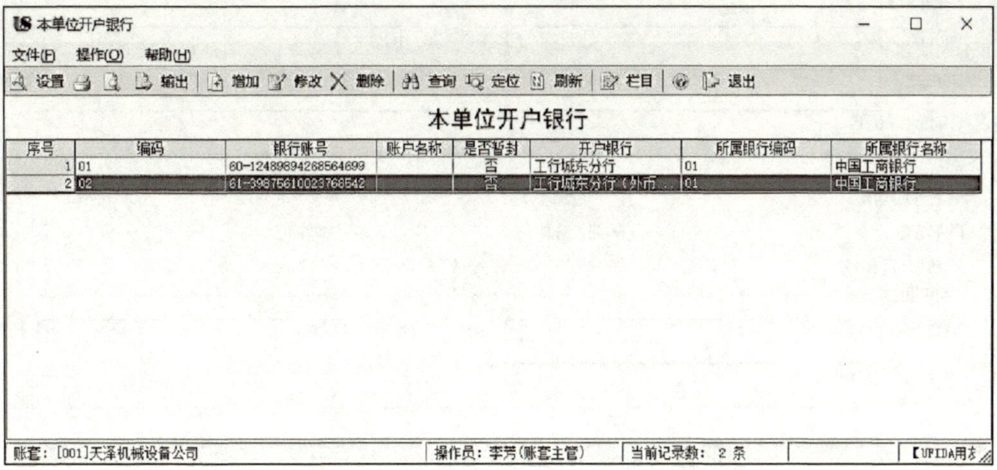

图 3-71　设置本单位“开户银行”

5. 单击“退出”按钮。

六、业务档案

按表 3-15 相关信息设置仓库档案，按表 3-16 相关信息设置收发类别，按表 3-17 相关信息设置产品结构，按表 3-18 相关信息设置销售类型，按表 3-19 及表 3-20 相关信息设置费用分类及费用项目。

(一) 仓库档案

设置仓库档案的具体操作步骤如下：

1. 执行“基础设置”|“基础档案”|“业务”|“仓库档案”命令，打开“仓库档案”界面，如图 3-72 所示。

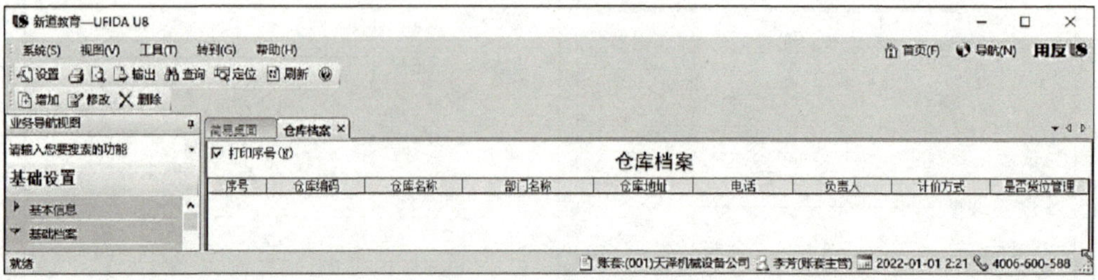

图 3-72 “仓库档案”界面

2. 单击“增加”按钮，输入仓库编码“1”，仓库名称“材料库”，部门编码“3 -仓储部”，负责人“赵飞”，电话“104”，仓库地址“厂内”，计价方式“移动平均法”，如图 3-73 所示。

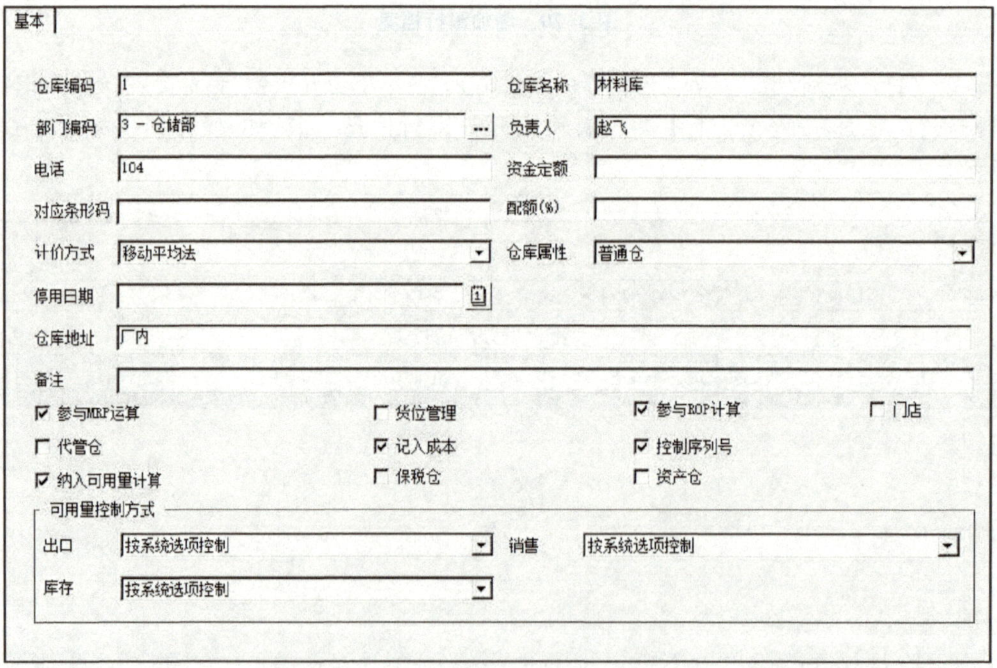

图 3-73 增加“仓库档案”

3. 单击“保存”按钮。

4. 重复上述步骤，输入表 3-15 中其他仓库档案信息。最后的操作结果如图 3-74 所示。

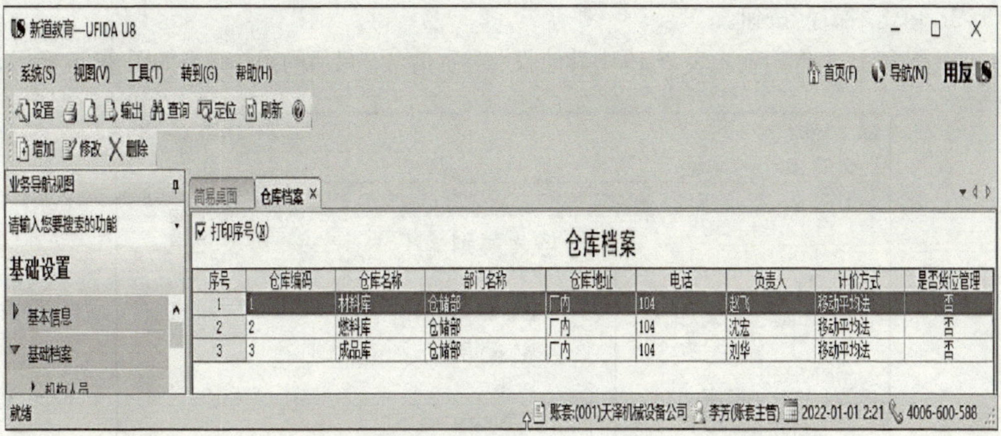

图 3-74 设置"仓库档案"

注意：

(1) 在仓库档案设置过程中要注意仓库属性的设置，"代管仓"和"保税仓"的复选框一般要取消勾选，否则会影响供应链模块的后续操作，尤其是发货单的填制。

(2) 每个仓库必须要选择一种计价方式。系统提供五种计价方式：工业企业为计划价法、全月平均法、移动平均法、先进先出法和个别计价法；商业企业为销售价法、全月平均法、移动平均法、先进先出法和个别计价法。

（二）收发类别

设置收发类别的具体操作步骤如下：

1. 执行"基础设置"|"基础档案"|"业务"|"收发类别"命令，打开"收发类别"界面。

2. 单击"增加"按钮，输入收发类别编码"1"，收发类别名称"入库"，收发标志"收"，如图 3-75 所示。

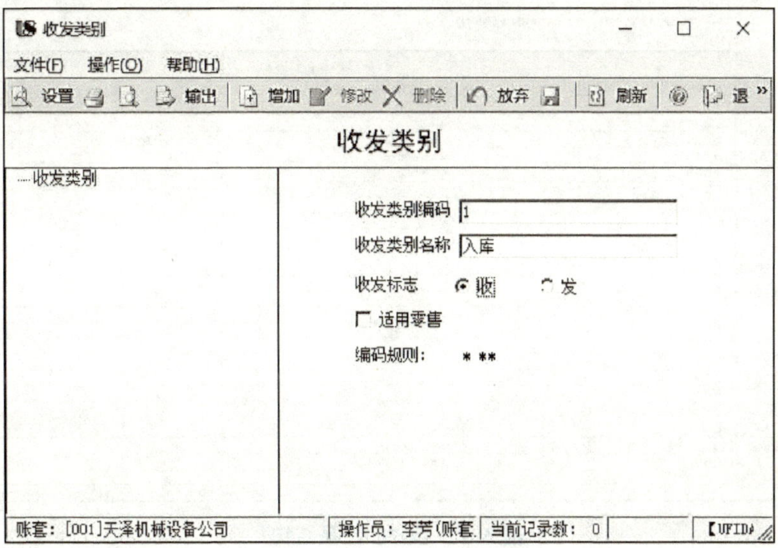

图 3-75 增加"收发类别"

3. 单击“保存”按钮。

4. 重复上述步骤,输入表 3-16 中其他收发类别信息。最后的操作结果如图 3-76 所示。

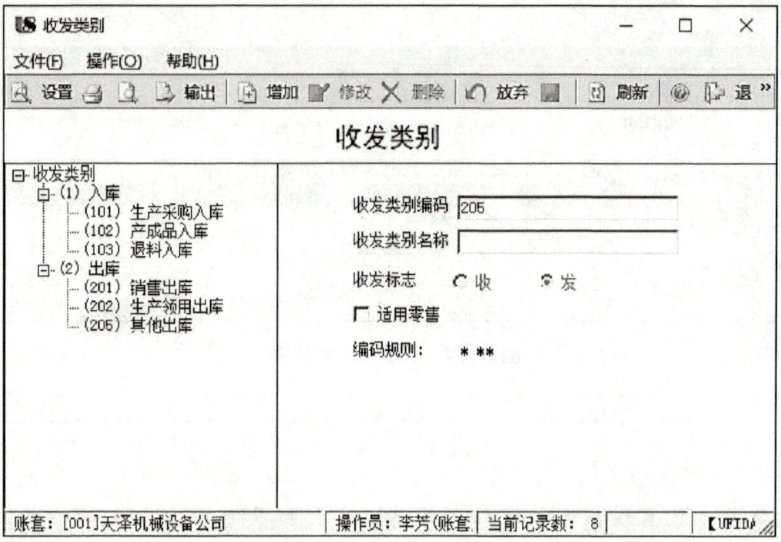

图 3-76 设置“收发类别”

(三) 产品结构

设置产品结构的具体操作步骤如下:

1. 执行“基础设置”|“基础档案”|“业务”|“产品结构”命令,打开“产品结构”界面。

2. 单击“增加”按钮,在表头处输入母件编码“013”,版本说明“第 10 版本”。在表体中第一行输入子件编码“002”,基本用量“5.00”,基础用量“50.00”,固定用量“是”,仓库编码“1”,领料部门“201”;第二行中输入子件编码“003”,基本用量“5.00”,基础用量“2.50”,固定用量“是”,仓库编码“1”,领料部门“201”,如图 3-77 所示。

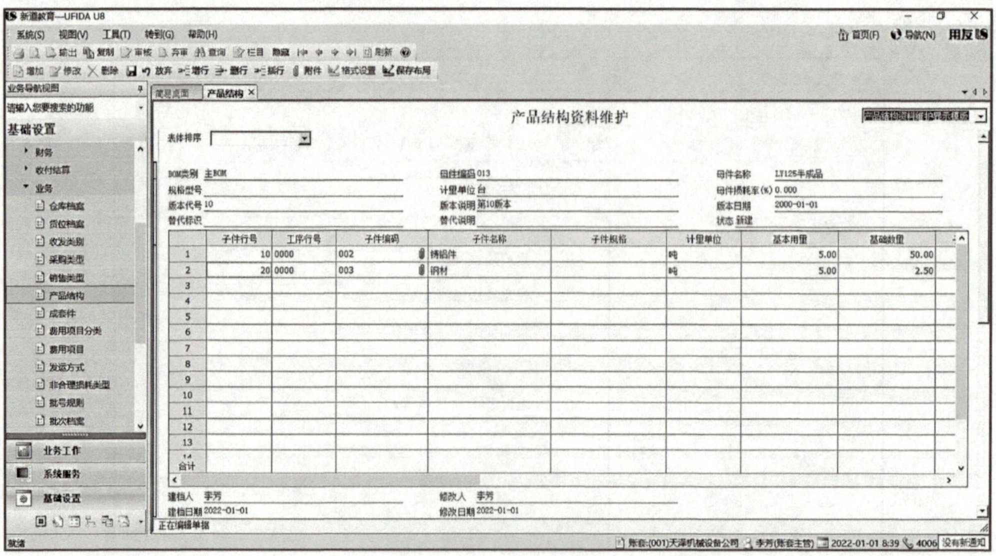

图 3-77 增加“产品结构”

3. 单击“保存”按钮。

4. 重复上述步骤，输入表 3-17 中其他产品结构信息。最后的操作结果如图 3-78 所示。

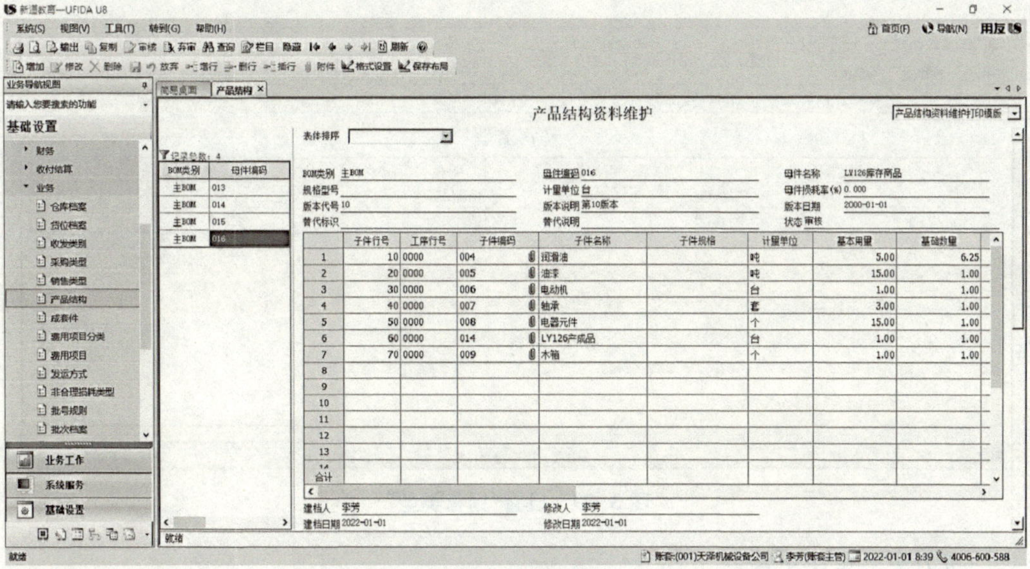

图 3-78　设置“产品结构”

注意：

(1) 同一母件产品在表体中第一行子件物料的“基本用量”的设置很重要，它往往是 5 的倍数。其他行的基本用量不受限制。

(2) 应确保一个母件下属所有的子件物料档案全部输入完毕后，再单击“保存”按钮。首次保存后，系统将自动进行审核。

(3) 子件物料的基本用量、基础用量必须要手动输入，不可缺省。

(4) 需要修改保存好的产品结构档案时，先执行“弃审”|“修改”命令，修改具体内容后，再单击“审核”按钮。默认修改成功。

(5) 产品结构档案全部输入完毕后，执行“基础设置”|“基础档案”|“业务”|“产品结构”命令，进入“产品结构”设置界面，单击“查询”按钮，就可以看到之前设置好的产品结构档案。

（四）销售类型

设置销售类型的具体操作步骤如下：

1. 执行“基础设置”|“基础档案”|“业务”|“销售类型”命令，打开“销售类型”界面。

2. 单击“增加”按钮，输入销售类型编码“1”，销售类型名称“产品销售”，出库类别“销售出库”，是否默认值“是”。

3. 单击“保存”按钮。

4. 单击“增加”按钮，输入销售类型编码“2”，销售类型名称“材料销售”，出库类别“销售出库”，是否默认值“否”。

5. 单击“保存”按钮，如图 3-79 所示。

6. 单击“退出”按钮。

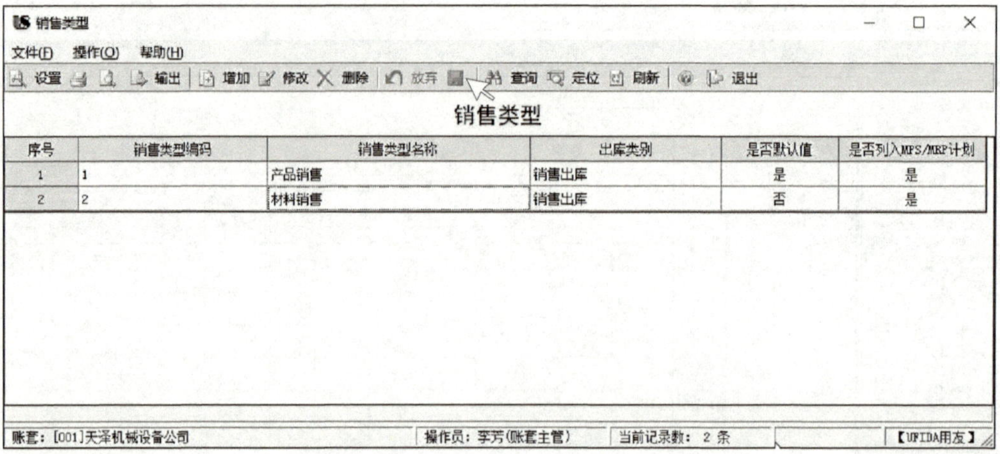

图 3-79 设置“销售类型”

(五) 费用项目分类

设置费用项目分类的具体操作步骤如下：

1. 执行“基础设置”|“基础档案”|“业务”|“费用项目分类”命令，打开“费用项目分类”界面。

2. 单击“增加”按钮，输入分类编码“1”，分类名称“销售费用”，如图 3-80 所示。

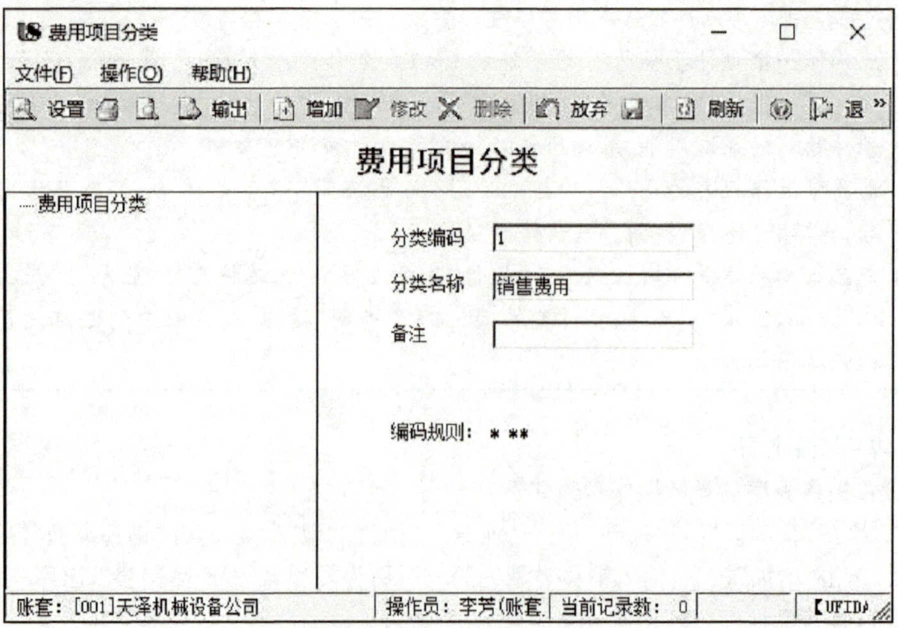

图 3-80 增加“费用项目分类”

3. 单击“保存”按钮。

4. 重复上述步骤，输入表 3-19 中其他费用项目分类信息。最后的操作结果如图 3-81 所示。

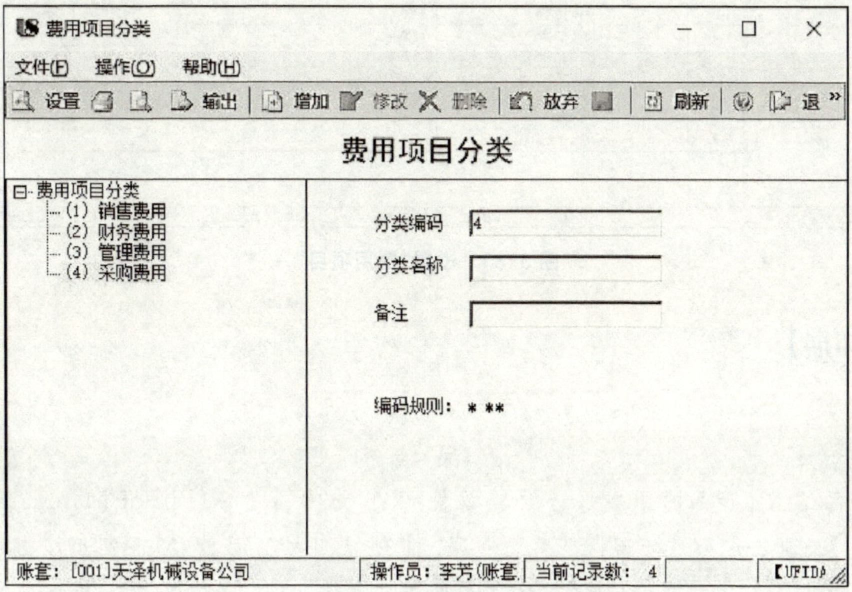

图 3-81　设置“费用项目分类”

（六）费用项目

设置费用项目的具体操作步骤如下：

1. 执行“基础设置”|“基础档案”|“业务”|“费用项目”命令，打开“费用项目”界面。

2. 单击“增加”按钮，输入费用项目编码“01”，费用项目名称“材料采购费用”，费用项目分类“采购费用”，如图 3-82 所示。

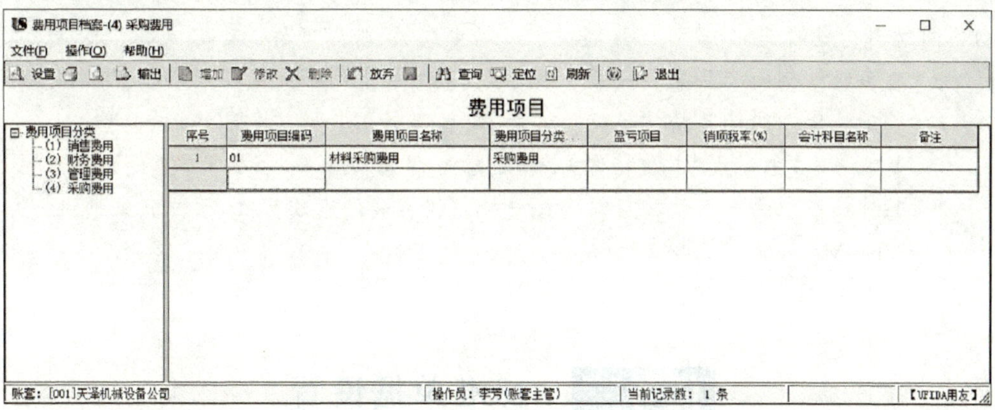

图 3-82　增加“费用项目”

3. 单击“保存”按钮。

4. 重复上述步骤，输入表 3-20 中其他费用项目信息。最后的操作结果如图 3-83 所示。

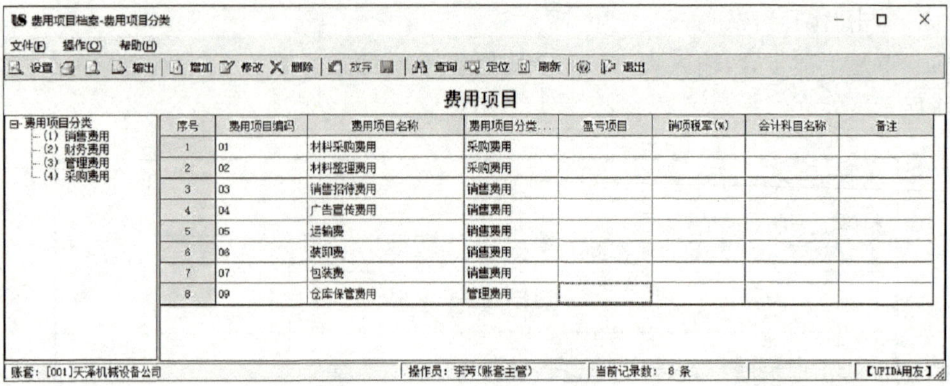

序号	费用项目编码	费用项目名称	费用项目分类...	盈亏项目	销项税率(%)	会计科目名称	备注
1	01	材料采购费用	采购费用				
2	02	材料整理费用	采购费用				
3	03	销售招待费用	销售费用				
4	04	广告宣传费用	销售费用				
5	05	运输费	销售费用				
6	06	装卸费	销售费用				
7	07	包装费	销售费用				
8	09	仓库保管费用	管理费用				

图 3-83 设置“费用项目”

【知识拓展】

产 品 结 构

产品结构指产品的组成成分及其数量，又称为物料清单(Bill of Material)，简称 BOM，即企业生产的产品由哪些材料组成。正确使用与维护 BOM 信息的准确性是系统运行期间十分重要的工作，企业必须对此足够重视。

未启用生产制造产品时，进行产品结构设置的操作菜单为：“基础设置”|“基础档案”|“业务”|“产品结构”。启用生产制造产品后，产品结构在物料清单产品中录入。在进行产品结构设置时，我们可以增加结构层级，包括母项产品、子项物料内容，可以定义“是否展开”。同时，还可以对产品结构进行修改、删除、复制、审核、弃审等操作。

设置产品结构时需要注意以下事项：

1. 产品结构中引用的物料必须首先在存货档案中定义，然后才能在产品结构中引用。

2. 母项可以是最终完成的产成品，也可以是生产装配过程中形成的半成品，或者由不同材料构成的部件，也可以是经过加工的半成品、外购部件等。

3. 有多级结构的产品需要一级一级输入，采用从上到下的顺序层层构建。

4. 基础档案中的产品结构不支持多版本、替代 BOM 和公共 BOM 的功能。

5. 基础档案中的产品结构支持格式设置的功能，同物料清单一样提供单据设计的功能。

6. 基础档案中的产品结构目前不能支持左树右表的表现形式，用户只能通过定位功能查询 BOM。

任务三 标准单据设置

【任务场景】

天泽机械设备公司是一家工业企业，在生产经营的过程中，为了加强内部控制，需要对内部自制单据进行统一格式设置，要求单据编号设置方面既要严格遵循一定的编码规律，又要具有一定的灵活性。

【任务目标】

掌握单据格式设置和编号设置的操作方法。

【任务内容】

1. 进行单据格式设置。
2. 进行单据编号设置。

【任务实施】

一、单据格式设置

删除销售专用发票和销售普通发票上的“销售类型”项目使销售类型不做过细的划分。

单据格式设置的具体操作步骤如下：

1. 执行“基础设置”|“基础档案”|“单据设置”|“单据格式设置”命令，打开“单据格式设置”界面。

2. 执行“模板夹”|“单据类型”|“销售管理”|“销售专用发票”|“显示”|“销售专用发票显示模板”命令，如图 3-84 所示。在销售专用发票的票头上单击“销售类型”选项，如图 3-85 所示，点击“删除”按钮。在出现的系统提示界面点击“是”，如图 3-86 所示。

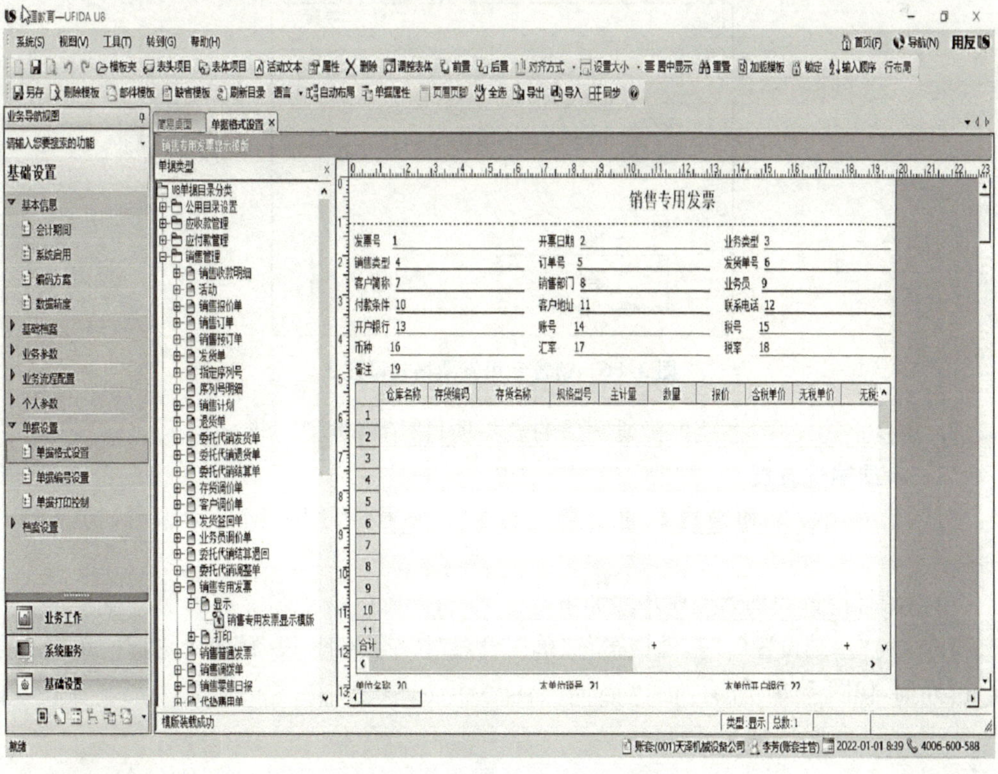

图 3-84　销售专用发票格式设置 1

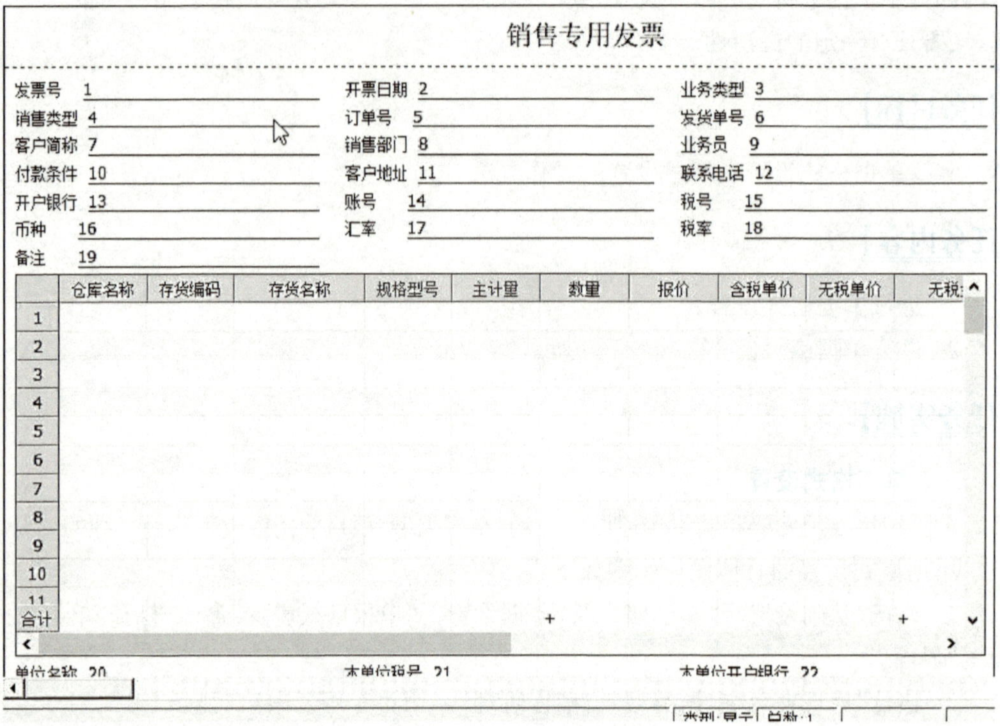

图 3-85 销售专用发票格式设置 2

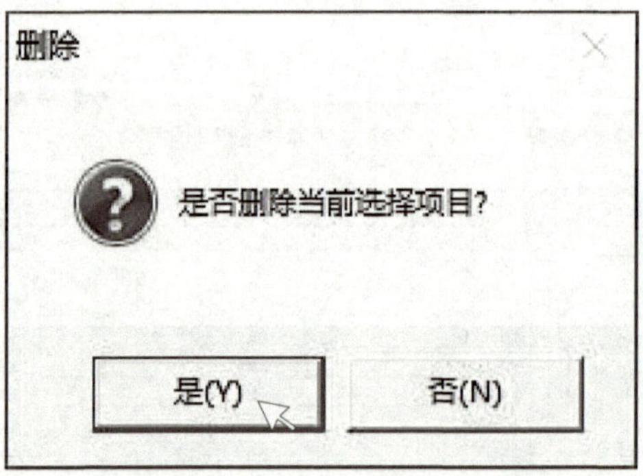

图 3-86 销售专用发票格式设置 3

3. 重复上述步骤,将销售普通发票的表头项目“销售类型”删除。

二、单据编号设置

对销售专用发票和销售普通发票进行手工编号,不用电脑自动编号,方便用户使用。

单据编号设置的具体操作步骤如下:

1. 执行“基础设置”|“基础档案”|“单据设置”|“单据编号设置”命令,打开“单据编号设置”界面,如图 3-87 所示。

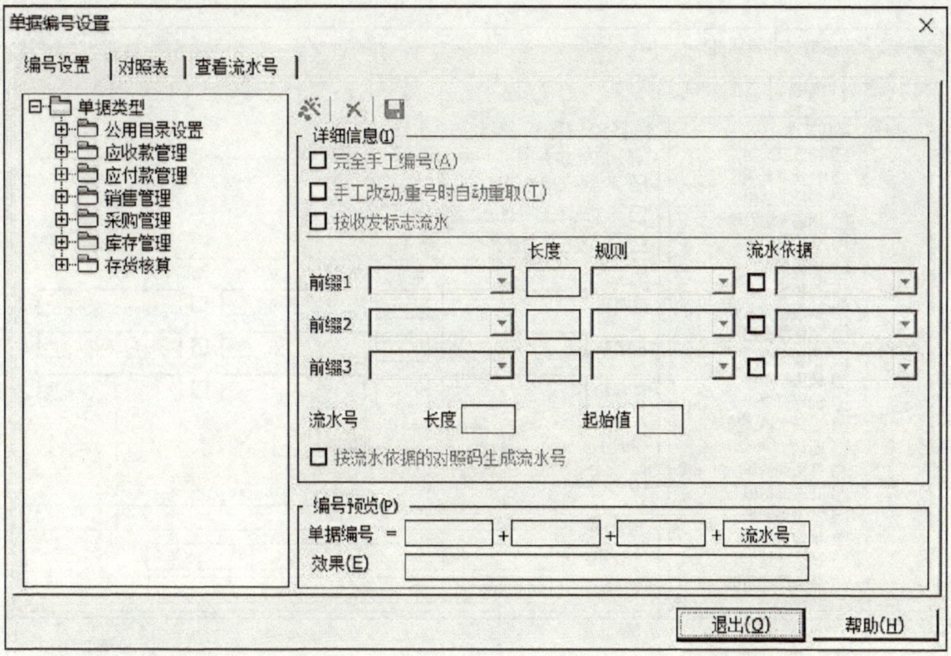

图 3-87　“单据编号设置”界面

2. 单击“单据类型”|“销售管理”|“销售专用发票”,如图 3-88 所示。

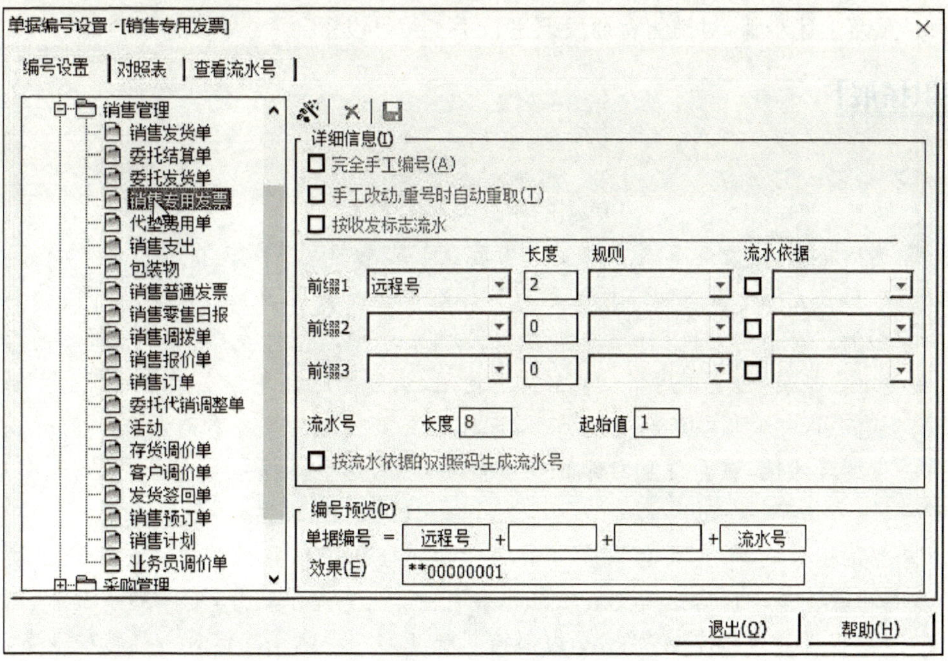

图 3-88　销售专用发票编号设置

3. 单击“编辑”按钮,勾选“完全手工编号”复选框,单击“保存”按钮,如图 3-89 所示。

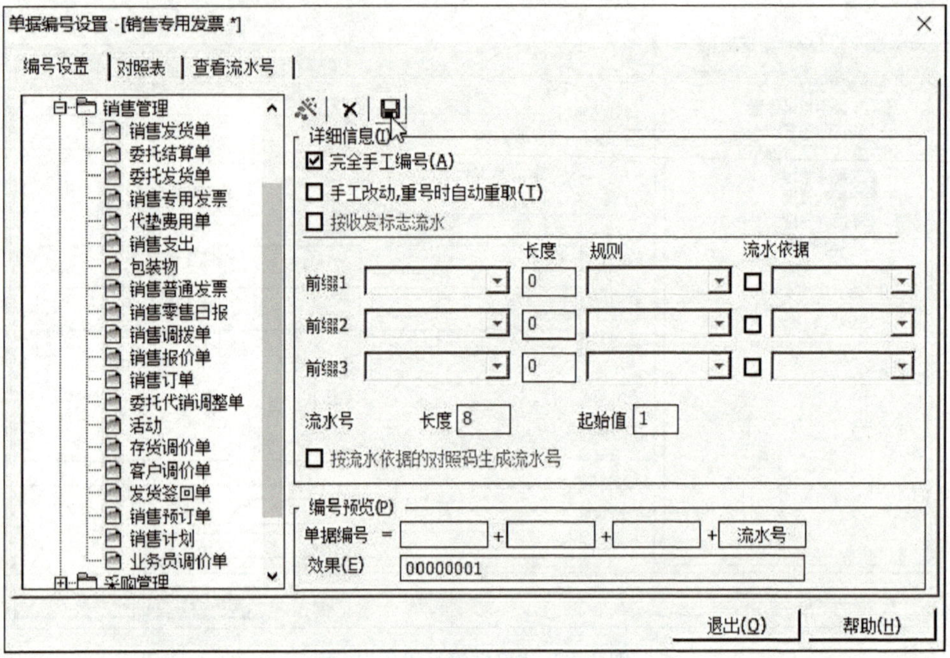

图 3-89　销售专用发票编号设置

4. 单击“退出”按钮。
5. 重复上述步骤,对销售普通发票进行手工编号设置。

【知识拓展】

单据的格式与编号设置

单据的格式,指的是单据上的要素内容及其布局排列方式。根据格式是否统一,可以将单据分为标准单据和非标准单据。标准单据是按照国家行政管理部门的要求统一定制的。对企业来说,标准单据往往是外来单据,例如,发票、银行回单、银行支票、银行本票等票据,主要用于与外部流通使用,认可度比较高。非标准单据则主要在企业内部使用,一般不在外部流通使用,因而在要素内容的安排和布局排列的构成上具有一定的灵活性,满足企业内部的管理需要即可,这些单据主要有验收单、入库单、出库单、发货单等。

单据的编号设置,主要有系统自动编号和完全手工编号两种方式。系统自动编号,就是由软件系统根据业务发生的先后顺序自动生成流水编号,可以避免遗漏、防止重复,起到很好的内部控制效果,是内部控制制度的一种体现。但对一些特殊业务,由于业务规则跟日常业务有所不同,可能无法进行生单,在编号上就会无从体现。完全手工编号,就是由业务员在业务发生时,根据业务发生的先后顺序人工进行单据编号,充分发挥业务员的主观能动性和职业判断能力,在发生特殊业务时能够做到及时编号记录。当然,完全手工编号有时也会由于种种原因发生多记、少记或错记的现象。

总的来说，单据编号的两种方式各有优缺点，可以相互对照，取长补短。

企业应根据自身的实际情况，在单据的格式设置和编号设置上灵活处理，发挥最大的内部控制效应，促进企业经营活动的有序开展。

账套数据备份

在电脑中建立一个文件夹并按日期命名，然后将账套输出备份到这个文件夹中。在账套的备份和使用过程中，要养成良好的数据安全和保密意识。

04 项目四

供应链系统初始设置

项目综述

供应链管理系统是用友 ERP-U8V10.1 软件的重要组成部分，它突破了会计核算软件单一财务管理的局限，实现了从单纯财务核算到财务、业务一体化的全面管理，最终实现物流、资金流和信息流的统一。供应链管理系统主要包括采购管理、销售管理、库存管理和存货核算等系统，其中每个系统既可以单独应用，也可以与相关子系统联合应用。

在企业的日常工作中，采购供应部门、仓库、销售部门、财务部门等都涉及供应链业务及其核算的处理，各个部门的核算和管理内容是不同的，工作间的延续性主要通过单据在不同部门间的传递来完成。

供应链管理系统的数据处理流程如图 4-1 所示。

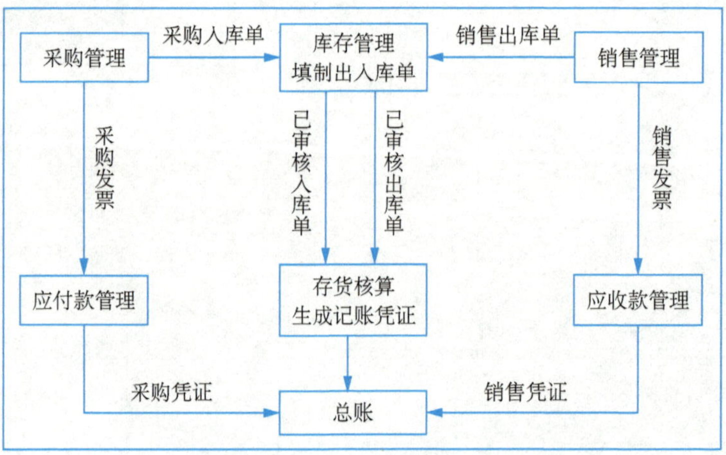

图 4-1 供应链系统数据处理流程

在供应链管理系统中，系统初始化是一个非常关键的环节，期初数据的录入内容及顺序见表 4-1。

表 4-1 期初数据录入顺序及内容

顺序	模块	相关操作	相关内容	说明
1	采购管理	录入	期初暂估入库和期初在途物资	暂估即货到票未到；在途即票到货未到
		期初记账	采购期初数据	即使没有期初数据也要进行期初记账

续表

顺序	模块	相关操作	相关内容	说明
2	销售管理	录入并审核	期初发货单、期初委托代销发货单、期初分期收款发货单	已发货、出库但未开票的单据；已发货但未结算的单据
3	库存	录入或取数、审核	期初余额、不合格品期初数据	库存管理和存货核算共用期初数据，可以在任一模块录入，另一模块取数即可
	存货	录入或取数、审核	期初余额、分期收款发出商品	

供应链管理系统的初始设置工作主要包括启用前的数据准备、系统启用及参数设置、基础信息设置及期初数据录入等。通过初始设置，可以将供应链系统从通用财务软件转化成企业专用的财务软件，为日常业务处理作好准备。

职业能力培养

通过项目的实施及运营，了解供应链管理各个系统的功能和作用。熟悉采购、销售、库存和存货管理等业务知识，能够进行具体业务处理的前期准备工作，掌握供应链管理系统初始设置的具体内容和操作步骤，具备供应链系统初始化的能力。在项目实施过程中培养学生爱岗敬业、一丝不苟、提高技能的职业素养，注重供应链安全管理，具有数据保密意识。让学生充分感受科技是第一生产力，努力掌握供应链管理技能，提升企业管理效率和社会经济发展水平。

思政园地

供应链管理对企业经营来说至关重要，每个企业都应该加强对供应链的管理，提升企业运营效率，从而推动社会经济发展水平快速提升。作为企业会计人员，更应该努力学习掌握供应链管理的相关知识，提高技能，助力企业做好供应链管理，提升企业经济效益，为社会经济发展作出自己的贡献。

供应链管理的本质就是优化和改进供应链活动，应用的方法是集成和协同；目标是满足客户的需求，最终提高供应链的整体竞争能力。供应链管理要求深入供应链的各个增值环节，将顾客所需的正确产品能够在正确的时间，按照正确的数量、正确的质量和正确的状态送到正确的地点，即“6R”，并使总成本最小。

供应链管理是一种先进的管理理念，它的先进性体现在以顾客和最终消费者为经营导向，以满足顾客和消费者的最终期望来生产和供应产品。除此之外，供应链管理还有以下几种特点：

1. 供应链管理把所有节点企业看作是一个整体，实现全过程的战略管理

传统的管理模式往往以企业的职能部门为基础，但由于各企业之间以及企业内部职能部门之间的性质、目标不同，造成相互的矛盾和利益冲突，各企业之间以及企业内部职能部门之间无法完全发挥其职能效率，因而很难实现整体目标化。

供应链是由供应商、制造商、分销商、销售商、客户和服务商组成的网状结构。链中

各环节不是彼此分割的,而是环环相扣的一个有机整体。供应链管理把物流、信息流、资金流、业务流和价值流的管理贯穿于供应链的全过程。它覆盖了整个物流过程,从原材料和零部件的采购与供应、产品制造、运输与仓储到销售各种职能领域。它要求各节点企业之间实现信息共享、风险共担、利益共存、并从战略的高度来认识供应链管理的重要性和必要性,从而真正实现整体的有效管理。

2. 供应链管理是一种集成化的管理模式

供应链管理的关键是采用集成的思想和方法。它是一种从供应商开始,经由制造商、分销商、零售商,直到最终客户的全要素、全过程的集成化管理模式,是一种新的管理策略,它把不同的企业集成起来以提高整个供应链的效率,注重的是企业之间的合作,以达到全局最优。

3. 供应链管理提出了全新的库存观念

传统的库存思想认为:库存是维系生产与销售的必要措施,是一种必要的成本。因此,供应链管理使企业与其上下游企业之间在不同的市场环境下实现了库存的转移,降低了企业的库存成本。这也要求供应链上的各个企业成员建立战略合作关系,通过快速反应降低库存总成本。

4. 供应链管理以最终客户为中心,这也是供应链管理的经营导向

无论构成供应链节点企业的数量有多少,也无论供应链节点企业的类型、参次有多少,供应链的形成都是以客户和最终消费者的需求为导向的。正是由于有了客户和最终消费者的需求,才有了供应链的存在。而且,也只有让客户和最终消费者的需求得到满足,才能推动供应链的进一步发展。

典型工作任务

1. 启用采购管理、销售管理、库存管理、存货核算等模块。
2. 完成采购管理系统初始化设置。
3. 完成销售管理系统初始化设置。
4. 完成库存管理系统初始化设置。
5. 完成存货核算系统初始化设置。

任务一 启用供应链系统及采购管理系统初始设置

【任务场景】

天泽机械设备公司在其他各个模块顺利运行的基础上,已经具备了使用供应链系统处理相关业务的基础和能力。现需要启用供应链中的采购管理模块,并进行相应的初始设置,完成采购管理系统初始化的工作,为后续采购业务的顺利开展奠定基础。

采购管理与应付款管理系统是供应链管理系统的核心子系统，能够实现各种单据的快速传递，完成数据共享，提高工作效率。采购管理系统与应付款管理系统紧密结合，可实现业务、财务的一体化，实现对企业物流、资金流的全过程管理。其主要功能包括：①及时准确地完成采购订货管理，反映和监督采购请购、采购订单的制订、审核和执行情况。②完成采购的日常业务处理，包括采购入库、采购退货、发票管理、采购结算等日常处理工作。③完成应付账款的核算与管理，及时反映和监督采购业务中的支出和应付情况。④完成采购分析、采购统计工作，打印输出各种需要的台账、报表。⑤建立数据接口，实现采购管理子系统与应付账款子系统之间，以及与库存管理、总账等其他子系统之间的数据传输与共享。

【任务目标】

1. 掌握采购选项设置、采购期初余额录入的相关知识；
2. 理解采购选项设置中各个项目的含义和对业务处理的影响；
3. 熟练掌握选项设置和采购期初余额录入的技能；
4. 能够顺利进行采购管理系统的初始设置，具备采购系统初始化的能力；
5. 具备严谨认真、不占不贪、廉洁自律的职业素养，养成艰苦奋斗的职业精神。

【任务内容】

1. 启用采购管理、销售管理、库存管理、存货核算等相关系统。

2. 采购选项设置。允许超订单到货及入库，允许超计划订货，单据默认税率：13%，其他选项为系统默认。

3. 采购管理期初余额录入任务。采购期初余额主要包括采购暂估入账的入库单和已收到发票但货物暂未入库的期初在途物资。

(1) 2021 年 12 月 17 日，收到南京华丰电子元器件厂寄来的发票，发票号码(45328967)，系上月采购部高洁采购电动机 120 台，不含税单价 810 元。

(2) 2021 年 12 月 19 日，向南京商贸总公司购入原煤 200 吨，货物已验收入库，尚未收到发票。

4. 采购期初记账。

【任务实施】

一、启用供应链管理各子系统

在使用供应链系统处理业务之前，需要先启用采购管理、销售管理、库存管理、存货核算等模块，启用日期为 2022 年 1 月 1 日。

启用模块的具体操作步骤如下：

1. 执行“开始”|“程序”|“用友 ERP-U8V10.1”|“企业应用平台”命令，或双击桌面上的“企业应用平台”图标，进入企业应用平台。

2. 执行“基础设置”|“基本信息”|“系统启用”命令，打开“系统启用”对话框，依次启用各子系统，启用时间为 2022 年 1 月 1 日，如图 4-2 所示。

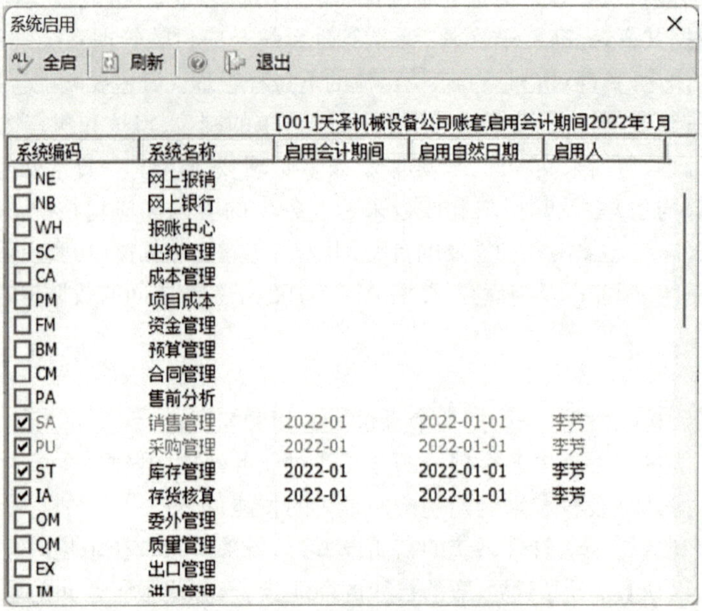

图 4-2 启用供应链各子系统

注意:

(1) 采购、销售、存货、库存四个子系统中,如果其中有一个系统最后启用,其启用期间必须大于等于其他模块最大结账月。

(2) 先启应付,后启采购,采购的启用月必须大于等于应付的未结账月。

(3) 先启应收,后启销售,销售的启用月必须大于等于应收的未结账月,且应收款管理系统未录入当月(销售启用月)发票或者已将录入的发票删除。

(4) 先启销售,后启应收,应将销售当月已审核的代垫费用单生成应收单。

(5) 在启用库存前必须先审核库存启用日期之前的未审发货单。如果库存启用时库存启用日期之前的发货单有对应的库存启用日期之后的出库单,必须将此类出库单删除,并在库存启用日期之前生成这些出库单,然后再启用库存系统。

(6) 库存启用时必须先审核库存启用日期之前的先开票、未审发票,否则库存系统不能启用。

(7) 先启用采购,后启用库存时,如果库存启用月份已有根据采购订单生成的采购入库单,则库存不能启用。

二、采购选项设置

采购管理系统选项设置中的参数选择决定着采购业务的处理流程和要求,要综合各种因素确定最佳方案并进行正确设置。

采购选项设置的具体操作步骤如下:

1. 执行“开始”|“程序”|“用友 ERP-U8V10.1”|“企业应用平台”命令,或双击桌面上的“企业应用平台”图标,进入企业应用平台。

2. 执行"业务工作"|"供应链"|"采购管理"|"设置"|"采购选项"命令，打开"采购系统选项设置"对话框，在"业务及权限控制"选项卡中根据参数要求逐一选择各项，其余采用默认方案，如图 4-3 所示。

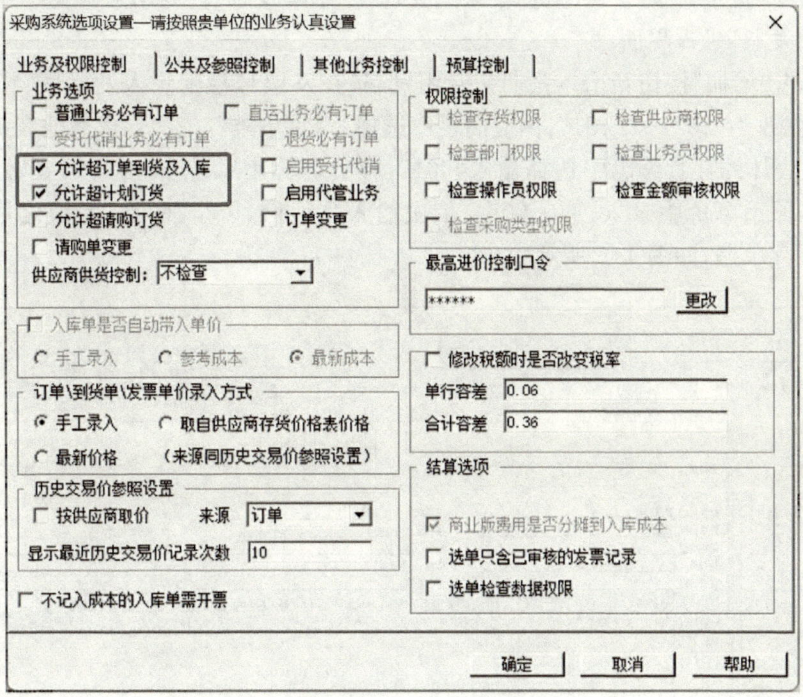

图 4-3　业务及权限控制参数设置

3. 单击"公共及参数控制"选项卡，将单据默认税率改为 13%，其余采用默认方案。设置完毕后，单击"确定"按钮保存所有参数，如图 4-4 所示。

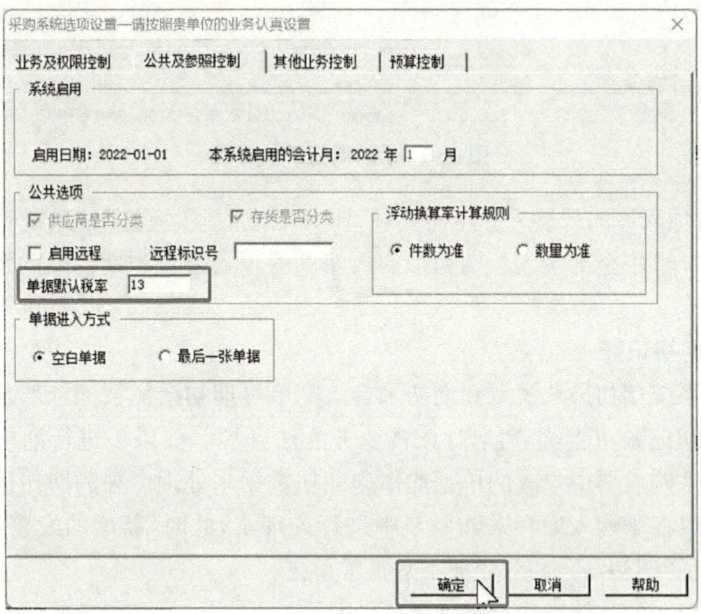

图 4-4　修改单据默认税率

三、录入采购管理系统期初余额

采购管理期初余额主要包括期初采购发票和上月暂估入库的期初入库单,具体操作步骤如下:

1. 执行"业务工作"|"供应链"|"采购管理"|"采购发票"|"专用采购发票"命令,打开"期初专用发票"录入界面。

2. 单击"增加"按钮新增一张期初专用发票,在发票号栏中录入发票号"45328967",开票日期修改为"2021-12-31",供应商栏中选择"南京华丰",依次录入其他表头信息。

3. 在表体的存货编码中选择输入"001",存货名称由系统自动填入;在数量中输入"120.00",原币单价中录入"810.00"。依次输入其他信息,全部录入完成之后单击"保存"按钮保存单据,如图 4-5 所示。

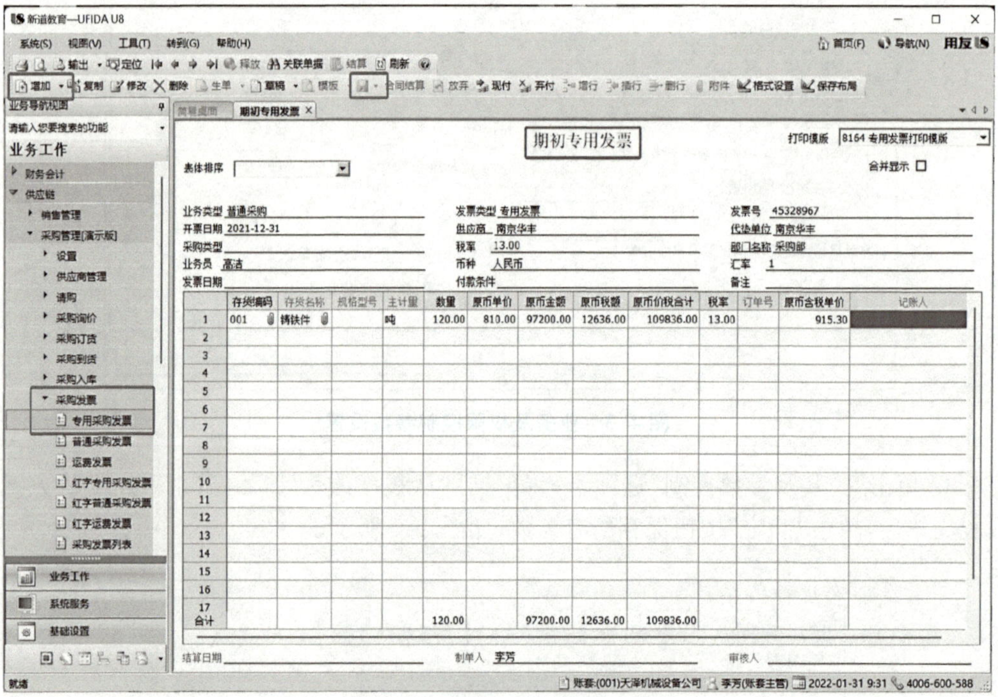

图 4-5 录入期初采购发票

4. 期初暂估入库的采购入库单需要在"业务工作"|"供应链"|"采购管理"|"采购入库"|"采购入库单"中全部录入。期初采购入库单的录入过程和期初采购发票基本相似,不再赘述。

四、采购期初记账

采购管理系统期初采购发票和期初采购入库单等期初余额数据全部录入完毕之后,还需要执行期初记账功能,否则本月正常业务无法开展。如果不进行期初记账,则后续在采购入库和采购发票中录入的单据均作为期初数据来处理。采购期初记账之后,本月正常业务就可以在采购入库和采购发票中进行处理了,此时,新增的发票和入库单表头名称处就没有了"期初"两个字,变成本月正常单据。

采购期初记账的具体操作步骤如下:

1. 执行“业务工作”|“供应链”|“采购管理”|“设置”|“采购期初记账”命令，打开“期初记账”对话框，单击“记账”按钮，系统弹出“期初记账完毕！”提示框，单击“确定”按钮完成期初记账，如图 4-6 所示。

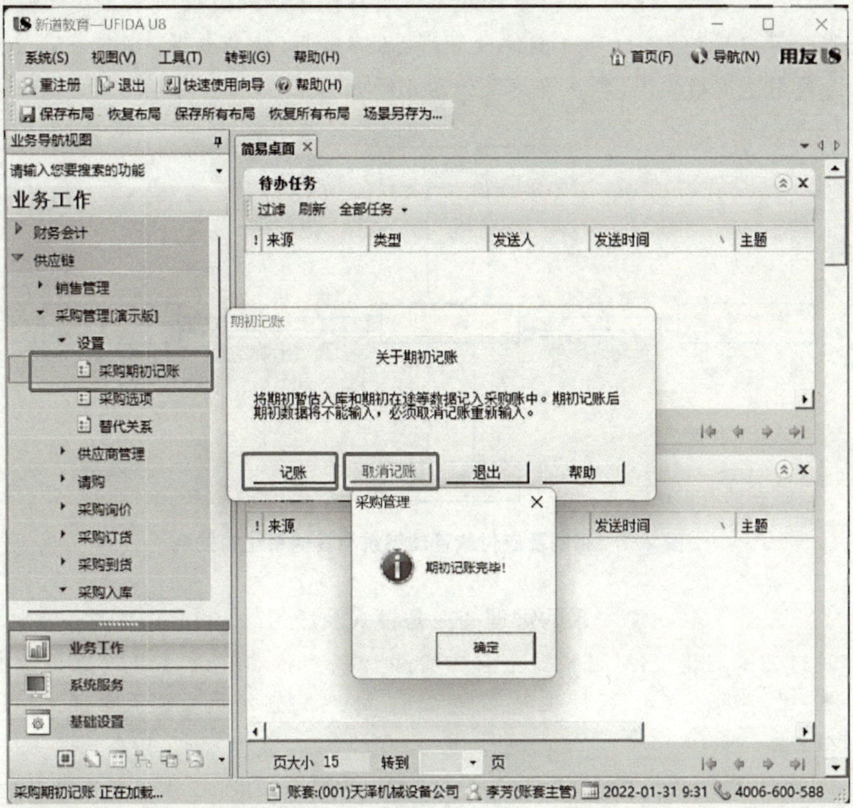

图 4-6　采购期初记账

2. 期初记账后如发现数据错误，可以单击“期初记账”界面中的“取消记账”按钮取消采购期初记账后修改相关单据，重新记账。采购期初记账在没有进行后续业务处理的情况下可以多次进行，一旦进行了后续业务处理则不能取消期初记账。

注意：

(1) 期初数据包括期初暂估入库和期初在途存货。

期初暂估入库：将启用采购管理时因没有取得供货单位的采购发票而不能进行采购结算的入库单输入系统，以便取得发票后进行采购结算。

期初在途存货：将启用采购管理时已取得供货单位的采购发票，但因货物没有入库而不能进行采购结算的发票输入系统，以便货物入库填制入库单后进行采购结算。

(2) 没有期初数据时也要进行期初记账，以便输入日常采购单据。

(3) 记账后，单击“取消记账”按钮可以取消记账，但以下情况不能取消记账：采购管理已进行月末结账；采购管理已经进行采购结算；存货核算已进行期初记账。

【知识拓展】

采购及应付款管理系统与其他系统的关系

采购既可单独使用,也可与应付款管理、库存管理、存货核算、销售管理等系统集成使用。集成使用模式下,各系统关系如图 4-7 所示。

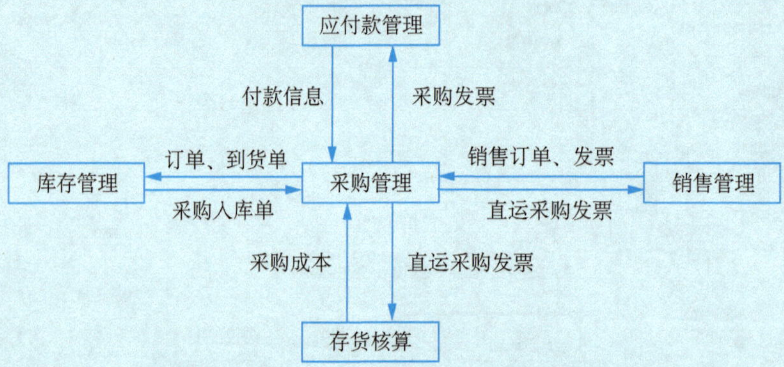

图 4-7 采购及应付款管理系统与其他系统的关系

采购管理的业务模式及应用

1. 可选的采购流程:可以根据企业的实际业务应用,结合本系统对采购流程进行可选配置。在采购流程中,采购请购单、采购订单、采购到货单为可选单据,可以使用,也可以不使用。

2. 必有订单业务模式:以订单为中心的采购管理是标准、规范的采购管理模式,订单是整个采购业务的核心,整个业务流程的执行都会写入采购订单,通过采购订单可以跟踪采购的整个业务流程。

3. 在工业企业管理中,可以根据采购部门是否有采购核算会计分别处理。

采购部门有采购核算会计模式:如果企业在采购部门设置了采购核算会计,则只需在采购部门安装采购管理模块,由采购部门进行采购订单管理、采购结算处理,并进行采购报表统计与分析工作。采购业务人员在与供货单位签订了采购合同或协议后,用计算机建立采购订单档案,向供应商发出采购订单。供应商所订货物送达企业后,对收到的货物进行清点,填制采购到货单,或直接根据采购订单生成到货单。经过仓库的质检和验收,在库存管理中填写或生成采购入库单。将收到的供应商发票交给采购核算会计,由采购会计进行采购发票输入和采购结算工作。将采购入库单报财务部门的成本会计进行存货核算,将采购发票等票据报应付会计进行应付账款核算。

采购部门没有采购核算会计模式:如果企业在采购部门没有设置采购核算会计,那么应该在采购部门和财务部门都安装采购管理模块。收到的供应商发票交由财务部门进行处理,财务部门根据采购部门输入的采购发票和仓库管理员审核过的入库单进行采购结算处理。

4. 商业企业模式下，系统可以处理受托代销业务。

商业企业多出的选项及菜单如下：

(1)“设置”|“采购选项”|“业务及权限控制”|“业务选项”|“启用受托代销”。

(2)“设置”|“采购选项”|“业务及权限控制”|“业务选项”|“受托代销业务必有订单”。

(3)“设置”|“采购选项”|“业务及权限控制”|“结算选项”|“商业版费用是否分摊到入库成本”。

(4)“业务”|“入库”|“受托代销入库单/红字受托代销入库单”。

(5)“业务”|“采购结算”|“受托代销结算”。

(6)“报表”|“统计表”|“受托结算明细表”。

(7)“报表”|“采购账簿”|“代销商品台账”。

(8)“报表”|“采购账簿”|“代销商品余额表”。

采购管理系统各参数含义

1. 普通业务是否必有订单：可随时修改。

2. 直运业务必有订单：在销售管理的“设置”|“销售选项”|“业务控制”|“是否有直运销售业务”及“设置”|“销售选项”|“直运销售必有订单”中进行设置。

3. 启用受托代销：只有在建立账套时选择企业类型为“商业”或“医药流通”的账套，该选项才可选。可以在采购管理设置，也可以在库存管理设置，在其中一个系统设置会同时改变在另一个系统的选项。

4. 受托代销业务必有订单：可随时修改。只有在建立账套时选择企业类型为“商业”或“医药流通”的账套，而且在“设置”|“采购选项”|“业务及权限控制”|“启用受托代销”设置中有受托代销业务时，才能选择此项。

5. 退货必有订单：只有在启用“普通业务必有订单”时才可用。在必有订单时，如果启用“退货必有订单”，则在填制采购退货单时只能参照来源单据生成。

6. 允许超订单到货及入库：可随时修改。如不允许，则参照订单生成到货单、入库单时，不可超订单数量；如允许，可超订单数量，但不能超过订单数量入库上限，即订单数量×(1+入库超额上限)，入库上限在存货档案中设置。

7. 允许超计划订货：可随时修改。如不允许，则参照物料需求计划(MPS/MRP、ROP)生成采购订单时，累计订货量不可超过采购计划的核定订货量；如允许，则参照MPS/MRP计划生成的多张请购单和采购订单的合计数量不能大于对应MPS/MRP计划的计划数量×(1+存货档案订货超额上限)，参照ROP计划不控制数量。

8. 允许超请购订货：可随时修改。如不允许，则参照请购单生成采购订单时，累计订货量不可超过请购单量。

9. 订单变更：可随时修改。如选中，则系统记录变更历史供企业查询。

10. 供应商供货控制：如不检查，则不控制供应商存货的对应关系；如检查提示，则只给出提示，是否控制由用户选择；如严格控制，则严格按照供应商存货价格表进行控制。

11. 是否启用代管业务：不启用，则不能进行代管业务的处理，代管业务菜单将不显示。

12. 入库单是否自动带入单价:单选,可随时修改。只有在采购管理不与库存管理集成使用,即采购入库单在采购管理中填制时可设置。

13. 订单/到货单/发票单价录入方式:单选,可随时修改。

手工录入:用户直接录入。

取自供应商存货价格表价格:系统自动代入的供应类型为"采购"的无税单价、含税单价、税率,可修改,若无则参照供应商存货价格表手工录入。

最新价格:系统自动选取最新的订单、到货单、发票上的价格,包括无税单价、含税单价、税率,可修改。

14. 历史交易价参照设置:填制单据时可参照的存货价格,最新价格的取价规则也在此设置,可随时更改。

来源:可选择在业务中作为价格基准的单据,在参照历史交易价和取最新价格时取该单据的价格,选择内容为订单、到货单、发票。

15. 是否按供应商取价:打勾选择,选中则按照当前单据的客户带入历史交易价。按照供应商取价能够更加精确地反映交易价,因为同一种存货从不同供应商取得的进价可能有所差异。

16. 最高进价控制口令:可自行录入,系统默认为"system",可修改,也可为空。设置口令,则在填制采购单据时,如超过最高进价,系统将要求输入控制口令,口令不正确不能保存采购单据。

17. 修改税额时是否改变税率:默认为不选中。税额一般不用修改,在特定情况下,如系统和手工计算的税额相差几分钱,用户可以调整税额尾差。

18. 浮动换算率的计算规则:供应链所有模块的公共选项,任何一个模块中该选项发生变化,其他模块该选项将会同步发生变化。选择内容为以数量为主、以件数为主。公式:数量=件数×换算率。

19. 单据默认税率:手工录入,为必填项,默认为 17,可修改。用户填制采购单据时自动带入采购单据的表头税率,可修改。普通发票的表头税率默认为 0,运费发票的表头税率默认为 7。

20. 单据进入方式:单选,默认值为空白单据,可随时修改。

空白单据:进入单据卡片时,不显示任何信息。

最后一张单据:进入单据卡片时,显示最后一次操作的单据。

任务二 销售管理系统初始设置

【任务场景】

天泽机械设备公司的业务相继采用了用友 ERP-U8V10.1 软件进行处理,经过一段时间的准备，目前销售业务也具备了使用用友 ERP-U8V10.1 软件进行处理的条件和基础。因此需要启动销售管理系统并进行初始设置，为销售业务处理的顺利开展打下基础。

销售是企业生产经营成果的实现过程，是企业经营活动的中心。销售管理是用友 ERP-U8V10.1 软件中供应链的重要组成部分，其主要功能是提供报价、订货、发货、开票的完整销售流程，支持普通销售、委托代销、分期收款、直运、零售、销售调拨等多种类型的销售业务处理，并可对销售价格和信用进行实时监控。企业可根据实际情况对系统进行定制，构建自己的销售业务管理平台。与销售业务关系密切的应收款管理系统主要通过发票、其他应收单、收款单等单据的录入，对企业的往来账款进行综合管理，及时、准确地提供客户的往来账款余额资料，提供各种分析报表，并通过各种分析报表，帮助企业合理地进行资金的调配，提高资金的利用效率。

【任务目标】

1. 了解销售选项设置和销售期初余额录入的专业知识；
2. 掌握销售选项设置及期初余额录入的技能，具备销售系统初始化的能力；
3. 具备诚实守信、注重商业信誉、踏实认真、一丝不苟的职业道德。

【任务内容】

天泽机械设备公司根据实际情况，决定启用销售管理系统并与应收款管理、库存管理、存货核算等其他系统集成使用。期初选项设置及余额录入任务如下：

1. 业务控制参数

业务控制参数有零售日报业务、销售调拨业务、委托代销业务、分期收款业务、直运销售业务、允许超订量发货、允许超发货量开票、报价不含税、新增发货单默认参照订单生成、新增退货单参照发货、新增发票参照发货单生成、允许非批次存货超可用量发货、允许批次存货超可用量发货，其他设置由系统默认。

2. 期初余额录入

2021 年 12 月 21 日，外地销售部高惠荣向福州工贸公司发出 LY125 产品 2 台，不含税单价为 50 000 元，由成品库发出。

【任务实施】

销售管理系统初始设置任务主要包括销售选项设置及期初余额录入两项内容。

一、设置销售管理系统选项

销售管理选项设置主要包括业务控制、其他控制、信用控制、可用量控制、价格管理等几个方面，具体操作步骤如下：

1. 执行“业务工作”|“供应链”|“销售管理”|“设置”|“销售选项”命令，打开“销售选项”对话框，根据参数要求逐一选择各项，其余采用默认方案。选择完毕后，单击“确定”按钮保存所选参数，如图 4-8 所示。

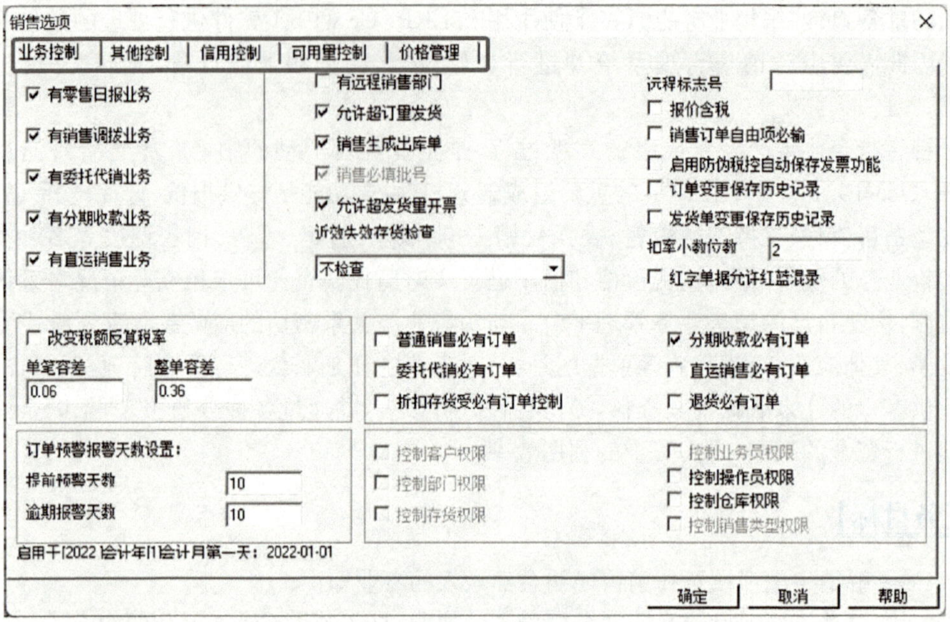

图 4-8　销售管理系统参数设置

2. 销售选项设置完成后，在没有进行相关业务处理之前可随时修改。

二、录入销售管理系统期初余额

销售期初数据主要包括期初发货单和期初委托代销发货单，具体操作步骤如下：

1. 执行“业务工作”|“供应链”|“销售管理”|“设置”|“期初录入”|“期初发货单”命令，打开“期初发货单”录入界面。

2. 单击“增加”按钮，在发货日期中输入“2021-12-21”，业务类型输入“普通销售”，销售类型为“产品销售”，依次录入其他信息，如图 4-9 所示。

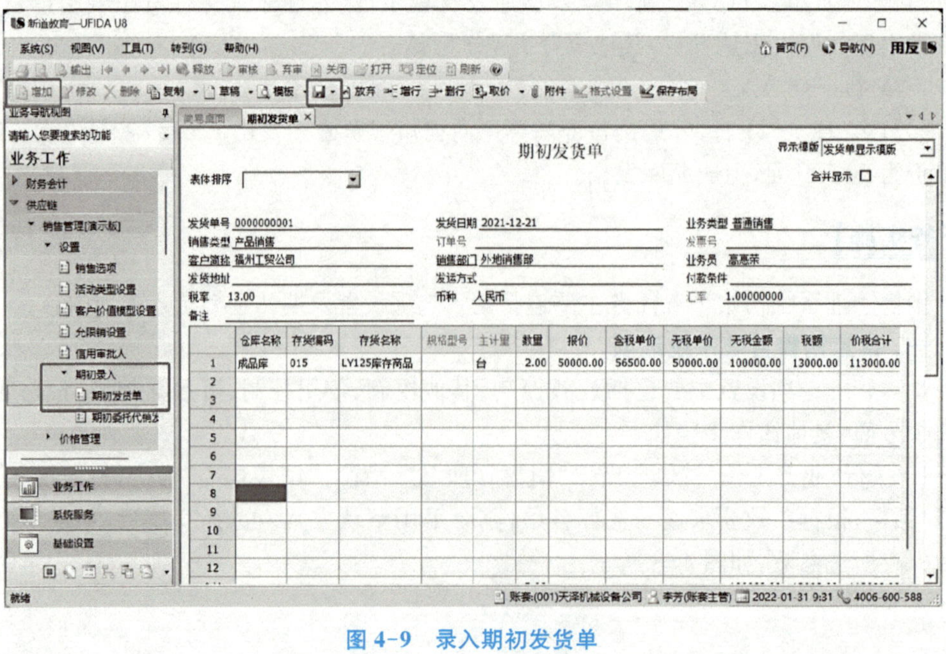

图 4-9　录入期初发货单

3. 录入完毕后，单击“保存”“审核”按钮完成期初发货单录入。

4. 重复上述步骤，录入其他期初数据。

【知识拓展】

销售及应收款系统和其他系统的关系

销售管理及应收款管理系统既可单独使用，也可与库存管理、存货核算等系统集成使用。集成使用模式下，采购系统可参照销售系统的销售订单生成采购订单。根据选项设置，销售出库单既可以在销售管理系统生成传递到库存管理审核，也可以在库存管理系统参照销售单据生成，库存为销售系统提供销售可用量控制。销售发票、销售调拨单、零售日报、代垫费用单在应收款管理系统中审核登记应收明细账，进行制单生成凭证，应收款系统进行收款并核销相应单据；直运销售发票、委托代销发票、分期收款发票在存货核算系统中登记存货明细账，并为销售系统提供销售成本。

销售管理系统主要参数含义

1. 有零售日报业务：若选中则系统增加零售日报菜单项，相关报表如销售收入明细账中包含零售日报的数据。不选中则系统不能处理零售日报业务。

2. 有销售调拨业务：若选中则系统增加销售调拨菜单项，相关报表如销售收入明细账中包含销售调拨单的数据。不选中则系统不能处理内部销售调拨业务。

3. 允许超订量发货：可以设置在参照订单开发货单、开销售发票时是否可超过订单的数量，通过该参数可根据销售订单控制销售发货数量，限制业务人员的权限，降低出货回款的风险。

4. 销售生成出库单：若选中则由销售管理生成出库单。销售管理的发货单、销售发票、零售日报、销售调拨单在审核/复核时自动生成销售出库单，并传到库存管理和存货核算，库存管理不可修改出库数量，即一次发货一次全部出库。不选中则销售出库单由库存管理参照销售发货单生成。在参照时，可以修改本次出库数量，即一次发货多次出库。

任务三 存货核算系统初始设置

【任务场景】

企业存货核算是日常会计工作的一个重要组成部分，天泽机械设备公司在做好相关准备工作之后决定启用存货核算模块来处理相关业务，因此需要财务人员在进行日常业务处理之前做好存货核算系统的初始化工作，主要包括存货核算模块的选项设置和存货期初数据的录入。

存货核算系统是供应链管理系统与财务系统联系的桥梁,各种存货的购进、销售及其他出入库业务均在存货核算系统中生成凭证,并传递到总账。为了快速、准确地完成制单操作,应先对存货系统进行初始化处理。

【任务目标】

1. 了解存货核算选项设置和期初余额录入的相关知识;

2. 掌握存货核算参数设置和期初数据录入的技能;

3. 能够快速准确地进行存货核算系统的初始化工作,并在工作过程中注意养成勤俭节约、严格认真、艰苦奋斗、客观公正的职业素养。

【任务内容】

存货核算系统的初始化工作主要包括初始设置、系统参数设置、核算科目设置、期初数据录入等方面。

1. 存货核算系统选项设置

按仓库进行存货成本核算。存货暂估方式:单到回冲;销售成本核算方式:按销售发票;零成本出库选择:上次出库成本;资金占用规划:仓库+存货分类。结算单价与暂估单价不一致时需调整出库成本。其他选项采用系统默认方案。

2. 存货科目设置

天泽机械设备公司存货科目见表 4-2。

表 4-2　存货科目表

仓库	存货分类	存货科目
材料库	原料及主要材料	原材料——原料及主要材料
	辅助材料	原材料——辅助材料
	外购半成品	原材料——外购半成品
	包装物	周转材料——包装物
	低值易耗品	周转材料——低值易耗品
燃料库	燃料	原材料——燃料
成品库	自制半成品	原材料——自制半成品
	库存商品	库存商品

天泽机械设备公司收发存货及对方科目见表 4-3。

表 4-3　收发及对方科目表

类别	收发类别编码	对方科目
入库分类	1	
生产采购入库	101	

续表

类别	收发类别编码	对方科目
退料入库	103	
库存商品入库	102	基本生产成本
其他入库	104	
出库分类	2	
生产领用	202	
销售出库	201	主营业务成本
其他出库	205	

3. 期初数据录入

天泽机械设备公司 2022 年 1 月各存货的数据见表 4-4。

表 4-4 期初数据表

明细账户及材料名称		计量单位	结存数量	单价（元）	入库日期	供应商	部门	业务员	科目
原料及主要材料	铸铁件	吨	10	3 000	2008-11-06	沈铁	采购部	刘晓维	140301
	铸铝件	吨	6	32 000	2008-11-06	沈铁	采购部	刘晓维	140301
	钢材	吨	105	8 000	2008-11-06	沈铁	采购部	刘晓维	140301
辅助材料	润滑油	千克	380	3.9	2008-07-11	京海淀交化	采购部	刘燕	140302
	油漆	千克	11 000	10	2008-07-11	京海淀交化	采购部	刘燕	140302
外购半成品	电动机	台	100	800	2008-10-20	南京华丰	采购部	何晴	140303
	轴承	套	400	350	2008-08-27	洛轴	采购部	刘晓维	140303
	电器元件	个	4 840	20	2008-08-11	京海淀交化	采购部	刘燕	140303
燃料	原煤	吨	500	280	2008-10-29	京朝煤	采购部	何晴	140305
低值易耗器	劳动保护用品	套	80	68	2008-3-11	市劳服	采购部	何晴	141102
	专用工具	把	200	450	2008-10-11	南工具	采购部	何晴	141102
包装物	木箱	个	3	400	2008-10-11	强劲厂	采购部	何晴	141101
自制半成品	LY125 半成品	台	9	29 680	2008-10-31		金工车间	李大兵	140304
	LY126 半成品	台	8	14 960	2008-10-31		金工车间	李大兵	140304
库存商品	LY125	台	5	30 640	2008-10-31		装配车间	王虎	1405
	LY126	台	12	15 000	2008-10-31		装配车间	王虎	1405

【任务实施】

一、存货核算系统选项设置

存货核算系统选项设置的具体操作步骤如下：

1. 以账套主管的身份登录企业应用平台，执行“业务工作”|“供应链”|“存货核算”|“初始设置”|“选项”|“选项录入”命令，打开存货核算系统“选项录入”对话框。

2. 按照公司核算要求依次设置所需参数，其他参数默认。全部选择完毕之后单击“确定”按钮，弹出“是否保存当前设置?”对话框，单击“是”保存相关选项，如图 4-10 所示。

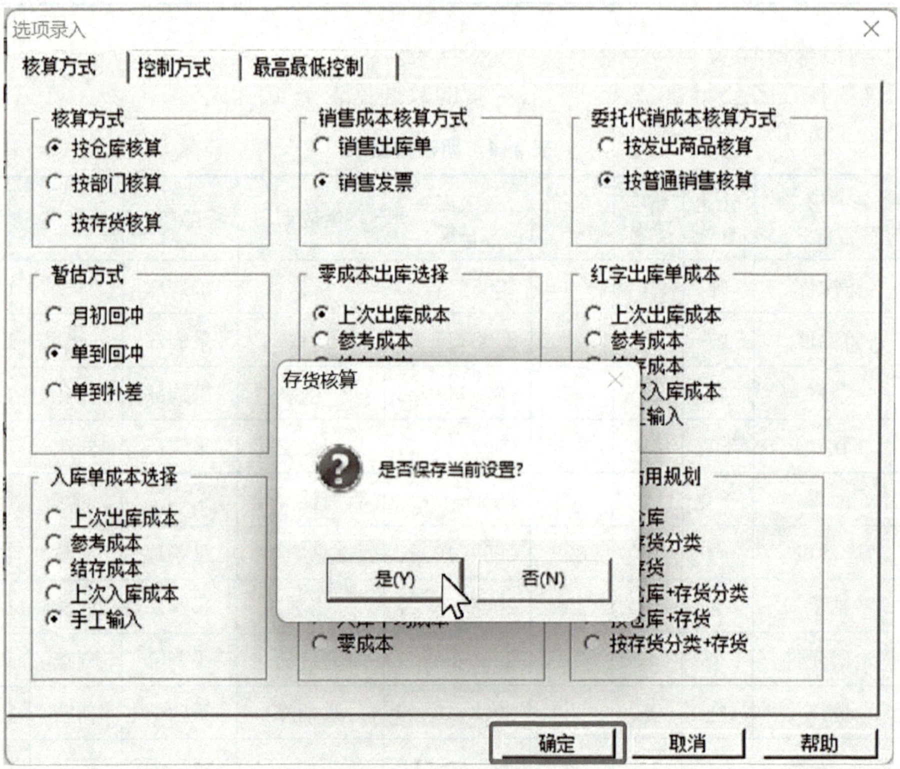

图 4-10　存货核算系统参数设置

二、设置存货科目

存货科目设置的具体操作步骤如下：

1. 执行“业务工作”|“供应链”|“存货核算”|“初始设置”|“科目设置”|“存货科目”命令，打开“存货科目”对话框。

2. 单击“增加”按钮，在仓库编码中录入“1”，仓库名称由系统自动填入；在存货分类编码处选择“101”，存货分类名称自动填入“原料及主要材料”；在存货科目编码中录入“140301”，存货科目名称自动填入“原料及主要材料”，如图 4-11 所示。

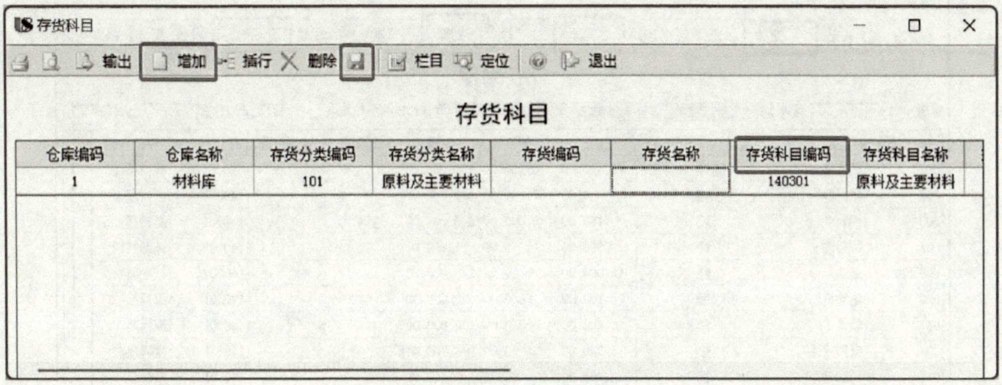

图 4-11 设置存货科目

3. 单击“增加”按钮可继续输入其他的存货科目，录入完毕之后，单击“退出”按钮退出。

4. 参照存货科目的设置过程依次录入对方科目、税金科目、运费科目、结算科目等其他相关科目。

二、录入存货期初余额

录入存货期初余额的具体操作步骤如下：

1. 执行“业务工作”|“供应链”|“存货核算”|“初始设置”|“期初数据”|“期初余额”命令，打开“期初余额”对话框。

2. 选择需要录入期初余额的仓库，如“1 材料库”，如图 4-12 所示。

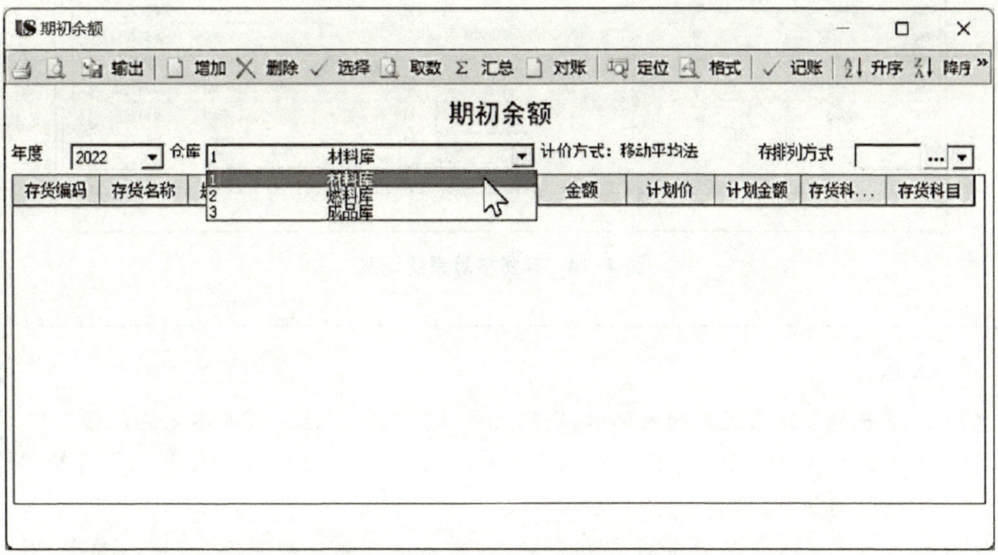

图 4-12 选择仓库

3. 单击“增加”按钮，在新增行里依次录入相应的数据。

4. 重复上述步骤，依次输入各个仓库的期初数据，如图 4-13 所示。

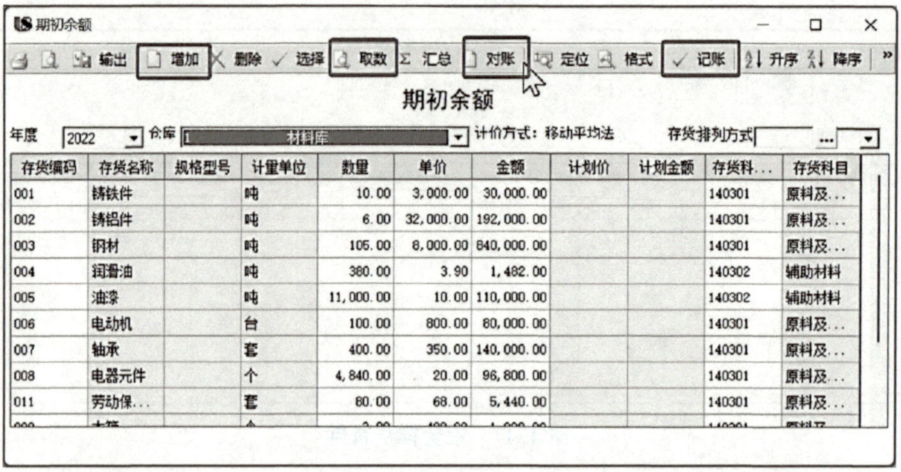

图 4-13　录入期初余额

5. 期初数据录入完毕之后，要进行期初记账。单击“记账”按钮，系统自动记账，记账完毕之后弹出“期初记账成功!”对话框，单击“确定”按钮完成期初数据录入，如图 4-14 所示。

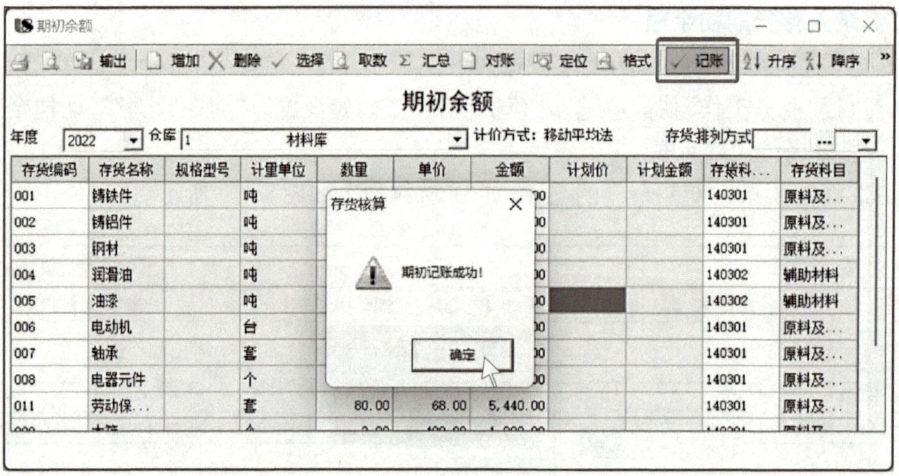

图 4-14　存货核算系统记账

注意：

(1) 如果采购管理系统期初未记账，则因无法取得期初暂估余额而不允许记账。

(2) 如果预先在库存管理系统中录入了期初数据，可以单击“取数”按钮从库存管理系统取期初数。

(3) 如果预先录入了库存管理期初余额，则本系统期初数据保存后，可以单击“对账”按钮将存货系统期初数据与库存系统期初数据进行对账。

(4) 如果不需要输入期初差异，可在输入期初余额后立即进行期初记账。如果需要输入期初差异，则应保存期初余额并退出，进入差异录入界面输入完差异后，再进入期初余额录入界面进行期初记账。

【知识拓展】

存货核算系统应用模式

1. 单独应用模式

此模式下，所有的出入库单据均在存货核算系统中填制、审核、记账并生成凭证。

2. 与库存管理系统联合应用模式

此模式下，可以在库存管理系统中录入各种出入库单据并进行审核，在存货核算系统中对这些单据进行记账并生成凭证。

3. 集成应用模式

当存货核算系统与采购管理、销售管理、库存管理系统集成使用时，在库存管理系统中录入采购入库单，在销售管理系统中录入发货单，审核后自动生成销售出库单，或在库存管理系统中参照销售订单/发货单生成销售出库单，在库存管理系统中对出入库单进行审核并传递到存货核算系统，在存货核算系统中进行单据记账，生成凭证。

存货核算系统各参数含义及对业务流程的影响

系统参数即系统选项，是指在企业业务处理过程中所使用的各种控制参数，系统参数的设置将决定系统的业务模式、业务流程、数据流向。在进行参数设置之前，一定要详细了解参数开关对业务处理流程的影响，并结合企业的实际业务需要进行设置。由于有些参数在日常业务开始后不能随意更改，最好在业务开始前进行全盘考虑，尤其是一些对其他系统有影响的参数设置更要考虑清楚。

在应用存货核算系统之前，应进行系统参数、凭证科目等的设置，各项含义如下：

1. 核算方式选项含义

(1) 核算方式

初建账套时，可以选择按仓库核算、按部门核算、按存货核算。如果是按仓库核算，则按每个仓库在对应的仓库档案中设置计价方式，并且每个仓库单独核算出库成本；如果是按部门核算，则在仓库档案中需选择按部门设置计价方式，并且按部门统一核算所属各仓库的出库成本；如果是按存货核算，则按存货档案中设置的计价方式进行核算。

(2) 暂估方式

如果与采购系统集成使用，可以进行暂估业务，可在此选择暂估入库存货成本的回冲方式，包括月初回冲、单到回冲、单到补差三种。月初回冲是指月初时系统自动生成红字回冲单，报销处理时，系统自动根据报销金额生成采购报销入库单；单到回冲是指报销处理时，系统自动生成红字回冲单，并生成采购报销入库单；单到补差是指报销处理时，系统自动生成一笔调整单，调整金额为实际金额与暂估金额的差额。如果明细账中有暂估业务未报销或本期未进行期末处理，暂估方式将不允许修改。

(3) 销售成本核算方式

当普通销售系统启动而出口管理系统没有启动，用户可选择用销售发票或销售出库单核算，默认为销售出库单。

当出口管理系统启动,不论普通销售系统是否启动,选项均为按销售出库单核算。

销售出库成本核算方式选项修改的约束条件是在本月没有对销售单据记账前,且销售单据(发货单、发票)全部处理完毕后(即发货单已全部生成出库单和发票,发票全部生成出库单和发货单),满足上述条件方可修改。

(4) 委托代销成本核算方式

可以选择按发出商品业务类型核算和按普通销售方式核算。如果选择按发出商品业务类型核算,则按发货单和发票记账;如果按普通销售方式核算,则按系统选项销售成本核算方式中选择的销售发票或销售出库单进行记账。

(5) 资金占用规划

资金占用规划指的是确定本企业输入资金占用规划的方式,并进行资金占用的分析,共有六个选项:按仓库、按存货分类、按存货、按仓库+存货分类、按仓库+存货、按存货分类+存货。可随时对资金占用规划进行重新选择。

(6) 零成本出库选择

零出库成本选择是指核算出库成本时如果出现账中为零成本或负成本,造成出库成本不可计算时出库成本的取值方式。

上次出库成本:取明细账中此存货的上一次出库单价,作为本次出库单据的出库单价计算出库成本。

参考成本:取存货目录中此存货的参考成本,即参考单价。

结存成本:取明细账中此存货的结存单价。注意:当批量记账时,结存成本取批量记账前明细账中此存货的结存单价。

上次入库成本:取明细账中此存货的上一次入库单价。

手工输入:手工输入单价,作为本次出库单据的出库单价。

(7) 入库单成本选择

入库单成本选择是指对入库单据记账时没有填写入库成本,即入库成本为空时入库成本的取值方式。各选项的含义同上。

2. 控制方式选项含义

(1) 有无受托代销业务

只有建账时选择企业类型为商业才有受托代销业务,工业不能选择受托代销业务。启用受托代销业务后可设置受托代销商品,查询受托代销商品明细账。在采购管理或库存管理系统其中一个系统设置该选项,另一个系统选项会同时改变。

(2) 有无成套件管理

成套件是指一种存货由其他几种存货组合而成。有成套件管理时,既可以统计单件的数量金额,也可以统计成套件的数量金额;无成套件管理时,只统计组合件的数量金额。

(3) 单据审核后才能记账

如果选择此项,则正常单据记账的过滤条件中“包含未审核单据”选项就只能选择不包含,在显示要记账的单据列表时,未审核的单据不显示。同时系统自动将取消选择库存的选项“记账后允许取消审核”。

此选项只对采购入库单、产成品入库单、其他入库单、销售出库单、材料出库单、其他出库单六种库存单据有效，入库调整单、出库调整单和假退料单不受此选项的约束。

库存未启用时此选项置灰，不可选择。此项可随时修改。

(4) 账面为负结存时入库单记账自动生成出库调整

如选择此项，则当入库单记账时如果账面为负结存，按入库的数量比例调整结存成本，并自动生成出库调整单。移动平均、全月平均、先进先出、后进先出、个别计价法可使用此选项，计划价/售价不支持此选项。

(5) 差异率计算包括本期暂估入库

如选择此项，则本期暂估入库的存货也参与计算差异率。

(6) 期末处理登记差异账

期末生成差异结转单时，选取此项则登记差异账；不选则不登记，期末无差异结转。

(7) 入库差异按超支(借方)、节约(贷方)登记

如选择此项，则按超支入库差异记借方，节约入库差异记贷方；不选则所有入库差异全部记借方。

其他选项相对比较容易理解，不再赘述。

3. 最高最低控制选项含义

(1) 全月平均/移动平均单价最高最低控制

如果选择了本选项，则计算出的全月平均单价或移动平均单价如果不在最高或最低单价的范围内，系统自动取最高或最低单价进行成本计算。最高最低单价由系统根据入库单的单价进行维护，也可手工输入最高最低单价。

移动平均计价仓库(部门)：当选择了“全月平均/移动平均单价最高最低控制”而且出库单记账时，如果系统自动计算的出库单价高于该仓库(部门)中该存货最高单价或低于该仓库(部门)中该存货最低单价，则系统按选项中选择的出库单价超过最高最低单价时的取值方法进行处理。

(2) 最大最小单价

只有在选择了“全月平均/移动平均单价最高最低控制”时才能选择此选项，否则此选项不可选择。此选项系统的默认值为“上次出库成本”。该选项反映“全月平均/移动平均单价最高最低控制”时出库单价超过最高最低单价时的取值。

(3) 差异率/差价率最高最低控制

计划价/售价核算可自由选择，没有限制。系统默认值为不选择。如果选择差异率/差价率最高最低控制，则设置一个标准的差异率及差异率允许的上下幅度，如果系统计算出的差异率超过此范围，可选择按标准差异率、当月入库差异率、上月出库差异率、最大单价、最小单价几种方法进行成本计算。最高最低差价率/差异率由系统根据入库单的单价进行维护，也可手工输入最高最低差价率/差异率。

任务四 库存管理系统初始设置

【任务场景】

库存管理是企业日常经营的一个重要环节,材料的收发结存管理工作水平的高低直接影响着企业会计核算工作的质量。天泽机械设备公司为了提高库存管理的效率和精确性,决定自 2022 年 1 月起采用用友 ERP-U8V10.1 软件中的库存管理系统来处理相关业务。这就需要财务人员做好库存管理系统的初始设置工作,完成库存管理系统的初始化。

库存管理系统是用友 ERP-U8V10.1 软件中供应链系统的重要子系统,它的主要功能是日常收发存业务处理,包括采购入库、销售出库、产成品入库、材料出库、其他出入库、盘点和形态转换等业务的处理,提供仓库货位管理、批次管理、保质期管理、出库跟踪入库管理和可用量管理等全面的业务应用,同时还可提供出入库流水账、库存台账、受托代销商品备查簿等供企业查询,并提供各种统计汇总表。

【任务目标】

1. 了解库存管理选项设置和期初余额录入的相关知识;
2. 掌握库存管理系统参数设置和期初数据录入的技能;
3. 能够快速准确地进行库存管理系统的初始化设置;
4. 养成勤俭节约、客观公正、廉洁自律、艰苦奋斗的优秀品质;
5. 具备斗争精神,坚决同一切监守自盗、损坏公司和国家财物的行为作斗争,确保公共财产和国家资产安全。

【任务内容】

天泽机械设备公司根据自身特点,在分析了企业存货的数量、种类及管理要求之后,确定了库存管理系统的应用模式,将库存管理与存货核算、采购管理、销售管理等系统集成使用,并结合采购、销售、仓管等部门的意见后,确定了库存管理系统的参数设置,整理出期初数据。工作任务如下:

1. 系统控制参数

业务控制参数有组装拆卸业务、委托代销业务、由库存生成销售出库单、审核时不检查货位、允许超发货单出库、普通存货和批次存货均允许超预计可用量出库、出入库检查可用量、进行最高最低库存控制,其他设置由系统默认。

2. 期初余额录入

因库存期初数据在存货核算已录入,因此需要完成库存管理系统取数任务,并与存货核算系统对账。

【任务实施】

库存管理系统初始设置主要包括选项设置和期初余额录入两部分。

一、库存管理系统参数设置

库存管理系统参数设置的具体操作步骤如下：

1. 执行“业务工作”|“供应链”|“库存管理”|“初始设置”|“选项”命令，打开“库存选项设置”对话框，根据参数要求逐一选择各项，其余采用默认方案，如图 4-15 所示。

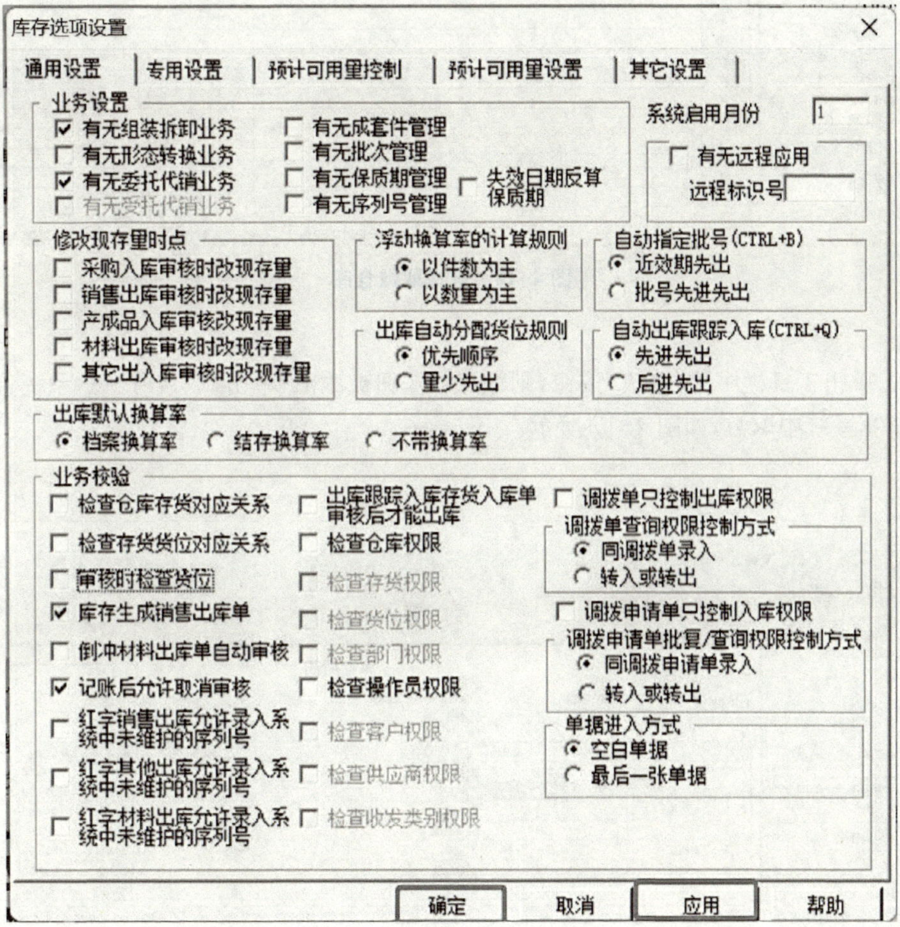

图 4-15　库存管理系统参数设置

2. 选择完毕后，单击“应用”按钮，完成参数应用。

3. 单击“确定”按钮完成选项设置并退出。

二、录入库存管理系统期初余额

录入库存管理系统期初余额的具体操作步骤如下：

1. 执行“业务工作”|“供应链”|“库存管理”|“初始设置”|“期初结存”命令，打开“库存期初”录入界面。

2. 选择本次需要取数的仓库，如“(1)材料库”，如图 4-16 所示。

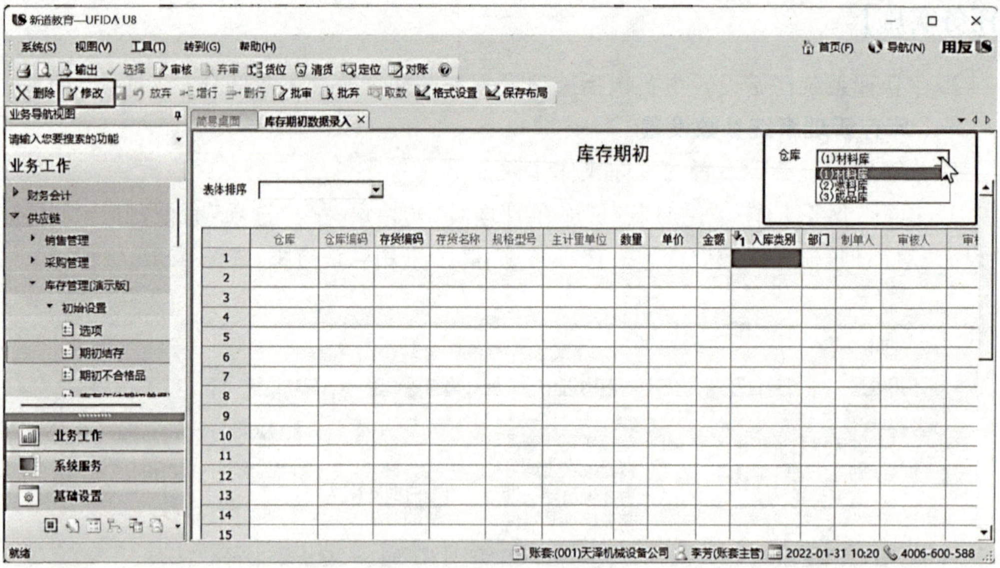

图 4-16　选择取数仓库

3. 单击工具栏中的“修改”按钮,则“取数”按钮被激活,单击“取数”按钮,系统自动到存货核算系统中取数,如图 4-17 所示。

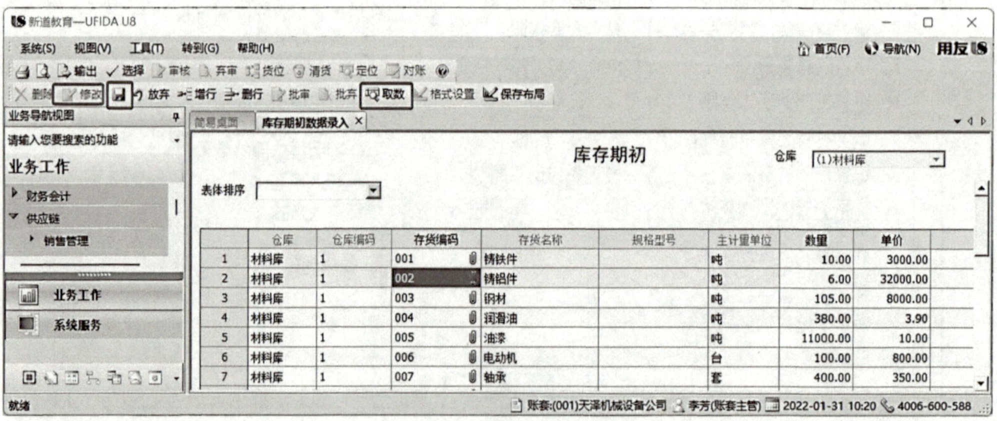

图 4-17　库存管理取数

4. 取数完成之后,单击“保存”按钮保存数据。数据保存完毕之后还需要审核,单击“批审”按钮来完成批量审核。

5. 参照上述步骤,依次选择其他仓库进行取数、保存、审核。

6. 全部取数完成之后,单击“对账”按钮,弹出“库存与存货期初对账查询条件”对话框,单击“全选”按钮选中所有仓库,单击“确定”,则系统提示对账成功,如图 4-18 所示。

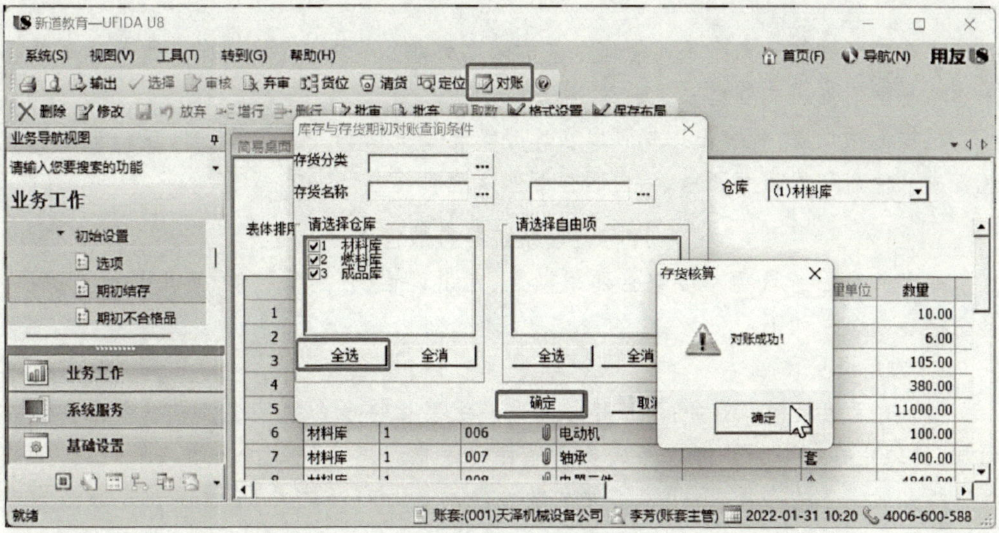

图 4-18　与存货核算系统对账

注意：

(1) 不记入成本的仓库(指仓库档案中记入成本属性为否)不作为库存管理与存货核算的对账依据。

(2) 如果存货核算系统尚未录入期初数据，则库存管理系统无法取数，只能手工录入。

(3) 可以在库存管理或存货核算任一系统录入期初数据，另一系统取数即可。

【知识拓展】

库存管理系统与其他系统的关系

库存管理系统既可以单独使用，也可以和采购管理、销售管理、存货核算系统集成使用，集成使用模式下库存管理系统与其他系统的关系如图 4-19 所示。

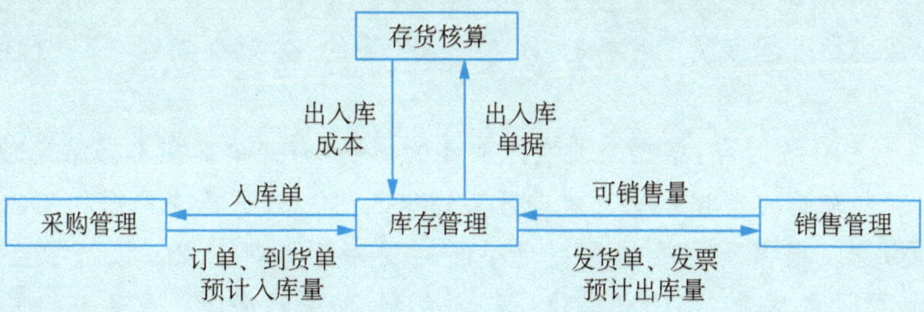

图 4-19　库存管理系统与其他系统的关系

库存管理系统为存货核算系统提供各种出入库单据。所有出入库单据均在库存管理系统中填制并审核，存货系统只能填写出入库单价、金额，并对出入库单据进行记账操作，核算出入库成本。

库存管理系统可参照采购管理系统的采购订单、采购到货单生成采购入库单并将入库信息反馈到采购管理系统。

根据选项设置,销售出库单可以在库存管理系统填制、生成,也可以在销售管理系统生成后传递到库存管理系统,由库存管理系统对其进行审核。

库存管理系统各参数含义

库存管理系统选项主要包括通用设置、专用设置、可用量控制、可用量检查四项。各主要参数含义如下:

1. 通用设置

(1) 有无组装拆卸业务:不可随时修改。组装指将多个散件组装成一个配套件的过程,拆卸指将一个配套件拆卸成多个散件的过程。配套件是由多个存货组成,但又可以拆开或销售的存货,因此配套件和散件之间是一对多的关系,需要在产品结构中设置它们之间的关系。在组装、拆卸之前应先进行产品结构定义,否则无法进行组装。

(2) 有无形态转换业务:不可随时修改。某些存货在存储过程中,由于环境或本身原因,其形态发生变化,由一种形态转化为另一形态,从而引起存货规格和成本的变化,在库存管理系统中需对此进行管理记录。例如,特种烟丝变为普通烟丝;煤块由于风吹、雨淋,天长日久变成了煤渣;活鱼由于缺氧变成了死鱼,等等。仓库管理员需根据存货的实际状况填制形态转换单,报请主管部门批准后进行调账处理。

(3) 有无委托代销业务:不可随时修改。有委托代销业务时,销售出库单的业务类型增加“委托代销”。可以在库存管理系统设置,也可以在销售管理系统设置,在其中一个系统的设置会同时改变另一个系统的选项。

(4) 有无受托代销业务:不可随时修改。只有商业类型才能选择有受托代销业务,工业类型不能选择有受托代销业务。

(5) 有无成套件管理:默认为否,不可随时修改。有成套件管理时,可在“存货档案”中设置某存货为成套件。收发存汇总表、业务类型汇总表可按成套件展开统计。

(6) 有无批次管理:默认为否,不可随时修改。有批次管理时,可在“存货档案”中设置批次管理存货。可查询批次台账、批次汇总表。

(7) 有无保质期管理:默认为否,不可随时修改。有保质期管理时,可在“存货档案”中设置保质期管理存货。可执行“其他业务”下的“失效日期维护”进行维护,同时可查询保质期预警。

(8) 修改现存量时点:根据企业实际业务的需要,有些单据在单据保存时进行实物出入库,而有些单据在单据审核时才进行实物出入库。为了解决单据和实物出入库的时间差问题,可以根据不同的单据制定不同的现存量更新时点。该选项会影响现存量、可用量、预计入库量、预计出库量。默认为否,可随时修改。主要包括采购入库审核时改现存量、销售出库审核时改现存量、材料出库审核时改现存量、产成品入库审核时改现存量、其他出入库审核时改现存量。

(9) 检查仓库存货对应关系:默认为否,可随时修改。如不选择,则不对仓库存货对应关系进行检查。

(10) 调拨单只控制出库权限：默认为否，可随时修改。如选择，则只控制出库仓库的权限，不控制入库仓库的权限；如不选择，则出库、入库仓库的权限都要控制。该选项在检查仓库权限设置时有效；如不检查仓库权限，则不控制出入库仓库权限。

(11) 审核时是否检查货位：默认为是，可随时修改。若选择是，则单据审核时，如果该仓库是货位管理，则该单据上的货位信息必须填写完整才能审核，否则不能审核；若选择否，则审核单据时不进行任何检查，货位可以在单据审核后再指定。

(12) 库存生成销售出库单：默认为否，可随时修改。该选项主要影响库存管理与销售管理系统集成使用的情况。

(13) 出库跟踪入库存货入库单审核后才能出库：默认为否，可随时修改。若选择此项，则出库跟踪入库时只能参照已审核的入库单。此选项库存管理、销售管理系统共用。

(14) 自动指定批号：自动指定批号时的分配规则，可随时修改。此选项在库存管理、销售管理系统中分别设置。

(15) 自动出库跟踪入库：自动指定入库单号时系统分配入库单号的规则，可随时修改。填制出库单据时，可使用快捷键“Ctrl＋Q”，系统根据分配规则自动指定出库单号。此选项在库存管理、销售管理系统中分别设置。

2. 专用设置

(1) 允许货位零出库：默认为否，可随时修改。货位零出库指该货位在出库后，结存小于零，即负库存。如不允许，则指定货位时如果有零出库，货位不能保存。

(2) 超单据出入库设置：如允许超单据出入库，当出入库数量没有超过单据数量的超额上限，可以出入库，超过上限时不可出入库；如不允许超单据出入库，则出入库数量不可超过单据的数量。主要包括允许超发货单出库、允许超调拨单出库、允许超调拨申请单调拨、允许超生产订单领料。

(3) 允许超限额领料：如允许，分单时本次出库数量不可超过订单数量的超额上限，单据审核后再次领料时“本次出库数量＋累计出库数量”不可超过订单数量的超额上限；如不允许，分单时本次出库数量不可超过计划出库数量，单据审核后再次领料时“本次出库数量＋累计出库数量”不可超过计划出库数量。

(4) 允许超采购订单入库：打勾选择，默认为否，在库存管理系统中只能查询，不能修改，与采购管理系统用同一个选项，在采购管理系统中修改。

(5) 预警设置

保质期预警：可随时修改。设置保质期预警，进入系统时，弹出“保质期预警”窗口，对临近、到期、过期失效的存货进行预警。

失效存货报警：可随时修改。设置失效存货报警后，在填制单据输入失效存货时进行报警。

最高最低预警：进入系统时，如果存货的可用量小于最低库存量或大于最高库存量，系统提供预警。

最高最低库存控制:保存单据时,若存货的预计可用量低于最低库存量或高于最高库存量,则系统提示报警,可选择是否继续。如果选择"是"则系统保存单据,如果选择否则需重新输入数量。

(6) 按仓库控制最高最低库存量:选择此项,则最高最低库存量根据仓库存货对照表带入,预警和控制时考虑仓库因素。

(7) 按仓库控制盘点参数:选择此项,则每个仓库可以设置不同的盘点参数,系统从仓库存货对照表中取盘点参数;如不选择,则盘点参数适用于所有仓库,系统从存货档案中取盘点参数。

(8) 自动带出单价的单据:默认为否,可随时修改。可以设置自动带出单价的单据,并设置入库单成本、出库单成本的来源。

(9) 入库单成本:必填,默认值为最新成本,可随时修改。选择内容为最新成本、参考成本、计划单价、按计价方式取单价。填制入库单据时,按照当前设置填入单价,可修改。

3. 可用量控制

(1) 普通存货可用量控制:可用量=现存量-冻结量+预计入库量-预计出库量。

是否允许超可用量出库:选择否则不能超可用量出库,选择是则可以超可用量出库。

预计入库量:选择内容为到货在检量、调拨在途量。除可选的两种量外,预计入库量还包括已请购量、采购在途量、生产订单量。

预计出库量:选择内容为待发货量、调拨待发量。除可选的两种量外,预计出库量还包括已订购量、备料计划量。

(2) 批次存货可用量控制:选择否则不能批次零出库,选择是则可以批次零出库。其他同上。

4. 可用量检查

出入库是否检查可用量:可用量=现存量-冻结量+预计入库量-预计出库量。

预计入库量:选择内容为已请购量、采购在途量、到货在检量、生产订单量、调拨在途量。

预计出库量:选择内容为已订购量、待发货量、调拨待发量、备料计划量。

可用量公式:默认为"现存量-冻结量",即不考虑预计入库量、预计出库量,可随时修改。

注意:在相关业务开始后,最好不要随意修改业务控制参数。在进行库存选项修改前应确定系统相关功能没有使用,否则系统会提示警告信息。

账套数据备份

在电脑中建立一个文件夹并按日期命名,然后将账套输出备份到这个文件夹中。在账套的备份和使用过程中,要养成良好的数据安全和保密意识。

05 项目五

供应链日常业务处理

项目综述

供应链管理日常工作涵盖了人、财、物、产、供、销等各个方面，既反映物料的流动，也反映资金的流动，集物流、资金流、信息流于一体。主要工作任务包括采购业务日常处理、销售业务日常处理、应收应付款业务日常处理、库存及存货核算业务日常处理。在财务、业务一体化的模式下，大多数业务处理需要经过若干个环节，需要部门间协同进行处理。

职业能力培养

通过项目的实施及运营，了解供应链管理各个系统的功能和作用，掌握采购及付款业务、销售及收款业务、库存管理和存货核算业务的相关知识，具备熟练使用用友 ERP-U8V10.1 供应链系统处理采购业务、销售业务、库存管理和存货核算业务的技能，熟练掌握不同类型业务的具体核算方法和操作步骤，具备使用供应链系统进行日常核算和管理的能力。在项目实施过程中坚持科技是第一生产力，培养学生熟练使用先进技术和工具的创新精神和创新能力，用实际行动落实科教兴国战略，培养学生严谨认真、条理清晰的数据处理和思维能力，增强建设网络强国、数字中国的职业能力和职业素养。

思政园地

随着全球供应链加速调整，中国作为全球供应链区域中心之一，在全球供应链体系中的位置和作用也发生了一定的变化。在这个变化过程中，成本价格优势低、大规模生产等传统优势被削弱，但是供应链规模庞大、产业配套性第一、世界各国对中国供应链高度依赖、基础设施建设全球领先等核心供应链竞争优势仍旧显著。同时，随着中国政府持续实施一系列改革开放和转型发展的政策举措，中国在供应链综合效能、创新应用场景、开放型经济体制等方面将形成供应链竞争新优势。

中国制造业供应链规模庞大：中国制造业增加值连续 12 年位居全球第一，在全球占有绝对优势，印度、越南等其他国家在短期内无法超越。据不完全统计，中国有 220 多种工业产品的产量位居全球第一。

中国制造业供应链配套世界第一：中国拥有 41 个工业大类、207 个中类、666 个小类，是全世界唯一拥有联合国产业分类中全部工业门类的国家，形成了一批产品集中生产、专业化协作配套、产业链条成熟的产业集群，具备强大的韧性。

世界各国对中国供应链高度依赖：在全球 186 个国家和地区中，有 33 个国家的第一大出口目的地是中国,65 个国家的第一大进口来源地是中国。2003 至 2021 年,中国货物出口规模由 0.45 万亿美元增加至 3.36 万亿美元,占全球出口的比重由 4.7%上升至 15.1%。从工业制成品出口来看,中国工业制成品出口规模占全球比重持续提升,2020 年达到 19.5%,明显高于美国、德国和日本等制造业大国。

供应链基础设施建设全球领先:长期以来,中国在基础设施建设上的投入巨大,一方面,传统基础设施建设成效显著,高速铁路总里程超过 3.6 万公里,占全球总里程的 2/3,高速公路通车里程 15 万公里,位居世界第 1 位。另一方面,新型基础设施建设持续发力,截至 2021 年,建成开通 5G 基站超过 130 万个,5G 网络已覆盖全国所有地级市城区,建设投资强度远超美国、英国和韩国等传统信息通信大国,预计到 2025 年,中国将建成覆盖全国的 5G 网络。

国际物流供应链优势持续增强:国际物流是中国供应链发展的重要支撑。近年来中国国际物流能力不断提升,一方面,海运运输能力持续增强。全球港口货物吞吐量、集装箱吞吐量前 10 名的港口当中,中国分别占了 8 席和 7 席。中国控制的海运船队的运力规模达 3.5 亿载重吨,居世界第二位。另一方面,中欧班列成为全球供应链重要保障。中欧班列自开行以来,从 2013 年的 80 列快速发展到 2021 年的 15 183 列,年均增长率达到 106%。新型冠状病毒感染疫情发生后,中欧班列为助力中欧共同抗疫、畅通全球供应链发挥了重要作用。

数字化转型优势正在形成:近年来,在全球供应链数字化转型过程中,中国制造业数字化转型呈现出加快发展的态势,新一代信息技术,包括 5G、大数据、云计算、人工智能加速向制造业融合渗透,拥有大型工业互联网平台超过 150 家,平台服务的工业企业超过 160 万家。同时,中国也是全球拥有“灯塔工厂”最多的国家,世界经济论坛(WEF)公布的全球 44 家“灯塔工厂”网络成员中,有 12 家位于中国。随着中国持续推动数字经济发展,未来中国制造业数字化转型进程将进一步加速。

典型工作任务

1. 采购日常业务处理。
2. 销售日常业务处理。
3. 库存日常业务处理。
4. 存货核算日常业务处理。

任务一 采购业务处理

【任务场景】

天泽机械设备公司在完成供应链系统初始设置后,决定自本月起使用供应链系统处理日常采购业务,采购人员、仓管人员、财务人员等相关岗位人员需要熟悉采购业务的处理流程,掌握采购相关单据的填制和审核的操作方法。采购日常业务主要通过对采购业务的全部流程进行管理，包括请购、订货、到货、入库、开票、采购结算等，以帮助企业降低采购成本，提升企业竞争力。采购业务主要任务包括采购订单处理，动态掌握订单执行情况，向拖期交货的供应商发出催货函；处理到货单、采购发票，并根据采购发票确认采购入库成本。采购管理系统与应付款管理系统一起使用，可以掌握采购业务的付款情况；与库存管理系统一起使用，可以随时掌握存货的现存量信息，从而减少盲目采购，避免库存积压；与存货核算系统一起使用，可以为存货核算提供采购入库成本，便于财务部门及时掌握存货采购成本。

【任务目标】

1. 掌握采购订单、到货单、采购发票、采购入库单等相关单据填制和审核的基本知识，理解采购结算的含义；

2. 熟练掌握采购业务处理的流程及相关单据的填制和审核方法；

3. 具备熟练处理采购日常业务的能力；

4. 深刻理解“爱岗敬业、诚实守信”等会计职业道德的内涵，培养严谨务实、客观公正、廉洁自律、不占不贪的职业精神。

【任务内容】

1. 普通采购业务

(1) 1月1日，采购部高洁向黑龙江木器加工厂询问木箱的价格（不含税单价410元），评估后认为合理，随即向上级主管领导提出请购，请购数量为200个。

(2) 1月2日，上级领导批准同意向黑龙江木器加工厂订购木箱200个，要求到货日期为1月3日。

(3) 1月3日，收到1月2日向黑龙江木器加工厂订购的木箱200个并入库。

(4) 1月3日，收到黑龙江木器加工厂转来的增值税专用发票（发票号：34211346）。

(5) 1月3日，将发票交给财务部，财务部确认成本及应付款项。

(6) 1月6日，出纳开出转账支票（支票号：34100190）支付该款项。

2. 采购现付业务

1月4日，采购部高洁向南京华丰电子元器件厂购买电动机200台，已验收入库，不含税单价810元。收到增值税专用发票1张（发票号：83122130）。财务部立即以转账支票的形式支付货款（支票号：20220135），并且确认相关成本。

3. 预付款及合理损耗业务

(1) 1月5日，采购部高洁向沈阳铁合金厂订购轴承400套，不含税单价355元，计划到货日期为1月8日。

(2) 1月6日，采购部高洁向公司财务部申请20 000元用于预付沈阳铁合金厂原料采购款，经总经理同意后，财务部开具转账支票（支票号：01063018）一张，金额为20 000元整。

(3) 1月8日，收到沈阳铁合金厂发来的轴承及专用发票（发票号：20220003），开票日期为1月8日。该批轴承系1月5日采购部高洁订购，发票载明轴承400套，单价355元。验收入库时发现轴承缺少1套（属于合理损耗范围）。财务部门确认该笔存货成本及应付款项，并用1月6日的预付款冲销此次部分应付账款。

4. 非合理损耗业务

1月20日，采购部高洁向沈阳机械加工厂订购铸铁件20吨，单价3 000元。当天收到货物及发票(发票号:33217866),验收入库时发现短缺1吨,经查明是采购部高洁失误造成的,经批准全部由高洁赔偿。

5. 采购退货业务

1月27日,相关部门发现2日向黑龙江木器加工厂购买的200个木箱中,其中10个有质量问题,予以退回,收到红字专用发票一张。

6. 暂估业务

(1) 1月28日,收到上月购进200吨原煤的发票,单价280元,收到增值税专用发票(发票号:35647801),进行暂估结算处理,确认采购成本及应付账款。

(2) 1月28日,向沈阳机械加工厂购买钢材50吨,合同单价为8 150元。货物已验收入库,月底尚未收到发票,对其进行暂估处理。暂估价参照合同价格。

【任务实施】

采购业务的处理流程包括请购、采购订货、到货、采购入库、采购发票、采购结算、入库记账及生单、确认应付/付款及核销等过程。

一、普通采购业务

(一) 录入请购单

请购环节为用友 ERP-U8V10.1 软件中的可选环节,无需求的企业可以跳过这一步骤,直接从订单开始处理业务,具体操作步骤如下:

1. 以采购员身份执行"开始"|"程序"|"用友 ERP-U8V10.1"|"企业应用平台"命令,或双击桌面上的"企业应用平台"图标,登录企业应用平台。

2. 执行"业务工作"|"供应链"|"采购管理"|"请购"|"请购单"命令,打开"采购请购单"录入界面。

3. 单击"增加"按钮新增请购单。在业务类型里录入"普通采购",日期录入"2022-01-01",请购部门录入"采购部",请购人员录入"高洁"。在表体的存货编码中录入"009",存货名称"木箱"由系统自动填入,数量录入"200.00",本币单价录入"410.00",本币价税合计自动计算。依次录入其他项目,全部录入完之后单击"保存"按钮保存数据,如图5-1所示。

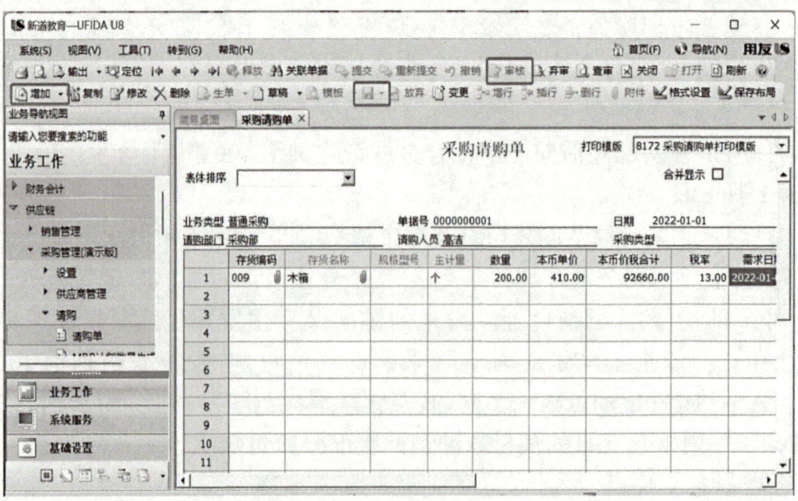

图 5-1 录入请购单

4. 单击工具栏中的“审核”按钮审核本张请购单。

注意：

(1) 请购单的制单人和审核人可以为同一人。

(2) 未审核的请购单可以直接删除，已审核的请购单不能直接修改或删除，如要修改或删除，须先单击“弃审”按钮，然后单击“修改”“删除”按钮。

(3) 在请购单列表中可以随时对请购单进行“批开”“批关”“批审”“批弃”等操作。

(二) 生成采购订单

采购订单可以直接录入，也可以根据采购请购单拷贝生成，具体操作步骤如下：

1. 在采购管理系统中执行“采购订货”|“采购订单”命令，打开“采购订单”窗口。

2. 单击“增加”按钮，修改单据日期为“2012-01-02”，单击“生单”按钮右侧的下拉箭头，选择“请购单”，如图 5-2 所示。

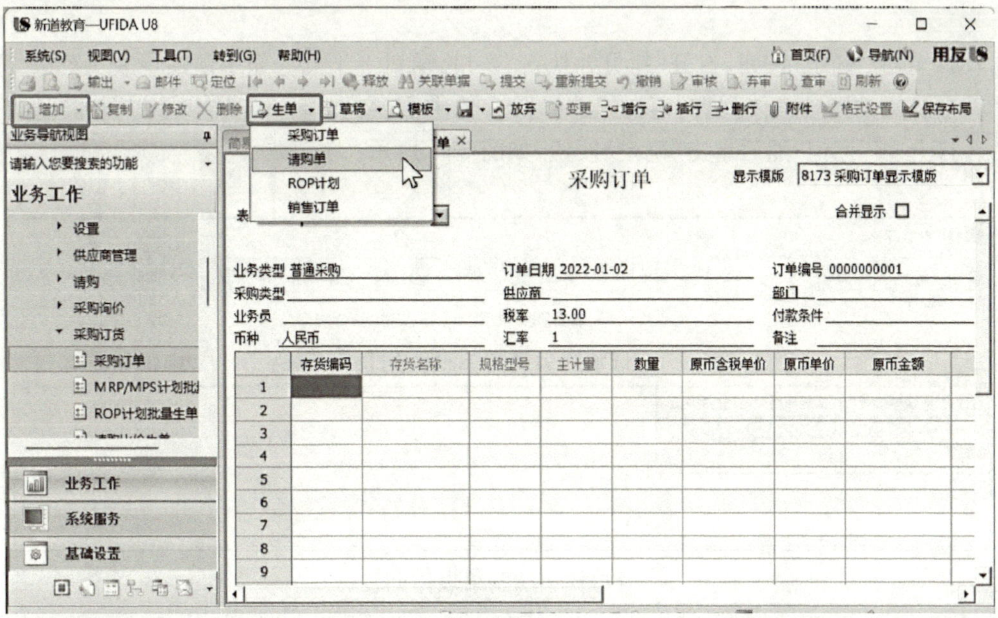

图 5-2 生成采购订单

3. 打开“查询条件选择-采购请购单列表过滤”对话框，如图 5-3 所示。

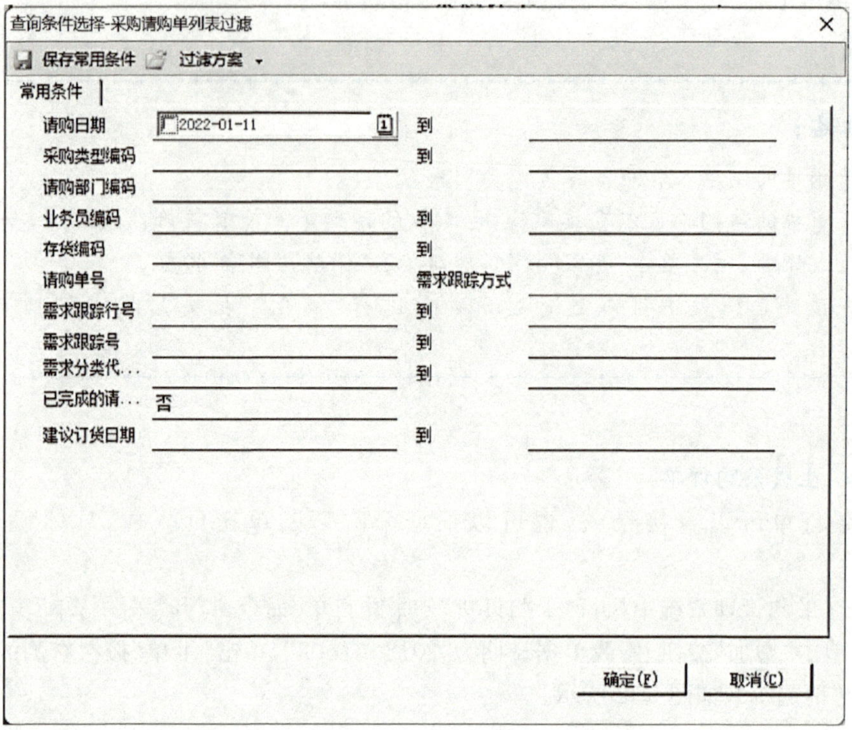

图 5-3　过滤条件选择

4. 单击“确定”按钮，打开“拷贝并执行”窗口，窗口上半部分显示请购单表头列表，下半部分显示请购单表体列表。双击“选择”列，选中需要的请购单，对应行前面的“选择”栏会打上“Y”标记，然后单击“确定”按钮，如图 5-4 所示。

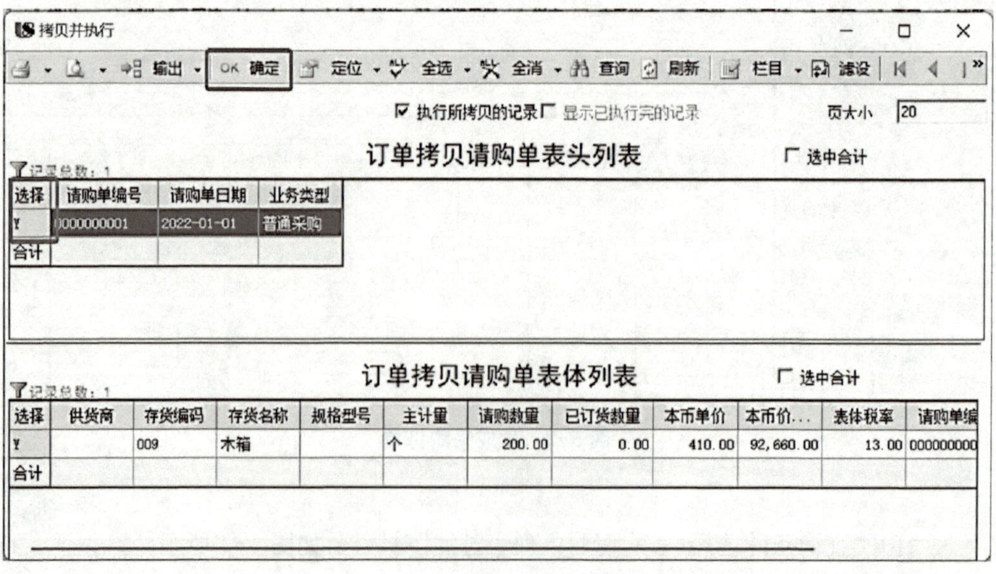

图 5-4　选择请购单

5. 选择请购单后，相关数据自动传递到采购订单中，录入计划到货期“2022-01-03”，其他信息依次录入完整，单击“保存”按钮，单击“审核”按钮审核确认采购订单，如图 5-5 所示。

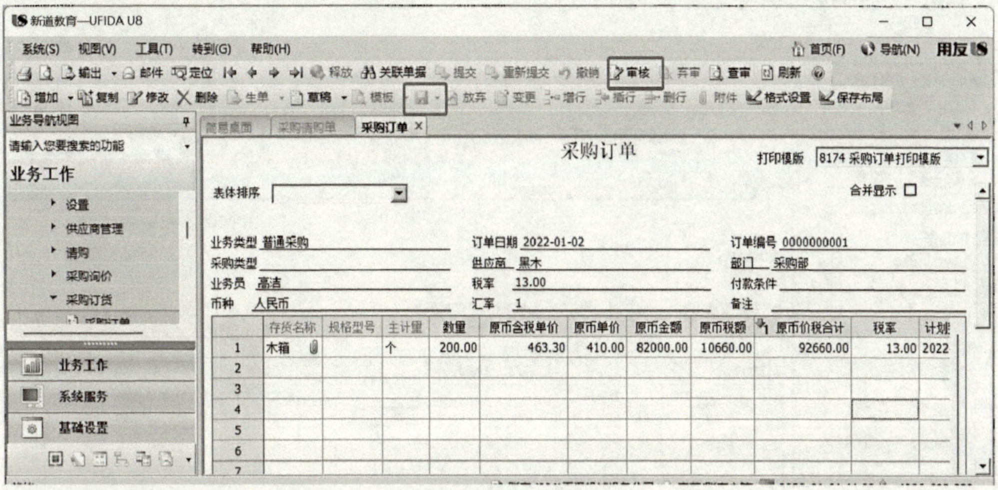

图 5-5　生成采购订单

注意：

(1) 如果订单是按采购计划安排的，还要输入采购计划编号，即计划周期号。输入了采购计划编号的采购订单，只能输入该计划单中的货物。

(2) 采购订单录入或生成后发送给供应商，企业根据供应商的反馈可对采购订单进行修改和审核，也可以在内部审核后发送给供应商。在实际业务过程中，审核常常是对当前业务完成的确认。有些单据只有经过审核才是能进入下一流程的有效单据，才可以被其他单据参照或被其他功能、其他系统使用。

(3) 单据审核后，可以弃审。由下游单据生成，或被其他功能、其他系统使用的单据视为已执行，已执行的单据不可弃审。

(4) 审核过的订单不能修改，除非取消审核。

(5) 采购订单执行完毕后，该订单就可以关闭了。对于某些不能执行的采购订单，经采购主管批准后，也可以关闭该订单。关闭的订单不能再执行。对于某些由于不能执行而关闭的订单，如果又可以执行了，可以取消关闭，将该订单从关闭状态恢复到审核执行状态。

（三）生成到货单

采购到货单可以直接录入，也可以根据采购订单拷贝生成，具体操作步骤如下：

1. 在采购管理系统中执行“采购到货”|“到货单”命令，打开“到货单”窗口，单击“增加”按钮，修改日期为“2022-01-03”。

2. 单击“生单”按钮右侧的下拉箭头，选择“采购订单”，弹出过滤窗口，输入相关过滤条件，单击“确定”按钮，弹出“拷贝并执行”窗口。

3. 在“拷贝并执行”窗口中双击选择所需订单，单击“确定”按钮，系统自动生成到货单，单击“保存”按钮保存单据，如图 5-6 所示。

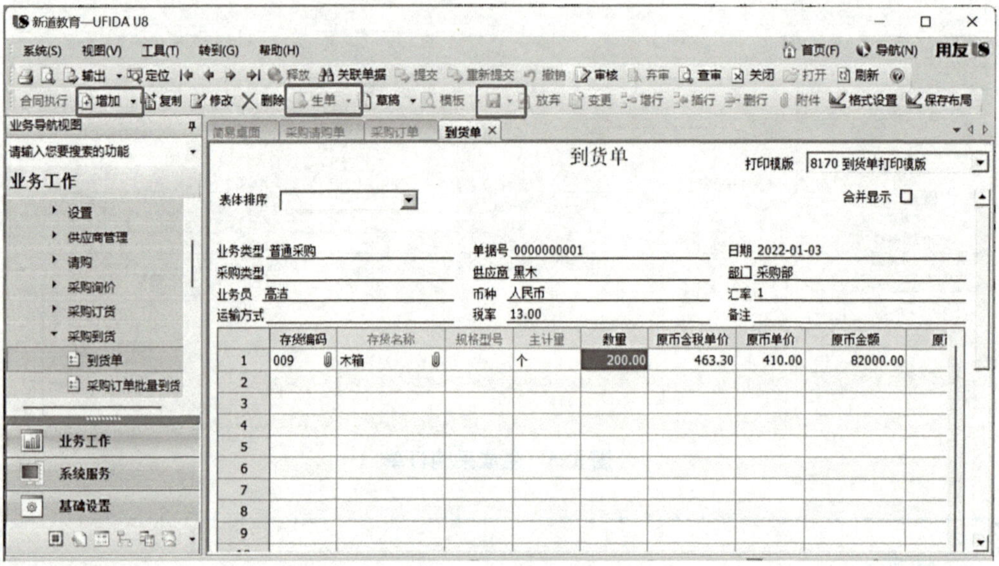

图 5-6 保存到货单

6. 单击“审核”按钮，审核确认到货单。

注意：

(1) 如果到货信息与采购订单信息有差别，可以直接据实录入或者修改到货信息。

(2) 没有生成下游单据的到货单可以直接删除，已经生成下游单据的到货单则需要先删除下游单据后才可删除。

(3) 到货退回单是采购到货单的红字单据，可以手工录入，也可以参照采购订单、原采购到货单生成。

(四) 生成采购入库单

采购入库单可以由仓库管理员在库存管理系统中录入或生成，具体操作步骤如下：

1. 由仓库管理员进入库存管理系统，执行“业务工作”|“供应链”|“库存管理”|“入库业务”|“采购入库单”命令，打开“采购入库单”窗口，单击“生单”按钮右侧的下拉箭头，选择“采购到货单(蓝字)”，如图 5-7 所示。

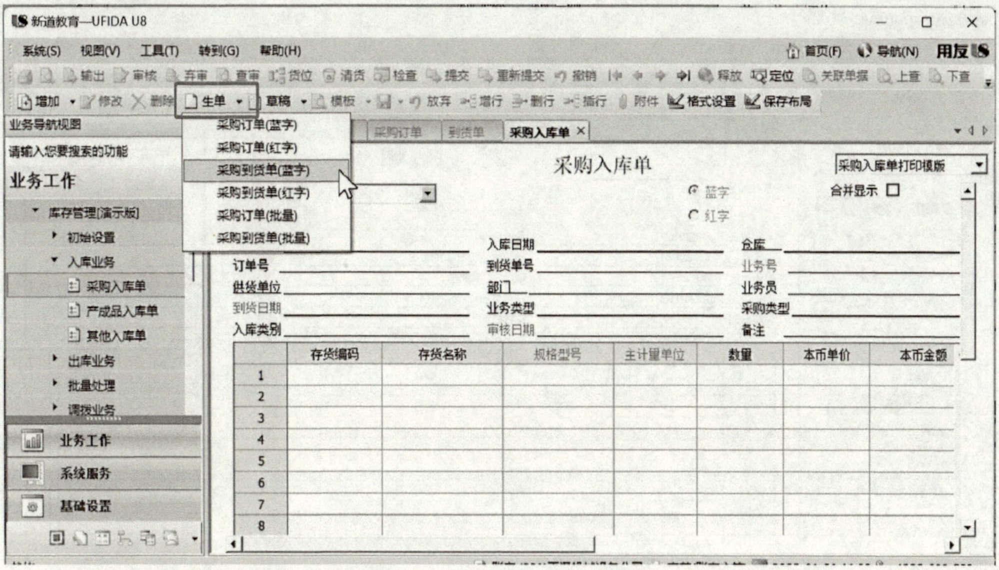

图 5-7　生成采购入库单

2. 在弹出的过滤窗口中单击“确定”按钮，弹出“到货单生单列表”窗口，双击相应的采购到货单，“选择”处会打上“Y”标记，如图 5-8 所示。

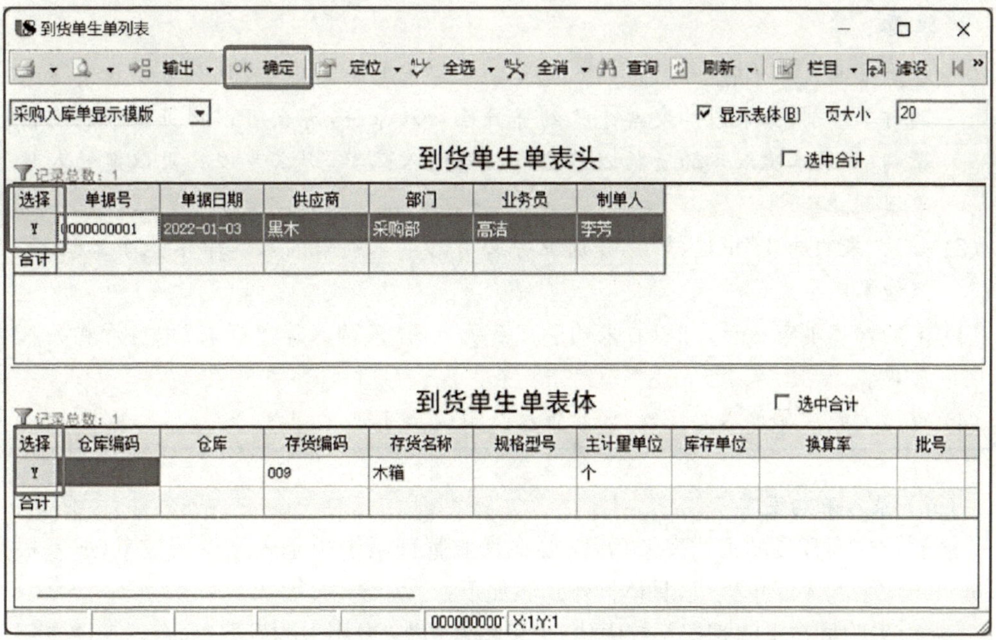

图 5-8　“到货单生单列表”窗口

3. 单击“确定”按钮将到货单信息复制到入库单中，可以对生成的采购入库单进行部分修改。入库日期输入“2012-01-03”，仓库选择“材料库”，单击“保存”按钮保存数据，如图 5-9 所示。

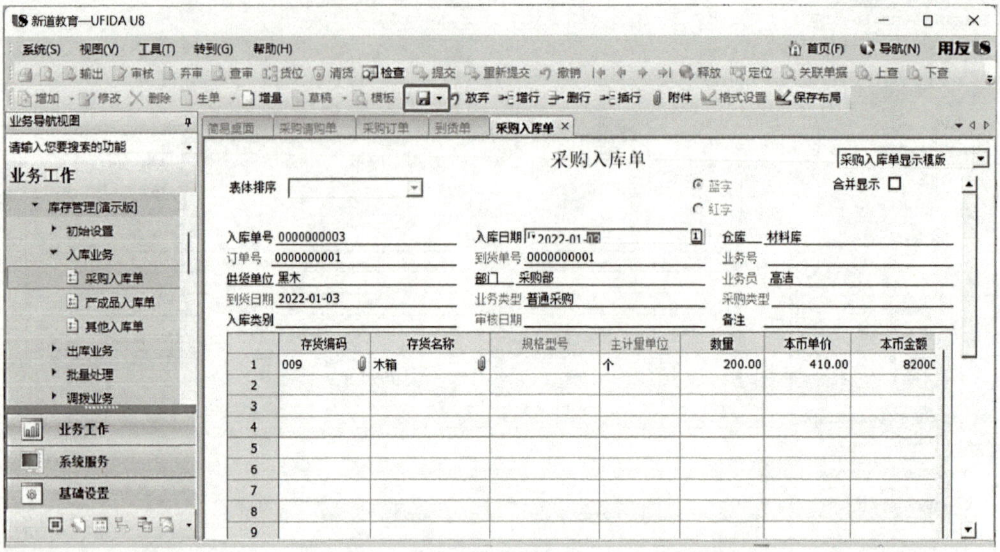

图 5-9 保存采购入库单

4. 单击“审核”按钮,系统提示“该单据审核成功”,单击“确定”按钮完成采购入库单的录入。

注意:

(1) 填制采购入库单时,如果采购入库货物根据采购订单产生,那么可以拷贝原采购订单填制;如果采购发票先收到并且已输入系统,那么可以拷贝原采购发票填制;如果本次入库的货物以前已有相同的入库单,那么可以拷贝以前的入库单填制。

(2) 如果“采购选项”中选择了“普通业务必有订单”,则采购入库单不能手工录入,只能参照生成。

(3) 采购入库单审核后,可以在采购管理系统中的“采购入库单列表”中查看相关入库单。

(4) 审核过的入库单不能修改,因此审核必须认真仔细。

(五) 录入采购发票

收到供应商开具的采购发票后,需要在采购管理系统中录入该发票信息,或者根据采购订单或采购入库单生成,具体操作步骤如下:

1. 由采购员在采购管理系统中执行“采购发票”|“专用采购发票”命令,打开“专用发票”窗口,单击“增加”按钮,输入表头信息,默认业务类型为“普通采购”,修改开票日期为“2022-01-03”,发票号为“34211346”。

2. 单击“生单”按钮右侧的下拉箭头,选择“入库单”(也可选择“采购订单”或“采购发票”),如图 5-10 所示。

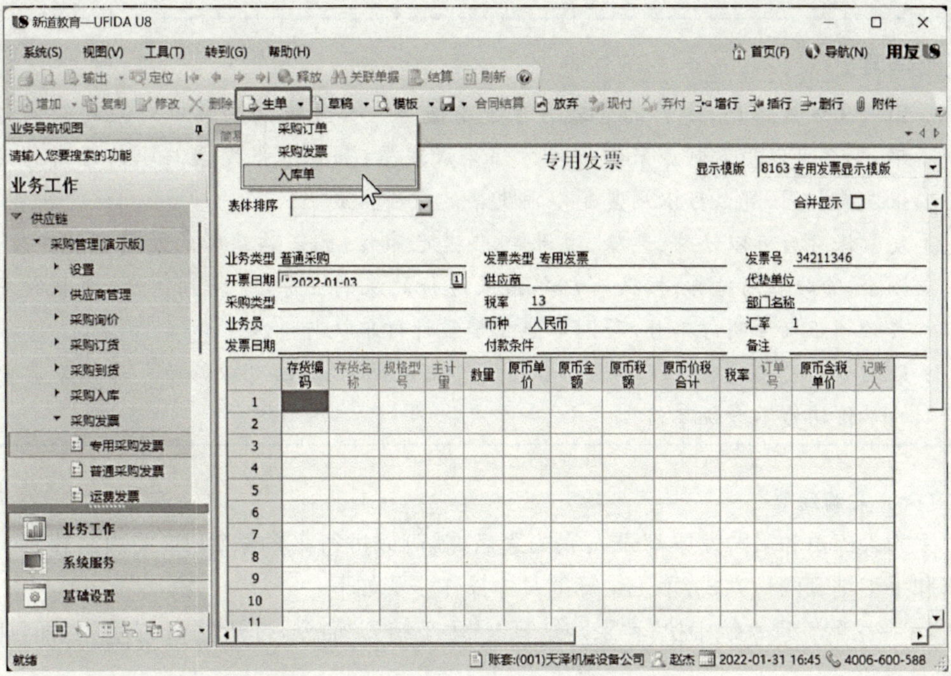

图 5-10　生成采购专用发票

3. 在弹出的查询条件选择界面单击“确定”按钮，打开“拷贝并执行”窗口，双击选择相应的采购入库单，在“选择”栏会打上“Y”标记，单击“确定”按钮，系统自动生成发票。修改、补充相关信息后单击“保存”按钮保存发票数据，如图 5-11 所示。

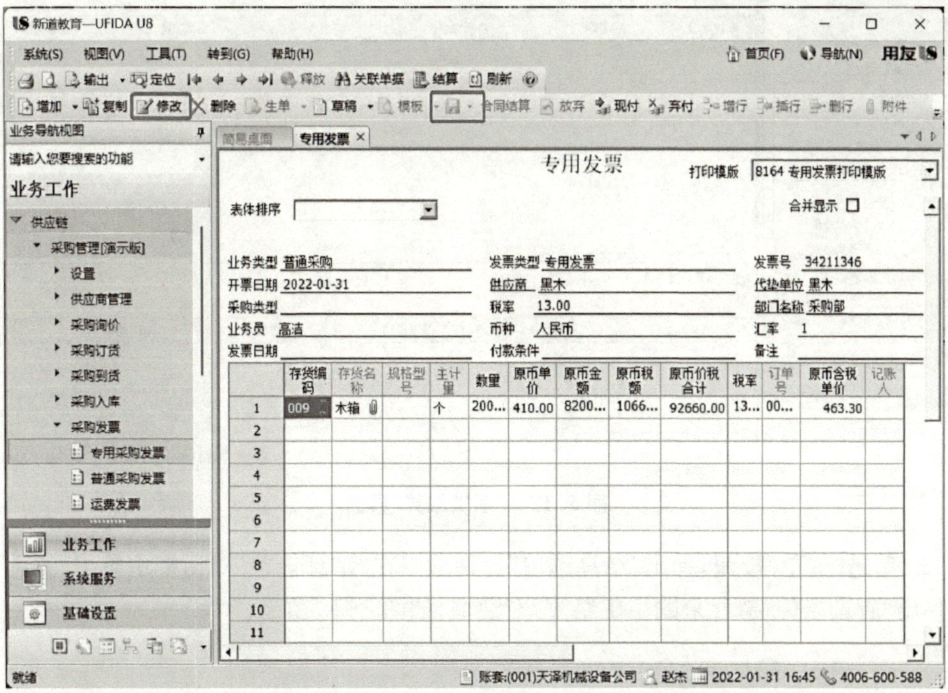

图 5-11　保存采购专用发票

注意：

(1) 因入库方式不同,发票的管理方法也有差异。如果采购发票有对应的采购订单,那么可以用复制原采购订单方法生成发票;如果本张发票与以前已有的某张发票相同,那么可以用复制以前发票的方法生成。

(2) 发票保存后可以修改、删除、现付等,但是已审核、已采购结算的发票不能修改、删除,除非取消结算;按必有订单模式进行的采购业务,货物到达后,填制的发票必须正确注明订单号,否则不能正确统计订单执行情况。

(3) 采购专用发票的表头税率根据专用发票默认税率填入,可以修改。专用发票中的单价均为不含税单价。

(六) 采购结算

采购入库单和采购发票都录入完毕之后,就可以进行采购结算了,采购结算有自动结算和手工结算两种方式,手工结算的具体操作步骤如下:

1. 在采购管理系统中执行"采购结算"|"手工结算"命令,打开"手工结算"界面,如图 5-12 所示。

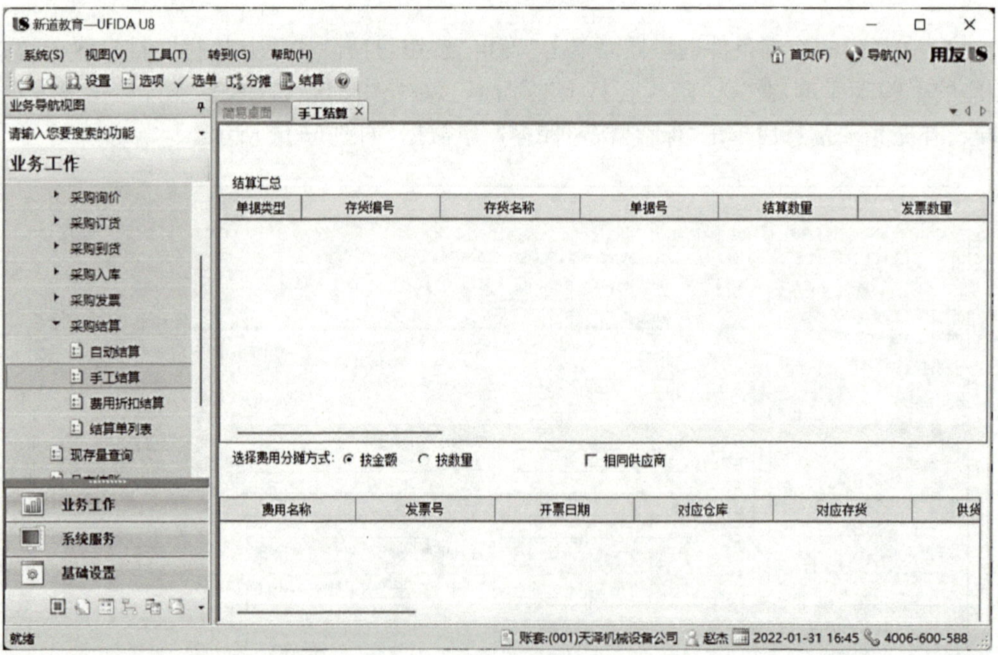

图 5-12 "手工结算"界面

2. 单击"选单"按钮,弹出"结算选单"对话框。在"结算选单"对话框中单击"查询"按钮,弹出"查询条件选择-采购手工结算"对话框,如图 5-13 所示。

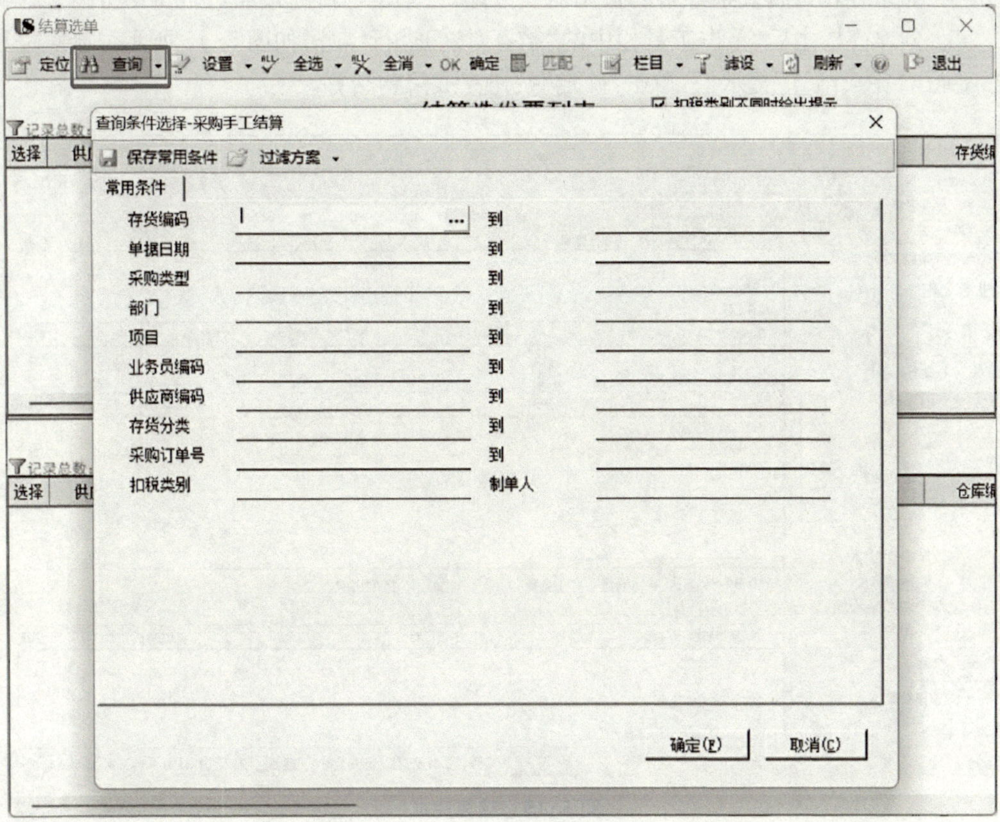

图 5-13 过滤条件选择

3. 点击右下角的“确定”按钮进入选单界面，在“结算选发票列表”中双击选择需要结算的发票，在“结算选入库单列表”中双击选择需要结算的入库单。单击“确定”按钮返回“手工结算”窗口，如图 5-14 所示。

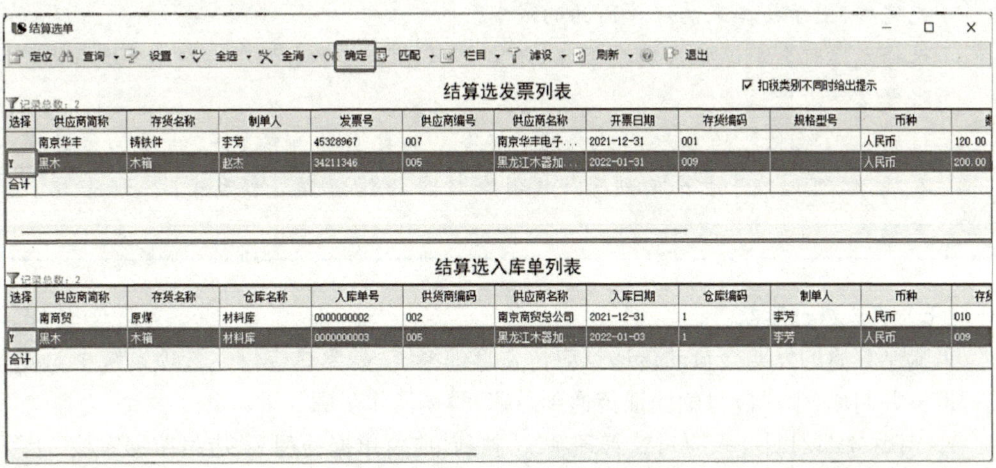

图 5-14 选择发票及入库单

4. 如果存在运费发票等采购费用需要分摊,可单击“分摊”按钮进行费用分摊。

5. 分摊完毕之后,单击工具栏中的“结算”按钮进行结算,如图 5-15 所示。结算完毕之后弹出“完成结算”提示框,单击“确定”按钮完成采购结算。

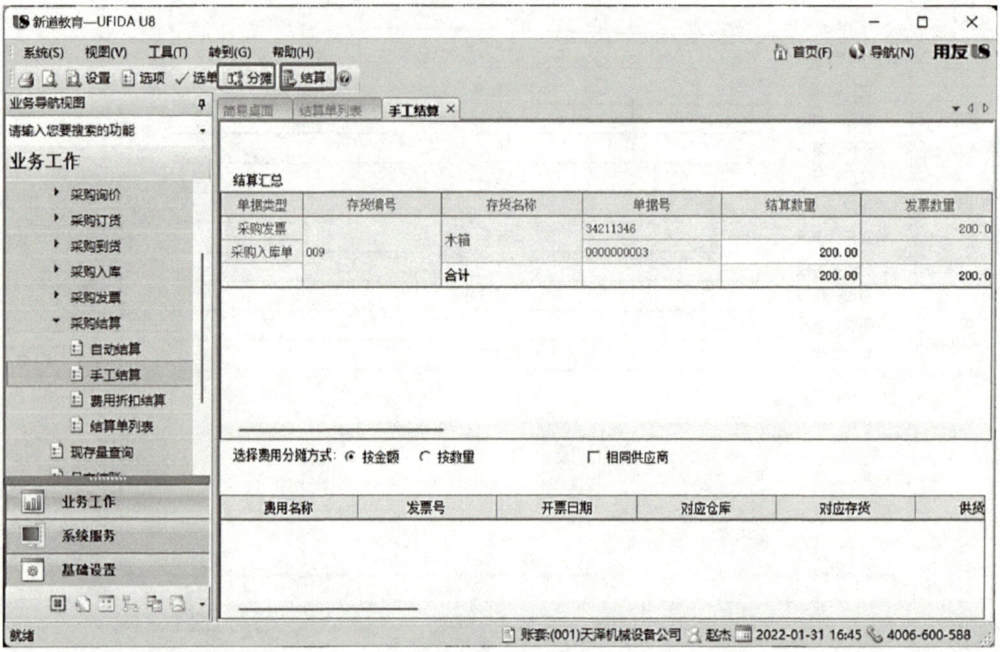

图 5-15 结算完成

注意:

(1) 结算完成后,系统把已结算的单据数据从屏幕上清除。

(2) 结算的含义是指将发票上的确切金额写入入库单,将入库单上的单价和金额补充完整,便于核算采购入库商品的成本。

(3) 选择发票时会全选整张发票数据,不允许只结算发票中的部分货物,必须将整张发票一次性结清。

(4) 执行采购结算后的单据不能修改、删除。如果需要删除已经结算的发票或入库单,可以在“结算单列表”中删除对应的结算单,然后修改、删除相应单据。

(七) 确认应付账款

采购结算后的发票会自动传递到应付款管理系统,需要在应付款管理系统中对发票进行审核并制单,生成应付款凭证传递到总账,具体操作步骤如下:

1. 由财务部刘明进入应付款管理系统,执行“应付单据处理”|“应付单据审核”命令,打开“应付单查询条件”对话框,如图 5-16 所示。

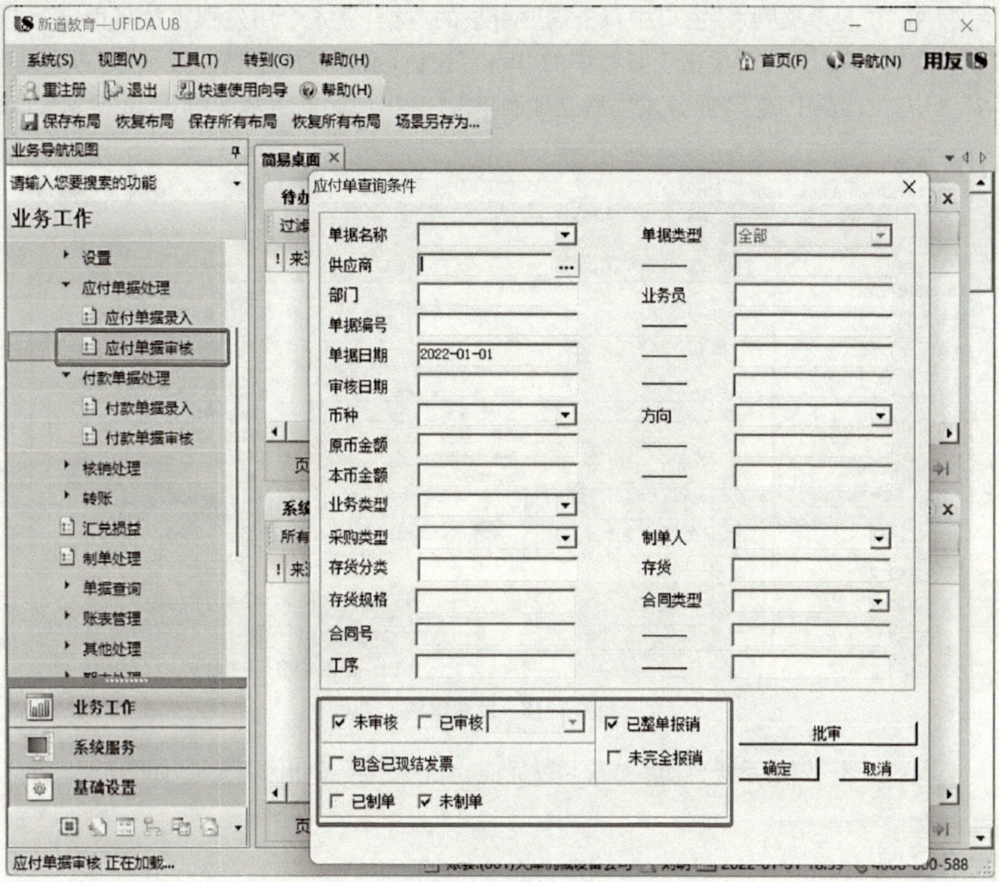

图 5-16　应付单据过滤

2. 输入相关查询条件，单击“确定”按钮，弹出“应付单据列表”窗口，如图 5-17 所示。可在“选择”列中双击选中需要审核发票所在的行，然后单击工具栏中的“审核”按钮进行审核。

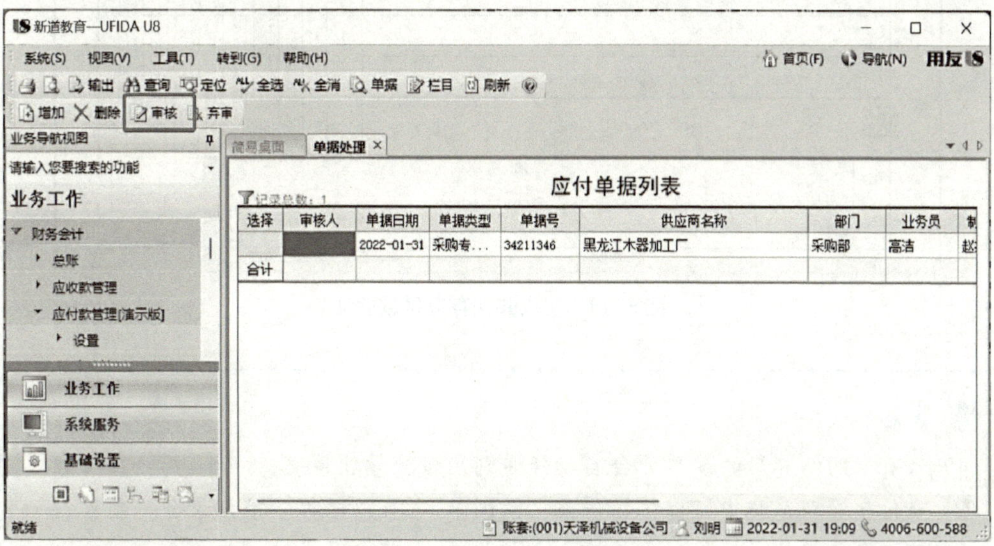

图 5-17　“应付单据列表”窗口

3. 在“应付单据列表”窗口中双击需要审核的单据,进入专用发票审核界面,仔细审核发票内容,确认无误后单击工具栏中的“审核”按钮,系统完成审核并提示“是否立即制单?”(只有在选项中选了“业务发生后立即制单”才会出现此提示),如图 5-18 所示。

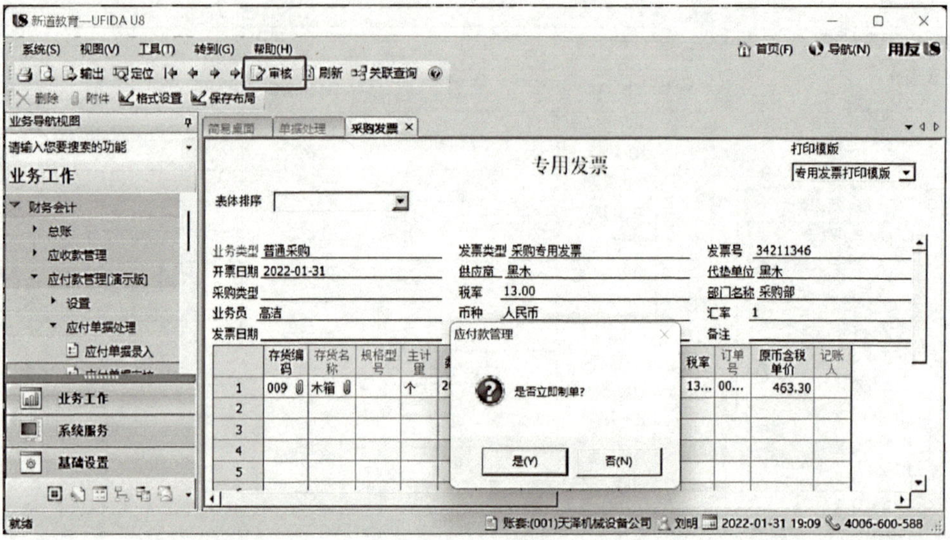

图 5-18 发票审核

4. 单击“是”按钮,系统自动生成应付款凭证,单击“保存”按钮保存凭证,如图 5-19 所示。

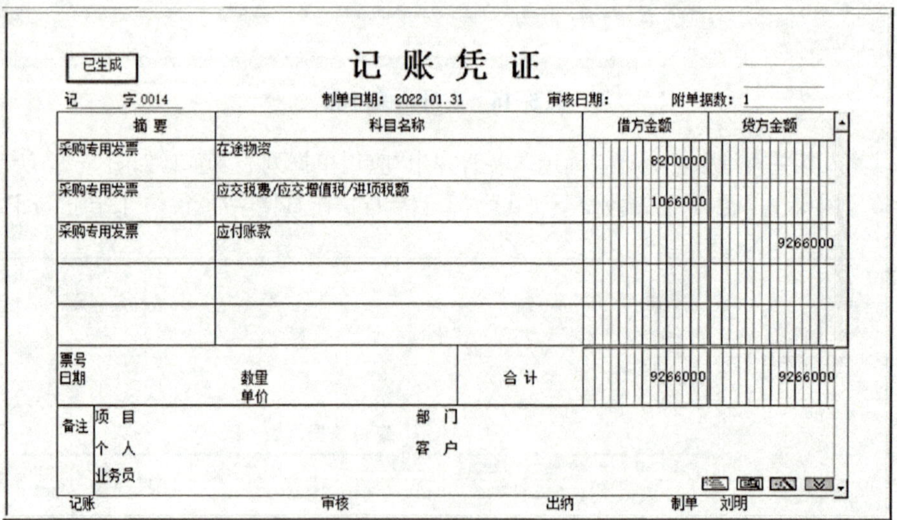

图 5-19 生成并保存应付款凭证

注意:

(1) 只有采购结算后的发票才会自动传递到应付款管理系统。

(2) 应付款管理系统中可以根据一条记录制单,也可以根据多条记录合并制单。

(3) 可以在采购结算后针对每笔业务立即制单,也可以月末统一制单。

（八）采购成本核算

采购成本的核算在存货核算系统中进行。存货核算系统对单据记账后，才能确认采购商品的采购成本，具体操作步骤如下：

1. 由会计刘明进入存货核算系统，执行“业务核算”|“正常单据记账”命令，弹出查询条件选择对话框，单击“确定”按钮，进入“正常单据记账列表”界面。

2. 双击选中需要记账的单据，或单击工具栏中的“全选”按钮选择所有单据，然后单击“记账”按钮，系统自动记账，记账完成后弹出“记账成功。”提示框，单击“确定”按钮完成记账，如图 5-20 所示。

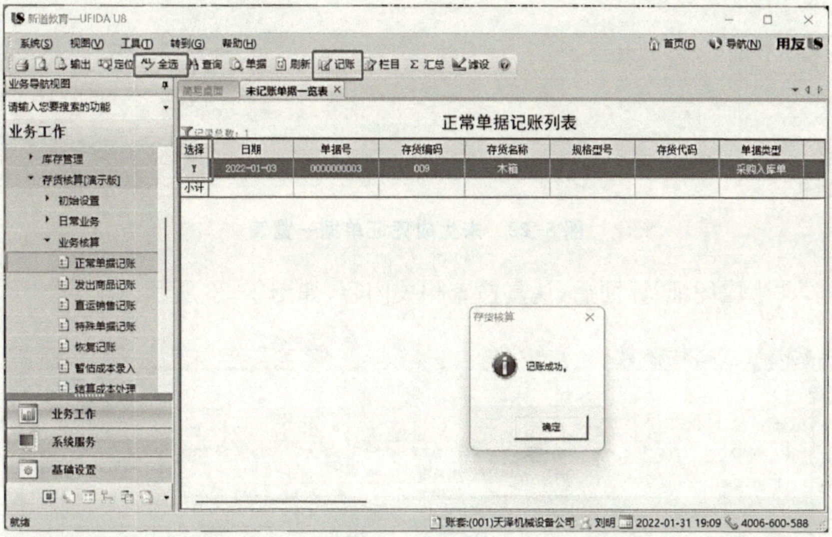

图 5-20　单据记账

3. 执行“财务核算”|“生成凭证”命令，打开“生成凭证”窗口，单击“选择”按钮，弹出“查询条件”对话框，如图 5-21 所示。

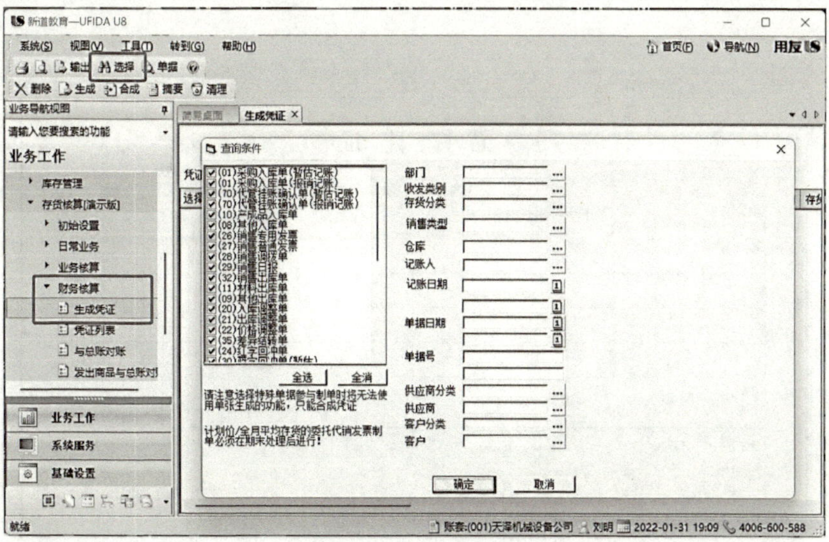

图 5-21　生成凭证

4. 选择“01 采购入库单(报销记账)”复选框,或单击“全选”按钮选中全部需要生成凭证的单据类型,单击“确定”按钮,打开“未生成凭证单据一览表”界面,在“选择”栏中单击选中待生成凭证的单据,单击“确定”按钮,如图 5-22 所示。

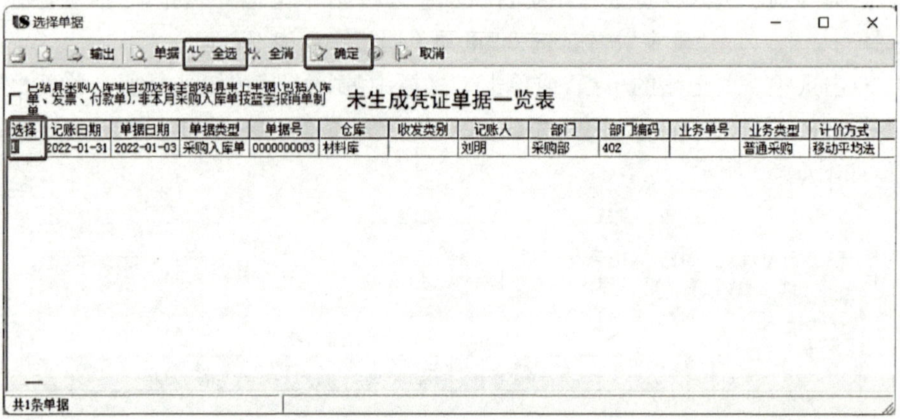

图 5-22 未生成凭证单据一览表

5. 进入“生成凭证”界面后,认真检查相关内容,如图 5-23 所示。

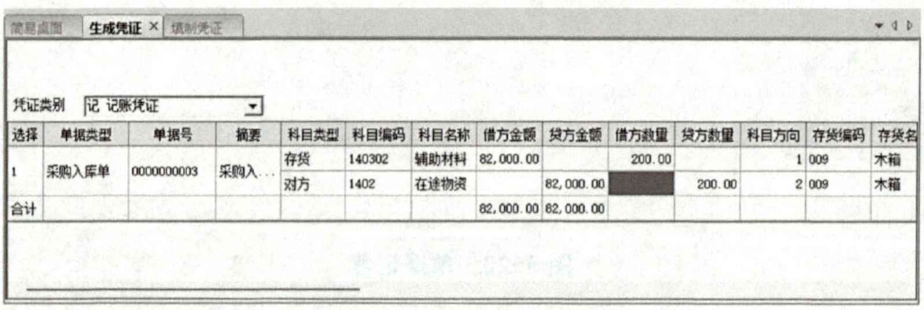

图 5-23 “生成凭证”界面

6. 检查确认无误后单击“生成”按钮生成凭证,单击“保存”按钮保存相关凭证,如图 5-24 所示。

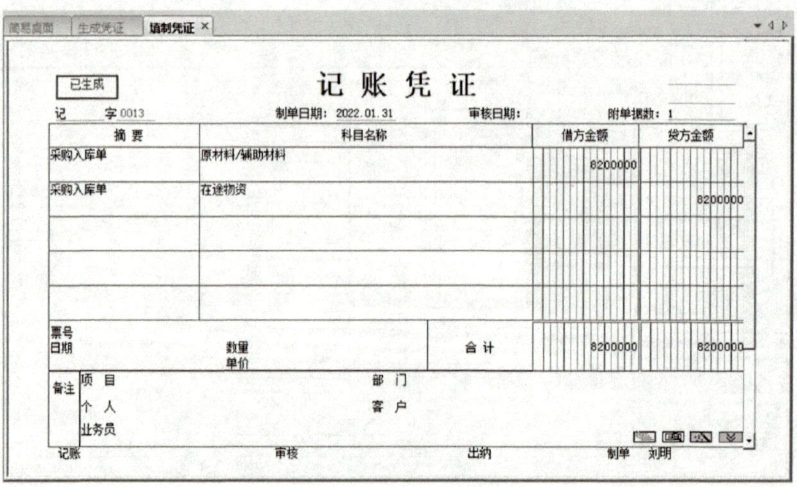

图 5-24 生成凭证

（九）填制付款单

在应付款管理系统中填制付款单的具体操作步骤如下：

1. 由出纳员进入应付款管理系统，执行“付款单据处理”|“付款单据录入”命令，进入“收付款单录入”界面。

2. 单击“增加”按钮新增付款单，根据业务内容依次录入付款单信息，日期处参照录入“2022-01-06”，供应商处参照录入“黑木”，结算方式处参照录入“转账支票”，结算科目处参照录入“100201”，金额处录入“92660.00”，依次录入表头其他信息。表体项目的款项类型处参照录入“应付款”，其他项目由系统自动录入，如图 5-25 所示。

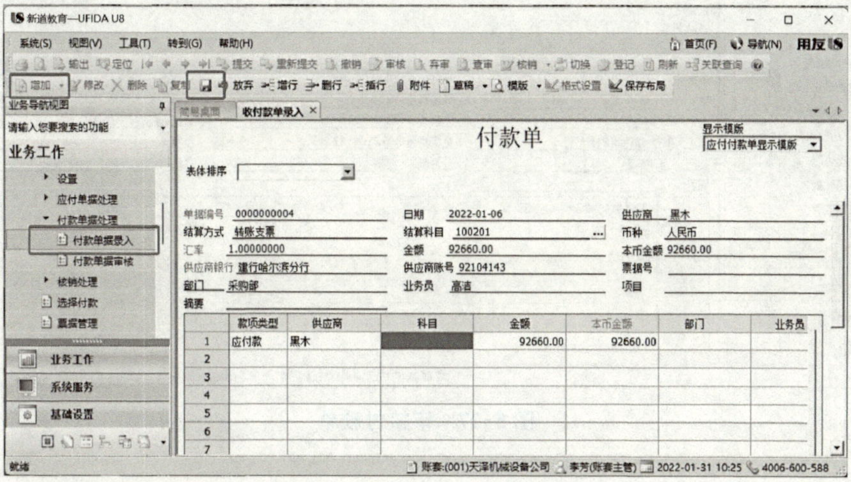

图 5-25　录入付款单

3. 单击“保存”按钮保存该付款单。

（十）审核付款单并生成付款凭证

在应付款管理系统中审核付款单并生成付款凭证的具体操作步骤如下：

1. 由会计刘明登录应付款管理系统，执行“付款单据处理”|“付款单据审核”命令，弹出“付款单查询条件”对话框，指定相应条件后单击“确定”按钮进入“收付款单列表”界面，如图 5-26 所示。

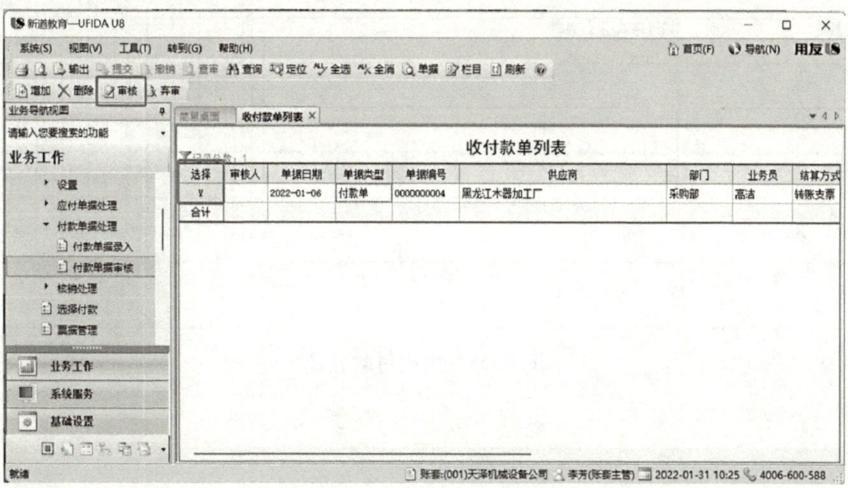

图 5-26　收付款单列表

2. 双击单据所在行的"选择"列,打上"Y"标记,或单击工具栏中的"全选"按钮选中要审核的单据,然后单击工具栏中的"审核"按钮进行审核。此处也可以直接双击要审核的单据打开付款单,仔细审核各项无误后,单击工具栏中的"审核"按钮,如图 5-27 所示。

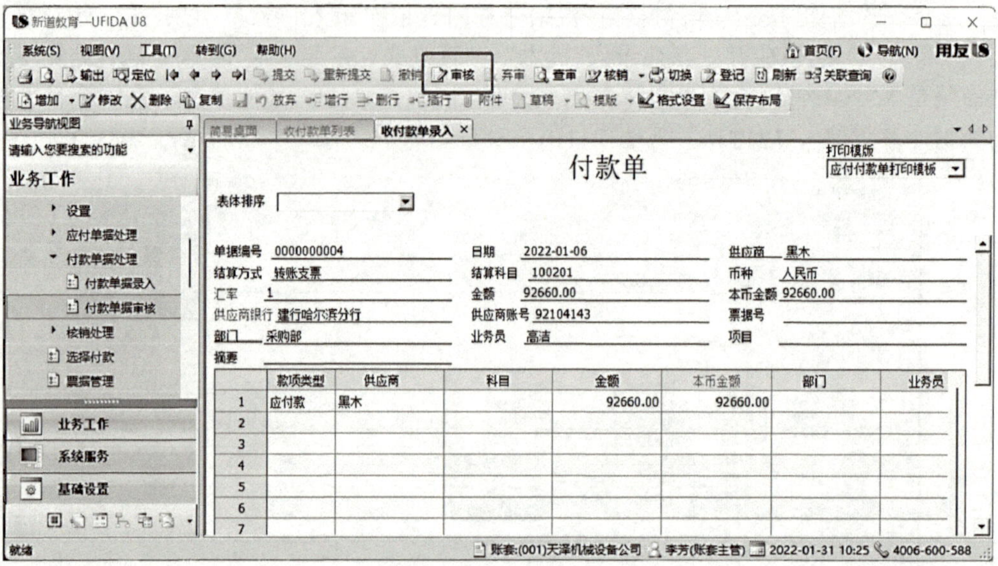

图 5-27　审核付款单

3. 系统弹出"是否立即制单?"提示,单击"是"按钮,生成相应的付款凭证,如图 5-28 所示。

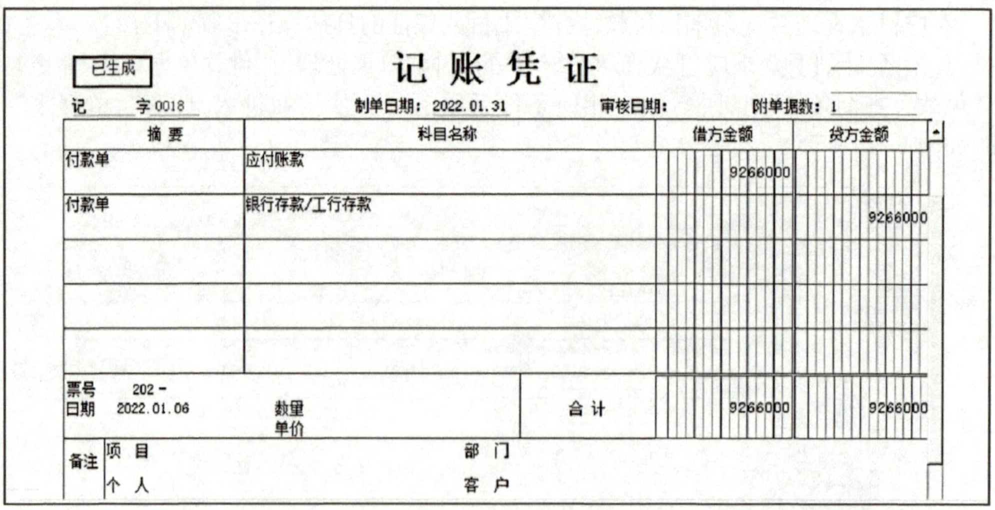

图 5-28　生成付款凭证

（十一）进行核销

在应付款管理系统中进行核销的具体操作步骤如下：

1. 由会计刘明登录应付款管理系统，执行“核销处理”|“自动核销”命令，弹出“核销条件”对话框，选择供应商“黑龙江木器加工厂”，单击“确定”按钮，系统弹出“是否进行自动核销”提示框，如图 5-29 所示。

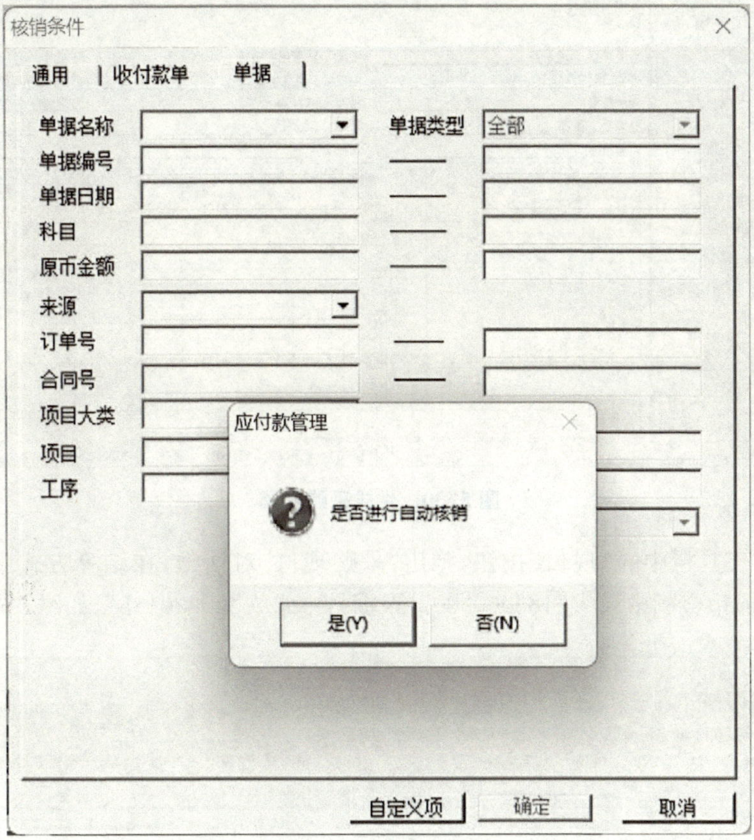

图 5-29　自动核销

2. 单击“是”按钮，系统自动开始核销，核销完成后，弹出“自动核销报告”，查看无误后，单击“确定”按钮完成核销。

二、采购现付业务

采购现付业务操作流程和普通采购业务基本相似，不再赘述。在录入采购发票之后需要直接进行现付，对发票审核生成的凭证中贷方科目为银行存款而不是应付账款。

采购现付业务的具体操作步骤如下：

1. 由采购员在采购管理系统中录入订单并审核。
2. 由采购员在采购管理系统中生成到货单并审核。
3. 由仓管员在库存管理系统中生成采购入库单并审核。
4. 由采购员在采购管理系统中生成采购发票并保存，如图 5-30 所示。

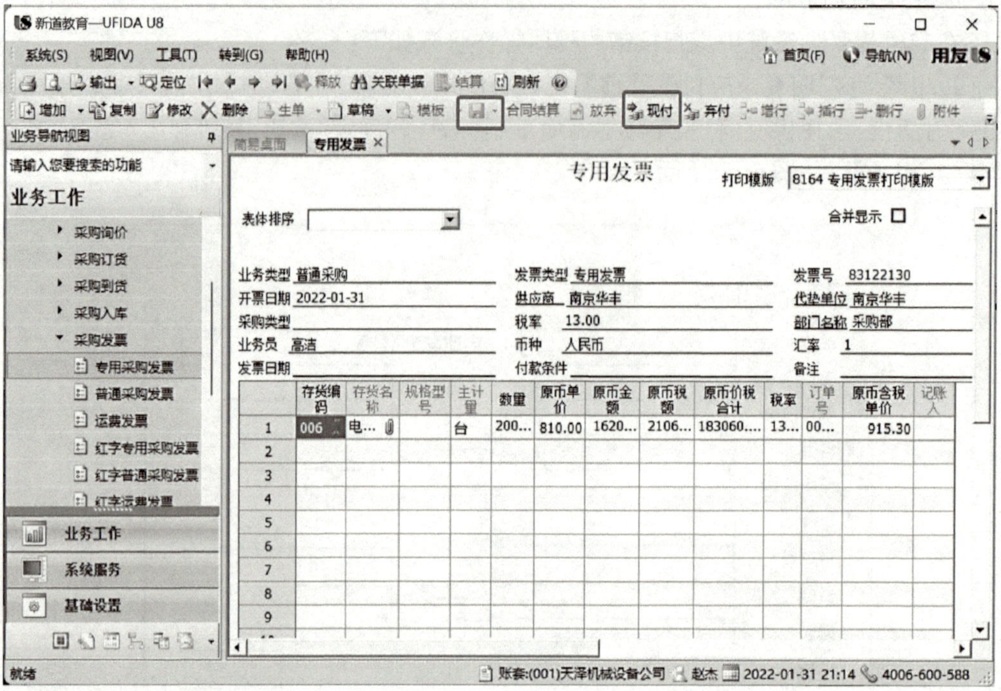

图 5-30　生成采购发票

5. 单击工具栏中的“现付”按钮，弹出“采购现付”对话框，在结算方式中录入“202-转账支票”，原币金额中录入“183060.00”，票据号中录入“20220135”，如图 5-31 所示。

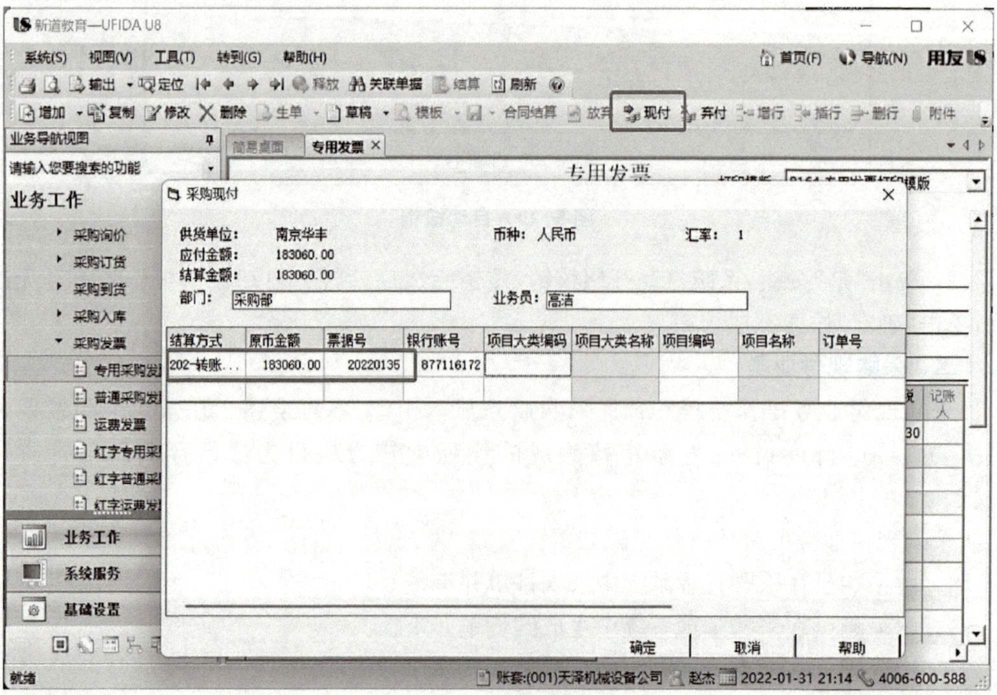

图 5-31　发票现付

6. 录入完毕之后单击“确定”按钮完成现付，此时发票左上方会出现“已现付”红色印章。

7. 执行“采购结算”|“自动结算”命令，弹出“查询条件选择-采购自动结算”对话框，在“结算模式”处选择“入库单和发票”，如图 5-32 所示。单击“确定”按钮开始自动结算。

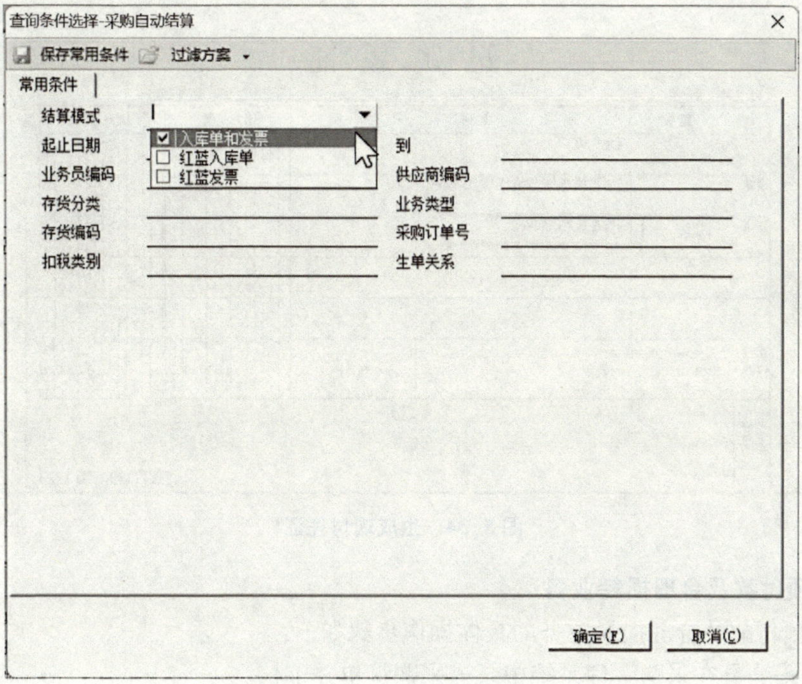

图 5-32　过滤条件选择

8. 自动结算完成后弹出结算成功对话框，如图 5-33 所示。单击“确定”按钮完成自动结算。

图 5-33　自动结算成功

9. 在存货核算系统中对采购入库单记账并生成凭证。

10. 在应付款管理系统中对发票进行审核并生成凭证。注意选择发票时在“应付单查询条件”对话框中需选中“包含已现结发票”复选框,否则看不到现付的发票。生成的凭证如图 5-34 所示。

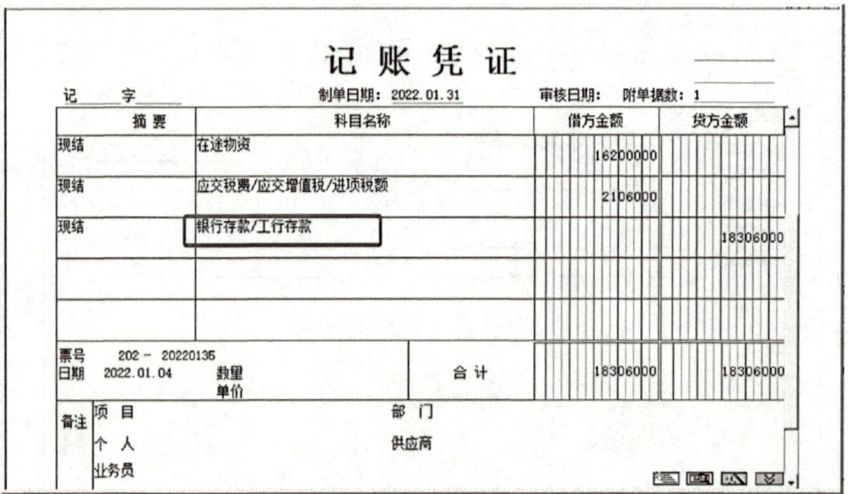

图 5-34 生成现付凭证

三、预付款及合理损耗业务

处理预付款及合理损耗业务的具体操作步骤如下:

1. 由采购员在采购管理系统中录入采购订单并审核。

2. 由出纳员在应付款管理系统中执行“付款单据处理”|“付款单据录入”命令,根据业务内容录入付款单,注意表体中的款项类型选择“预付款”,如图 5-35 所示。付款单录入完成之后,保存并审核、生成凭证。

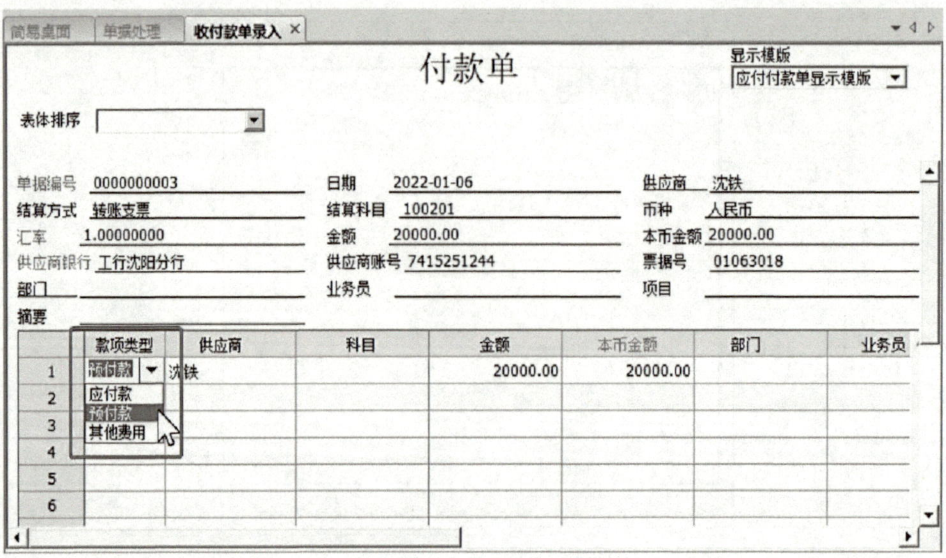

图 5-35 填制付款单

3. 由采购员在采购管理系统中生成并审核采购到货单。

4. 由采购员在采购管理系统中根据采购订单生成采购专用发票并保存，注意将发票号码改为“20220003”，发票中的采购数量为400套，如图5-36所示。

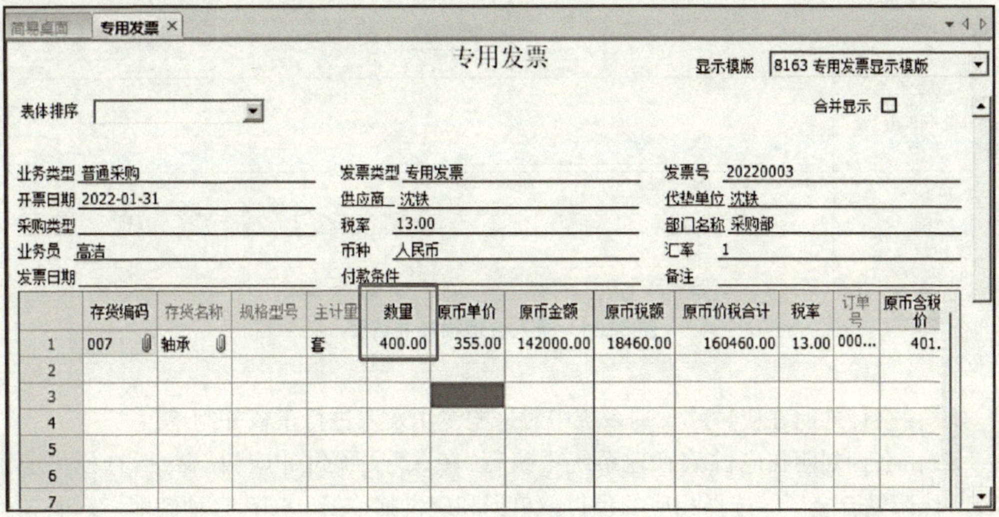

图5-36　生成发票

5. 由仓管员在库存管理系统中生成采购入库单并审核，采购入库单数量为399套，短缺1套，如图5-37所示。

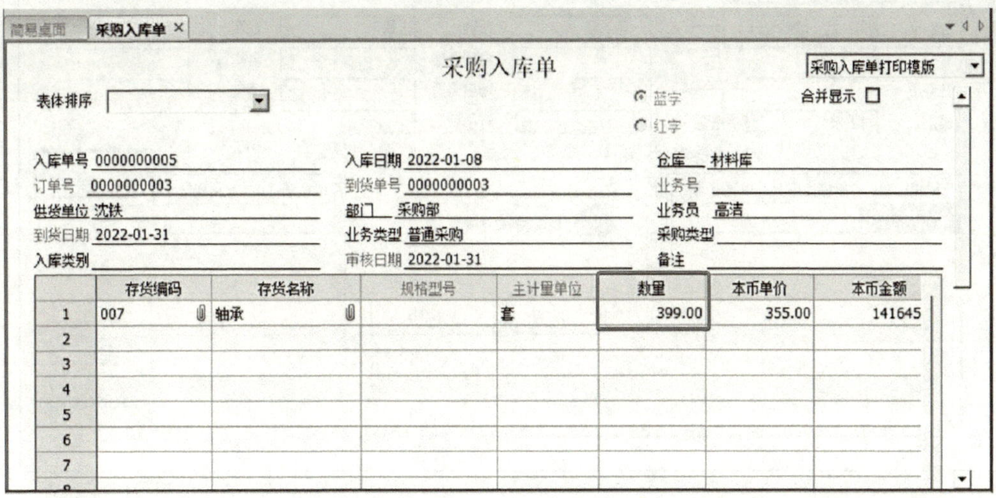

图5-37　生成采购入库单

6. 由采购员在采购管理系统中执行手工采购结算，在“合理损耗数量”处输入损耗数量“1.00”，如图5-38所示。

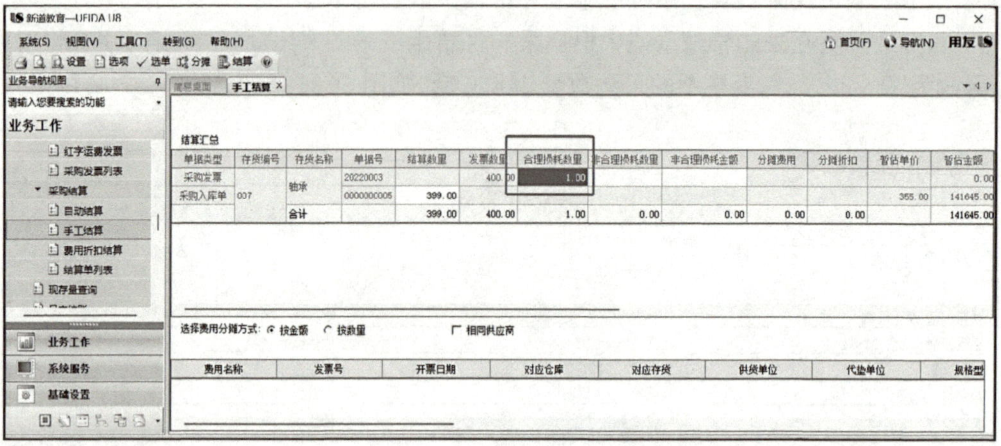

图 5-38　录入合理损耗并结算

7. 由会计刘明在应付款管理系统中对采购专用发票进行审核并制单。

8. 由会计刘明在应付款管理系统中执行“转账”|“预付冲应付”命令，选择供应商“001-沈阳铁合金厂”，选择相应的预付款单据和应付款单据，单击“自动转账”按钮，在弹出的“是否进行自动转账”提示框中选择“是”，如图 5-39 所示。

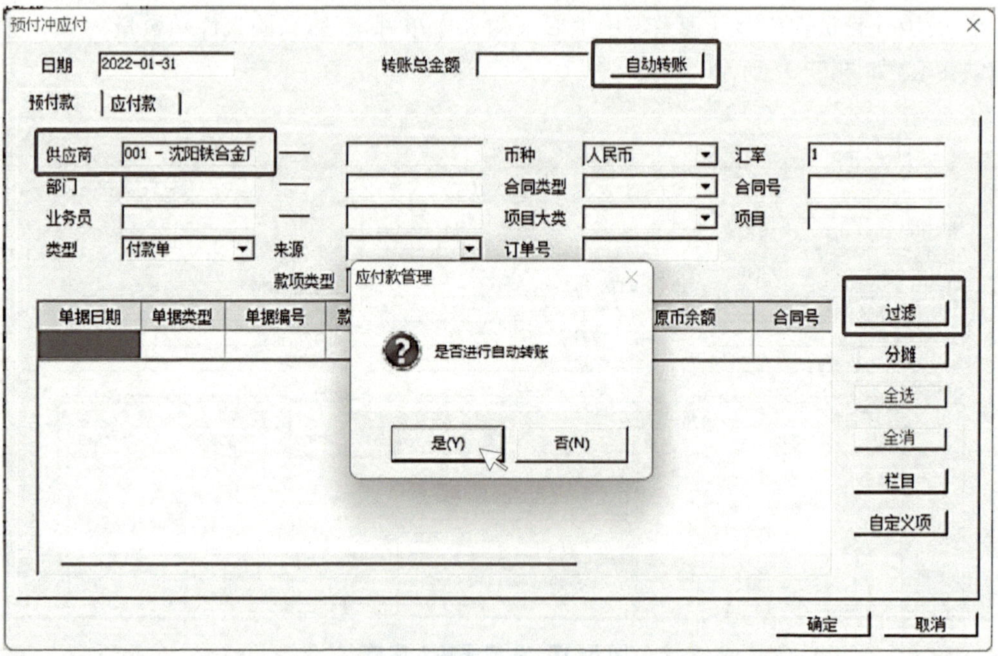

图 5-39　预付冲应付

9. 转账完成后系统弹出“是否立即制单?”提示框，选择“是”生成凭证，如图 5-40 所示。

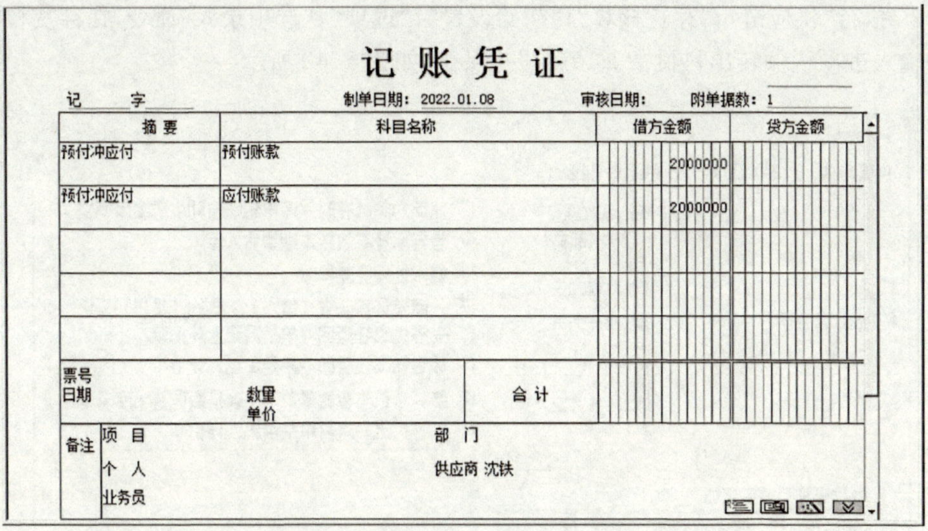

图 5-40 生成预付冲应付凭证

10. 由会计刘明在存货核算系统中对采购入库单进行记账并制单。

11. 根据合同要求支付剩余货款时，由出纳员登录应付款管理系统填制付款单。由会计刘明审核付款单并生成凭证后进行核销。

四、非合理损耗业务

非合理损耗业务需要预先在基础设置中增加非合理损耗类型，设置非合理损耗科目，具体操作步骤如下：

1. 进入企业应用平台，执行"基础设置"|"基础档案"|"业务"|"非合理损耗类型"命令，在弹出的"非合理损耗类型"对话框中单击"增加"按钮，依次录入非合理损耗类型编码"01"，名称"个人责任"，如图 5-41 所示。全部录入完毕之后单击"保存"按钮。

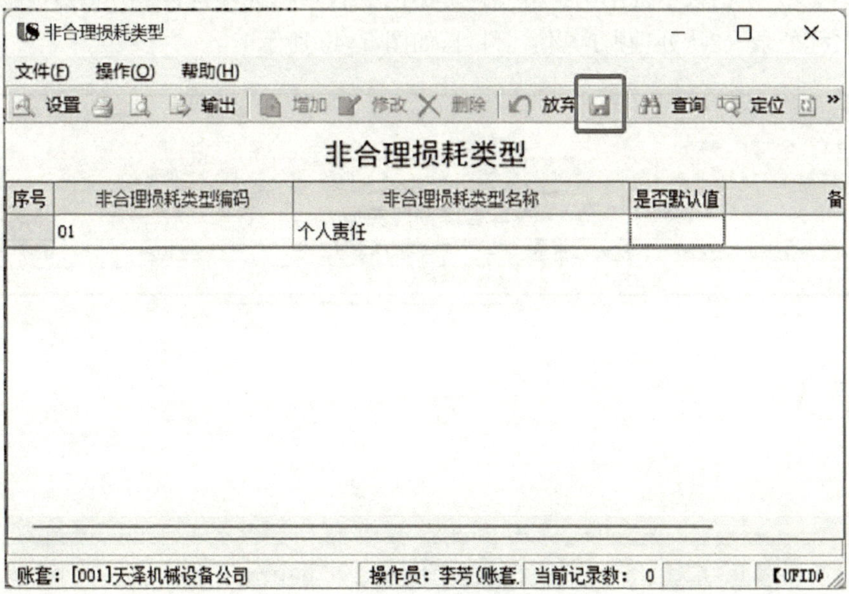

图 5-41 增加非合理损耗类型

2. 执行“供应链”|“存货核算”|“初始设置”|“选项”|“选项录入”命令，在存货核算选项中输入进项税额转出科目“22210107”并保存，如图 5-42 所示。

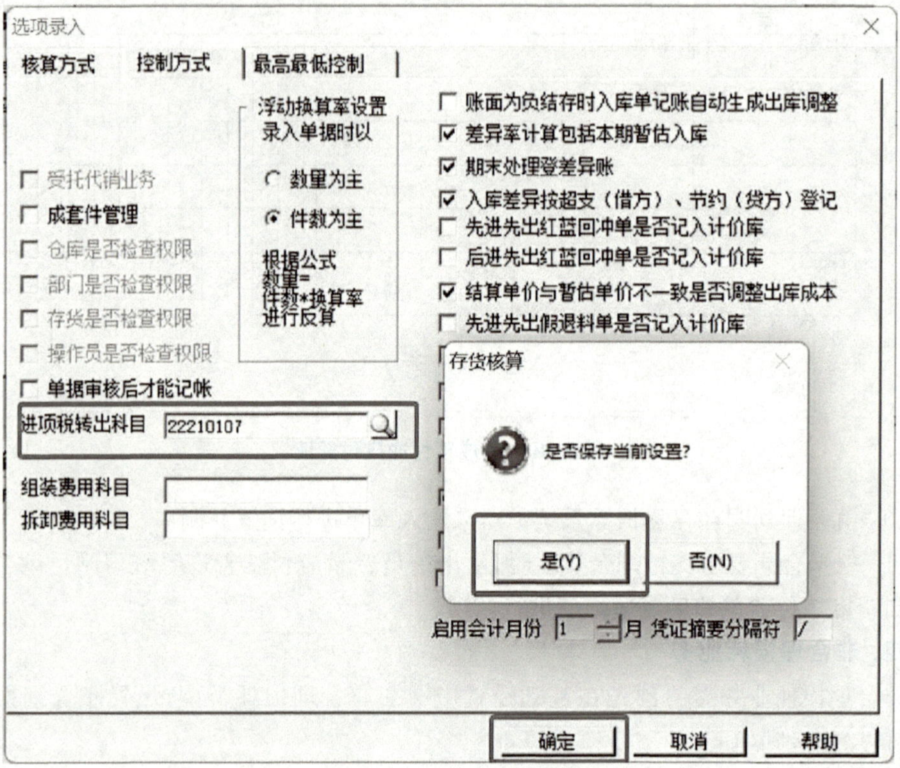

图 5-42　设置选项

3. 执行“存货核算”|“初始设置”|“科目设置”|“非合理损耗科目”命令，在弹出的“非合理损耗类型”对话框中选中第一行“01”类型的非合理损耗项目，单击“修改”按钮，在会计科目名称处录入“待处理财产损溢”科目，如图 5-43 所示。

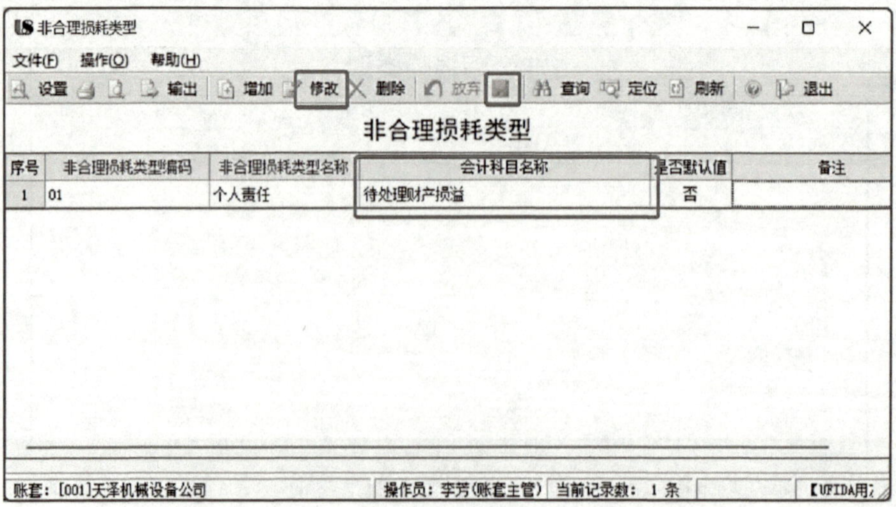

图 5-43　录入非合理损耗科目

5. 由采购员在采购管理系统中填制采购订单并审核。

6. 由采购员在采购管理系统中填制采购到货单并审核。

7. 由仓管员在库存管理系统中生成采购入库单，修改入库数量为 19 吨并审核。

8. 由采购员在采购管理系统中录入采购专用发票并保存，数量 20 吨。

9. 由采购员在采购管理系统中执行手工采购结算，注意非合理损耗数量为 1 吨，金额 3 000 元，非合理损耗类型为“01”，如图 5-44 所示。

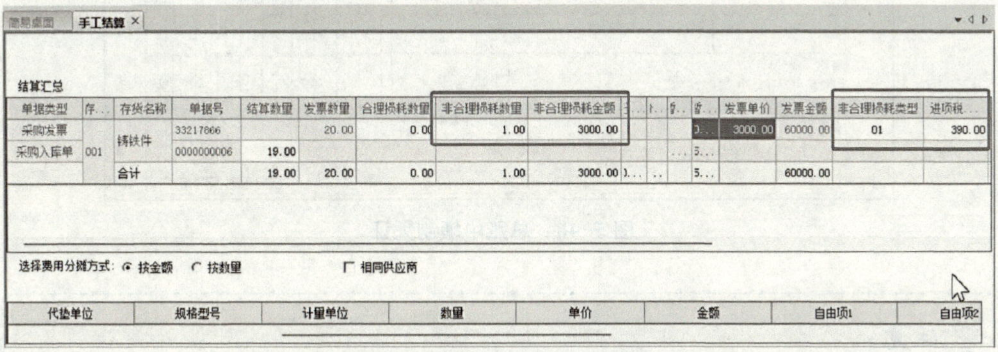

图 5-44　非合理损耗采购结算

10. 由会计刘明在应付款管理系统中审核发票并制单。

11. 由会计刘明在存货核算系统中记账并生成凭证，如图 5-45 所示。

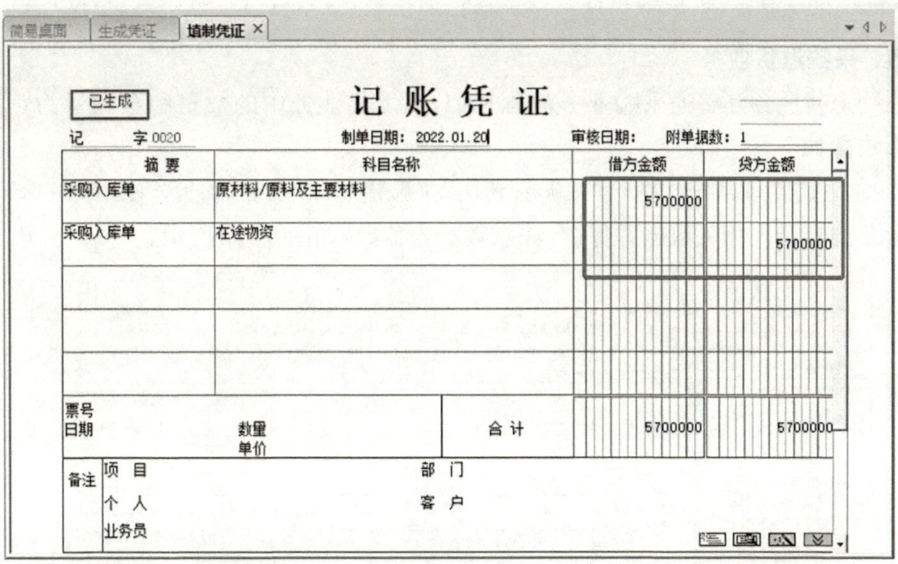

图 5-45　生成入库凭证

12. 公司根据非合理损耗的原因决定由高洁全额赔偿。由会计刘明执行“业务工作”|“财务会计”|“总账”|“凭证”|“填制凭证”命令，填制记账凭证，如图 5-46 所示。

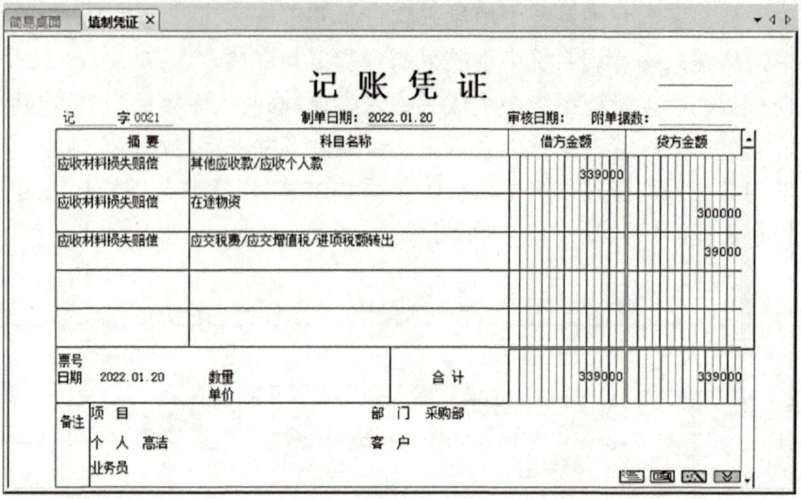

记账凭证

记 字 0021 制单日期：2022.01.20 审核日期： 附单据数：

摘要	科目名称	借方金额	贷方金额
应收材料损失赔偿	其他应收款/应收个人款	339000	
应收材料损失赔偿	在途物资		300000
应收材料损失赔偿	应交税费/应交增值税/进项税额转出		39000
票号 日期 2022.01.20 数量 单价	合计	339000	339000

备注 项目 部门 采购部 个人 高洁 客户 业务员

图 5-46 总账中填制凭证

注意：

(1) 采购溢缺处理只能采用手工结算。

(2) 如果入库数量大于发票数量，需要在“合理损耗数量”或“非合理损耗数量”中录入溢余数量和金额，数量、金额均为负数，此时系统将多余数量按赠品处理，降低入库货物单价。

(3) 非合理损耗应转出进项税额。

五、采购退货业务

采购退货业务和普通采购业务流程相似，但退货业务中的数量和金额皆为负数，具体操作步骤如下：

1. 在采购管理系统中执行“采购到货”|“采购退货单”命令，打开“采购退货单”界面，根据业务内容录入相关数据并保存，注意数量为负数，如图 5-47 所示。

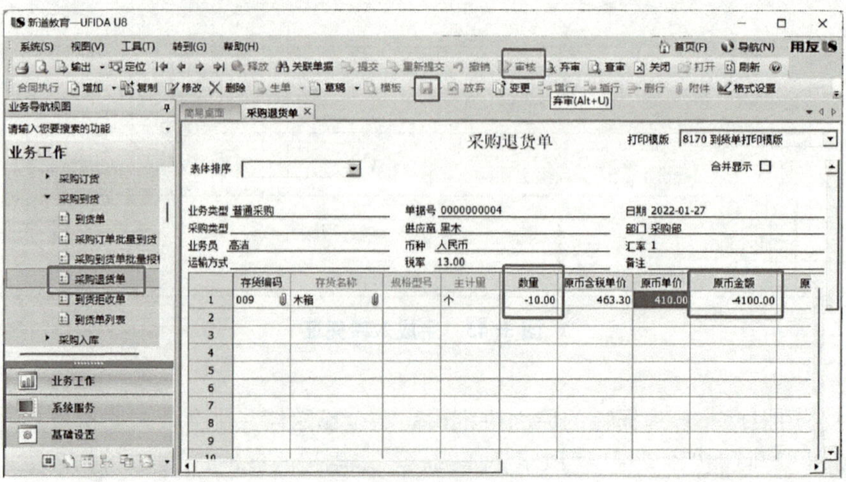

图 5-47 录入采购退货单

2. 在库存管理系统中执行"入库业务"|"采购入库单"命令，根据退货单生成红字采购入库单，保存并审核，如图 5-48 所示。注意在"生单"时选择"采购到货单(红字)"。

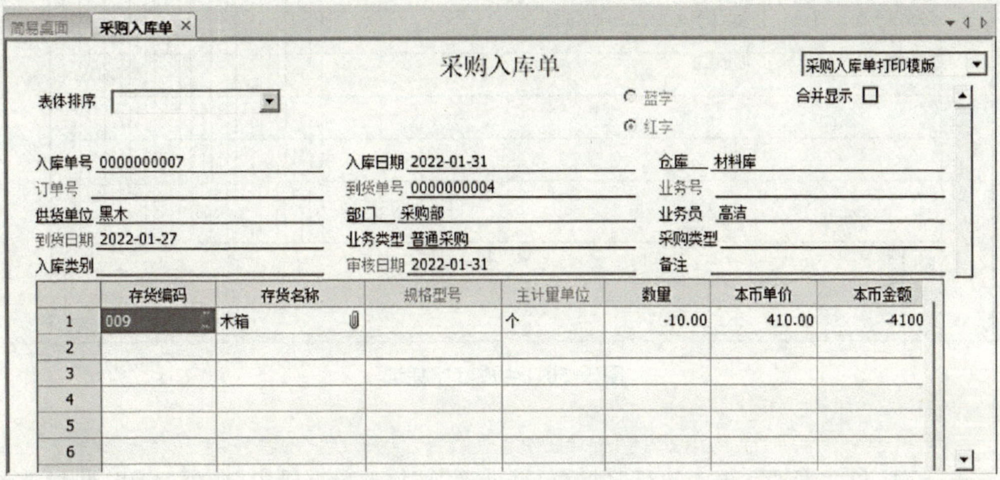

图 5-48　生成红字采购入库单

3. 在采购管理系统中执行"采购发票"|"红字专用采购发票"命令，根据红字入库单生成红字专用发票并保存，如图 5-49 所示。

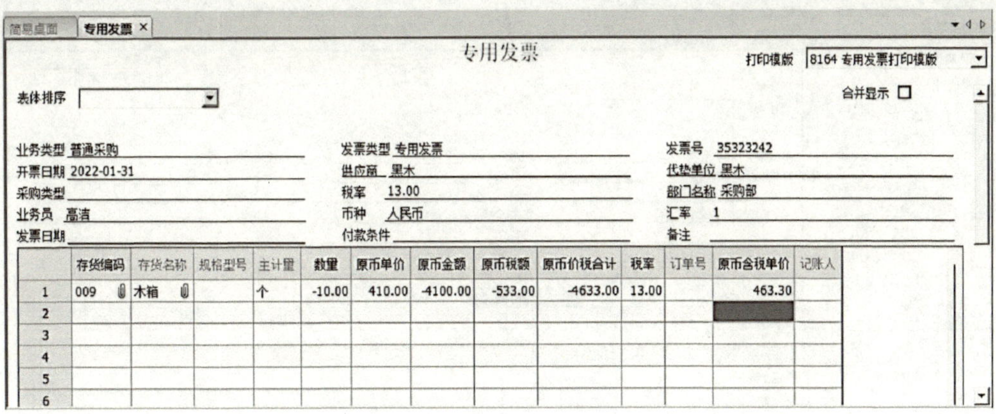

图 5-49　生成红字专用采购发票

4. 在采购管理系统中执行"采购结算"|"手工结算"命令，将红字入库单和红字专用发票进行结算。

5. 在应付款管理系统中审核发票并制单，如图 5-50 所示。

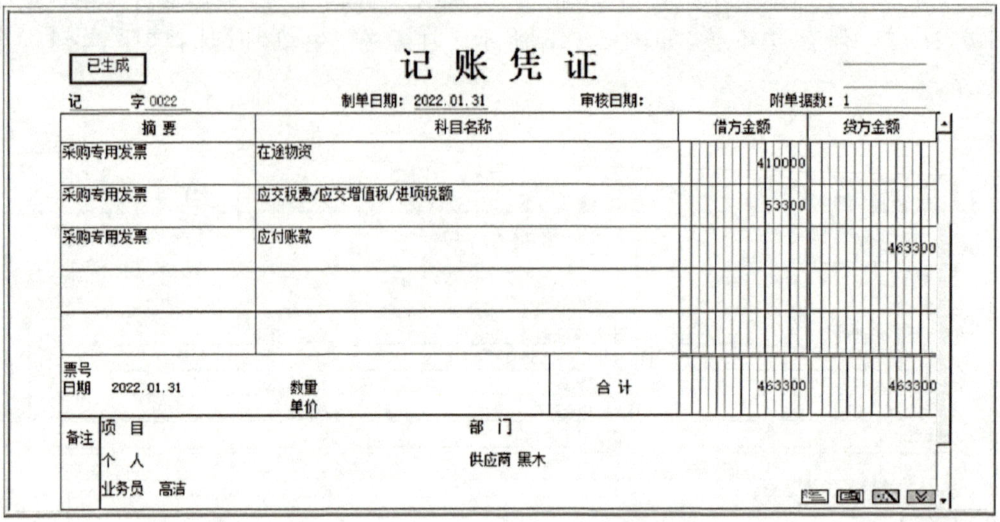

图 5-50 生成红字凭证

6. 在应付款管理系统中执行“付款单据处理”|“付款单据录入”命令，弹出“收付款单录入”界面，单击工具栏中的“切换”按钮，按照业务内容填制红字收款单，如图 5-51 所示。

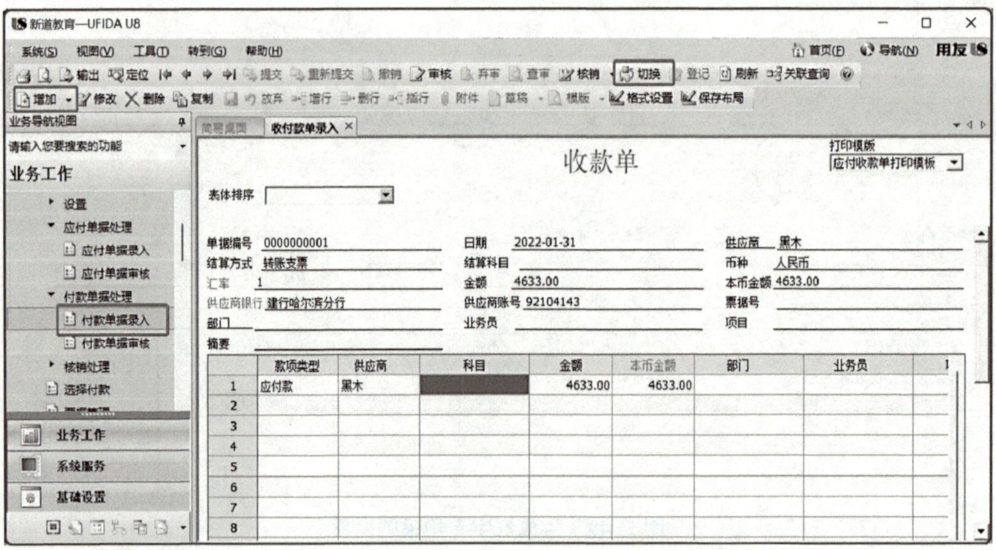

图 5-51 填制红字收款单

7. 在应付款管理系统中审核红字收款单并制单，如图 5-52 所示。

已生成

记账凭证

记 字 0024　　制单日期：2022.01.31　　审核日期：　　附单据数：1

摘要	科目名称	借方金额	贷方金额
收款单	应付账款	463300	
收款单	银行存款/工行存款	000	463300
票号 202 - 日期 2022.01.31	数量 单价 合计	463300	463300

备注　项目　　部门

个人　　供应商

业务员

图 5-52　生成红字收款凭证

8. 在应付款管理系统中进行手工核销。

9. 在存货核算系统中进行记账并生成凭证，如图 5-53 所示。

已生成

记账凭证

记 字 0023　　制单日期：2022.01.31　　审核日期：　　附单据数：1

摘要	科目名称	借方金额	贷方金额
采购入库单	原材料/原料及主要材料	410000	
采购入库单	在途物资		410000
票号 日期	数量 单价 合计	410000	410000

备注　项目　　部门

个人　　客户

业务员

图 5-53　生成红字入库凭证

六、暂估业务

（一）暂估结算成本处理

对于期初暂估入库业务，如果本期收到发票，则需要将发票录入采购管理系统并进行结算，同时在存货核算系统中执行暂估结算成本处理，系统自动生成红、蓝字回冲单。

暂估结算成本处理的具体操作步骤如下：

1. 在采购管理系统中根据期初采购入库单生成采购专用发票，注意在单据查询界面中指定单据日期时应包含期初入库单的日期，否则系统将无法参照相关单据。

2. 在采购管理系统中进行采购结算。

3. 在应付款管理系统中对采购专用发票进行审核并制单。

4. 在存货核算系统中进行结算成本处理。执行“业务核算”|“结算成本处理”命令，弹出“暂估处理查询”对话框，单击“全选”按钮选择所有仓库，如图 5-54 所示。

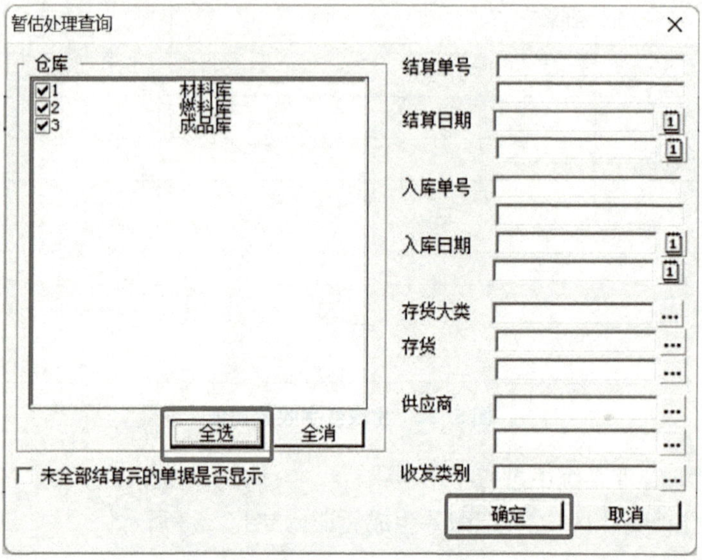

图 5-54 “暂估处理查询”对话框

5. 单击“确定”按钮进入“结算成本处理”界面，单击选中需要暂估的单据，单击工具栏中的“暂估”按钮，弹出“暂估处理完成。”提示框，单击“确定”按钮完成暂估，如图 5-55 所示。

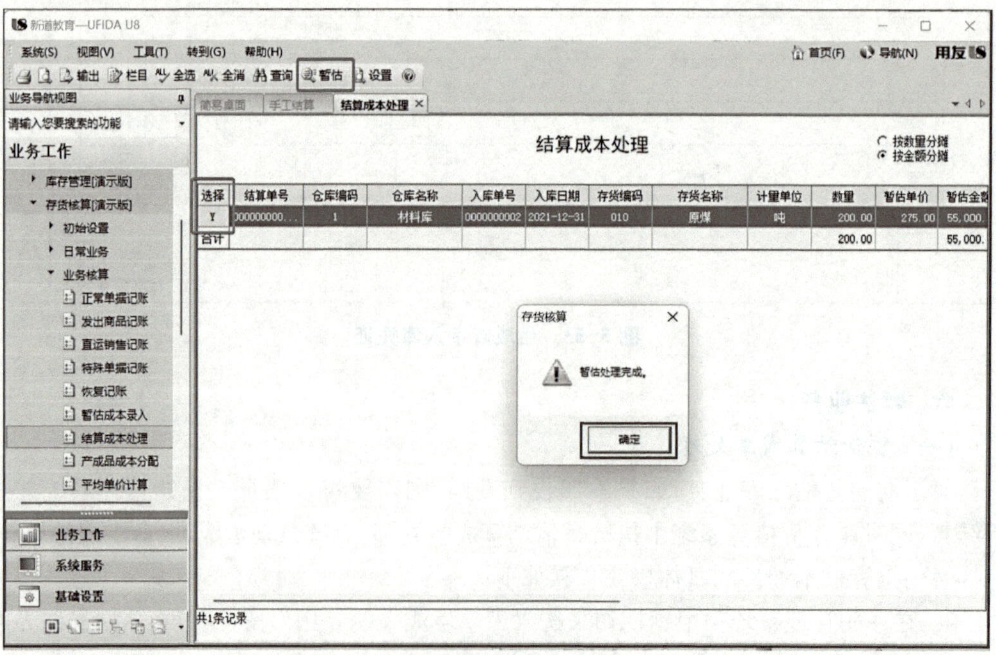

图 5-55 暂估处理

6. 结算成本处理完成之后，系统自动生成红字回冲单和蓝字回冲单，执行“财务核算”|“生成凭证”命令，在“生成凭证”界面单击“选择”按钮，在弹出的“查询条件”对话框中选择相应单据类型，单击“确定”按钮进入“选择单据”界面，选中需要生成凭证的单据，单击“确定”按钮返回“生成凭证”界面，如图 5-56 所示。

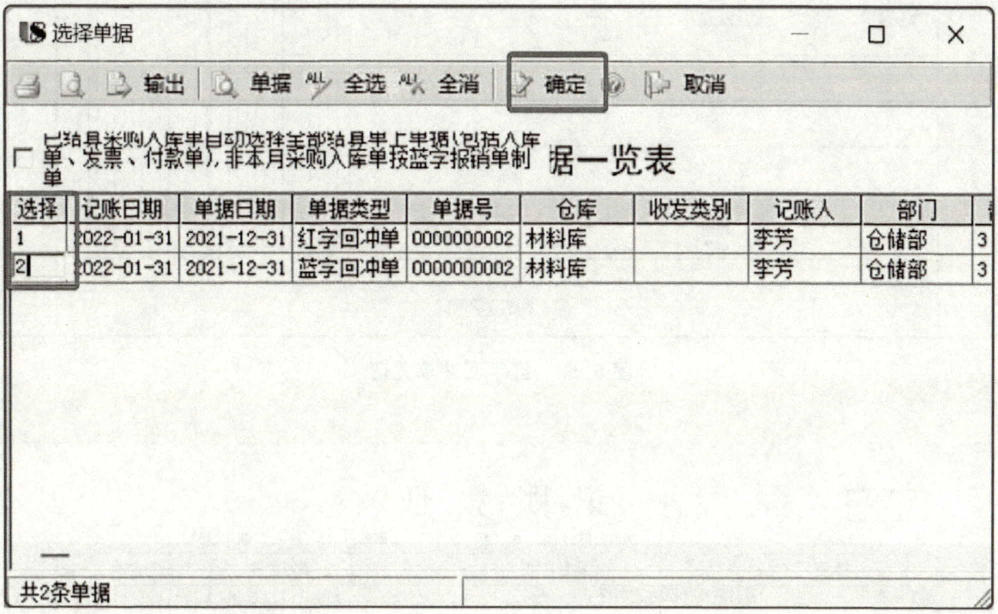

图 5-56 选择单据

7. 在“生成凭证”界面补充相关科目等信息，单击“生成”按钮即可生成红字回冲单凭证和蓝字回冲单凭证，如图 5-57 所示。

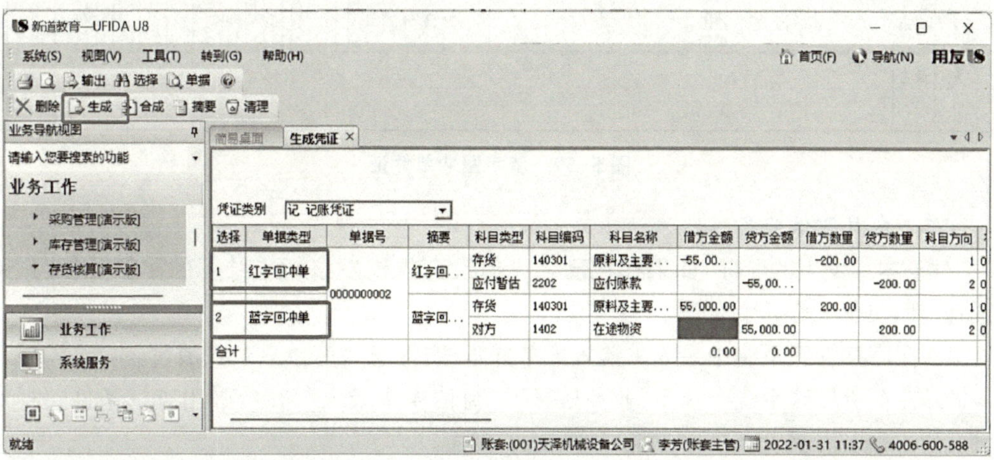

图 5-57 生成凭证

8. 生成的红字回冲单凭证如图 5-58 所示，蓝字回冲单凭证如图 5-59 所示。

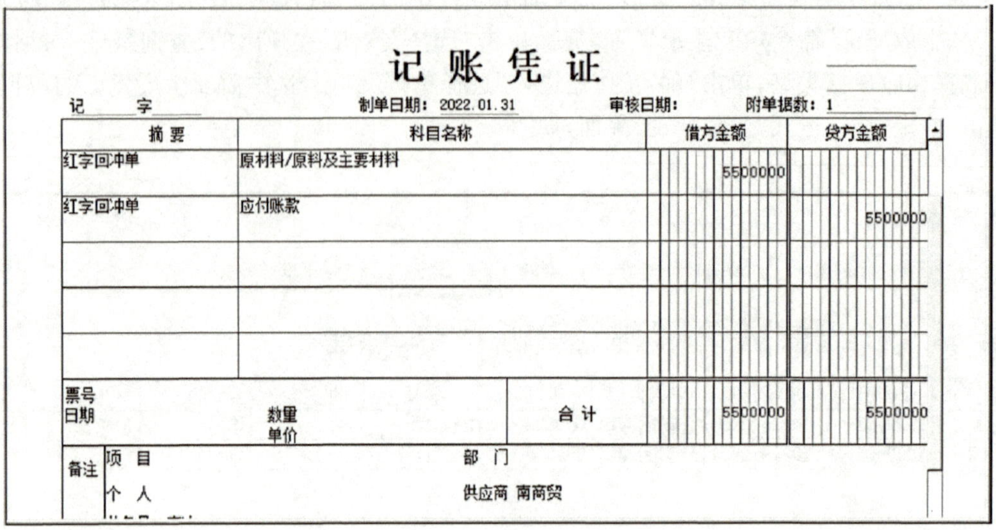

记账凭证

记 字 制单日期：2022.01.31 审核日期： 附单据数：1

摘要	科目名称	借方金额	贷方金额
红字回冲单	原材料/原料及主要材料	5500000	
红字回冲单	应付账款		5500000
票号 日期	数量 单价 合计	5500000	5500000

备注 项目 部门

个人 供应商 南商贸

图 5-58 红字回冲单凭证

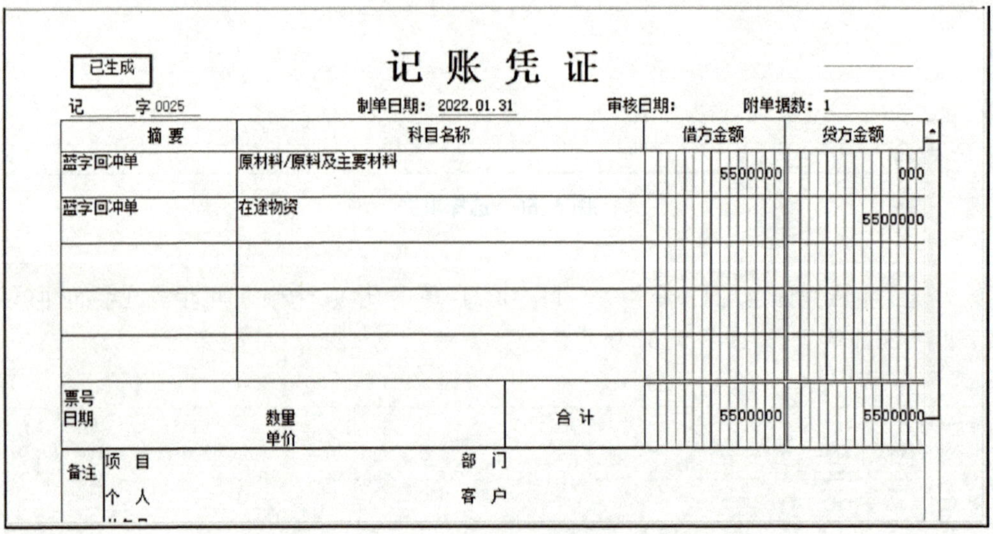

已生成

记账凭证

记 字 0025 制单日期：2022.01.31 审核日期： 附单据数：1

摘要	科目名称	借方金额	贷方金额
蓝字回冲单	原材料/原料及主要材料	5500000	000
蓝字回冲单	在途物资		5500000
票号 日期	数量 单价 合计	5500000	5500000

备注 项目 部门

个人 客户

图 5-59 蓝字回冲单凭证

(二) 本月暂估业务

对于本月发生的业务，如果存在已入库但没有收到发票暂未结算的单据，需要进行暂估处理，具体操作步骤如下：

1. 在库存管理系统中录入采购入库单并审核，注意入库单只录入数量。

2. 在存货核算系统中执行“业务核算”|“暂估成本录入”命令，弹出查询条件选择对话框，单击“确定”按钮，进入“暂估成本录入”界面。

3. 在“暂估成本录入”界面中录入本次暂估单价“8150.00 元”，如图 5-60 所示。单击“保存”按钮，弹出“保存成功”提示，单击“确定”按钮完成暂估成本录入。

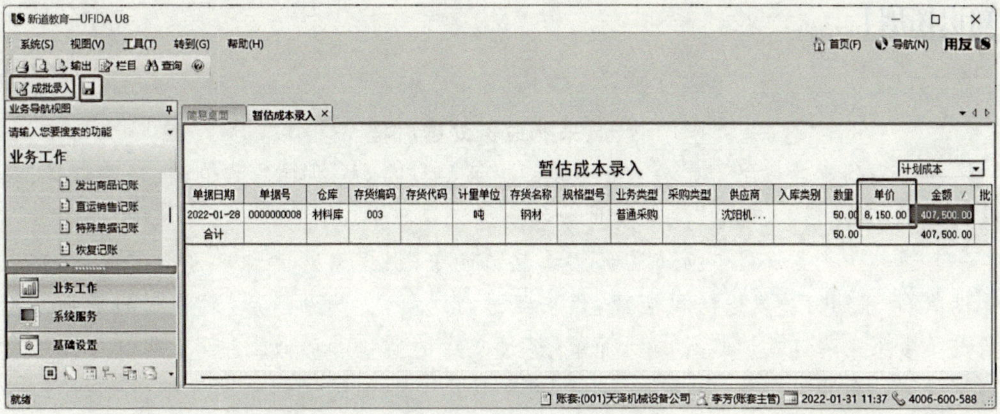

图 5-60　暂估成本录入

（4）在存货核算系统中执行正常单据记账并生成凭证，如图 5-61 所示。

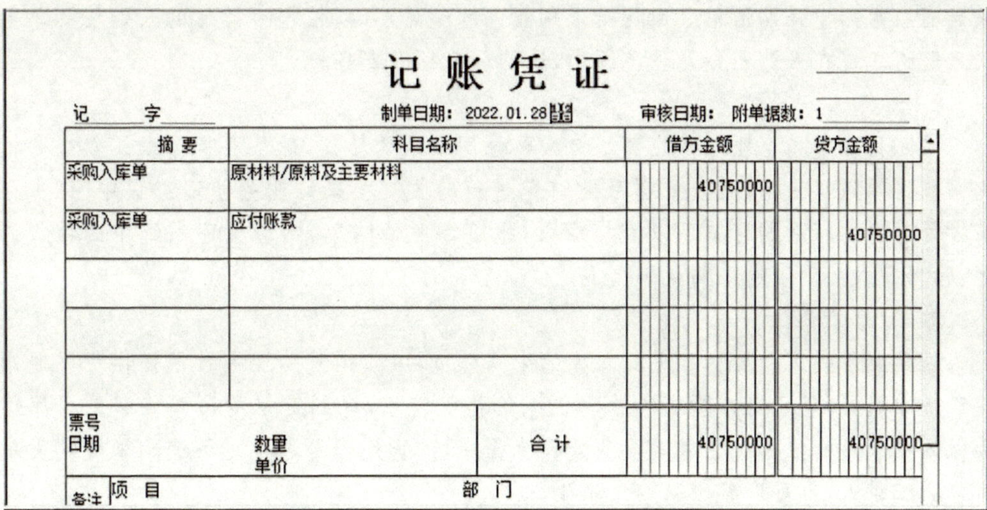
记 账 凭 证

记　字　　制单日期：2022.01.28　审核日期：　附单据数：1

摘要	科目名称	借方金额	贷方金额
采购入库单	原材料/原料及主要材料	40750000	
采购入库单	应付账款		40750000
票号 日期	数量 单价　合计	40750000	40750000

备注　项目　部门

图 5-61　生成暂估凭证

注意：

（1）暂估成本录入时可直接录入，也可以单击右上角下拉框选择成本单价，单击“成批录入”按钮进行成批录入。系统提供计划成本、参考成本、上次入库成本、上次出库成本、结存成本供选择。

（2）在成批录入的情况下，也可以单独修改单价和金额。

【知识拓展】

普通采购业务处理流程

普通采购业务适用于大多数企业的日常采购业务,提供对采购请购、采购订货、采购入库、采购发票、采购结算、采购付款的全过程管理。

普通采购业务流程包括请购部门填制请购单;根据采购请购单进行比价,填制采购订单;将采购订单发送给供应商,供应商进行送货,货物到达后,对收到的货物进行清点并参照采购订单填制采购到货单;经过仓库的质检和验收,参照采购订单或采购到货单填制采购入库单;取得供应商的发票后由采购部门填制采购发票;采购部门进行采购结算;将采购入库单报财务部门的成本会计进行存货核算,将采购发票等票据报应付会计进行应付账款核算。

1. 请购

采购请购是指企业内各部门向采购部门提出采购申请,或采购部门汇总企业内部采购需求后列出采购清单。请购是采购业务的起点,可以依据审核后的采购请购单生成采购订单。在采购业务处理流程中,请购环节可以省略。

2. 订货

采购订货是指企业与供应商签订采购合同或采购协议,确认要货需求。供应商根据采购订单组织货源,企业依据采购订单进行验收。在采购业务处理流程中,订货环节也是可选的。采购订单可以直接录入,也可参照请购单、销售管理系统中的销售订单、物料需求计划中的采购计划生成。

3. 到货

采购到货是采购订货和采购入库的中间环节,一般由采购业务员根据供货方通知或送货单填写,确认对方所送货物、数量、价格等信息,以到货单的形式传递到仓库作为保管员收货的依据。在采购业务处理流程中,到货处理可选也可不选。采购到货单可以手工录入,也可以参照采购订单生成。

4. 入库

采购入库是指将供应商提供的物料检验(也可以免检)确认合格后放入指定仓库。当采购管理系统与库存管理系统集成使用时,入库业务在库存管理系统中进行处理。在采购业务处理流程中,入库处理是必须的。采购入库单是根据采购到货签收的实收数量填制的单据,该单据按进出仓库方向划分为蓝字采购入库单、红字采购入库单,按业务类型分为普通采购入库单、受托代销入库单。

采购入库单可以直接录入,也可以由采购订单或采购发票生成。在实际工作中,可根据到货清单直接在计算机上填制采购入库单(即前台处理),也可以先由人工制单后集中输入(即后台处理),采用哪种方式应根据本单位实际情况决定,一般来说,业务量不多、基础较好或使用网络版的用户可采用前台处理方式,而在第一年使用或处于人机并行阶段的单位,则比较适合采用后台处理方式。

按货物和发票到达的先后顺序，可以将采购入库业务划分为单货同行、货到票未到（暂估入库）、票到货未到（在途存货）三种类型，不同的业务类型相应的处理方式有所不同。

（1）单货同行业务

在集成使用模式下，单货同行的采购业务处理流程（省略请购、订货、到货等可选环节）如图 5-62 所示。

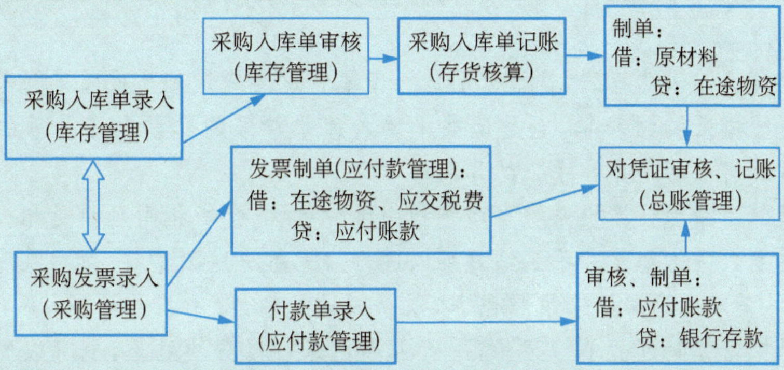

图 5-62　单货同行业务处理流程

（2）货到票未到（暂估入库）业务

暂估是指本月存货已经入库但采购发票尚未收到，不能确定存货的入库成本，月底为了正确核算企业的库存成本，需要将这部分存货暂估入账形成暂估凭证。暂估业务系统提供了月初回冲、单到回冲、单到补差三种不同的处理方法。以单到回冲为例，暂估业务的处理流程如图 5-63 所示。

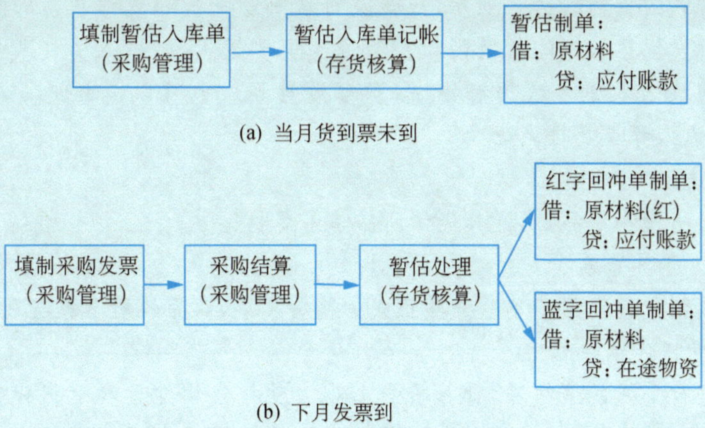

图 5-63　暂估业务处理流程

（3）票到货未到（在途存货）业务

如果先收到了供货单位的发票而没有收到供货单位的货物，可以对发票进行压单处理，待货物到达后再一并输入计算机做报账结算处理。但如果需要实时统计在途货物的情况,就必须将发票输入计算机,待货物到达后再填制入库单并作采购结算。

5. 发票

采购发票是供应商开出的销售货物的凭证,系统根据采购发票确认采购成本,并登记应付账款进行记账和付款核销。采购发票按业务性质分为蓝字发票和红字发票,按发票类型分为增值税专用发票、普通发票和运费发票。采购发票既可以直接填制,也可以根据采购订单、采购入库单或其他发票复制生成。

6. 采购结算

采购结算也叫采购报账,是根据采购入库单和发票确认采购成本的过程。采购结算的结果是生成采购结算单,它是记载采购入库单与采购发票对应关系的结算对照表。采购结算有自动结算和手工结算两种方式。

自动结算是指由计算机系统自动将相同供货单位、存货相同且数量相等的采购入库单和采购发票进行结算。手工结算可以进行入库单与发票结算,蓝字入库单与红字入库单结算,蓝字发票与红字发票结算,溢余短缺处理,费用折扣分摊,费用发票结算等操作。手工结算时可拆单拆记录,一行入库记录可以分次结算,也可以同时对多张入库单和多张发票进行结算。手工结算支持在下级单位采购付款给其上级主管单位的结算;支持三角债结算,即支持用甲单位的发票结算乙单位的货物。

受托代销业务

受托代销业务是一种先销售后结算的采购模式,指商业企业接受其他企业的委托,为其代销商品,代销商品售出后,与委托方进行结算并开具正式的销售发票,商品的所有权实现转移。受托代销业务主要包括以下流程:

1. 受托代销入库

受托方接收的货物到达企业后,应该及时填制受托代销入库单,办理受托代销入库手续。如果发现已入库的货物因质量等原因需要退货,则进入受托代销退货处理。如果发现已审核的入库单数据有错误(多填数量等),也可以填制退货单(负数入库单)原数冲抵原入库单数据。

2. 货物销售

受托方售出代销商品后,开具代销商品清单交委托方。

3. 委托方开具发票

委托方收到代销商品清单后开具正式的销售发票,商品的所有权实现转移。

4. 进行受托代销结算

受托方进行受托代销结算,计算机自动生成受托代销发票和受托代销结算单,然后进入受托代销结算界面,选择本次结算的供应商,选择受托代销入库单,输入受托代销业务结算数据,确认受托代销结算单。

采购退货业务

由于材料质量不合格、企业转产等原因,企业可能发生退货业务,针对退货业务发生的不同时机,采用不同的解决方法。

1. 货物收到未办理入库手续

如果尚未录入采购入库单，此时只要把货退还给供应商即可，系统中不用做任何处理。

2. 入库单已录入的处理

(1) 入库单未记账

已经录入采购入库单但尚未记入存货明细账，此时如果未录入采购发票，全部退货可删除采购入库单，部分退货可直接修改采购入库单。如果已录入采购发票但未结算，全部退货可删除采购入库单和采购发票，部分退货可直接修改采购入库单和采购发票。如果已经录入采购发票并执行了采购结算，则在未付款的情况下可取消采购结算，再删除或修改采购入库单和采购发票，如果已付款，则必须录入退货单。

(2) 入库单已记账

此时无论是否录入采购发票，采购发票是否结算，结算后的采购发票是否付款，都需要录入退货单。

3. 采购发票已付款的处理

此时无论入库单是否记账，都必须录入退货单。

退货业务处理流程如图 5-64 所示。

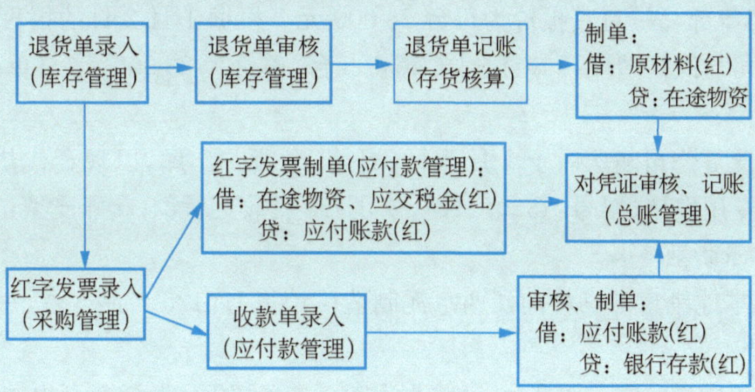

图 5-64　退货业务处理流程

任务二　销售业务处理

【任务场景】

天泽机械设备公司在完成供应链系统初始设置后，决定自本月起使用供应链系统处理日常销售业务。销售是企业生产经营成果的实现过程，是企业经营活动的中心。销售管理是用友 ERP-U8V10.1 软件中供应链管理系统的重要组成部分，系统提供了报价、订货、发货、开票的完整销售流程，支持普通销售、委托代销、分期收款、直运、零售、销售调拨等多种类型的销售业务，并可对销售价格和信用进行实时监控。其主要功能包括客户管理、销售预测及销售计划管理、销售订单管理、销售物流管理、销售资金流管理、价格政策管理、信用政策管理等。销售管理系统与应付款管理系统一起使用,可以掌握销售业务的收款情况,包括利用销售发票、销售调拨单、零售日报、代垫费用单在应收款管理系统中审核登记应收明细账,进行制单生成凭证,应收款管理系统进行收款并核销相应应收单据后回写收款核销信息。与库存管理、采购管理、存货核算等集成使用,可以实现物流的管理。

【任务目标】

1. 掌握销售订单、销售发票、销售出库单等相关单据填制和审核的基本知识;
2. 熟练掌握销售业务处理的流程及相关单据的填制和审核方法;
3. 具备熟练处理销售日常业务的能力;
4. 深刻理解诚实守信、坚持准则等会计职业道德的内涵,培养廉洁自律、实事求是、客观公正的职业精神。

【任务内容】

1. 普通销售业务

1月2日,武汉造船厂向天泽机械设备公司对 LY126 产品进行询价,要求采购数量为5台,本地销售部马敏对其报价为每台 28 000 元。根据1月2日的报价,1月5日,天泽机械设备公司与武汉造船厂签订合同,销售5台,单价为 28 000 元,订单预发货日期为1月31日。

天泽机械设备公司确认后于1月7日(提前)发货并出库,以现金代垫运费 600 元。当日开具销售专用发票(票号:43301112)。1月22日收到货款(转账支票:76554300)。

2. 开票前退货业务

1月8日,本地销售部马敏向江西水泥制造厂销售 LY125 产品8台,每台 48 000 元,货物当天已发出。

1月9日,因质量问题退回2台,已验收入库。当天根据实际销量开出销售专用发票。

3. 先开票后发货及开票后退货业务

1月10日,外地销售部高惠荣向北京杨泽公司销售 LY125 产品10台,每台 50 000 元,当天开出增值税专用发票,货物已发出。

1月11日,因质量问题北京杨泽公司退回2台,货物入库,同时开出红字专用发票一张。

4. 分期收款发出商品及现结业务

1月16日,本地销售部马敏向武汉造船厂销售 LY126 产品10台,每台 28 000 元,客户要求分期付款。经协商,客户分2次付款,第一次开具销售专用发票注明的数量为5台,当日收到对方开出的转账支票(票号:01160121)支付第一批货款。

5. 直运销售业务

1月27日,江西水泥制造厂订购 LY125 产品12台,单价 50 000 元。因公司库存不足,向南京华丰电子元器件厂订购 LY125 产品12台,直接将货物运输到江西水泥制造厂。

1月28日,收到南京华丰电子元器件厂开具的采购专用发票一张。同时,销售部根据订单开具销售专用发票一张给江西水泥制造厂，并将采购发票和销售发票交给财务部结转收入和成本。

6. 零售日报业务

1月28日，本地销售部马敏向福州工贸公司销售 LY126 产品 1 台，单价 29 000 元，已开票、发货并收款(转账支票:32217612)。

【任务实施】

销售业务的处理流程包括销售报价、销售订货、销售发货、销售出库、销售开票、销售发票审核制单、销售出库记账及生单、销售收款及核销等过程。

一、普通销售业务

(一) 填制销售报价单并审核

在销售管理系统中填制销售报价单并审核的具体操作步骤如下：

1. 由销售员执行“开始”|“程序”|“用友 ERP-U8V10.1”|“企业应用平台”命令，或双击桌面上的“企业应用平台”图标，进入企业应用平台。

2. 执行“业务工作”|“供应链”|“销售管理”|“销售报价”|“销售报价单”命令，打开“销售报价单”录入界面。

3. 单击“增加”按钮新增销售报价单，在业务类型录入“普通销售”，日期录入“2022-01-02”，销售类型录入“产品销售”，客户简称录入“武汉造船”，销售部门录入“本地销售部”，业务员录入“马敏”。在表体的存货编码中录入“016”，存货名称“LY126 库存商品”由系统自动填入，数量录入“5.00”，报价录入“28000.00”，依次录入其他项目。全部录入完之后，单击“保存”按钮保存数据。

4. 单击工具栏中的“审核”按钮审核本张单据，如图 5-65 所示。

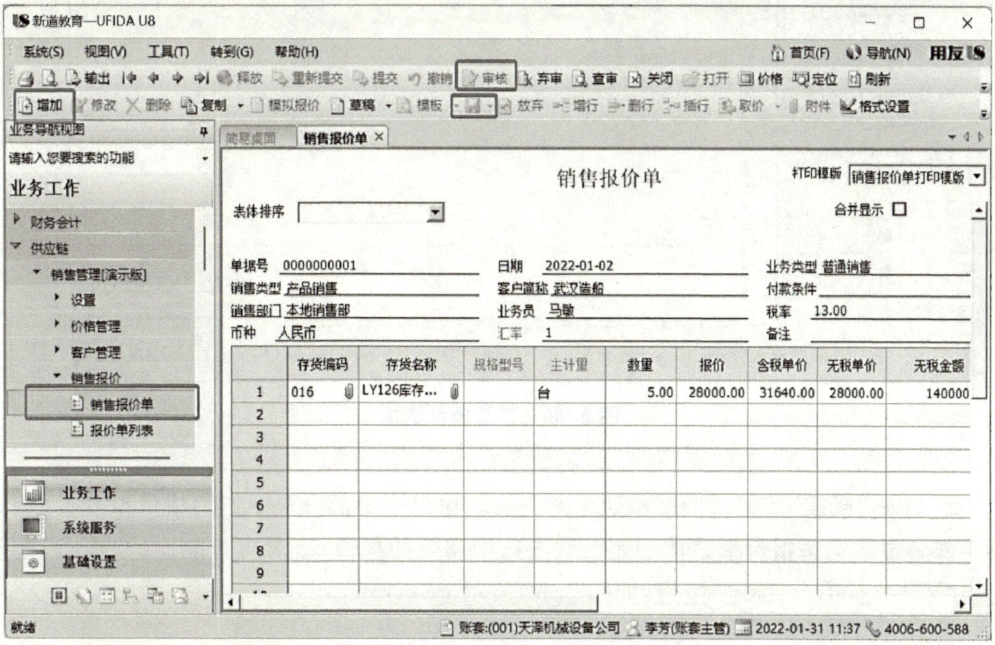

图 5-65　录入并审核销售报价单

注意：

(1) 销售报价单是可选单据，可根据业务的实际需要选用。

(2) 报价单可以修改、删除、审核、弃审、关闭、打开。

(3) 已审核未关闭的报价单可参照生成销售订单。

(二) 填制或生成销售订单并审核

销售订单可以直接录入，也可以参照销售报价单生成，具体操作步骤如下：

1. 在销售管理系统中执行“销售订货”|“销售订单”命令，打开“销售订单”窗口。

2. 单击“增加”按钮，修改单据日期为“2012-01-05”，单击“生单”按钮右侧的下拉箭头，选择“报价”，弹出“查询条件选择-订单参照报价单”对话框，如图 5-66 所示。

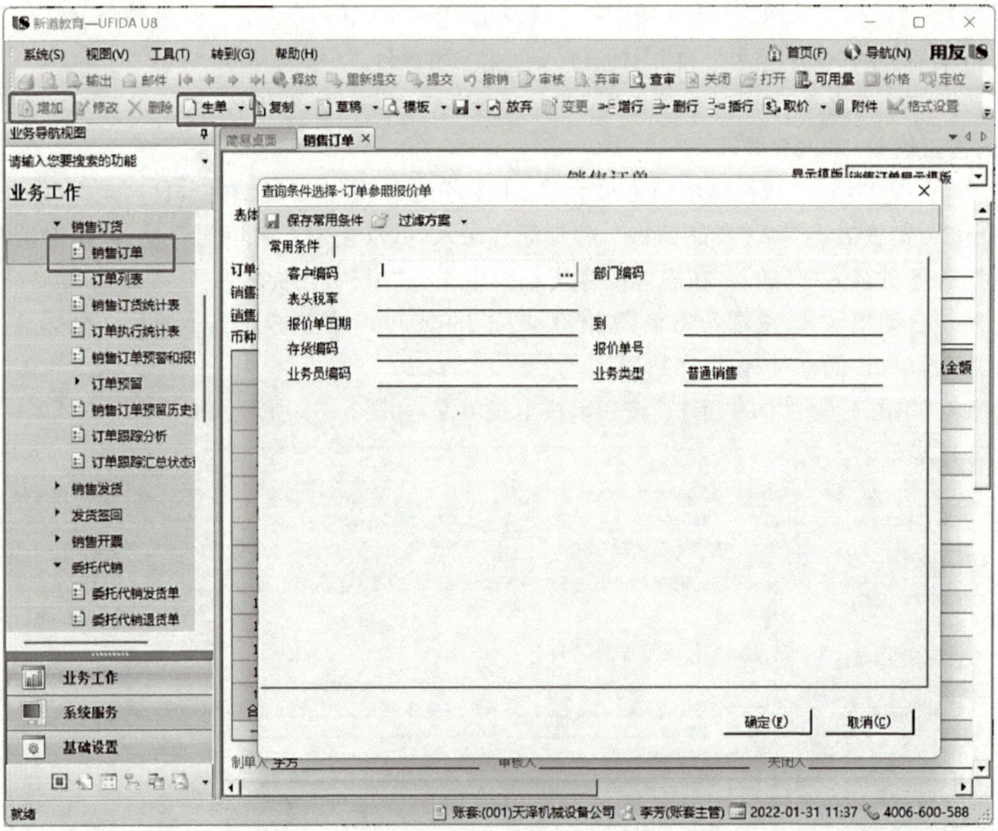

图 5-66 过滤条件选择

3. 单击“确定”按钮，打开“参照生单”窗口，窗口上半部分显示销售报价单表头列表，下半部分显示销售报价单表体列表。双击选中需要的报价单，对应行前面的“选择”栏会打上“Y”标记，单击“确定”按钮，如图 5-67 所示。

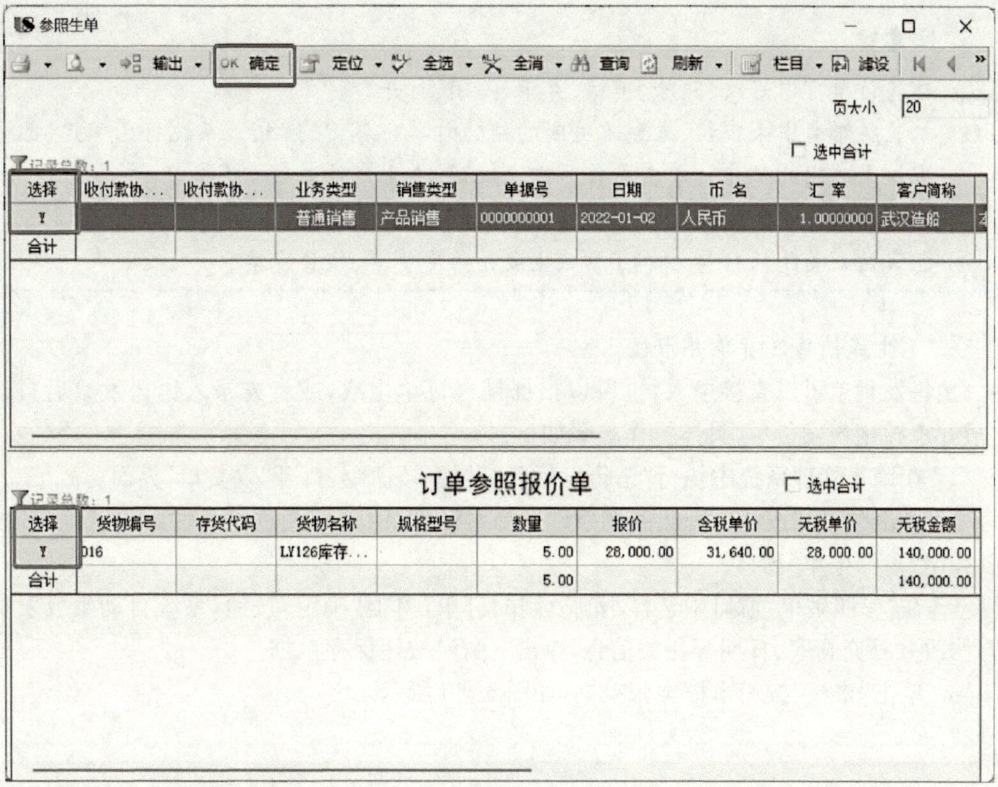

图 5-67 选择销售报价单

4. 选择报价单后，销售订单自动生成，更改订单日期为“2022-01-05”，预发货日期改为“2022-01-31”，修改或补充录入其他信息，确认无误后单击“保存”按钮保存数据，单击“审核”按钮审核本张单据，如图 5-68 所示。

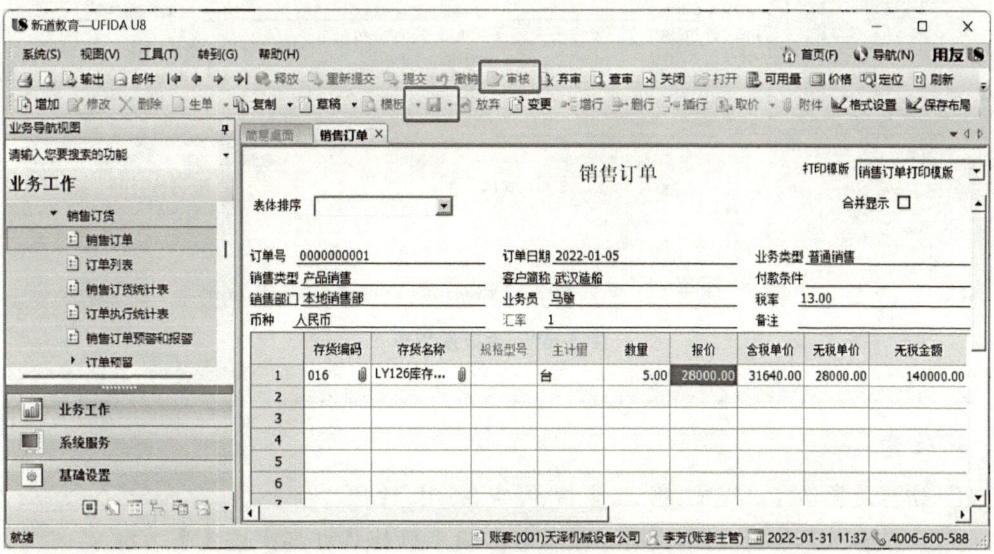

图 5-68 生成销售订单

注意：

(1) 销售订单可以修改、删除、审核、弃审、关闭、打开。

(2) 工业版账套中未审核、未整单关闭的销售订单可锁定、解锁。系统将已锁定、已审核未关闭的销售订单余量作为需求规划、主生产计划的需求来源。

(3) 已审核未关闭的销售订单可以变更。

(4) 已审核未关闭的销售订单可参照生成销售发货单、销售发票。

(三) 生成销售发货单并审核

销售发货单可以直接录入，也可以根据销售订单生成，或者先录入销售发票后自动生成并审核销售发货单，具体操作步骤如下：

1. 在销售管理系统中执行“销售发货”|“发货单”命令，打开“发货单”界面。

2. 单击“增加”按钮。弹出查询条件选择对话框，输入相关过滤条件，单击“确定”按钮，弹出“参照生单”窗口。

3. 在“参照生单”窗口中选择刚刚填制的订单，单击“确定”按钮，系统自动生成发货单，修改并补充仓库、日期等相关信息，单击“保存”按钮保存单据。

4. 单击“审核”按钮审核本张单据，如图 5-69 所示。

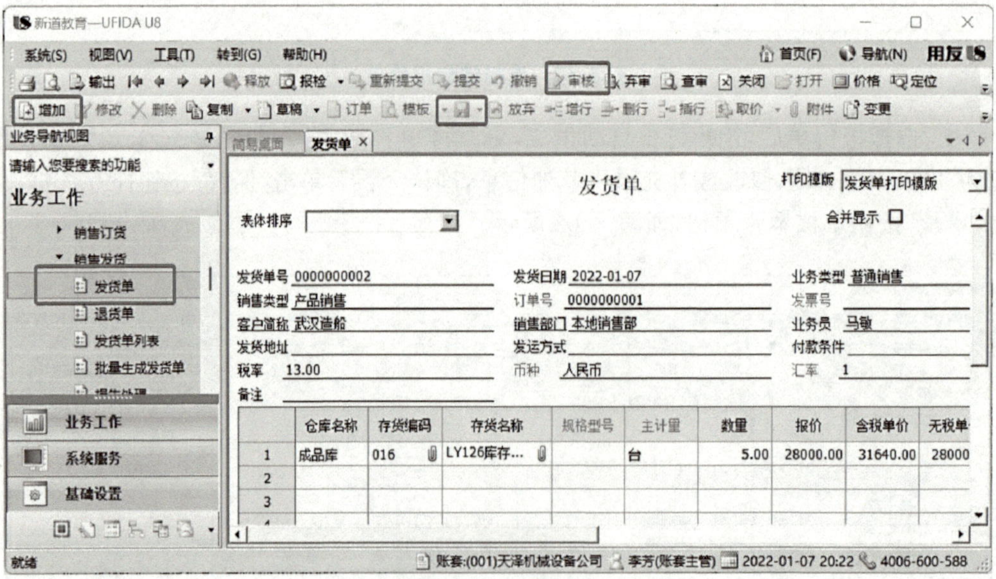

图 5-69 生成发货单

注意：

(1) 销售发货单可以修改、删除、审核、弃审、关闭、打开。

(2) 先发货后开票模式下，发货单由销售部门参照销售订单生成或手工输入，发货单审核后生成销售发票、销售出库单。

(3) 开票直接发货模式下，发货单由销售发票产生。发货单可以浏览，不能进行修改、删除、弃审等操作，但可以关闭、打开。

(4) 已审核未关闭的销售发货单可参照生成销售发票。

(5) 与库存管理系统集成使用时，在“设置”|“销售选项”|“业务控制”中选中“销售生成出库单”，则销售发货单审核时自动生成销售出库单，否则在库存管理系统根据发货单生成出库单。

(四) 生成销售出库单并审核

在库存管理系统中生成销售出库单的具体操作步骤如下：

1. 以仓管员身份进入企业应用平台，执行“业务工作”|“供应链”|“库存管理”|“出库业务”|“销售出库单”命令，打开“销售出库单”录入窗口，单击“生单”按钮右侧的下拉箭头，选择“销售生单”，弹出“查询条件选择-销售发货单列表”对话框，如图 5-70 所示。

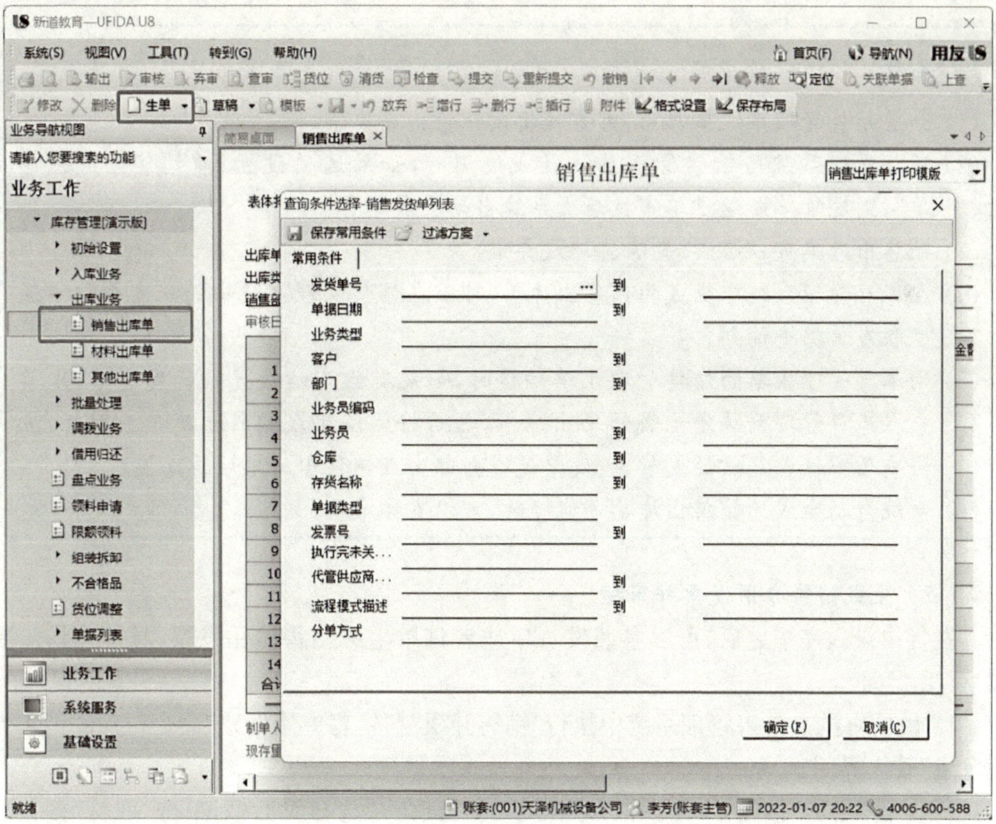

图 5-70 过滤条件选择

2. 单击“确定”按钮，弹出“销售生单”窗口，双击相应的发货单，“选择”栏会打上“Y”标记，单击“确定”按钮，系统自动生成销售出库单。修改、补充录入其他相应信息，单击“保存”按钮保存数据，单击“审核”按钮，系统提示“该单据审核成功!”，单击“确定”按钮确认生成销售出库单，如图 5-71 所示。

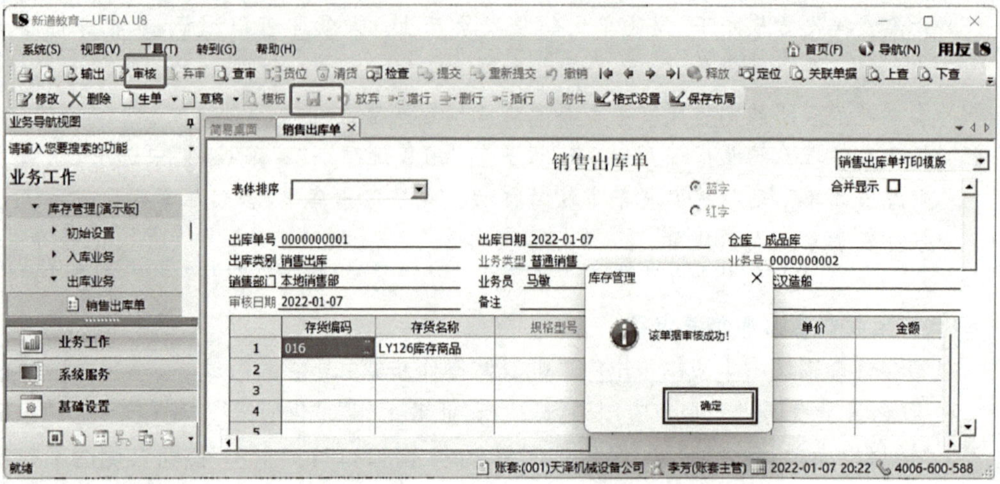

图 5-71 生成销售出库单

注意：

(1) 如果销售管理系统未启用，可直接填制销售出库单。

(2) 库存管理系统与销售管理系统集成使用时，如果选项设置为“销售生成出库单”，则发货单或退货单审核后由系统自动生成销售出库单。

(3) 销售出库单可以修改、删除、审核、弃审。

(4) 在库存管理系统中生成的销售出库单，可以在销售管理系统中的账表查询中通过联查单据查询到。

(5) 由库存管理生单向销售管理生单切换时，如果有已审核或复核的发货单、发票未在库存管理系统中生成销售出库单，之后将无法生成销售出库单。因此，应检查已审核或复核的发货单、发票是否全部生成销售出库单后再切换。

(6) 系统自动生成的销售出库单不能修改，可以直接审核。

(五) 生成销售专用发票并审核

发货单录入完毕之后，可以参照发货单或者订单生成销售专用发票，具体操作步骤如下：

1. 由销售员在销售管理系统中执行“销售开票”|“销售专用发票”命令，打开“销售专用发票”录入界面。

2. 单击“增加”按钮，弹出默认参照订单的查询条件选择对话框，单击“取消”按钮取消按照订单生成发票，返回“销售专用发票”填制界面。

3. 单击“生单”按钮右侧的下拉箭头，选择“参照发货单”命令(也可选择“采购订单”或“采购发票”)，弹出“查询条件选择-发票参照发货单”对话框，设置过滤条件后单击“确定”按钮，弹出“参照生单”界面，双击选择相应的发货单，“选择”栏会打上“Y”标记，如图 5-72 所示。

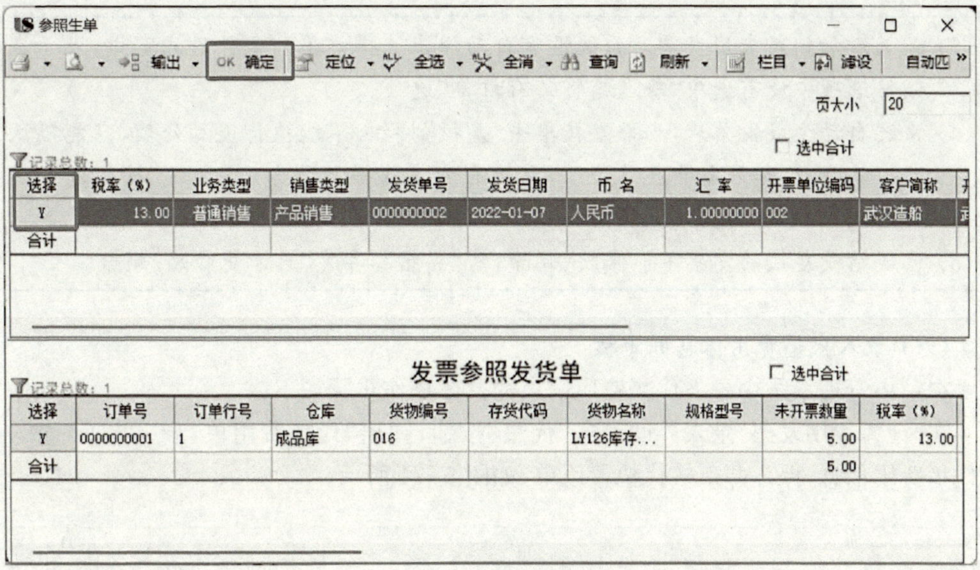

图 5-72　选择发货单

4. 单击“确定”按钮，系统自动将发货单信息填入发票，修改、补充相关信息后单击“保存”按钮保存发票数据。

5. 单击“复核”按钮复核该张销售专用发票信息，如图 5-73 所示。

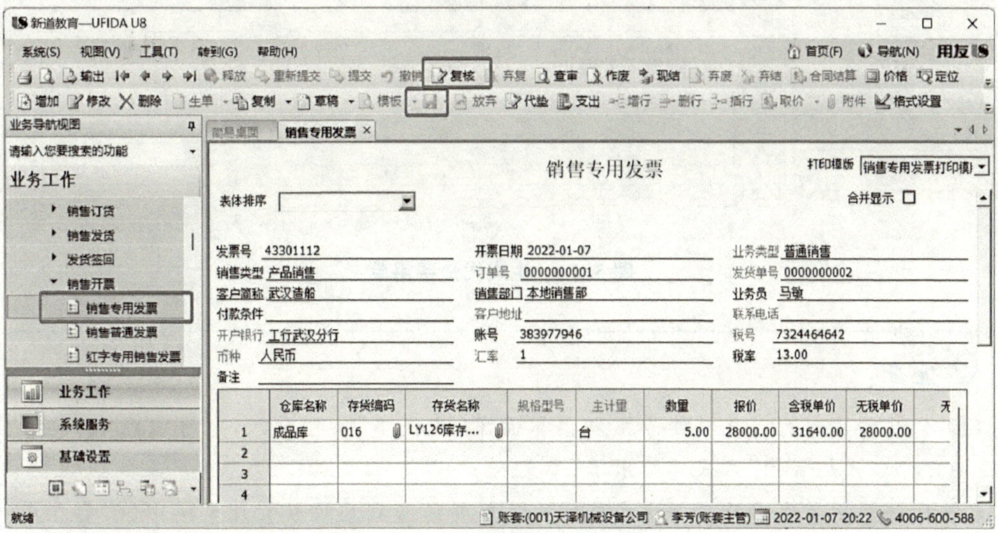

图 5-73　生成销售专用发票

注意：

（1）销售专用发票中所有单据上的税率均为 17%。

（2）销售专用发票可以参照发货单自动生成，也可以手工录入。需要手工录入时，必须将取消选择“普通销售必有订单”选项，否则只能参照生成，不能手工录入。

(3) 如果增加销售专用发票时系统没有自动弹出选择订单的条件过滤窗口，表示在销售选项中没有选中“普通销售必有订单”选项。

(4) 系统自动生成发票后，如果直接单击“复核”按钮，不能执行现结处理，只能确认为应收账款，如果需要现结处理，需要在发票生成后先单击“现结”按钮进行现结处理，然后再单击“复核”按钮。

(5) 已现结或复核的发票不能修改、删除，需“弃结”“弃复”后才能修改、删除。

（六）录入代垫费用信息并审核

在销售管理系统中录入代垫费用信息的具体操作步骤如下：

在“销售专用发票”录入界面单击“代垫”按钮，弹出“代垫费用单”录入界面，录入相关代垫费用信息，保存并审核代垫费用单，如图 5-74 所示。

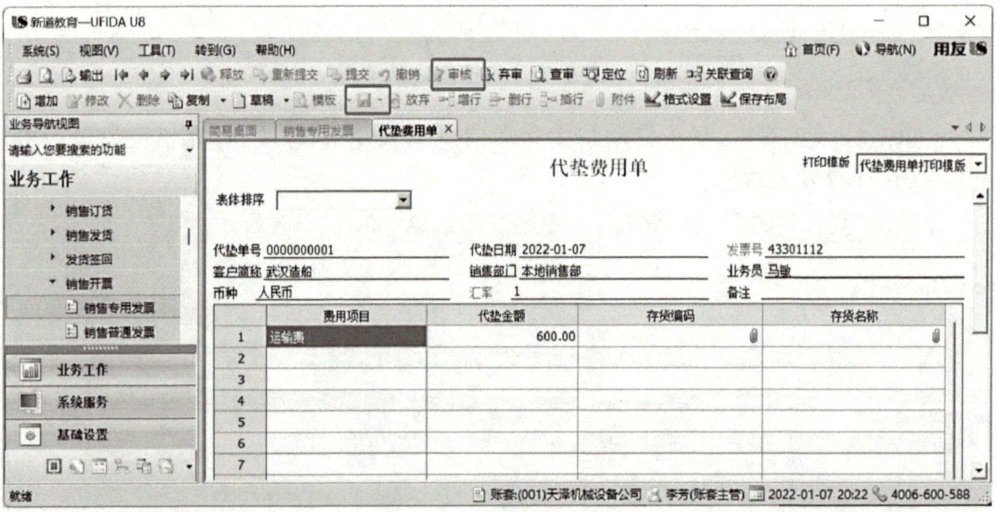

图 5-74　生成代垫费用单

注意：

(1) 代垫费用单可以在销售专用发票界面单击“代垫”按钮录入，也可以在“销售管理”|“代垫费用”|“代垫费用单”中录入。

(2) 代垫费用单保存后自动生成其他应收单并传递到应收款管理系统中，需要在应收款管理系统中审核并制单。

（七）审核销售发票并制单

销售专用发票复核后会自动传递到应收款管理系统，需要在应收款管理系统中对发票进行审核并制单，生成应收款凭证传递到总账，具体操作步骤如下：

1. 由会计刘明进入应收款管理系统，执行“应收单据处理”|“应收单据审核”命令，打开应收单查询条件对话框，输入相关查询条件，单击“确定”按钮，弹出“应收单据列表”窗口，如图 5-75 所示。

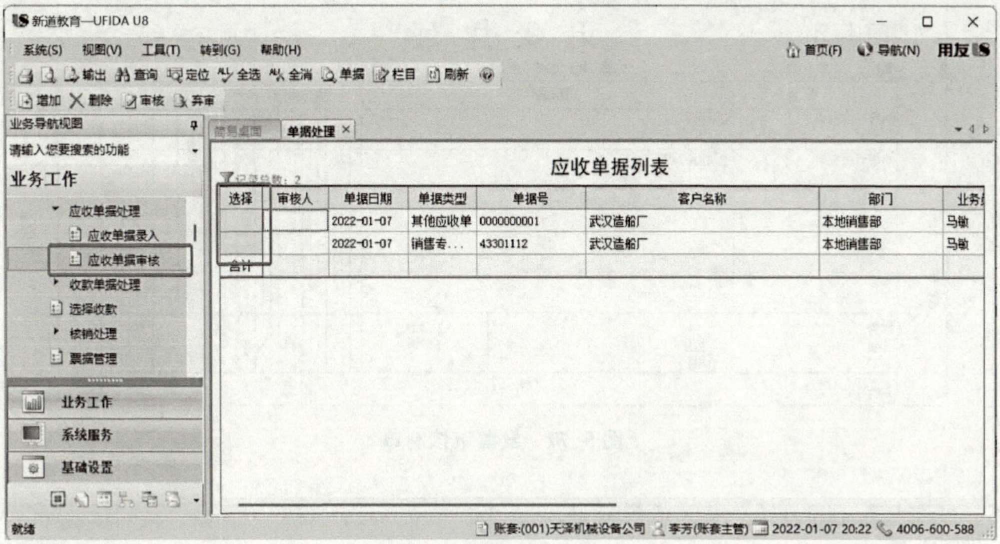

图 5-75　“应收单据列表”窗口

2. 在“应收单据列表”窗口中双击需要审核的单据，如其他应收单，进入单据审核界面，仔细审核单据内容，确认无误后，单击工具栏中的“审核”按钮，系统完成审核并提示“是否立即制单？”(只有在选项中选了“业务发生后立即制单”选项才会出现此提示)，单击“是”按钮，系统自动生成代垫费用单的应收款凭证，单击“保存”按钮保存凭证，如图 5-76 所示。

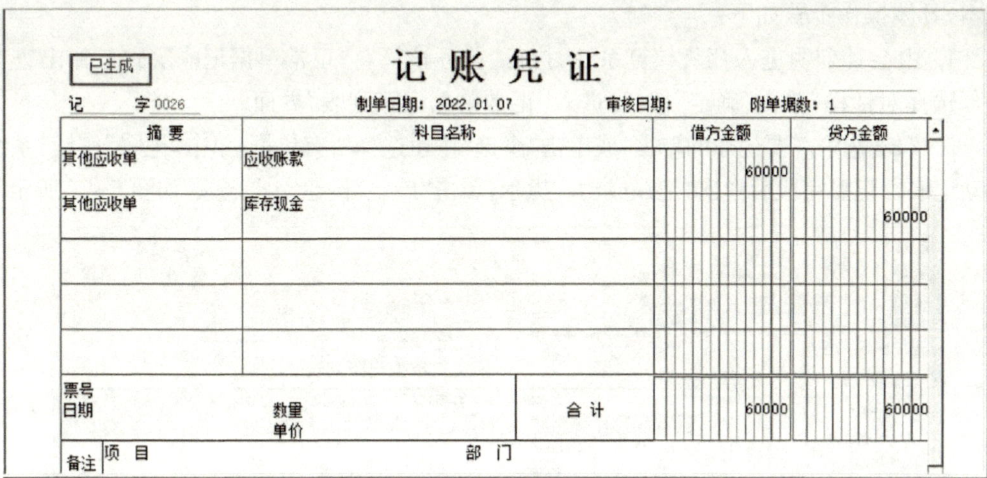

图 5-76　代垫费用单凭证

3. 参照上述步骤依次审核销售专用发票并制单，生成的凭证如图 5-77 所示。

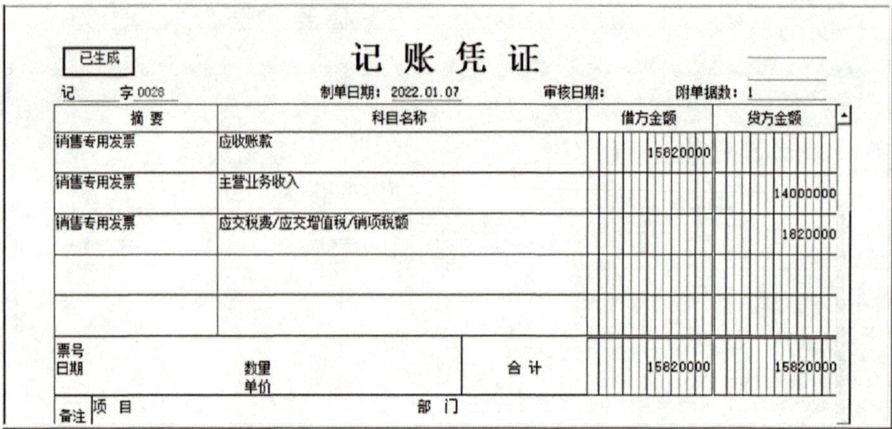

已生成

记账凭证

记 字 0028 制单日期：2022.01.07 审核日期： 附单据数：1

摘要	科目名称	借方金额	贷方金额
销售专用发票	应收账款	15820000	
销售专用发票	主营业务收入		14000000
销售专用发票	应交税费/应交增值税/销项税额		1820000
票号 日期	数量 单价 合计	15820000	15820000
备注	项目 部门		

图 5-77　发票审核制单

注意：

(1) 应收单据审核时，也可以在“应收单据列表”界面选中相应的应收单据，或单击“全选”按钮后直接单击“审核”按钮，系统弹出本次批量审核的结果报告，然后在“制单处理”中批量制单。此时可以分别制单，也可以合并制单。

(2) 只有审核后的应收单据才能制单并形成应收账款。

(八) 进行销售成本核算

销售成本的核算在存货核算系统中进行，存货核算系统对单据记账后才能确认销售成本，具体操作步骤如下：

1. 由会计刘明进入存货核算系统，执行“业务核算”|“正常单据记账”命令，弹出查询条件选择对话框，单击“确定”按钮，进入“正常单据记账列表”界面。

2. 双击选中需要记账的单据，或单击“全选”按钮选择所有单据，单击“记账”按钮，系统自动记账。记账完成后弹出“记账成功。”提示，单击“确定”按钮完成记账，如图 5-78 所示。

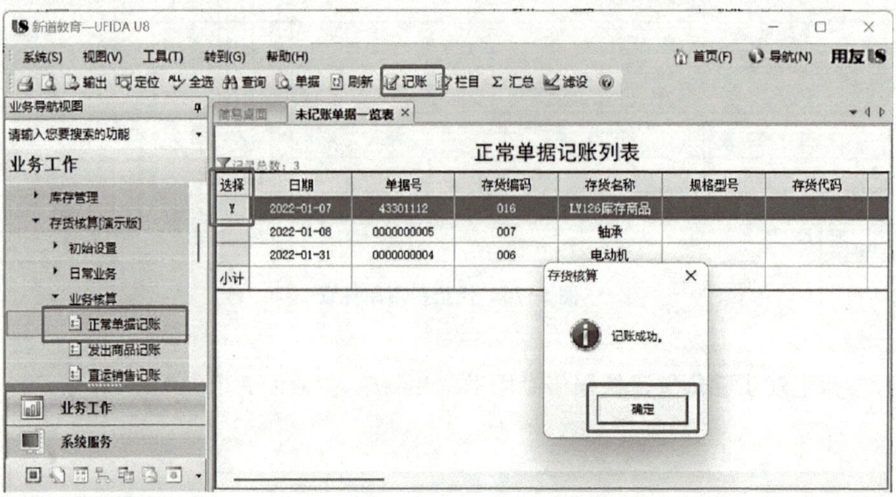

图 5-78　单据记账

3. 执行“财务核算”|“生成凭证”命令，打开“生成凭证”窗口，单击“选择”按钮，弹出查询条件选择对话框，选择需要生单的相应单据，单击“确定”按钮，进入“选择单据”界面。

4. 在“选择单据”界面中的“未生成凭证单据一览表”中，单击选择需要生成凭证的单据，单击“确定”按钮，如图 5-79 所示。

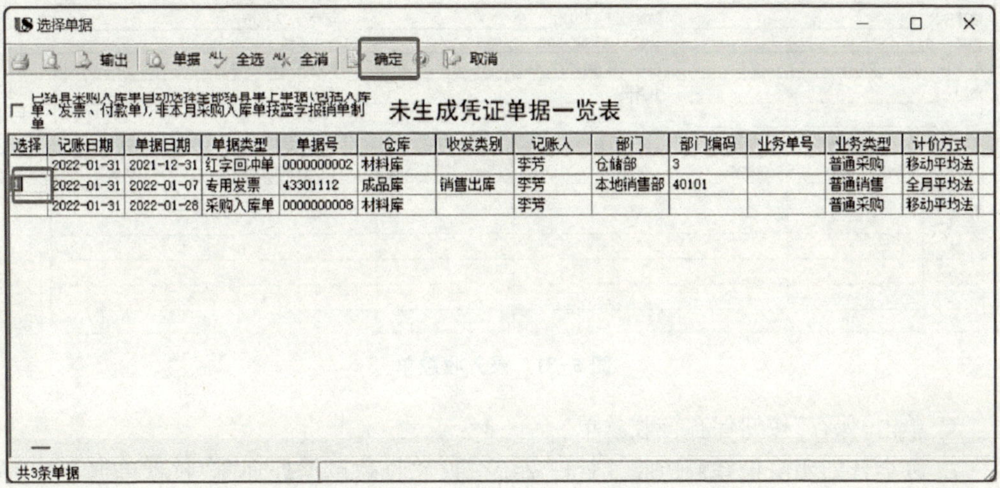

图 5-79 未生成凭证单据一览表

5. 进入“生成凭证”界面补充相关信息，单击“生成”按钮生成凭证，单击“保存”按钮保存凭证，如图 5-80 所示。

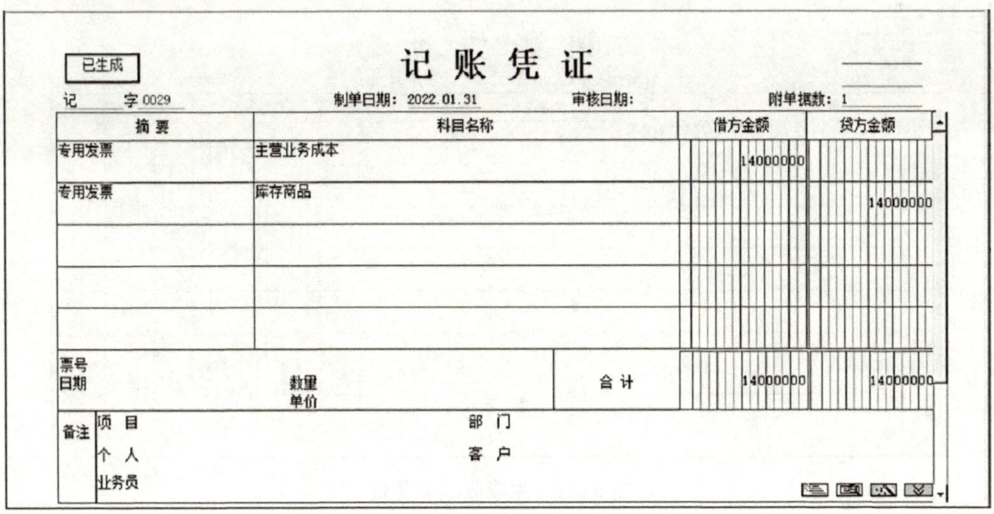

图 5-80 生成专用发票凭证

（九）填制收款单并审核制单

在应收款管理系统中填制收款单并审核制单的具体操作步骤如下：

1. 由出纳员在应收款管理系统中执行“收款单据处理”|“收款单据录入”命令，弹出“收付款单录入”界面。

2. 单击“增加”按钮新增收款单，根据业务内容依次录入收款单信息，如图 5-81 所示。

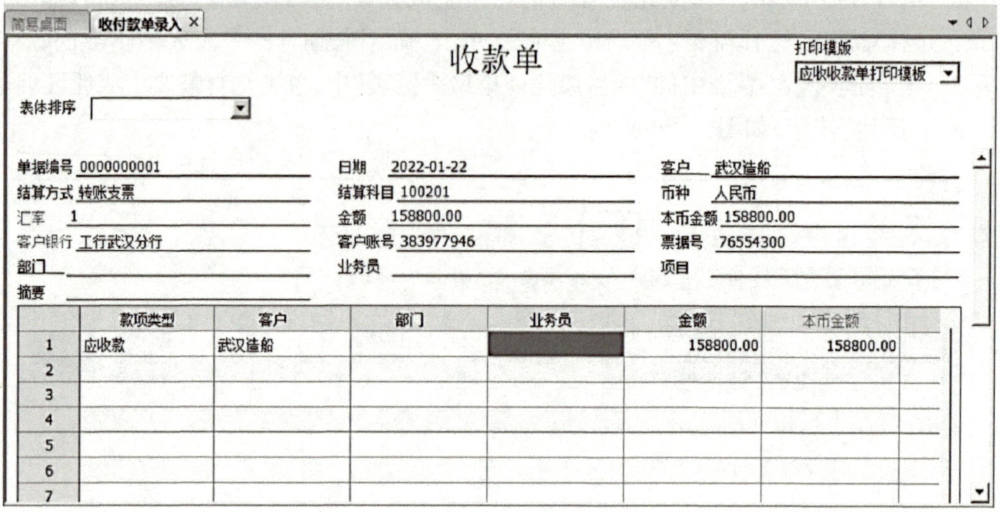

图 5-81　录入收款单

3. 单击“保存”按钮保存该收款单。

4. 以会计刘明身份登录应收款管理系统，执行“收款单据处理”|“收款单据审核”命令，进入“收付款单列表”界面，双击打开要审核的单据，单击“审核”按钮对该收款单进行审核，系统弹出“是否立即制单?”对话框，如果想生成凭证，则选择“是”，此时系统自动生成收款凭证，如图 5-82 所示。

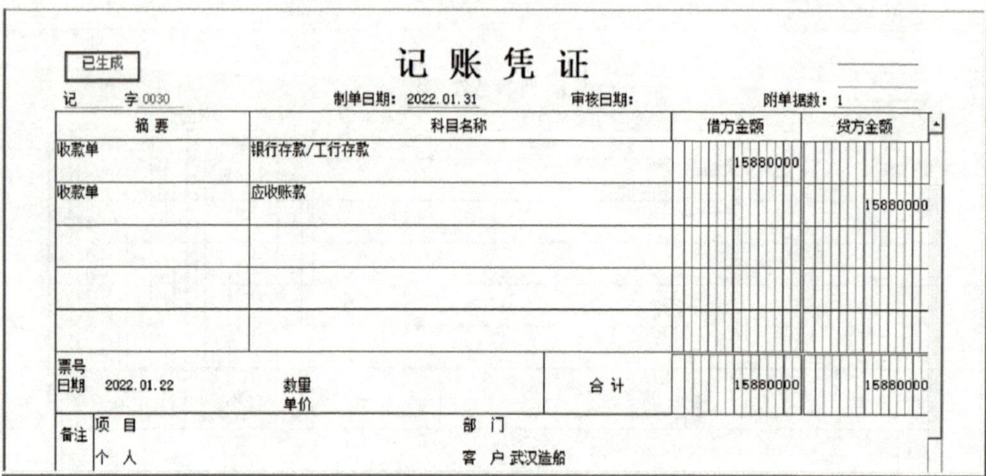

图 5-82　生成收款单凭证

(十) 进行核销

核销是解决收回客商款项核销该客商应收款的处理，可以建立收款与应收款的核销记录，监督应收款及时核销，加强往来款项的管理，具体操作步骤如下：

1. 由会计刘明登录应收款管理系统，执行“核销处理”|“自动核销”命令，进入“核销条件”界面，选择客户“002”，单击“确定”按钮，如图 5-83 所示。

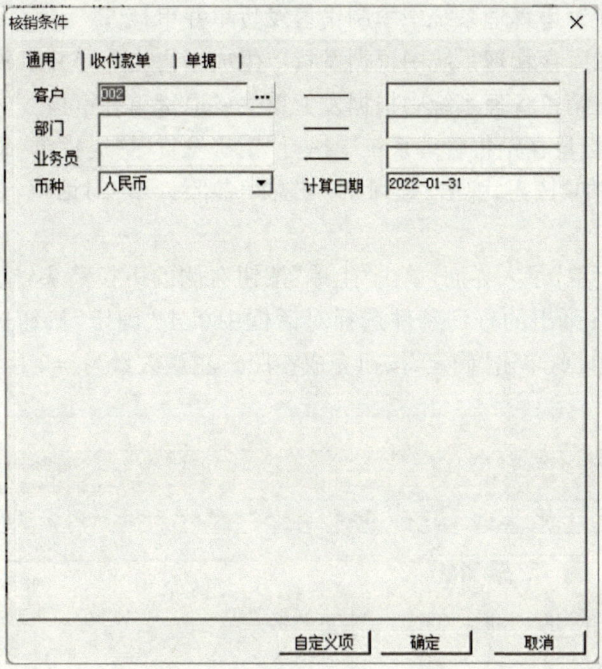

图 5-83　核销条件

2. 系统弹出“是否进行自动核销?”提示框,单击“是”按钮,系统自动完成核销,并弹出自动核销报告,如图 5-84 所示。查看无误后,单击“确定”按钮完成核销。

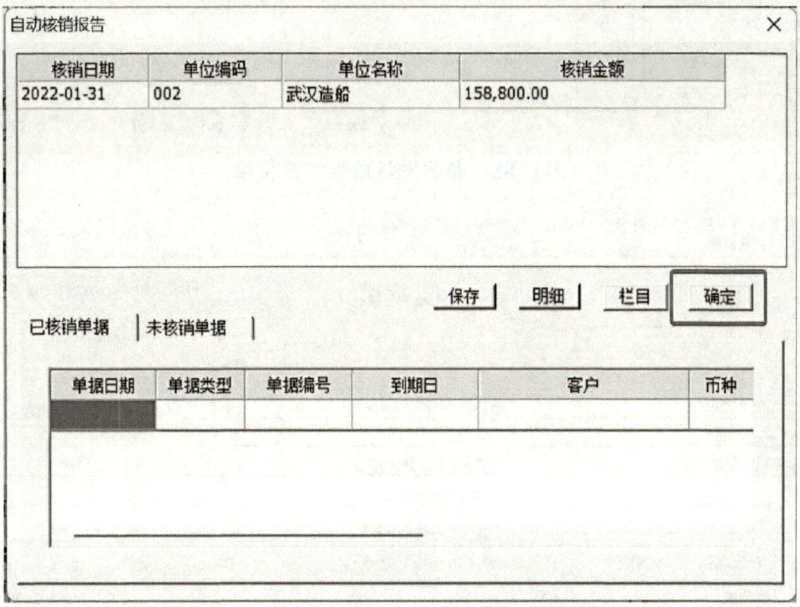

图 5-84　自动核销报告

二、开票前退货业务

开票前退货业务的具体操作步骤如下：

1. 由销售员在销售管理系统中填制销售订单并审核。

2. 由销售员在销售管理系统中填制销售发货单并审核。

3. 由仓管员在库存管理系统中根据发货单生成销售出库单并审核。

4. 由销售员在销售管理系统中根据发货单生成退货单并审核。

(1) 根据退货数量在销售管理系统中执行“销售发货”|“退货单”命令,进入“退货单”填制界面,单击“增加”按钮,弹出“查询条件选择-参照订单”对话框,单击“取消”按钮取消按订单生成。

(2) 回到“退货单”录入界面,单击“生单”按钮右侧的下拉箭头,选择“参照发货单”,如图 5-85 所示。在弹出的查询条件选择对话框中单击“确定”按钮进入“参照生单”界面,双击选择相应单据,单击“确定”按钮完成参照。注意数量为一2 台,如图 5-86 所示。

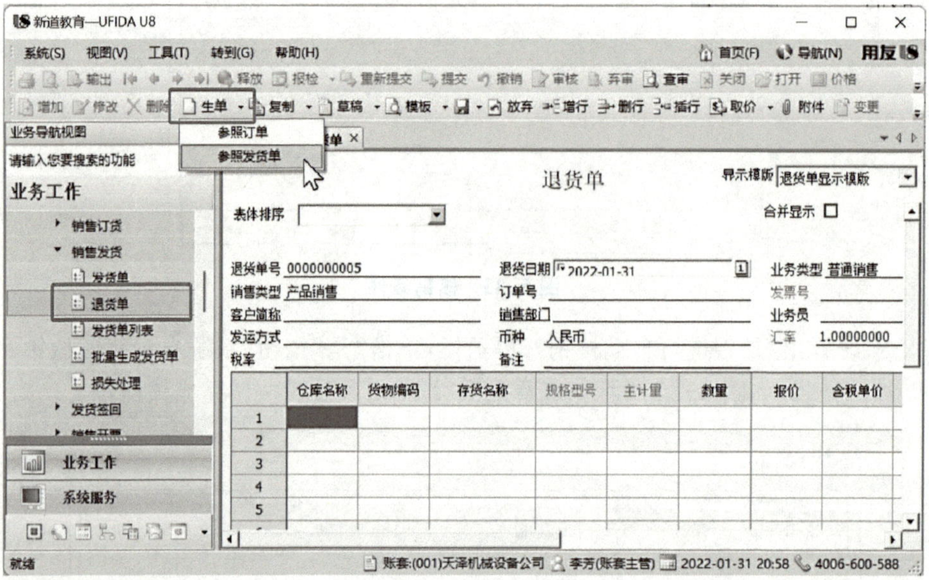

图 5-85　参照发货单生成退货单

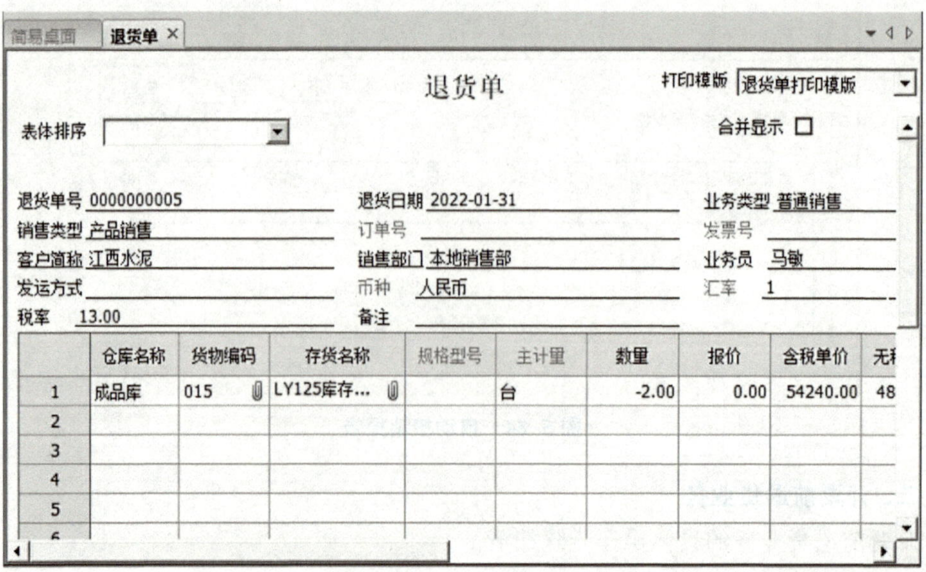

图 5-86　生成退货单

注意：

(1) 退货单上的存货数量为负数，金额可小于或等于零。

(2) 在非必有订单的模式下，退货单可以参照一张或多张发货单记录生成。

(3) 参照发货单生成的退货单可直接冲减原发货单数量，因而该退货单无法生成红字销售发票。

(4) 如果选项中选择了“销售生成出库单”，则退货单审核时自动生成红字销售出库单。

5. 由仓管员在库存管理系统中根据退货单生成红字出库单并审核，数量为−2 台，如图 5-87 所示。

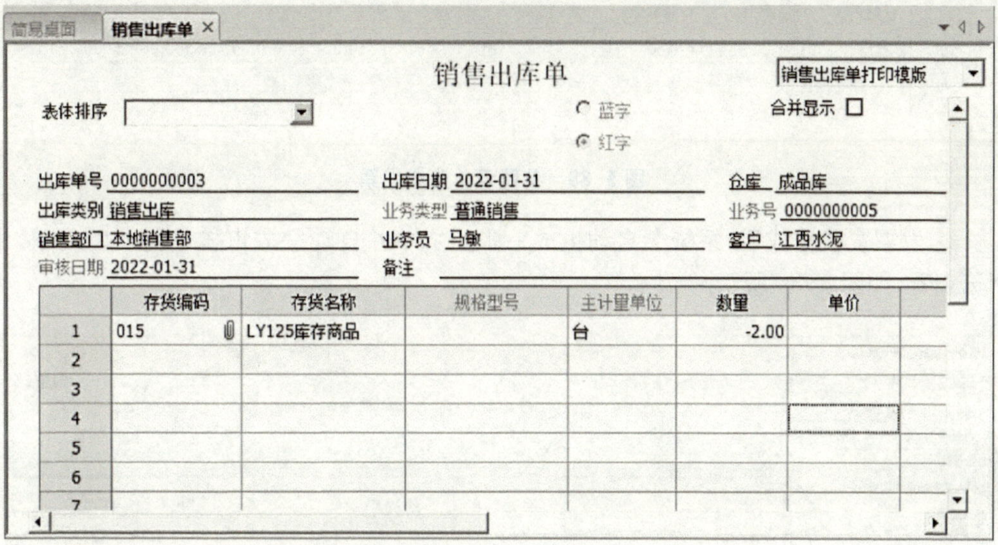

图 5-87　红字销售出库单

6. 由销售员在销售管理系统中参照发货单生成销售专用发票并复核，数量为 6 台。

7. 由会计刘明在应收款管理系统中对销售发票进行审核并制单。

8. 由会计刘明在存货核算系统中对相关单据进行记账并生成凭证。

三、先开票后发货及开票后退货业务

先开票后发货业务可以直接录入发票，发票复核时自动生成并审核发货单，具体操作步骤如下：

1. 由销售员在销售管理系统中填制销售订单并审核。

2. 由销售员在销售管理系统中参照订单生成销售专用发票并复核。

(1) 在销售管理系统中执行“销售开票”|“销售专用发票”命令，进入“销售专用发票”填制界面，单击“增加”按钮，弹出“查询条件选择-发票参照发货单”对话框，单击“取消”按钮取消按发货单生成。

(2) 回到“销售专用发票”录入界面，单击“生单”按钮右侧的下拉箭头，选择“参照订单”，在弹出的“查询条件选择-参照订单”对话框中单击“确定”按钮进入“参照生单”界面，双击选择相应单据，单击“确定”按钮完成参照，修改相应单据信息，单击“保存”按钮保存单据，如图 5-88 所示。单击“复核”按钮对生成的发票进行复核。

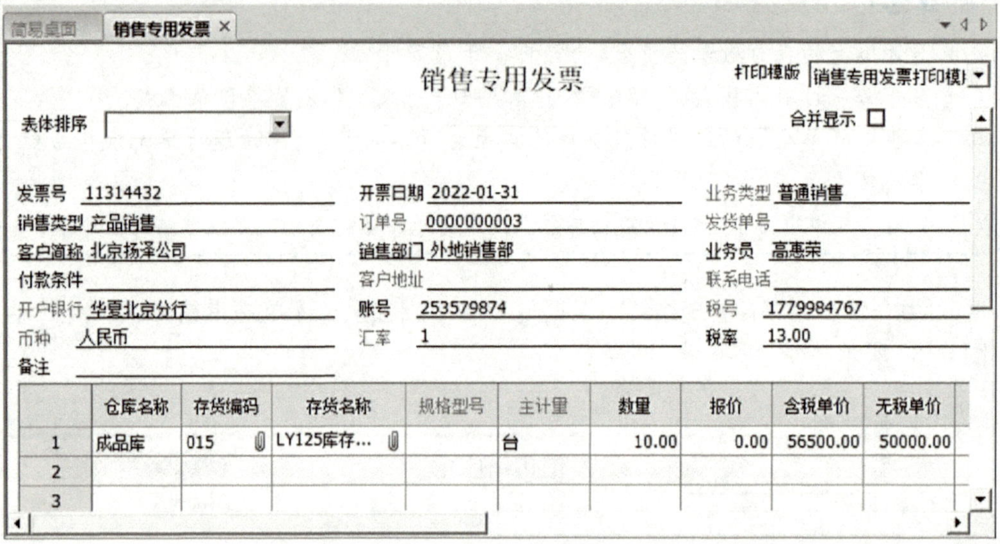

图 5-88　参照订单生成发票

3. 发票复核完成后，系统会自动生成一张发货单并自动完成审核，可在“发货单”中浏览查看，如图 5-89 所示。

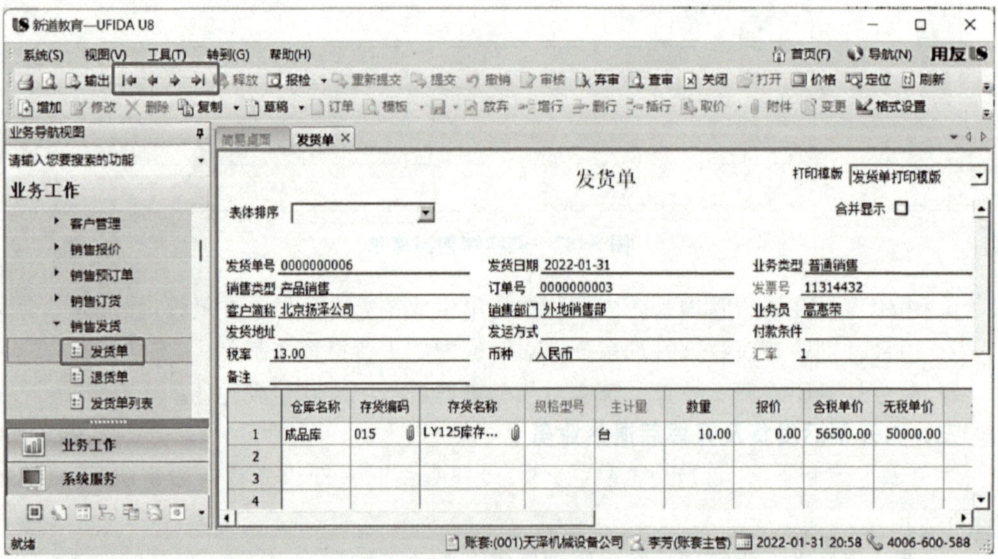

图 5-89　自动生成并审核发货单

4. 由仓管员在库存管理系统中生成销售出库单并审核。

5. 由会计刘明在应收款管理系统中对销售发票进行审核并制单。

6. 由会计刘明在存货核算系统中对销售出库单进行单据记账并生成凭证。

7. 1 月 11 日发生退货时，由销售员在销售管理系统中参照订单生成一张红字专用发票并复核，数量为－2 台。

（1）在销售管理系统中执行“销售开票”|“红字专用销售发票”命令，进入“红字销售

专用发票”填制界面，单击“增加”按钮，弹出“查询条件选择-发票参照发货单”对话框，单击“取消”按钮取消按发货单生成。

（2）回到“红字销售专用发票”录入界面，单击“生单”按钮右侧的下拉箭头，选择“参照订单”，在弹出的“查询条件选择-参照订单”对话框中单击“确定”按钮，进入“参照生单”界面，双击选择相应单据，单击“确定”按钮完成参照，修改相应单据信息，单击“保存”按钮保存单据，如图 5-90 所示。

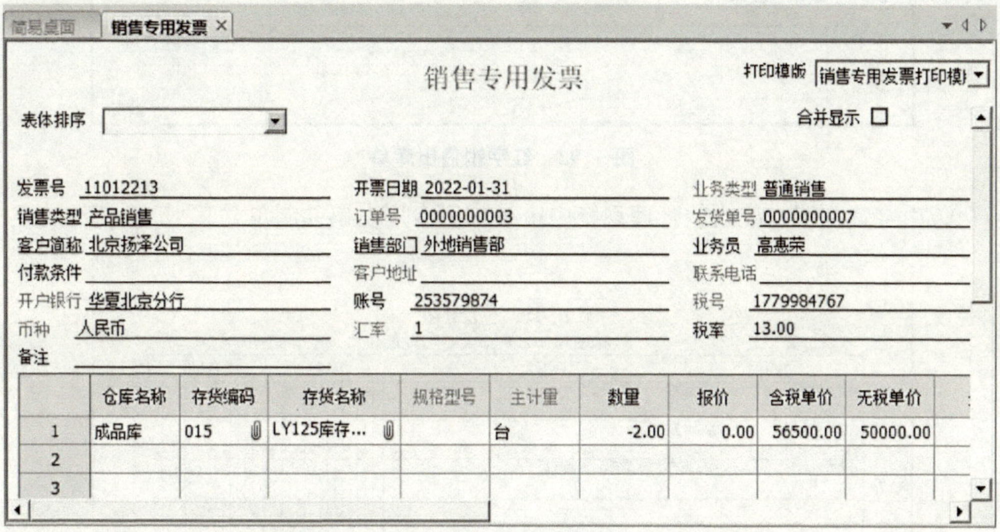

图 5-90 录入红字发票

（3）单击“复核”按钮对生成的发票进行复核，系统自动生成一张退货单并自动审核，如图 5-91 所示。

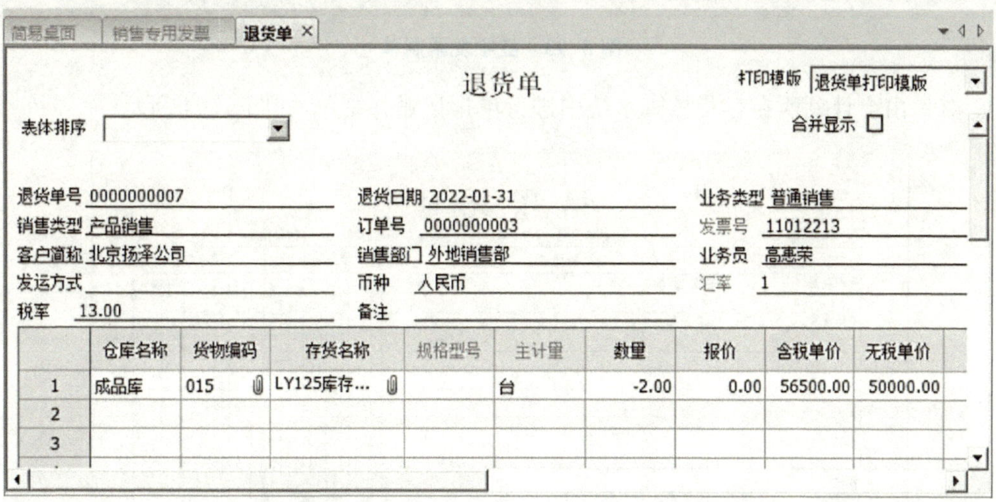

图 5-91 自动生成退货单

8. 由仓管员在库存管理系统中根据退货单生成一张红字销售出库单并审核，如图 5-92 所示。

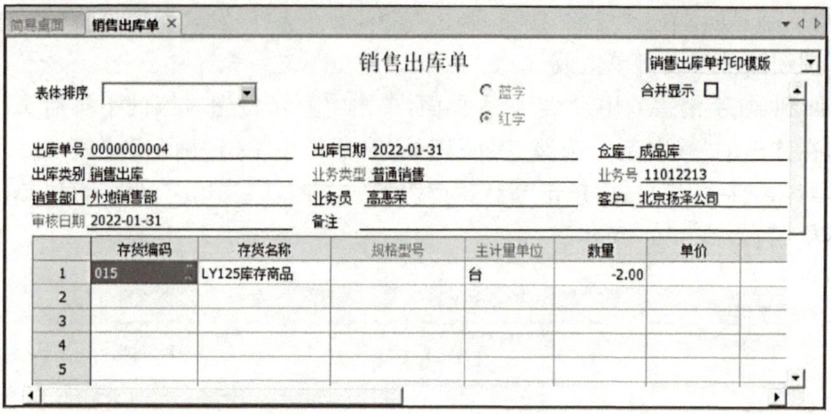

图 5-92　红字销售出库单

9. 由会计刘明在应收款管理系统中审核红字专用发票并制单,如图 5-93 所示。

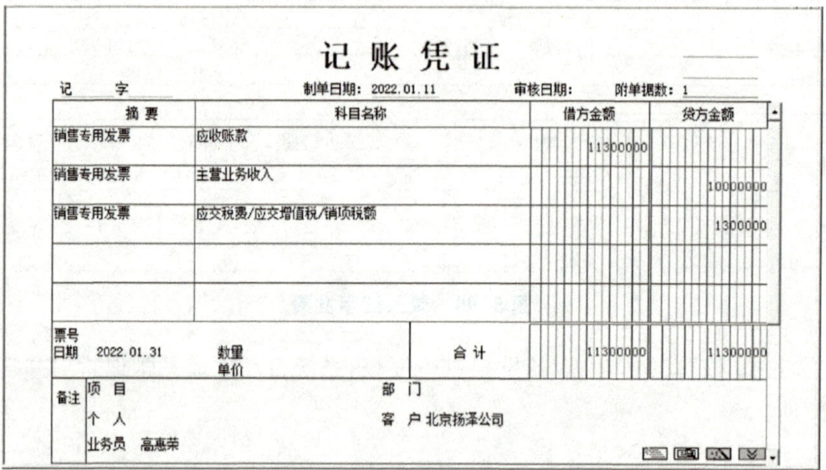

图 5-93　红字发票制单

10. 由会计刘明在存货核算系统中进行单据记账并制单,如图 5-94 所示。

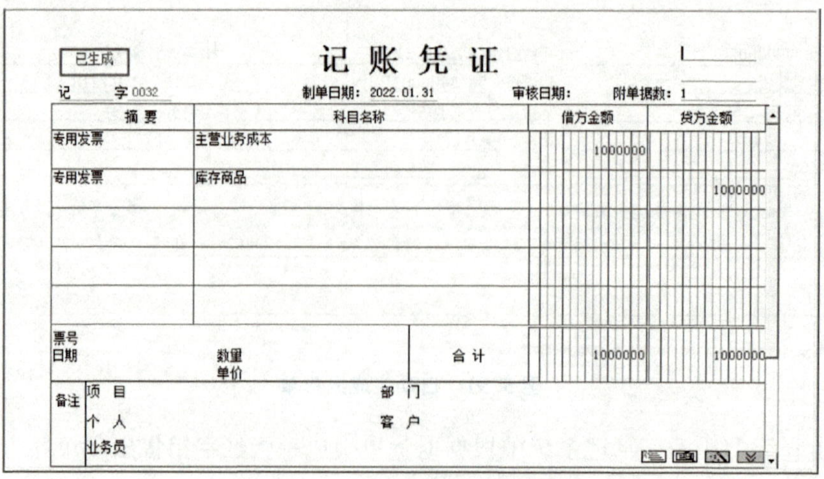

图 5-94　红字销售出库单制单

11. 由会计刘明在应收款管理系统中进行红票对冲。

四、分期收款发出商品及现结业务

分期收款发出商品业务的订货、发货、出库、开票等处理与普通销售业务相同，只是业务类型应选择“分期收款”，具体操作步骤如下：

1. 由销售员在销售管理系统中填制销售订单并审核，业务类型为“分期收款”。

2. 由销售员在销售管理系统中填制发货单并审核。

(1) 在销售管理系统中执行“销售发货”|“发货单”命令，进入“发货单”填制界面，单击“增加”按钮，弹出“查询条件选择-参照订单”对话框，此时显示的业务类型为“普通销售”，不符合业务要求，所以需要单击“取消”按钮取消参照。

(2) 回到“发货单”录入界面，单击发货单表头的“业务类型”，在右侧的下拉箭头里选择“分期收款”，单击工具栏中的“订单”按钮，弹出“查询条件选择-参照订单”对话框，此时业务类型为“分期收款”，如图 5-95 所示。

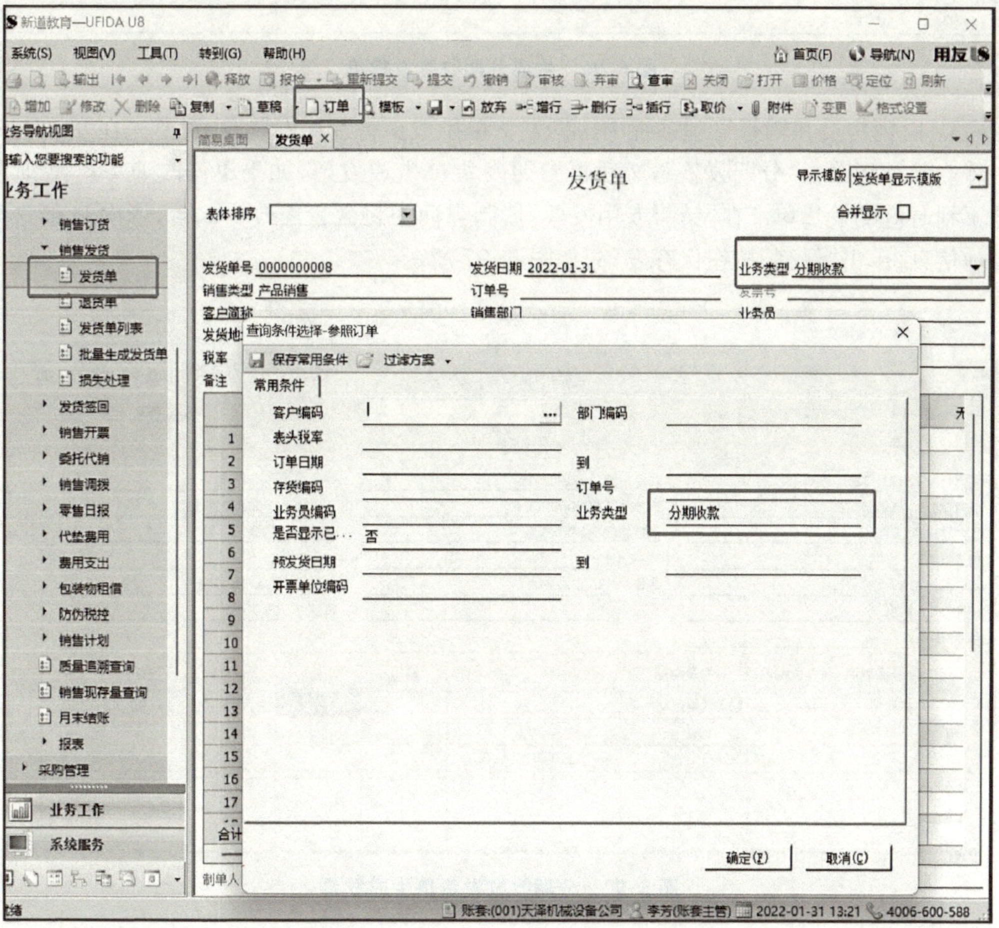

图 5-95 过滤条件选择

(3) 单击“确定”按钮进入“参照生单”界面，双击选择相应单据，单击“确定”按钮完成参照，修改相应单据信息后单击“保存”按钮保存单据，如图 5-96 所示。

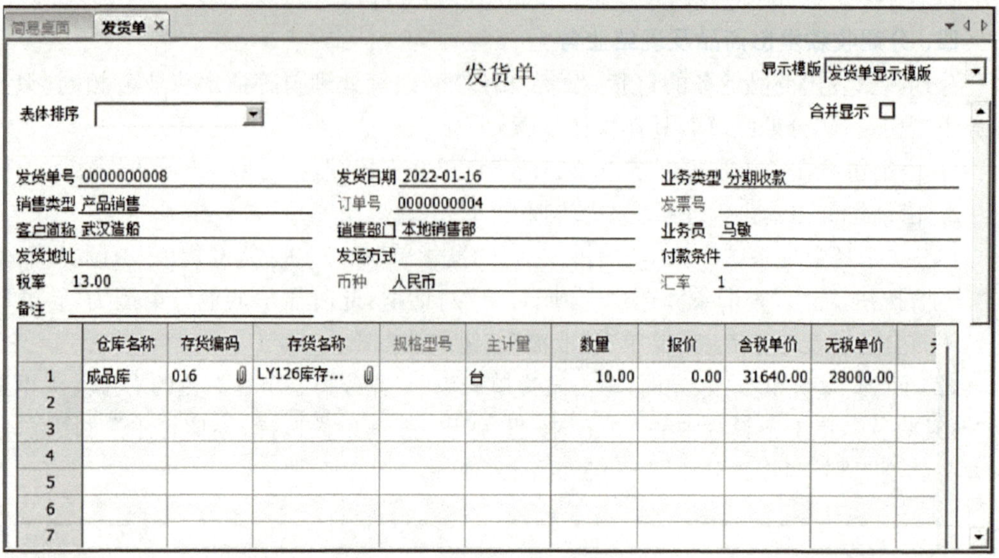

图 5-96 生成分期收款发货单

3. 由销售员在销售管理系统中根据发货单生成销售专用发票，注意要先在发票表头中将业务类型改为“分期收款”，然后再参照发货单生成发票，如果不修改业务类型则参照不到对应的发货单。在“销售专用发票”填制界面中将数量修改为 5 台，依次补充完善其他信息，单击“保存”按钮保存发票，如图 5-97 所示。

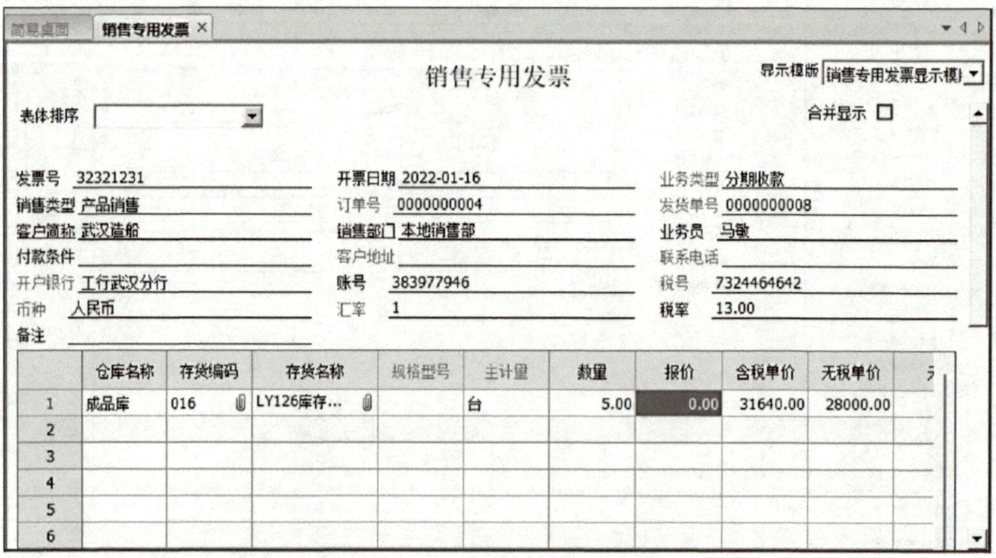

图 5-97 分期收款发货单生成发票

4. 在“销售专用发票”界面单击工具栏中的“现结”按钮，弹出“现结”对话框，录入结算方式、金额和票号，单击“确定”按钮，如图 5-98 所示。此时，发票左上角会出现红色的“现结”印章。

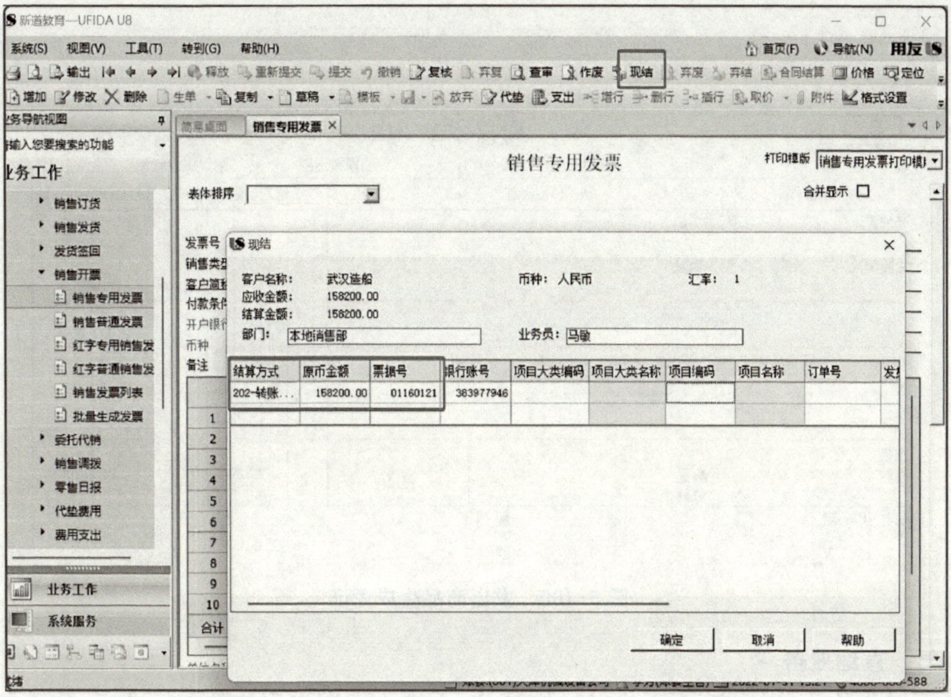

图 5-98　现结

5. 完成发票现结之后，单击"复核"按钮复核发票。

6. 由会计刘明在应收款管理系统中审核发票并制单，在"应收单过滤条件"对话框中选中"包含已现结发票"选项，否则审核时看不到已现结发票。注意：现结业务中生成的凭证借方为银行存款而不是应收账款。

7. 由仓管员在库存管理系统中生成销售出库单并审核。

8. 由会计刘明在存货核算系统中执行"业务核算"|"发出商品记账"命令，对相关单据记账并生成凭证，如图 5-99、图 5-100 所示。

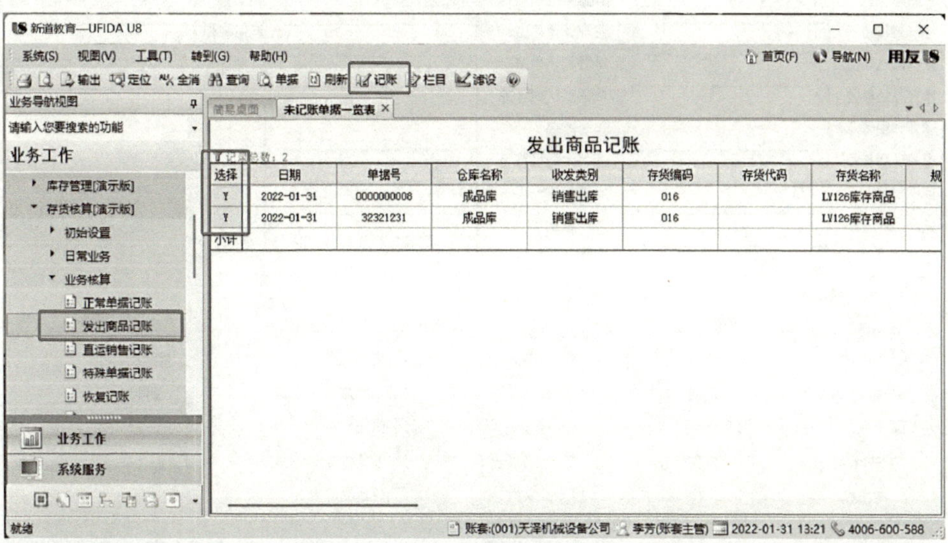

图 5-99　发出商品记账

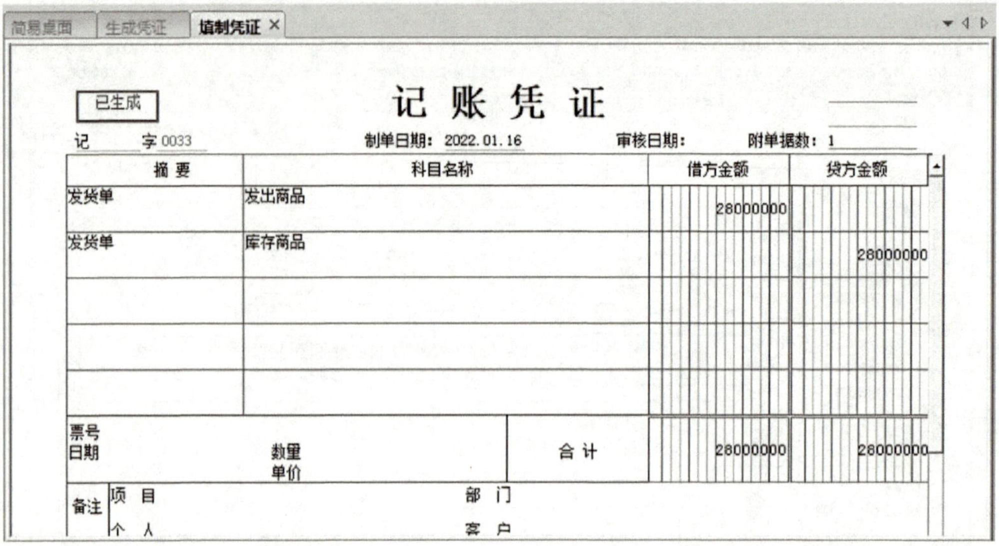

图 5-100 发出商品生成凭证

五、直运业务

直运业务是指由供应商直接发货给客户，无须入库即可完成的购销业务，没有实物的出入库，结算过程通过直运销售发票和直运采购发票进行，具体操作步骤如下：

1. 在企业应用平台中执行“基础设置”|“基础档案”|“存货”|“存货档案”命令，对 LY125 库存商品添加“外购”属性，如图 5-101 所示。

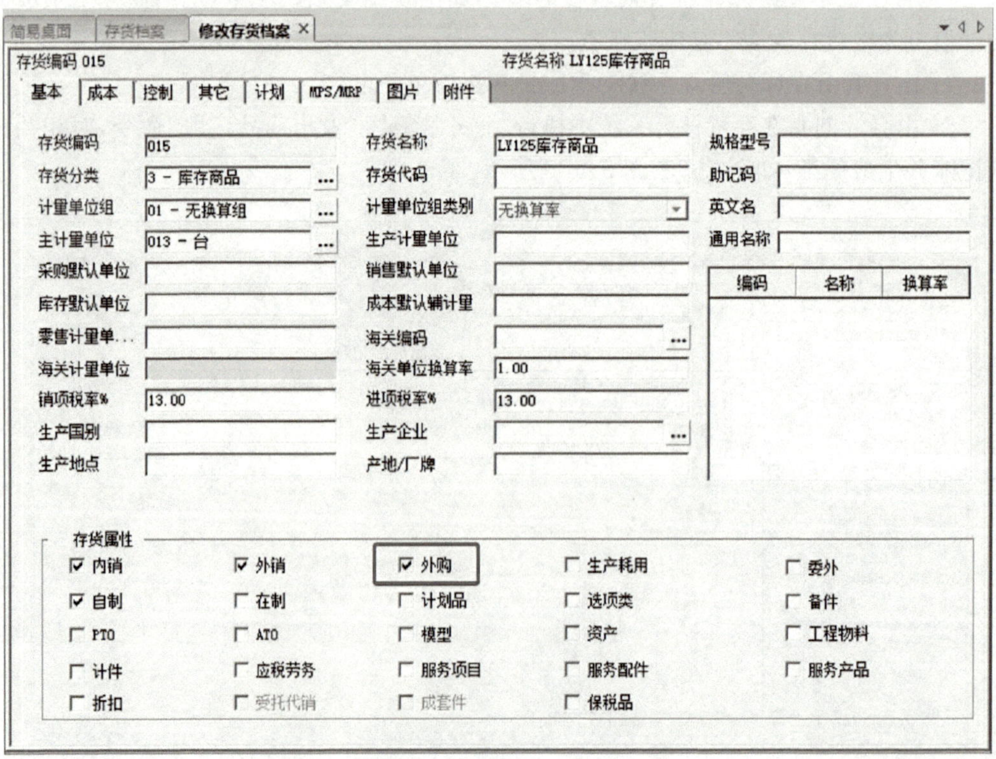

图 5-101 添加存货属性

2. 江西水泥制造厂 1 月 27 日订货时，由销售员在销售管理系统中填制销售订单并审核，业务类型选择“直运销售”，如图 5-102 所示。

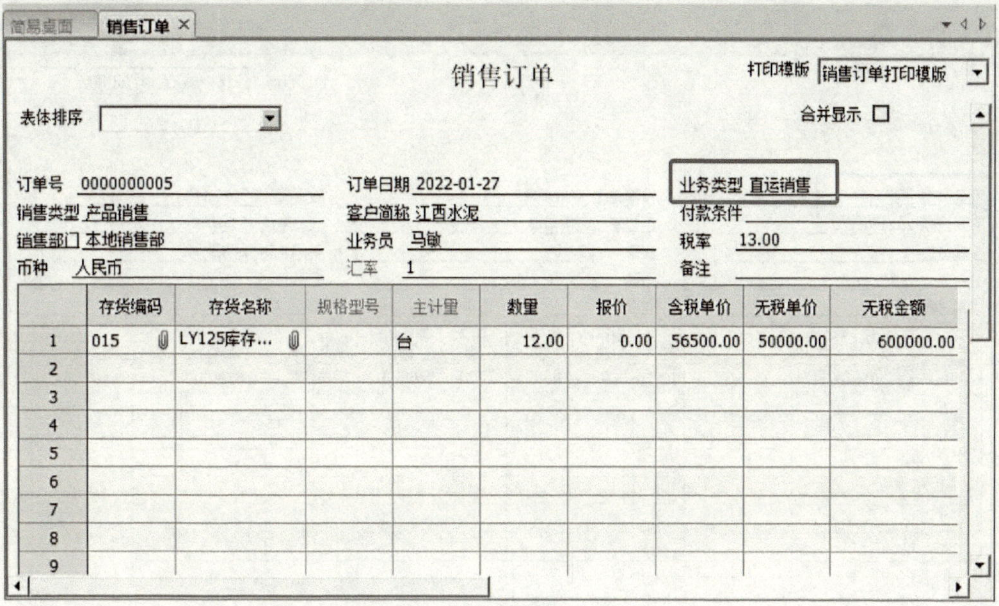

图 5-102　直运销售订单

3. 向南京华丰电子元器件厂进行采购订货时，由采购员在采购管理系统中参照直运销售订单生成直运采购订单。将业务类型修改为“直运采购”后再参照生单，如图 5-103 所示。

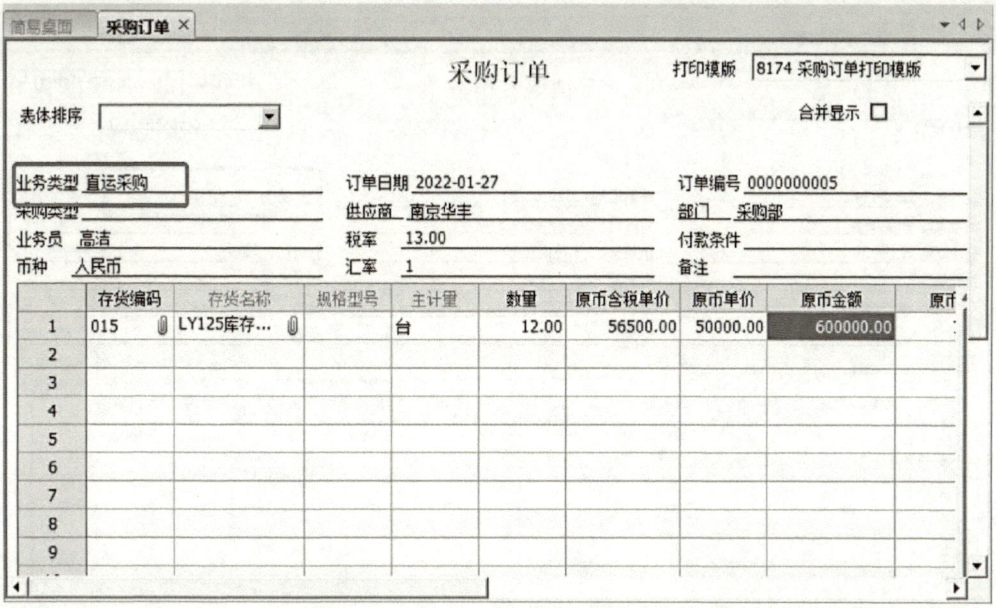

图 5-103　直运采购订单

4. 由采购员在采购管理系统中参照直运采购订单生成直运采购发票，修改业务类型为“直运采购”，如图 5-104 所示。

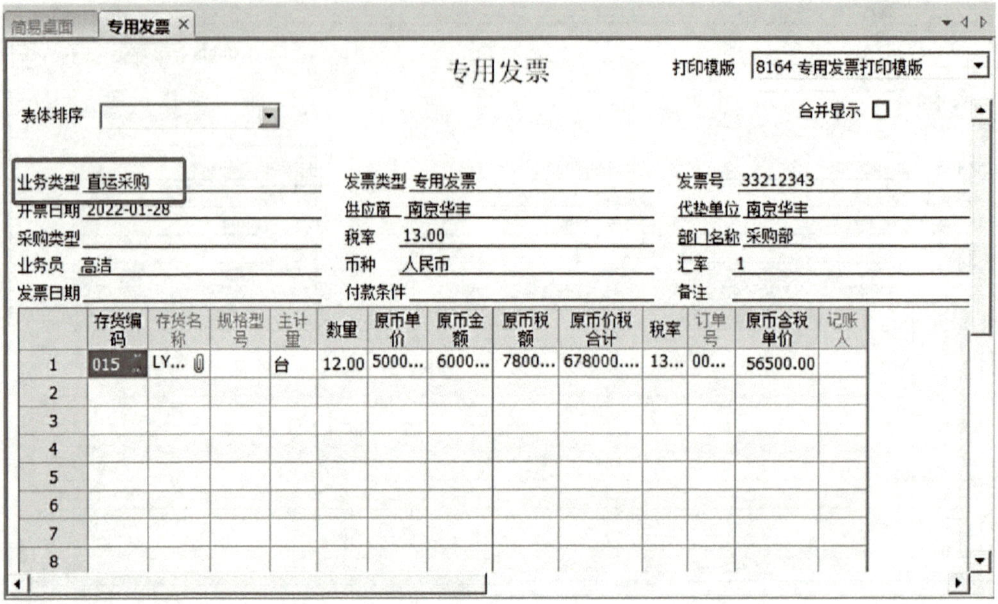

图 5-104　直运采购发票

5. 由销售员在销售管理系统中参照直运销售订单生成直运销售专用发票，如图 5-105 所示。

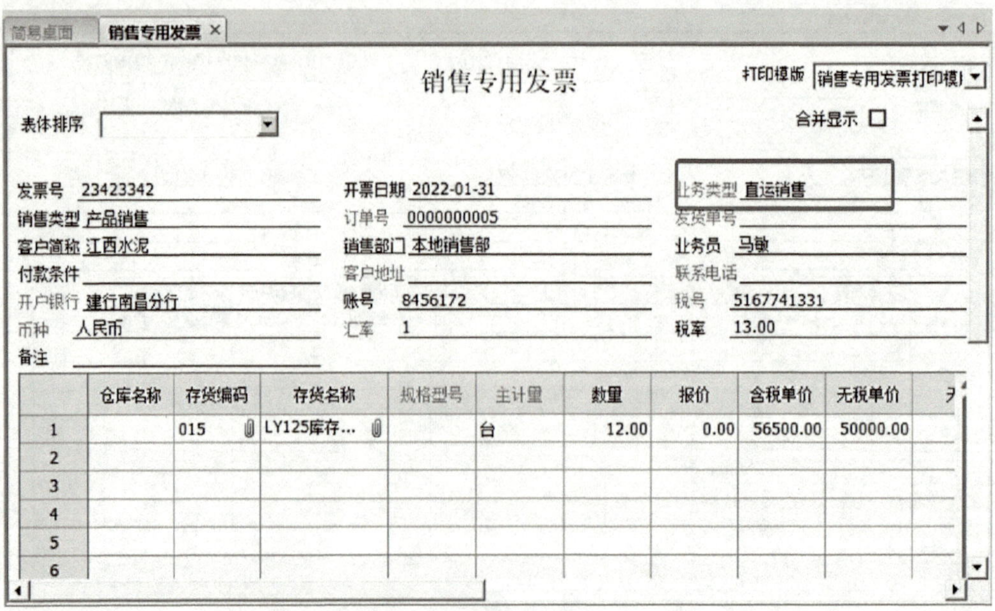

图 5-105　直运销售发票

注意：

(1) 在直运业务中需要开具销售专用发票的客户，必须在客户档案中输入税号，否则只能开具普通销售发票。

(2) 如果选择了“直运业务必有订单”，则直运销售发票和直运采购发票都只能参照销售订单生成；如不选择，则直运采购发票和直运销售发票可以互相参照。

(3) 直运销售发票与直运采购发票都不能录入仓库。

(4) 直运销售发票不能录入受托代销属性的存货。

6. 由会计刘明在应收款管理系统中对直运销售发票进行审核并制单。

7. 由会计刘明在应付款管理系统中对直运采购发票进行审核，但不制单。在审核过滤界面注意选中“未完全报销”复选框。

注意：

(1) 直运采购发票在应付款管理系统中进行审核，但不能在此制单，制单操作在存货核算系统中进行。

(2) 直运销售发票在应收款系统中审核并制单，其销售成本的结转在存货核算系统中进行。

8. 由会计刘明在存货核算系统中执行“业务核算”|“直运销售记账”命令，打开“直运采购发票核算查询条件”对话框，如图 5-106 所示。

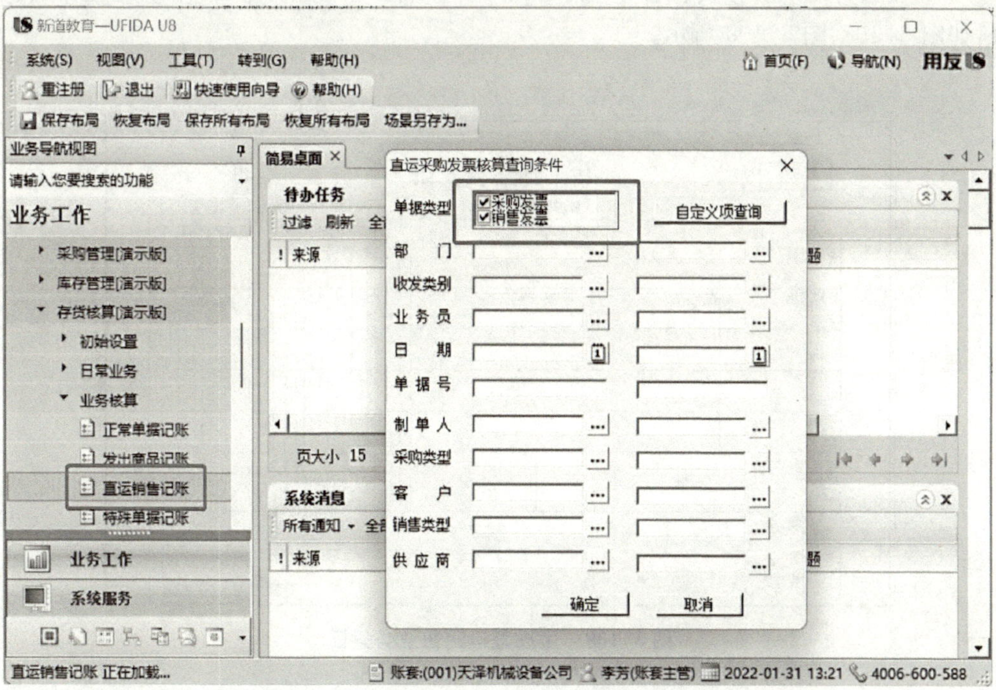

图 5-106　“直运采购发票核算查询条件”对话框

9. 选择需要记账的单据类型,单击“确定”按钮后进入“直运销售记账”窗口,选择需要记账的单据,或单击“全选”按钮选中所有单据,单击“记账”按钮,系统自动记账并弹出“记账成功。”提示,如图 5-107 所示。

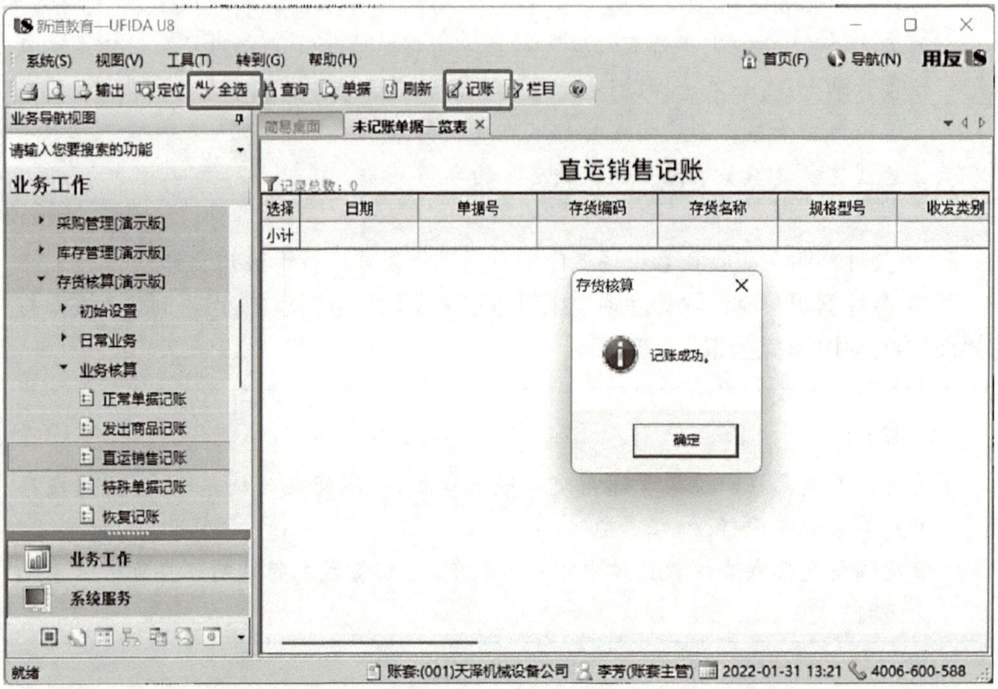

图 5-107 直运单据记账

10. 由会计刘明在存货核算系统中执行“财务核算”|“生成凭证”命令,生成相关凭证,如图 5-108、图 5-109 所示。

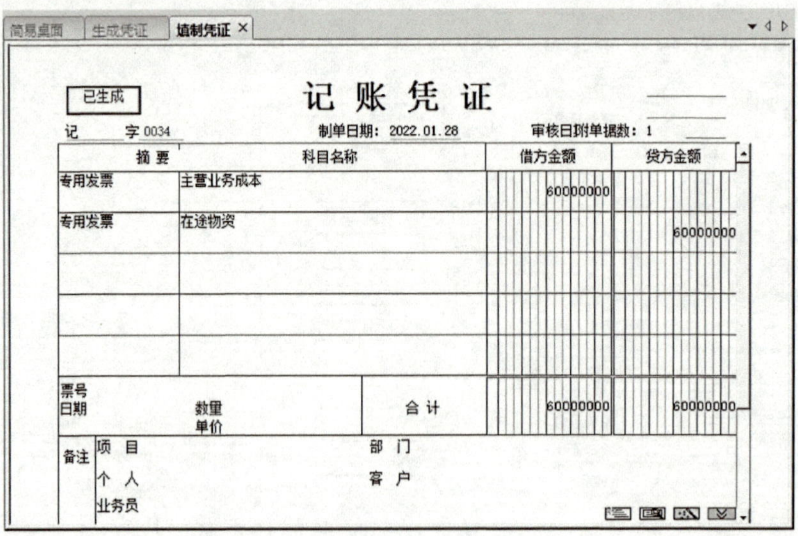

图 5-108 生成直运销售业务凭证

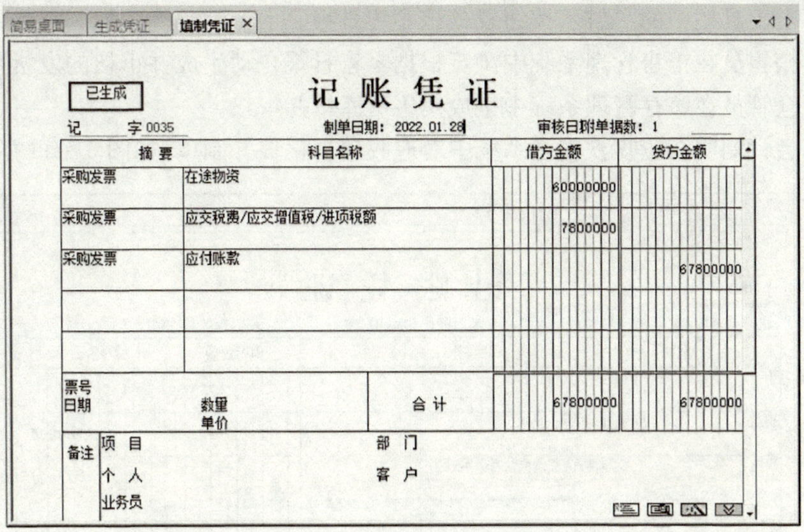

记账凭证

已生成

记　字 0035　　制单日期：2022.01.28　　审核日期　附单据数：1

摘要	科目名称	借方金额	贷方金额
采购发票	在途物资	60000000	
采购发票	应交税费/应交增值税/进项税额	7800000	
采购发票	应付账款		67800000
票号 日期　数量 单价	合计	67800000	67800000

备注　项目　部门　个人　客户　业务员

图 5-109　生成直运采购业务凭证

注意：

(1) 根据直运采购发票或直运销售发票计入明细账时，仓库和所属部门均为空。

(2) 与普通采购业务不同，直运采购发票制单时借方科目取存货对应科目，贷方科目取结算方式对应的科目。

六、零售日报业务

零售日报业务是指将商品销售给零售客户的销售业务，业务处理流程跟普通销售业务类似，具体操作步骤如下：

1. 由销售员在销售管理系统中执行“零售日报”|“零售日报”命令，根据业务内容填制零售日报并保存，单击工具栏中的“现结”按钮，填写支付方式、原币金额、票号等信息进行现结，如图 5-110 所示。

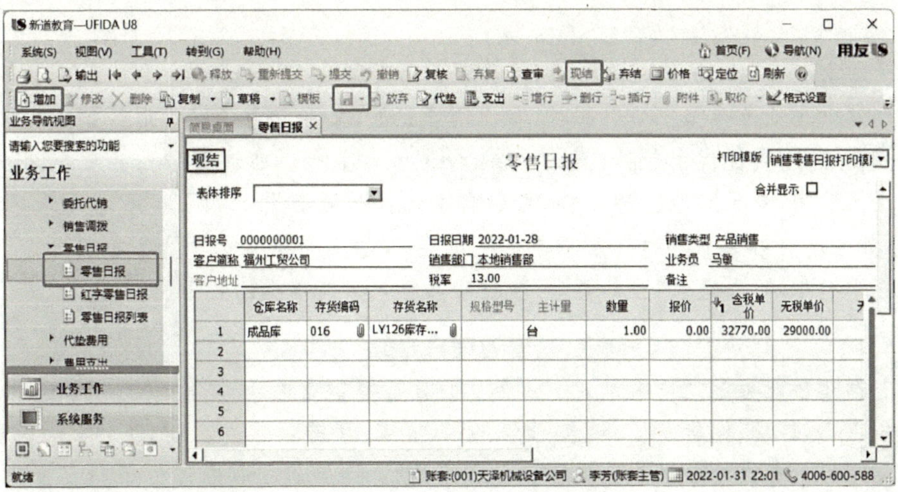

图 5-110　填制零售日报

2. 单击工具栏中的“复核”按钮复核该零售日报。

3. 由销售员在销售管理系统中浏览根据零售日报自动生成并审核的发货单。

4. 由仓管员在库存管理系统中生成销售出库单并审核。

5. 由会计刘明在应收款管理系统中对应收单据审核并制单,如图 5-111 所示。

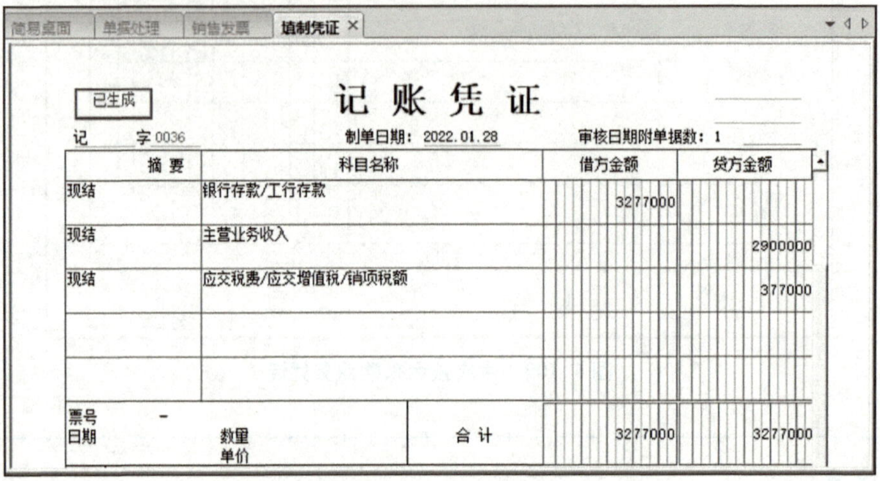

图 5-111 零售日报生成凭证

6. 由会计刘明在存货核算系统中执行正常单据记账,选择“销售日报”进行记账并生成凭证。

注意:

(1) 零售日报默认税率为 0,可以修改。

(2) 一张零售日报生成的发货单可以分仓库生成多张销售出库单。

(3) 根据复核后的零售日报生成的发货单不能修改、删除,只能查询。

【知识拓展】

销售管理业务类型

销售管理业务类型主要有四种:普通销售业务,又可分为先发货后开票业务、开票直接发货业务;委托代销业务;直运业务;分期收款业务。在这四种业务中,普通销售默认必须启用,对于其他三种业务,可以自主选择是否启用。如果启用则显示相关的菜单,如果不启用则不显示相关菜单。可以在“设置”|“销售选项”|“业务控制”中启用。在单据中,可以通过“业务类型”数据项来标识当前单据的业务类型。

普通销售业务

普通销售业务模式适用于大多数企业的日常销售业务,与其他系统一起提供对销售报价、销售订货、销售发货、销售开票、销售出库、结转销售成本、销售收款结算的全过程处理。也可以根据企业的实际业务应用,结合本系统对销售流程进行灵活配置。

在销售业务处理中，销售报价单、销售订单为可选单据，可以使用，也可以不使用。在实际业务中也可以不使用销售发货单，即开票直接发货，系统根据销售发票直接生成销售发货单、销售出库单。在普通销售必有订单的模式下发货单、发票不可手工填制。

普通销售业务流程如下：

1. 销售报价

销售报价指企业向客户提供货品、规格、价格、结算方式等信息，双方达成协议后，销售报价单可以转为有法律效力的销售合同或销售订单。在销售业务处理流程中，销售报价环节是可省略的。销售报价的主要工作就是录入销售报价单并进行批量处理，同时在报价单列表中可以查询相关信息。

2. 销售预订单

预订单是指非正式的、客户有意向的销售订单，用于给计划人员来判断企业是否能满足此订单。计划人员可以对预订单进行 ATP（Available To Promise，可承诺量）交期模拟，模拟完成后给出模拟结果，如果认为订单可以满足，则审批预订单，并在销售系统根据预订单生成正式的销售订单。

3. 销售订货

销售订货处理是指企业与客户签订销售合同，在系统中体现为销售订单。若客户经常采购某产品，或客户是企业的经销商，则销售部门无须经过报价环节即可输入销售订单。如果前面已有对客户的报价，也可以参照报价单生成销售订单。在销售业务处理流程中，订货环节也是可选的。

4. 销售发货

当客户订单交期来临时，相关人员应根据订单进行发货。销售发货是企业执行与客户签订的销售合同，将货物发给客户的行为，是销售业务的执行阶段。除了根据销售订单发货外，销售管理系统也有直接发货的功能，无须事先录入销售订单即可以随时将产品发给客户。在销售业务处理流程中，销售发货处理是必需的。

先发货后开票模式中发货单由销售部门根据销售订单填制或手工输入，发货单审核后可以生成销售发票和销售出库单。开票直接发货模式中发货单由销售发票自动生成，发货单只能浏览，不能进行修改、删除、弃审等操作，但可以关闭和打开，销售出库单根据自动生成的发货单生成。

5. 发货签回

发货签回单是客户在收到货物以后在发货单上签署的确认凭证。发货单是客户方给销售方签收货物的凭据。

6. 销售出库

销售出库是销售业务处理的必需环节。在销售管理系统或者库存管理系统中需要填制或者生成销售出库单，用于存货出库数量核算，在存货核算系统中进行单据记账并生成凭证，用于存货出库成本核算。根据参数设置的不同，销售出库单可在销售管理系统生成，也可以在库存管理系统生成。如果由销售管理系统生成出库单，只能一次销售全部出库，而由库存管理系统生成出库单，可实现一次销售分次出库。

7. 销售开票

销售开票是在销售过程中企业给客户开具销售发票及其所附清单的过程，它是销售收入确认、销售成本计算、应交销售税金确认和应收账款确认的依据，是销售业务的必需环节。销售发票既可以直接填制，也可以参照销售订单或销售发货单生成。参照发货单开票时，多张发货单可以汇总开票，一张发货单也可拆单生成多张销售发票。

8. 销售收款结算

在应收款管理系统对销售发票进行审核并制单，及时进行应收账款确认及收款处理是财务核算工作的基本要求。应收款管理系统主要完成对经营业务转入的应收款项的处理，提供各项应收款项的相关信息，明确应收账款款项来源，有效掌握应收款核销情况，提供适时的催款依据，提高资金周转率。

9. 结转销售成本

销售出库(开票)之后，要进行出库成本的确认。对于使用移动平均、个别计价等方式计价的存货，在存货核算系统进行单据记账时进行出库成本核算；而使用全月平均、计划价/售价法计价的存货，在期末处理时进行出库成本核算。

普通销售业务的具体流程如图 5-112 所示。

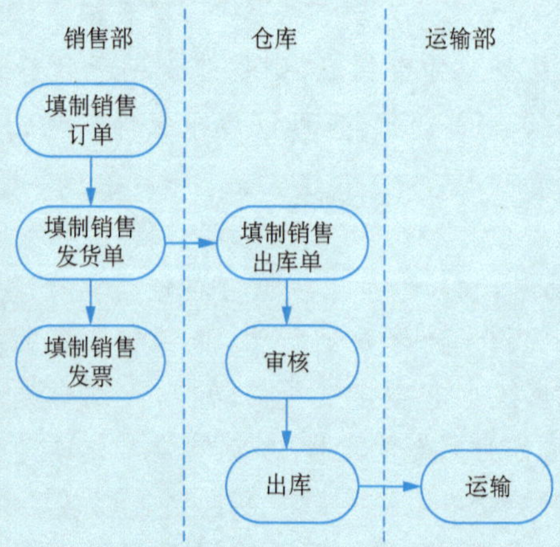

图 5-112　普通销售业务流程

委托代销业务

委托代销业务指企业将商品委托给他人进行销售但商品所有权仍归本企业的销售方式，委托代销商品销售后，受托方与企业进行结算并开具正式的销售发票，形成销售收入，商品所有权转移。委托代销业务只能先发货后开票，不能开票直接发货，具体操作步骤如下：

1. 参数设置

销售管理：单击“设置”|“销售选项”|“业务控制”|“启用委托代销业务”，委托代销必有订单。

库存管理：单击“初始设置”|“选项”|“通用设置”|“有无委托代销业务”。

参数设置可以在库存管理系统进行，也可以在销售管理系统进行，在其中一个系统进行设置，会同时改变在另一个系统的选项。

2. 单据流程

进行委托代销业务需依次填写以下单据。销售报价:业务类型选择“委托代销”。销售订货:业务类型选择“委托代销”。

(1) 单击“委托代销”|“委托代销发货单”。

(2) 单击“委托代销”|“委托代销退货单”。

(3) 单击“委托代销”|“委托代销结算单”。

(4) 单击“委托代销”|“委托代销结算退回”。

(5) 单击“委托代销”|“委托代销调整单”。

(6) 单击“委托代销”|“委托代销结算价调整”。

(7) 单击“委托代销”|“委托代销发货单列表”。

(8) 单击“委托代销”|“委托代销结算单列表”。

(9) 单击“销售开票”|“销售发票:将业务类型为“委托代销”的发票进行复核、弃复。

(10) 单击“销售开票”|“销售发票列表”选择业务类型为“委托代销”的发票。

(11) 单击“报表”|“统计表”|“委托代销统计表”。

(12) 单击“报表”|“明细表”|“委托代销明细账”。

3. 业务流程

(1) 销售部门制订销售计划,销售人员按照销售计划签订委托代销合同或协议,填制委托代销订单。

(2) 销售部门根据委托代销订单填制委托代销发货单并审核。

(3) 销售部门通知仓库备货,仓库根据生成的销售出库单出库。

(4) 客户(受托方)接收货物。

(5) 受托方售出代销商品后,开具售出清单。

(6) 销售部门根据客户的售出清单开具委托代销结算单。

(7) 结算单审核后,系统生成销售发票。

(8) 销售发票传递到应收款管理系统进行收款结算。

委托代销业务的具体流程如图 5-113 所示。

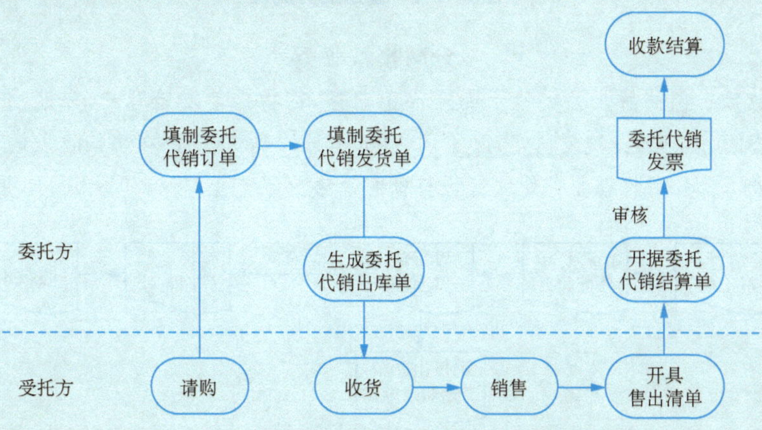

图 5-113 委托代销业务流程

直运业务

直运业务是指产品无须入库即可完成的购销业务，由供应商直接将商品发给企业的客户。结算时，由购销双方分别与企业结算。

直运业务包括直运销售业务和直运采购业务。没有实物的出入库，货物流向是直接从供应商到客户，财务结算通过直运销售发票、直运采购发票进行，具体操作步骤如下：

1. 系统参数设置

销售管理系统的直运业务选项会影响采购管理系统的直运业务选项。

(1) 单击“设置”|“销售选项”|“业务控制”|“启用直运销售业务”。

(2) 单击“设置”|“销售选项”|“业务控制”|“直运销售必有订单”。

(3) 单击“设置”|“采购选项”|“业务及权限控制”|“业务选项”|“直运业务必有订单”，显示销售系统相应选项，不可修改。

2. 业务流程

(1) 单击“销售管理”|“销售报价”，业务类型选择“直运销售”。

(2) 单击“销售管理”|“销售订货”，业务类型选择“直运销售”。

(3) 单击“销售管理”|“销售开票”，业务类型选择“直运销售”。

(4) 单击“采购管理”|“订货”，业务类型选择“直运采购”。

(5) 单击“采购管理”|“发票”，根据实际情况选择专用采购发票或普通采购发票，业务类型选择“直运采购”。

直运业务的具体流程如图 5-114 所示。

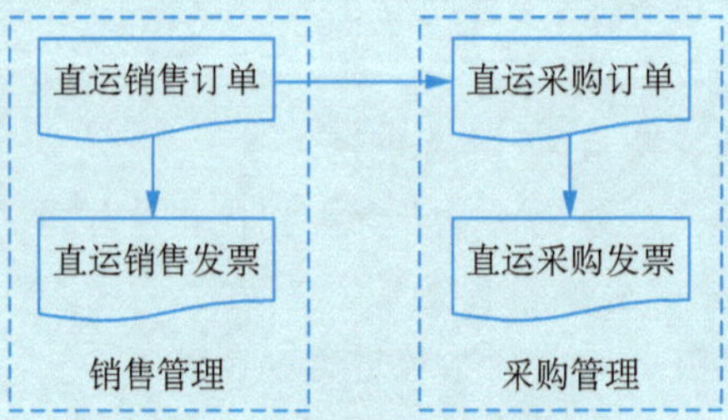

图 5-114 直运业务流程

分期收款业务

分期收款发出商品业务类似于委托代销业务，货物提前发给客户，分期收回货款。分期收款销售的特点是：一次发货，当时不确认收入，分次确认收入，在确认收入的同时按一定比例转为成本。分期收款业务处理流程与普通销售业务流程类似，如图 5-115 所示。

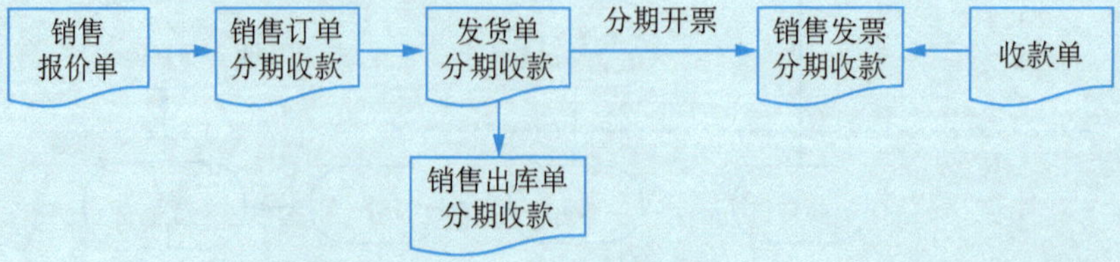

图 5-115 分期收款业务流程

销售调拨业务

销售调拨一般是处理集团企业内部有销售结算关系的销售部门或分公司之间的销售业务。与销售开票相比，销售调拨业务不涉及销售税金。销售调拨业务必须在当地税务机关许可的前提下使用，否则处理内部销售调拨业务必须开具发票，具体操作步骤如下：

1. 系统参数设置

单击“设置”|“销售选项”|“业务控制”|“启用销售调拨业务”。

2. 菜单路径

(1)“销售调拨”|“销售调拨单”。

(2)“销售调拨”|“红字销售调拨单”。

(3)“销售调拨”|“销售调拨单列表”。

(4)“报表”|“统计表”|“销售统计表”。

(5)“报表”|“明细表”|“销售收入明细账”。

(6)“报表”|“明细表”|“销售明细表”。

3. 业务流程

(1) 企业开具销售调拨票据。

(2) 对销售调拨单进行复核。

(3) 系统自动生成销售发货单。

(4) 根据选项在销售管理系统或库存管理系统生成销售出库单。

(5) 仓库根据销售出库单进行备货和出库。

(6) 销售调拨单传递到应收款管理系统进行收款结算。

销售调拨业务的具体流程如图 5-116 所示。

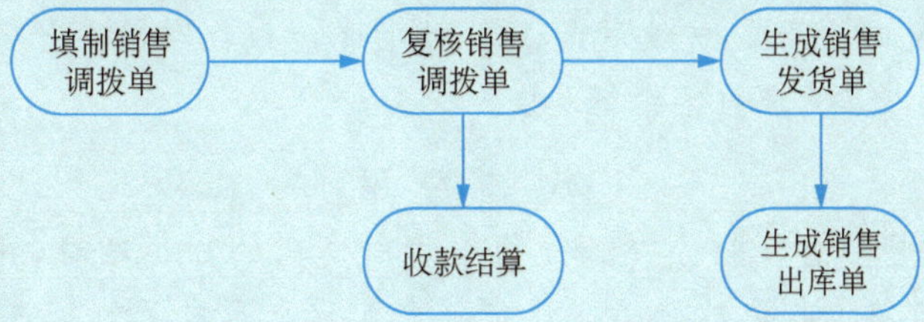

图 5-116 销售调拨业务流程

零售业务

零售业务指商业企业用户将商品销售给零售客户的销售业务，用友 ERP-U8V10.1 软件系统通过零售日报的方式接收用户的零售业务原始数据。零售日报不是原始的销售单据，而是零售业务数据的每日汇总。零售业务主要针对批零兼营的业务，例如，采用专卖店、专业店面向最终消费者完成销售的业务，利用零售日报实现零售数据的收集，具体操作步骤如下：

1. 系统参数设置

单击“设置”|“销售选项”|“业务控制”|“启用零售日报业务”。

2. 菜单路径

(1)“零售日报”|“零售日报”。

(2)“零售日报”|“红字零售日报”。

(3)“零售日报”|“零售日报列表”。

(4)“报表”|“统计表”|“销售统计表”。

(5)“报表”|“明细表”|“销售收入明细账”。

(6)“报表”|“明细表”|“销售明细表”。

销售退货业务

销售退货业务是指客户因货物质量、品种、数量不符合要求或者其他原因,将已购货物退回给本单位的业务。销售退货业务的业务规则如下:

(1) 销售退货与正常销售的流程基本相同。

(2) 参照订单生成的退货单、直接填制的退货单可以生成发票。

(3) 参照发货单生成退货单,退货单冲减发货单的发货数量,退货单不能生成发票。默认退货数量=开票数量+已退货数量-原发货单数量,默认退货数量可修改,但不可超过原发货单的数量。默认退货数量小于等于零时,不可参照。

(4) 参照发货单生成红字发票:默认红字开票数量=开票数量+已退货数量-原发货单数量,默认红字开票数量可修改,修改数量没有限制;默认红字开票数量小于等于零时,不可参照。

(5) 换货:货物发出后客户要求换货,需要先按照客户要求退货的货物开退货单,然后按照客户所换的货物开发货单。

(6) 销售退货时未开票未出库:直接修改或作废发货单。

(7) 销售退货时已开票:先填写退货单,退货单生成红字销售出库单,到库房办理入库手续,根据退货单开具红字销售发票。

代垫费用

代垫费用是指在销售业务中随货物销售所发生的如运杂费、保险费等暂时代垫、将来需向对方单位收取的费用。代垫费用实际上形成了对客户的应收款,代垫费用的收款核销由应收款管理系统来处理,本系统仅对代垫费用的发生情况进行登记。

费用支出

费用支出是指在销售业务中随货物销售所发生的为客户支付的业务执行费。销售费用支出处理的目的是让企业掌握用于某客户费用支出的情况,以及承担这些费用的销售部门或业务员的情况。费用支出作为对销售部门或业务员的销售费用和经营业绩的考核依据,仅用作销售费用的统计单据,与其他产品没有传递或关联关系。

包装物租借

在销售业务中，有的企业随货物销售提供包装物(或其他物品如搬运工具等，本系统中统称为包装物)租借业务，将包装物出租、出借给客户使用，企业对客户收取包装物押金。此时，需要在“业务”|“包装物租借”|“包装物租借登记”中进行登记，归还时在“业务”|“包装物租借”|“包装物退回登记”中登记，同时生成包装物租借统计表。

客户根据发货单、发票租用或借用包装物并缴纳押金，销售部门收取押金并通知仓库进行包装物出库。客户使用完包装物后须退还包装物，由企业办理包装物入库，核销客户的包装物租借数量余额，进行押金退款，冲减客户的押金余额。

任务三 库存业务处理

【任务场景】

天泽机械设备公司在完成库存初始设置后，决定自本月起启用库存管理系统进行材料日常收发业务处理，仓管员需要熟悉库存管理系统的日常操作。库存管理是在物流过程中对商品数量的管理，它接收采购部门采购入库的原材料或商品，并且对生产领料、销售出库进行管理。库存管理系统是用友 ERP-U8V10.1 软件中供应链系统的重要组成部分，能够满足采购入库、销售出库、产成品入库、材料出库、其他出入库、盘点管理等业务需要，提供仓库货位管理、批次管理、保质期管理、出库跟踪入库管理、可用量管理、序列号管理等全面的业务应用，可以单独使用，也可以与其他系统集成使用，发挥更加强大的应用功能。

【任务目标】

1. 掌握材料入库、出库、结存等业务知识；

2. 能够熟练地使用库存管理系统进行材料采购入库、完工入库、销售出库、领用出库等业务处理操作；

3. 熟练掌握系统操作流程及相关单据的填写、审核方法；

4. 养成勤俭节约、艰苦奋斗的职业作风和严谨认真、一丝不苟、廉洁自律、不占不贪的职业道德。

【任务内容】

1. 材料领用业务

(1) 1月4日，装配车间为生产 LY125 库存商品领用 LY125 自制半成品 6 台，为生产 LY126 库存商品领用 LY126 自制半成品 7 台。

(2) 1 月 6 日,装配车间为包装产品领用木箱 65 个。

(3) 1 月 12 日,各部门生产领用材料汇总情况见表 5-1。

表 5-1 生产领用材料汇总表

<table>
<tr><th rowspan="2">原材料
(实物单位)</th><th colspan="3">原料及主要材料</th><th colspan="2">燃 料</th><th colspan="2">辅助材料</th><th colspan="2">外购半成品</th></tr>
<tr><th>铸铁件
(吨)</th><th>铸铝件
(吨)</th><th>钢材
(吨)</th><th>原煤
(千克)</th><th>油漆
(千克)</th><th>润滑油
(千克)</th><th>电动机
(台)</th><th>轴承
(套)</th><th>电器元件
(个)</th></tr>
<tr><td rowspan="3">金工车间</td><td>LY125 半成品</td><td></td><td>3</td><td></td><td></td><td></td><td></td><td></td><td></td></tr>
<tr><td>LY126 半成品</td><td></td><td>7</td><td></td><td></td><td></td><td></td><td></td><td></td></tr>
<tr><td>共用材料</td><td></td><td></td><td>105</td><td></td><td></td><td></td><td></td><td></td></tr>
<tr><td>装配车间</td><td></td><td></td><td></td><td></td><td>1 125</td><td>58</td><td>65</td><td>225</td><td>1 125</td></tr>
<tr><td>供汽车间</td><td></td><td></td><td></td><td>95</td><td></td><td></td><td></td><td></td><td></td></tr>
</table>

2. 完工入库业务

(1) 1 月 3 日,金工车间完工入库 LY125 自制半成品 4 台,LY126 自制半成品 6 台。

(2) 1 月 6 日,装配车间完工入库 LY125 库存商品 6 台,LY126 库存商品 7 台。

(3) 1 月 29 日,装配车间完工入库 LY125 库存商品 9 台,LY126 库存商品 11 台。

3. 调拨业务

1 月 30 日,将成品库中的 LY125 自制半成品 3 台调拨到材料库。

4. 盘点业务

(1) 1 月 31 日,对仓库中的存货进行盘点后发现铸铁件多了 2 吨。经确认,铸铁件成本为每吨 3 000 元。钢材少了 3 吨,每吨成本 8 000 元。

(2) 查明原因后批准盘亏的钢材由仓管员王晶赔偿 60%,其余损失由公司承担。盘盈的铸铁件冲减管理费用。

【任务实施】

一、材料领用业务

采购入库业务和销售出库业务在采购业务和销售业务中均进行了介绍,不再赘述。生产领用材料的业务流程和销售出库业务类似,具体操作步骤如下:

1. 由仓管员执行“开始”|“程序”|“用友 ERP-U8V10.1”|“企业应用平台”命令,或双击桌面上的企业应用平台图标,进入“企业应用平台”。

2. 执行“业务工作”|“供应链”|“库存管理”|“出库业务”|“材料出库单”命令,打开“材料出库单”录入界面。

3. 单击“增加”按钮,根据业务内容依次录入相关数据,单击“保存”按钮保存数据,单击“审核”按钮审核确认单据,如图 5-117 所示。

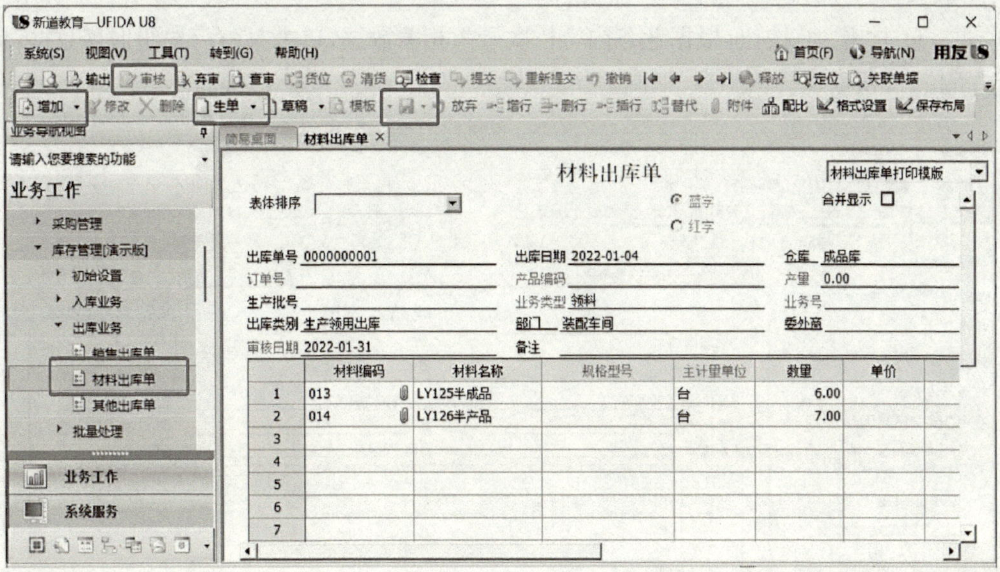

图 5-117　填制材料出库单

此处也可以单击“生成”按钮右侧的下拉箭头，选择由领料申请单或蓝字入库单生成材料出库单。

4. 由会计刘明在存货核算系统中进行单据记账并生成凭证，如图 5-118 所示。

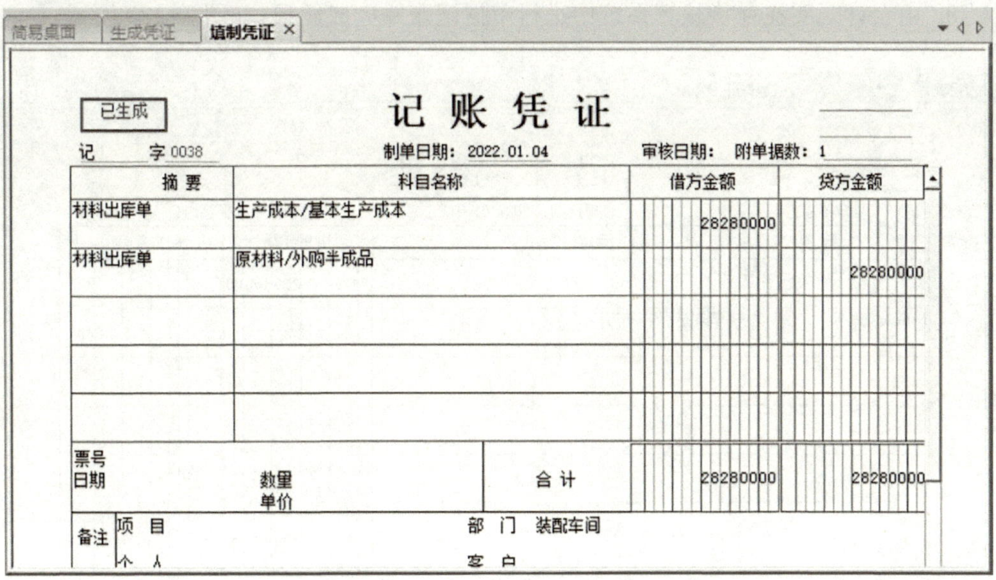

图 5-118　材料出库单生成凭证

重复上述步骤，依次填制其他材料领用的材料出库单并审核、记账、生成凭证。

二、完工入库业务

产成品完工入库业务的处理流程和采购入库业务相似，具体操作步骤如下：

1. 由仓管员在库存管理系统中执行“入库业务”|“产成品入库单”命令，打开“产成品

入库单”录入界面。

2. 单击“增加”按钮，根据业务内容依次录入相关数据，单击“保存”按钮保存数据，单击“审核”按钮审核确认单据，如图 5-119 所示。

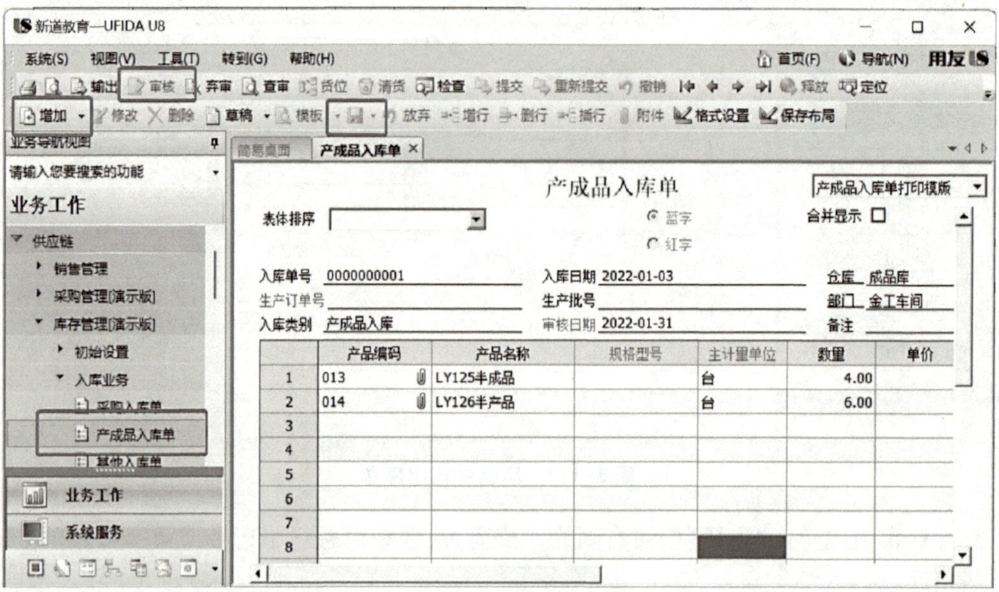

图 5-119 录入产成品入库单

3. 由会计刘明在存货核算系统中进行单据记账并生成凭证，如图 5-120 所示。

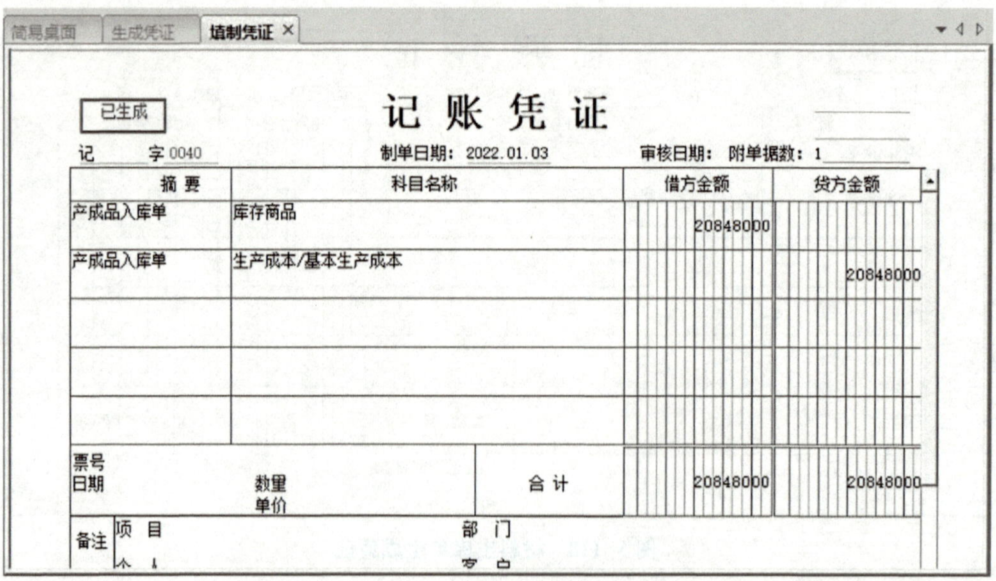

图 5-120 产成品入库单生成凭证

重复上述步骤，依次填制其他业务的产成品入库单并审核、记账、生成凭证。

三、调拨业务

调拨是指存货在仓库之间或者部门之间变迁的业务，具体操作步骤如下：

1. 由仓管员在库存管理系统中执行"调拨业务"|"调拨单"命令，打开"调拨单"窗口。

2. 单击"增加"按钮，依次录入日期、转出仓库、转入仓库、存货等数据，单击"保存"按钮保存数据，单击"审核"按钮审核确认单据，如图 5-121 所示。

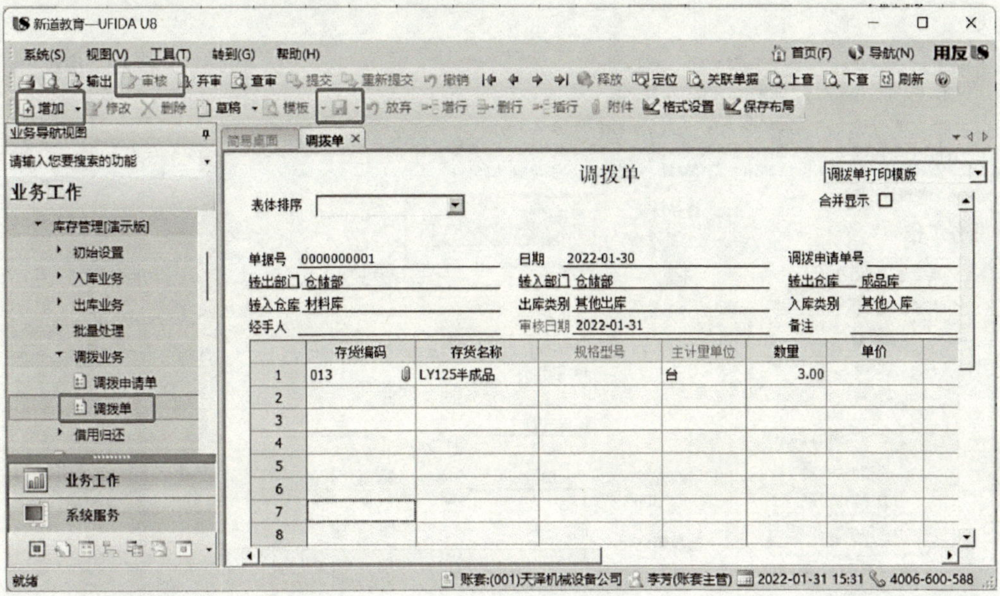

图 5-121　调拨单

3. 调拨单审核之后，在库存管理系统中自动生成其他出库单和其他入库单，需要在库存管理系统中的其他出库单和其他入库单中找到该单据并进行审核，步骤同前，不再赘述，如图 5-122 所示。

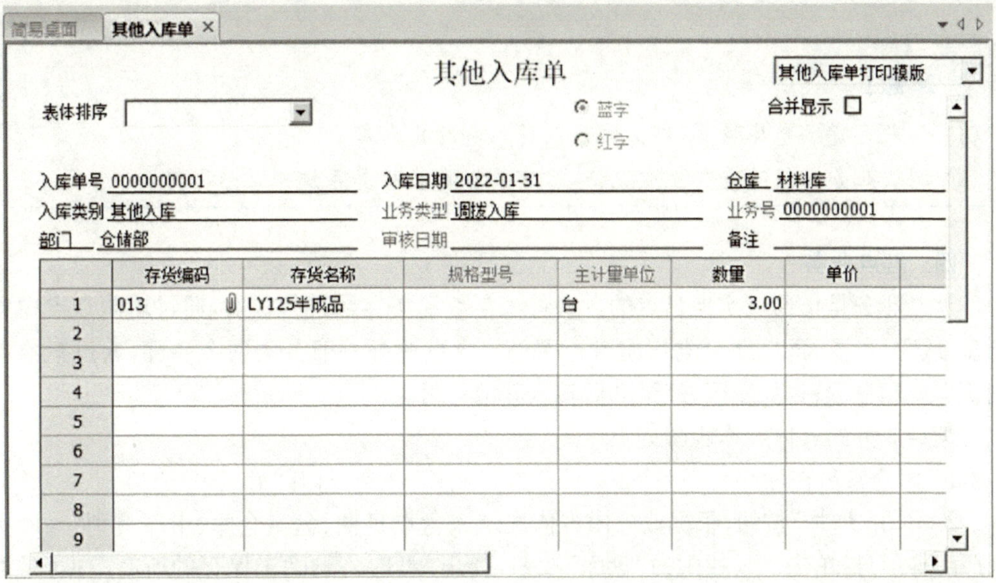

图 5-122　由调拨单生成的其他入库单

4. 由会计刘明在存货核算系统中执行"业务核算"|"特殊单据记账"命令,选择单据类型为"调拨单",如图 5-123 所示。单击"确定"按钮进入单据记账界面,双击选中要记账的单据并进行记账。

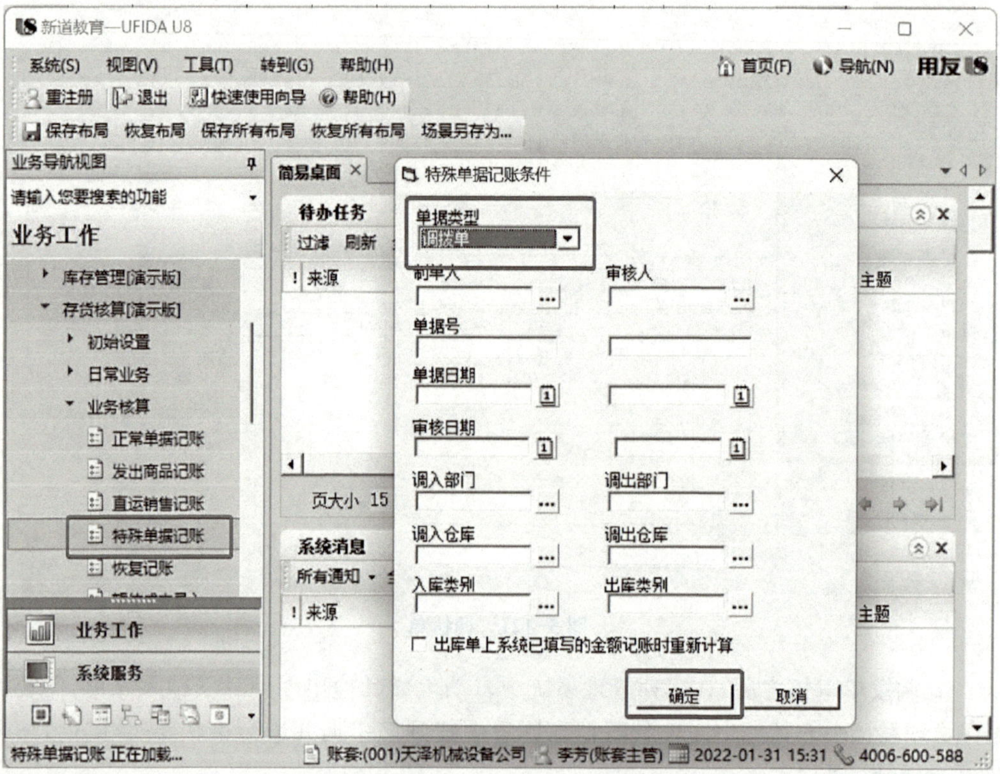

图 5-123 "特殊单据记账"对话框

注意:

(1) 如果存货按仓库核算,则必须录入转入和转出仓库。

(2) 调拨业务一般不需要生成凭证,只需要在存货核算系统中记账即可。

四、盘点业务

盘点业务是指通过实地盘点的方法将账存数和实存数进行核对,通过填制盘点单判断盘亏还是盘盈,再自动生成其他出入库单。盘点业务一般分为两个步骤:通过盘点单确认盘盈和盘亏;查找原因,经批准后转入其他科目。

盘点业务的具体操作步骤如下:

1. 由仓管员在库存管理系统中执行"盘点业务"命令,打开"盘点单"窗口。

2. 单击"增加"按钮,根据业务内容依次录入盘点日期、盘点仓库、出库类别、入库类别部门等信息,单击工具栏中的"盘库"按钮,弹出"盘库将删除未保存的所有单据,是否继续?"提示框,如图 5-124 所示。

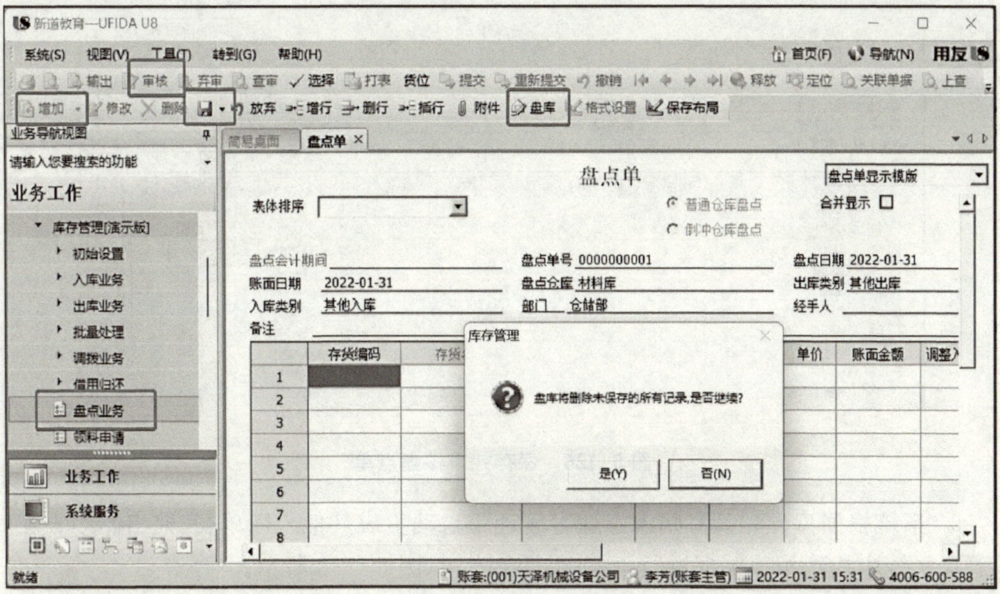

图 5-124　盘点单

3．单击“是”按钮，系统弹出“盘点处理”对话框，选择“按仓库盘点”和“账面为零时是否盘点”，如图 5-125 所示。

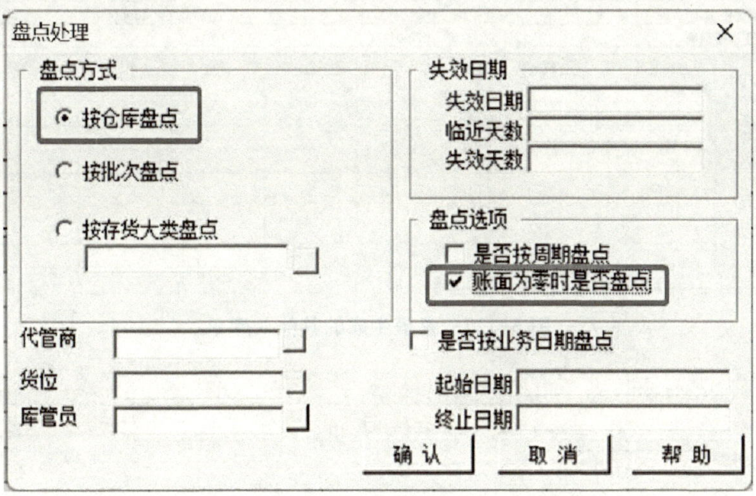

图 5-125　“盘点处理”对话框

4．单击“确认”按钮，系统自动将该仓库中的存货及账面数量逐一列出。通过拖动垂直滚动条和水平滚动条找到盘点数量所在列，依次录入各种材料的盘点数量，如铸铁件盘点数量为 31 吨，钢材盘点数量为 152 吨，其他存货数量均与账面数量相同。

盘点数据录入完毕之后，系统自动出现盈亏数量，盈亏数量为正数说明盘盈，负数说明盘亏。单击“保存”按钮保存数据，单击“审核”按钮审核该盘点单，如图 5-126 所示。

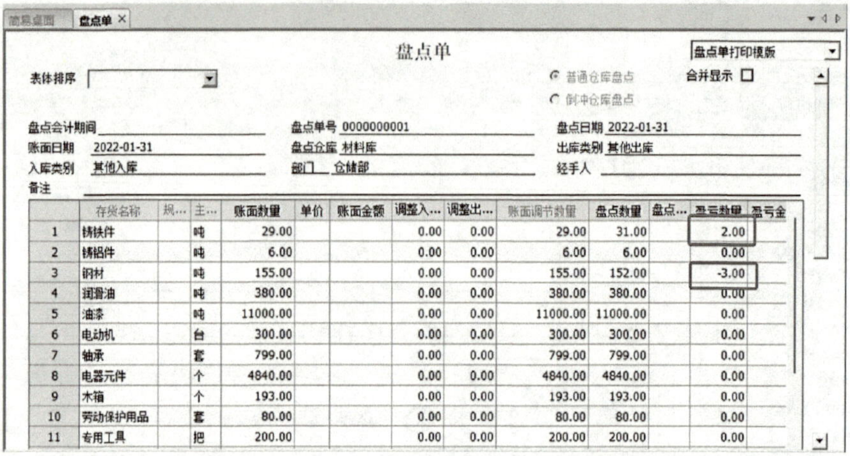

简易桌面 | 盘点单

盘点单

盘点单打印模版

表体排序

普通仓库盘点　倒冲仓库盘点　合并显示

盘点会计期间　盘点单号 0000000001　盘点日期 2022-01-31

账面日期 2022-01-31　盘点仓库 材料库　出库类别 其他出库

入库类别 其他入库　部门 仓储部　经手人

备注

	存货名称	规…	主…	账面数量	单价	账面金额	调整入…	调整出…	账面调节数量	盘点数量	盘点…	盈亏数量	盈亏金
1	铸铁件		吨	29.00			0.00	0.00	29.00	31.00		2.00	
2	铸铝件		吨	6.00			0.00	0.00	6.00	6.00		0.00	
3	钢材		吨	155.00			0.00	0.00	155.00	152.00		-3.00	
4	润滑油		吨	380.00			0.00	0.00	380.00	380.00		0.00	
5	油漆		吨	11000.00			0.00	0.00	11000.00	11000.00		0.00	
6	电动机		台	300.00			0.00	0.00	300.00	300.00		0.00	
7	轴承		套	799.00			0.00	0.00	799.00	799.00		0.00	
8	电器元件		个	4840.00			0.00	0.00	4840.00	4840.00		0.00	
9	木箱		个	193.00			0.00	0.00	193.00	193.00		0.00	
10	劳动保护用品		套	80.00			0.00	0.00	80.00	80.00		0.00	
11	专用工具		把	200.00			0.00	0.00	200.00	200.00		0.00	

图 5-126　保存并审核盘点单

5. 系统根据盘盈和盘亏情况在库存管理中自动生成其他入库单、其他出库单。在库存管理系统中找到相应单据进行审核,如图 5-127、图 5-128 所示。

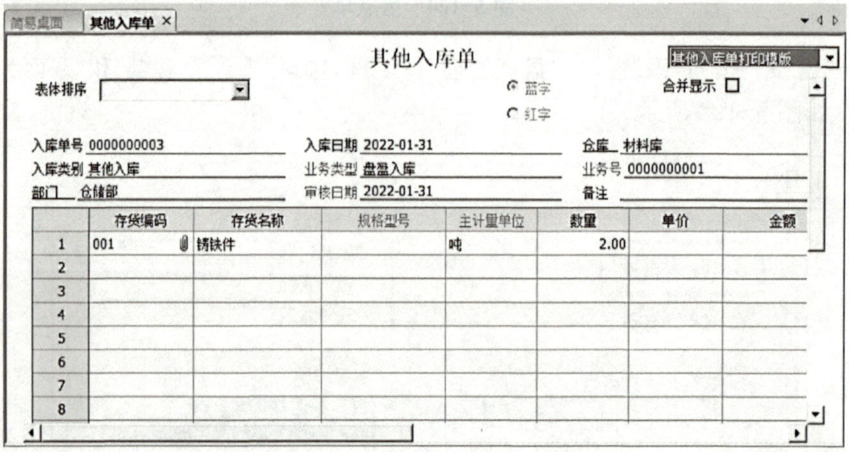

简易桌面 | 其他入库单

其他入库单

其他入库单打印模版

表体排序

蓝字　红字　合并显示

入库单号 0000000003　入库日期 2022-01-31　仓库 材料库

入库类别 其他入库　业务类型 盘盈入库　业务号 0000000001

部门 仓储部　审核日期 2022-01-31　备注

	存货编码	存货名称	规格型号	主计量单位	数量	单价	金额
1	001	铸铁件		吨	2.00		
2							
3							
4							
5							
6							
7							
8							

图 5-127　盘盈生成的其他入库单

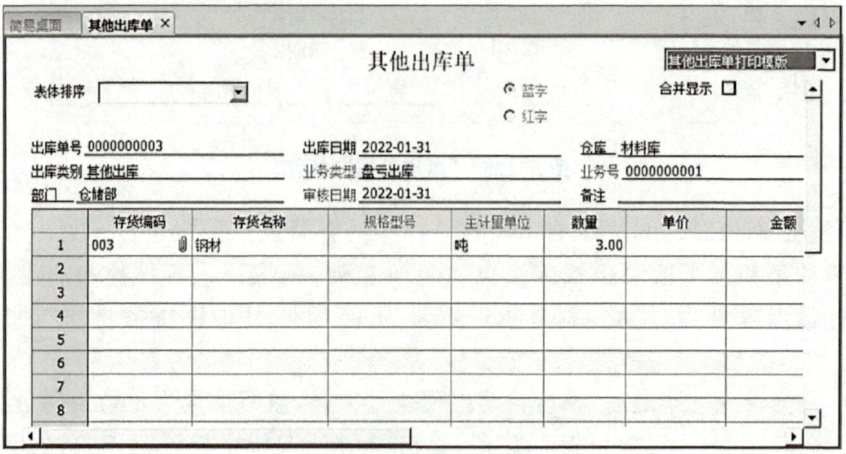

简易桌面 | 其他出库单

其他出库单

其他出库单打印模版

表体排序

蓝字　红字　合并显示

出库单号 0000000003　出库日期 2022-01-31　仓库 材料库

出库类别 其他出库　业务类型 盘亏出库　业务号 0000000001

部门 仓储部　审核日期 2022-01-31　备注

	存货编码	存货名称	规格型号	主计量单位	数量	单价	金额
1	003	钢材		吨	3.00		
2							
3							
4							
5							
6							
7							
8							

图 5-128　盘亏生成的其他出库单

6. 由会计刘明在存货核算系统中对相应单据进行记账并生成凭证，盘亏生成的凭证如图 5-129 所示。

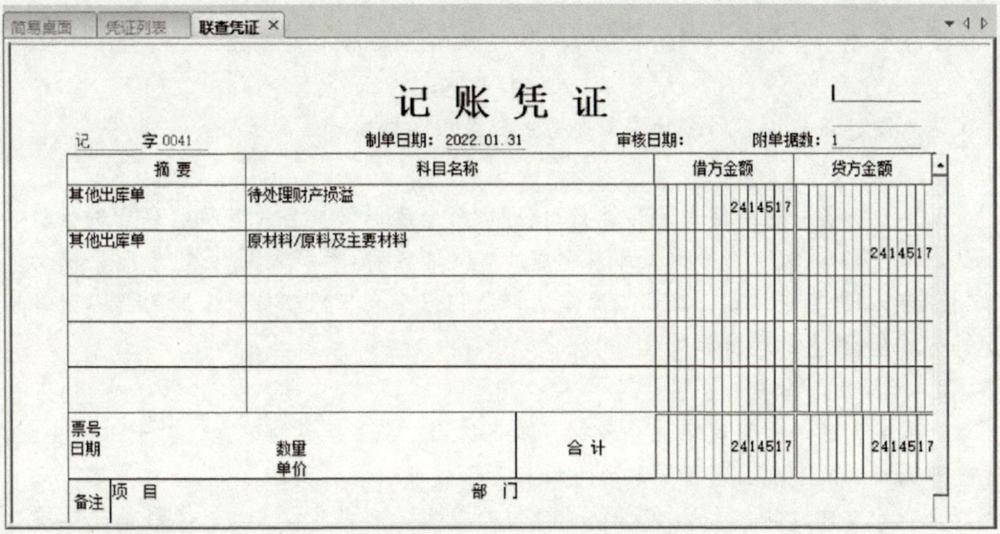

图 5-129 盘亏生成凭证

7. 经查明原因后，根据盘亏的处理结果，由会计刘明在总账中填制相应凭证，盘亏业务的处理凭证如图 5-130 所示。

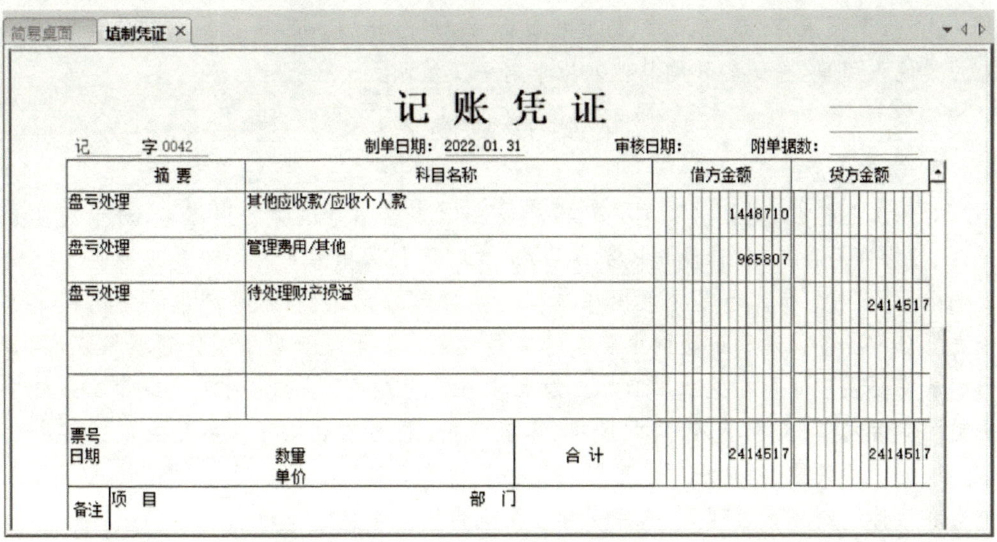

图 5-130 查明原因后的盘亏处理凭证

8. 盘盈业务生成凭证及后续处理与盘亏业务步骤相同，不再赘述。

【知识拓展】

库存管理日常业务大部分与采购业务和销售业务进行关联处理。

入库业务

库存管理系统主要对各种入库业务进行单据的填制和审核。

1. 采购入库单

采购业务员将采购回来的存货交到仓库时，仓库保管员会对其所购存货进行验收确认，填制采购入库单。采购入库单生成的方式有四种：参照采购订单、参照采购到货单、检验入库和直接填制。采购入库单的审核相当于仓库保管员对采购的实际到货情况进行质量、数量的检验和签收。

2. 产成品入库单

产成品入库单是管理工业企业的产成品入库、退回业务的单据。对于工业企业，企业对原材料及半成品进行一系列的加工后形成可销售的商品，然后验收入库。只有工业企业才有产成品入库单，商业企业没有此单据。产成品在入库时一般是无法确定产品的总成本和单位成本的，因此，在填制产成品入库单时一般只有数量，没有单价和金额。

3. 其他入库单

其他入库单指除了采购入库、产成品入库之外的其他入库业务，如调拨入库、盘盈入库、组装拆卸入库、形态转换入库等业务形成的单据。

注意，调拨入库、盘盈入库、组装拆卸入库、形态转换入库等业务可以自动形成相应的其他入库单，除此之外的其他入库单需手工填制。

出库业务

1. 销售出库单

对于工业企业，销售出库单一般指产成品销售出库时填制的出库单；对于商业企业，一般指商品销售(包括受托代销商品)出库时填制的出库单。无论是工业企业还是商业企业，销售出库单都是企业出库单据的主要部分，因此在本系统中销售出库单也是进行日常业务处理和记账的主要原始单据之一。如果没有启用销售管理系统，销售出库单需要由库管员在此手工增加。如果启用了销售管理系统，则在销售管理系统中填制的销售发票、发货单、销售调拨单、零售日报，经复核后均可以参照生成销售出库单。根据选项设置，销售出库单可以在库存管理系统填制、生成，也可以在销售管理系统生成后传递到库存管理系统，库存管理系统再进行审核。

2. 材料出库单

材料出库单是工业企业领用材料时填制的出库单。材料出库单是工业企业出库单据的主要部分，因此在本系统中材料出库单也是进行日常业务处理和记账的主要原始单据之一。只有工业企业才有材料出库单，商业企业没有此单据。

3. 其他出库单

其他出库单是除销售出库、材料出库之外的其他出库业务，如调拨出库、盘亏出库、组装拆卸出库、形态转换出库、不合格品记录等业务形成的出库单。其他出库单一般由系统根据其他业务单据自动生成，也可手工填制。

调拨业务

调拨单是用于仓库之间存货的转库业务或部门之间的存货调拨业务的单据。同一张调拨单上如果转出部门和转入部门不同，表示是部门之间的调拨业务；如果转出部门和转入部门相同，但转出仓库和转入仓库不同，表示是仓库之间的转库业务。

盘点业务

为了保证企业库存资产的安全和完整，做到账实相符，企业必须对存货进行定期或不定期的清查，查明存货盘盈、盘亏、损毁的数量以及造成的原因，并编制存货盘点报告表，按规定程序报有关部门审批。经有关部门批准后，应进行相应的账务处理，调整存货账的实存数，使存货的账面记录与库存实物相符。系统提供多种盘点方式，如按仓库盘点、按批次盘点、按类别盘点、对保质期临近多少天的存货进行盘点等等，还可以对各仓库或批次中的全部或部分存货进行盘点，盘盈、盘亏的结果自动生成其他出入库单。

限额领料

对于管理比较严格的工业企业，只靠配比出库功能并不能满足企业在领料出库方面的管理需要，可以采用限额领料单加强管理。限额领料单可以手工填制，也可以根据物料需求计划的生产订单生成。限额领料单分单后系统自动生成一张或多张材料出库单，可以一次领料、多次签收。限额领料单审核后可以再次分单领料。

不合格品处理

对于不合格品可以进行不合格品登记，将不合格品记入不合格品备查簿。确定处理的，可以进行不合格品处理，减少不合格品备查簿的结存量。不合格品记录单和不合格品处理单手工增加，可以修改、删除、审核、弃审。

货位调整

货位调整即调整存货的货位。货位调整单手工增加，可以修改、删除，货位调整单保存后立即生效。

条形码管理

条形码管理可以方便物流、仓储操作，减小劳动强度、降低错误率、提高工作效率。可以使用常用条码，也可以自定义条码。设置相关数据源类型时，需设置相关档案的对应条形码栏目。

任务四 存货核算业务处理

【任务场景】

天泽机械设备公司在完成存货核算系统初始设置后，决定自本月起启用存货核算系统进行日常业务处理，财务人员需要熟悉存货核算系统的日常操作。存货核算是企业会计核算的一项重要内容，主要对企业的收发存业务进行核算，掌握存货的耗用情况，及时准确地把各类存货成本归集到各成本项目和成本对象上，为企业的成本核算提供基础数据。存货核算系统是用友 ERP-U8V10.1 软件中供应链管理系统的一个重要子系统，其主要功能是从资金的角度管理存货的出入库业务，核算企业的入库成本、出库成本、结余成本，反映和监督存货的收发、领退和保管情况，反映和监督存货资金的占用情况。

【任务目标】

1. 掌握各种出入库单业务处理、单据记账、生成凭证的相关知识；

2. 能够熟练地使用存货核算系统进行各种出入库成本核算、单据记账及生成凭证、暂估处理、计提跌价准备等业务处理操作；

3. 熟练掌握存货核算系统业务处理流程；

4. 养成精益求精、实事求是、踏实努力、艰苦奋斗的职业作风和清正廉洁、不占不贪的职业道德。

【任务内容】

1. 日常出入库单据查询和填制

(1) 查询由库存管理系统填制并审核的各种出入库单据。

(2) 各种调整单的处理。

2. 业务核算

(1) 正常单据记账、发出商品记账、直运销售记账、特殊单据记账。

(2) 恢复记账。

(3) 暂估成本录入。

(4) 结算成本处理。

(5) 产成品成本分配。

(6) 平均单价计算。

(7) 差异率计算。

3. 财务核算

(1) 生成凭证。

(2) 与总账对账。

4. 跌价准备

(1) 跌价准备设置。

(2) 跌价准备期初。

(3) 跌价准备计提。

(4) 跌价准备制单和与总账对账。

【任务实施】

一、存货核算系统概述

存货是指企业在生产经营过程中为销售或耗用而储存的各种资产,包括商品、产成品、半成品、在产品以及各种材料、燃料、包装物、低值易耗品等。存货是保证企业生产经营过程顺利进行的必要条件。为了保障生产经营过程连续不断地进行,企业要不断地购入、耗用或销售存货。

存货的核算是企业会计核算的一项重要内容,进行存货核算应正确计算存货购入成本,促使企业努力降低存货成本;反映和监督存货的收发、领退和保管情况;反映和监督存货资金的占用情况,促进企业提高资金的使用效果。在企业中,存货成本直接影响利润水平,尤其是在市场经济条件下,存货品种日益更新,存货价格变化较快,企业领导层更为关心存货的资金占用及周转情况,因而存货会计人员的核算工作量越来越大。随着计算机技术的不断发展,利用计算机技术来加强对存货的核算和管理不仅能提高核算的精度,而且能提高核算的及时性、可靠性和正确性。

存货核算系统是用友 ERP-U8V10.1 供应链管理系统的一个子系统,存货核算系统主要对企业存货的收发存业务进行核算,掌握存货的耗用情况,及时、准确地把各类存货成本归集到各成本项目和成本对象上,为企业的成本核算提供基础数据。存货核算可分为工业版存货核算与商业版存货核算。

(一) 与其他系统的联系

存货核算系统是供销链系统的一部分,与其他供销链产品有着密切的关系。存货核算系统生成的各种单据、凭证,可用于账务处理系统生成总账,也可用于成本核算系统进行存货成本核算。成本核算系统计算出的存货成本,可作为本系统的产成品入库单价。存货核算系统可对采购入库单进行记账核算,对采购暂估入库单进行结算成本处理,对销售出库单进行记账核算,对销售系统生成的销售发票、发货单进行记账核算,对库存系统生成的各种单据进行记账核算。

(二) 业务处理流程

1. 进入系统,进行初始设置。
2. 录入期初数据,进行期初记账。
3. 进行单据录入操作。
4. 进行单据记账、期末处理,计算成本。
5. 对已记账单据生成凭证,传递给总账。
6. 对存货数据进行统计分析、账表查询。

二、日常出入库单据查询和填制

存货系统的日常业务主要是进行日常存货核算业务数据的录入和成本核算。在与采购、销售、库存等系统集成使用时,存货核算系统主要完成从库存管理系统传过来的不同业务类型下的各种存货的出入库单据、调整单据的查询及单据部分项目的修改、成本计算。在单独使用存货核算系统时,可以完成各种出入库单据的增加、修改、查询及出入库单据的调整、成本计算。

存货日常业务主要以单据为载体进行成本核算,对入库单据进行入库成本核算,对出库单据进行出库成本核算。

(一) 业务类型

1. 入库业务

入库业务包括企业外部采购物资、生产车间加工产品入库,以及盘点、调拨、调整、组装、拆卸等其他入库业务。

2. 出库业务

出库业务包括销售出库、车间领用材料,以及盘点、调整、调拨、组装、拆卸等其他出库业务。

3. 调整业务

调整业务包括入库调整、出库调整、系统自动进行的调整,以及计划价/售价调整业务。

4. 假退料业务

假退料业务可用于核算车间已领用的材料。在月末尚未消耗完,下月需要继续耗用,可不办理退料业务的材料,需要制作假退料单进行成本核算。

(二) 主要作用

1. 采购业务核算:系统对采购业务的入库核算以采购入库单为依据,通过在采购系统对采购入库单与采购发票进行结算,确定外购存货的成本。按实际成本核算时,系统取采购入库单上的单价作为采购入库商品的入库成本。

2. 普通销售业务核算:系统通过存货计价方式核算出销售业务的存货的出库成本,对比销售发票或销售出库单数量,确认实际出库成本。

3. 生产领用材料出库核算:系统通过材料出库单进行材料出库成本的核算。

4. 产成品入库核算:通过产成品成本分配功能,取得产成品入库成本进行核算。

5. 系统对盘点、调拨、组装、拆卸、形态转换业务等业务进行成本核算,以其生成的其他出入库单为依据进行出入库成本的核算。

(三) 单据的录入、查询及修改

存货系统各种单据的录入、查询、修改方法及操作界面基本一致,下面仅以采购入库单为例进行介绍。

对于工业企业,采购入库单一般指采购原材料验收入库时填制的入库单;对于商业企业,采购入库单一般指商品进货入库时填制的入库单。无论是工业企业还是商业企业,采购入库单都是企业入库单据的主要部分。除了只使用存货核算系统的情况外,采购入库单都是由其他系统自动传递过来的,但在存货核算系统可以通过修改功能调整入库金额。因此在采购、库存、存货、销售等管理系统中,采购入库单也是日常业务的主要原始单据之一。

1. 业务处理流程

单独使用存货核算系统的情况下，可在此录入采购入库单；与其他系统集成使用的情况下，可对传递过来的采购入库单进行入库金额的修改。

对已审核确认的、有金额的采购入库单记账，确认入库成本；对没有入库金额的采购入库单进行暂估成本录入，确认成本后，系统对其进行结算成本处理。

对已记账的采购入库单进行制单并传递至总账，月末可与总账对账。

2. 具体操作步骤

（1）单击“日常业务”|“采购入库单”，进入单据卡片界面，如图 5-131 所示。

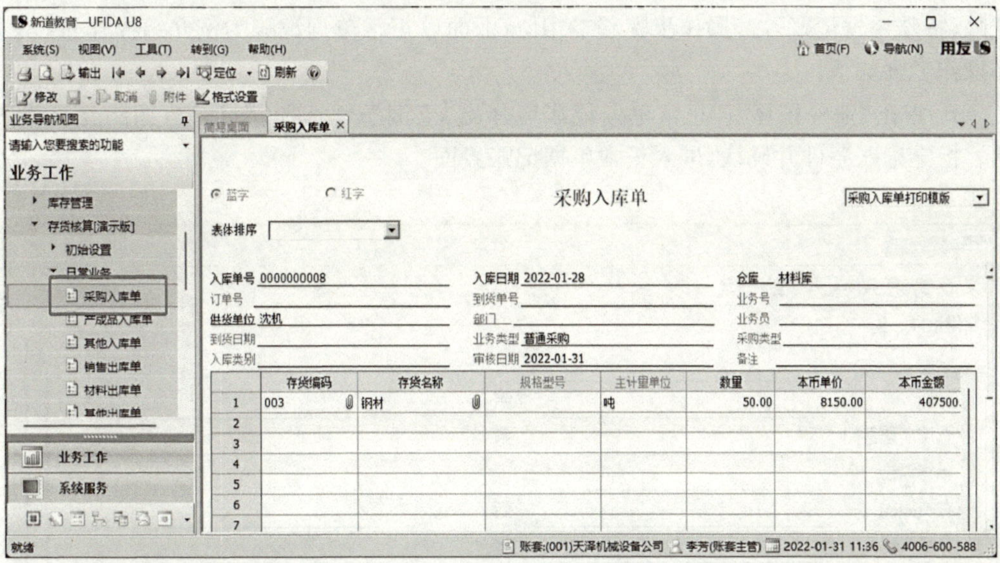

图 5-131　在存货核算系统查看采购入库单

（2）增加单据，进入录入状态，如果输入蓝字入库单，则选择单据卡片上的蓝字选项；输入红字入库单，则选择单据卡片上的红字选项（红字入库单数量小于零）。输入各项内容，单击“保存”按钮保存此单据，进入查询状态。如果所填单据作废，可选择“放弃”按钮进入查询状态。入库单在未进行相关处理以前可以进行修改。

注意：

如果启用了库存管理系统，则采购入库单只能由仓库管理员在库存管理系统录入审核，在存货核算系统查看、修改金额；如果库存核算系统没有启用，采购系统启用，则采购入库单在采购系统录入，在存货核算系统进行成本核算；如果采购核算系统与库存系统都没有启用，则采购入库单在存货核算系统录入。

若未启用采购系统，不能进行暂估处理，对采购入库单数量的修改只能在该单据填制的系统进行。录入时如果存货、供应商、客户档案已录入停用日期，则参照时不能再显示此存货、供应商、客户信息,不允许再做任何业务处理。增加、修改、删除、查询单据时,系统将按仓库、存货、部门、操作员进行权限检查。当本月正在进行期末处理,或已完成期末处理,不允许增加本月单据。

三、存货业务核算

存货系统业务核算的主要功能是对单据进行出入库成本的计算、结算成本的处理、产成品成本的分配、期末处理。

(一) 单据记账

单据记账用于将输入的单据登记存货明细账、差异明细账、差价明细账、受托代销商品明细账、受托代销商品差价账。单据记账包括正常单据记账、发出商品记账、直运销售记账、特殊单据记账等。操作步骤基本相似,下面以正常单据记账为例介绍操作过程,具体操作步骤如下:

1. 单击“业务核算”|“正常单据记账”,弹出“查询条件选择”对话框,如图 5-132 所示。指定记账条件并确认,进入正常单据记账界面。

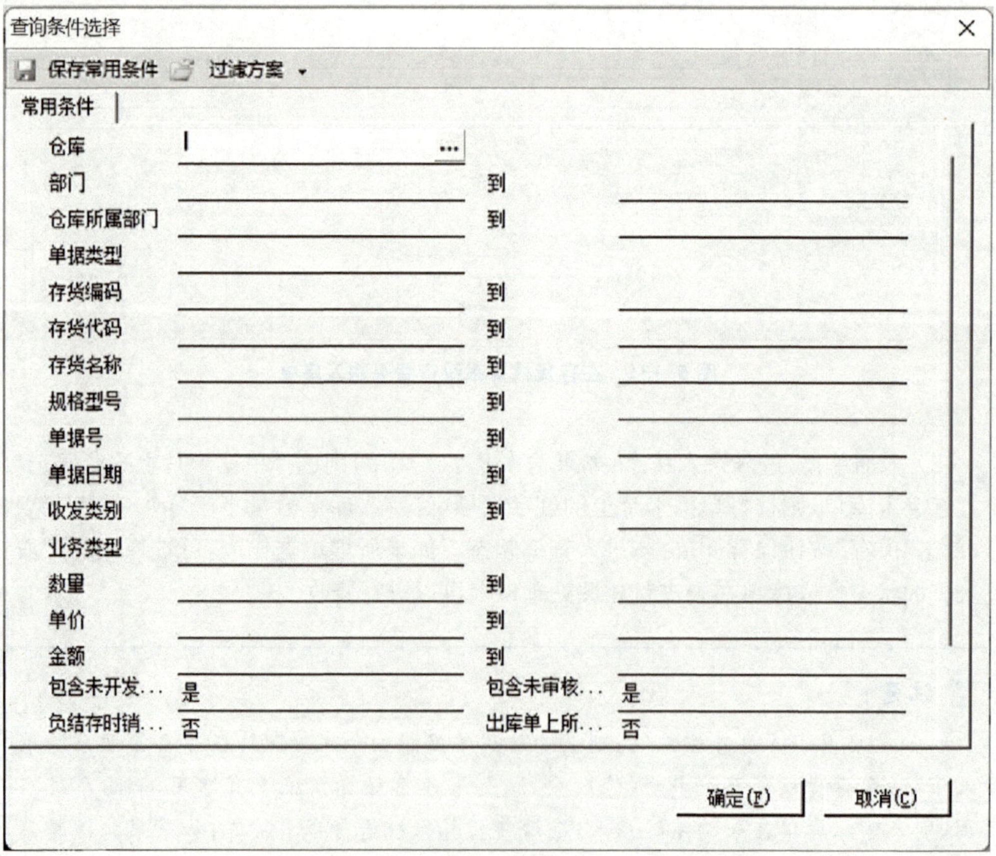

图 5-132　正常单据记账查询条件对话框

2. 屏幕显示“未记账单据一览表”窗口,在要记账的单据前双击打勾,或在工具栏单击“全选”按钮选中记账单据,再单击“记账”按钮,系统自动记账,如图 5-133 所示。

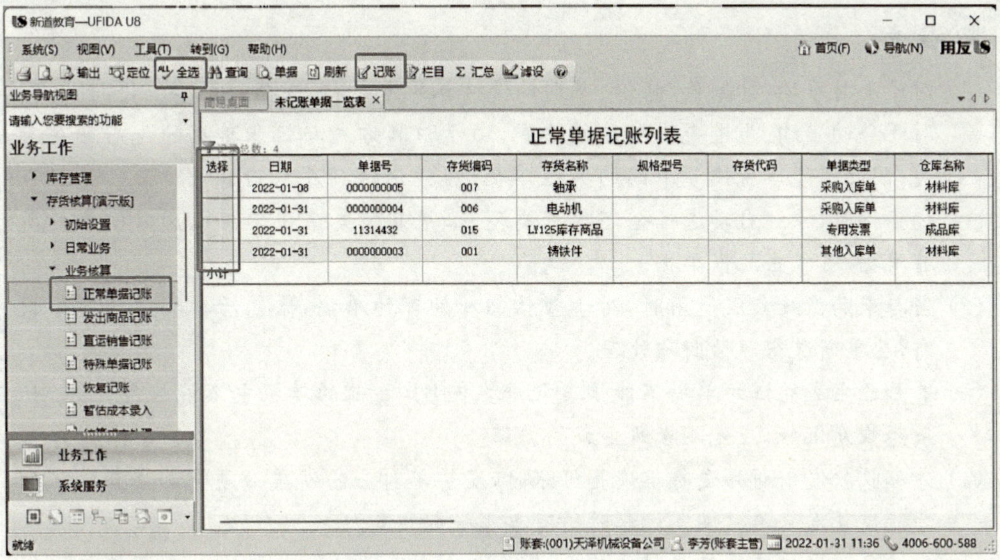

图 5-133　正常单据记账界面

（二）恢复记账

恢复记账用于将已登记明细账的单据恢复到未记账状态，具体操作步骤如下：

1. 单击“业务核算”|“恢复记账”，弹出恢复单据记账条件选择界面。

2. 根据需要选择“仓库”“单据类型”等查询条件，单击“确定”按钮，进入恢复单据记账界面，如图 5-134 所示。

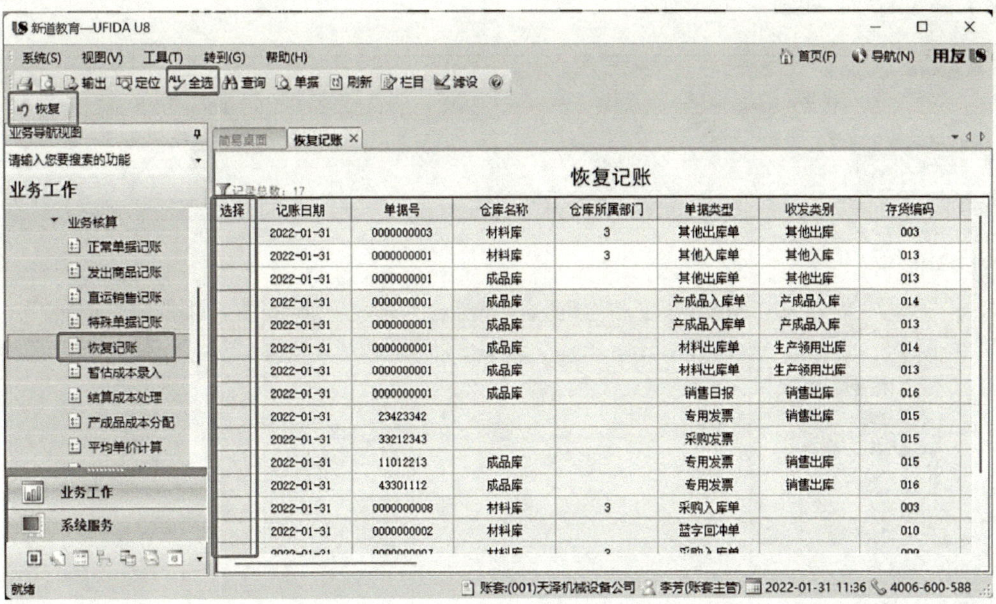

图 5-134　恢复单据记账界面

3. 在需要恢复记账的单据前打勾，或在工具栏单击“全选”按钮选中需要恢复记账的单据，单击“恢复”按钮，系统自动取消记账。

注意：

(1) 对于全月平均、计划价/售价、个别计价核算的方式，可选择一张单据进行恢复。对于移动平均、先进先出核算的方式，由于核算方式与记账单据的先后顺序有关，因此不能单独恢复中间的某张单据，应按记账顺序从后向前恢复。选择查询条件时，系统自动选择全部单据类型，如果想恢复某张单据以后时间段的所有单据，可单击此张单据。

(2) 当与采购系统集成使用时，对于暂估回冲处理的单据，恢复后单据成为暂估状态，应重新进行暂估回冲处理。

(3) 本月已生成凭证的单据不能恢复记账，并且其之前的单据也不能恢复记账，如果想恢复记账，应先删除所生成的凭证。

(4) 分期收款发出商品发货单恢复记账时，发货单对应的发票必须全部恢复记账后才能恢复发货单。恢复记账时所有单据一起恢复。

(5) 直运采购发票恢复记账时要将已记账的对应直运销售发票的出库调整单一起删除。恢复直运销售发票时要将直运销售发票对应的出库调整单删除。

(三) 暂估业务

1. 暂估成本录入

对于没有成本的采购入库单，在这里进行暂估成本录入，具体操作步骤如下：

(1) 单击“业务核算”|“暂估成本录入”，录入查询条件后，单击“确定”按钮进入“暂估成本录入”界面，如图 5-135 所示。

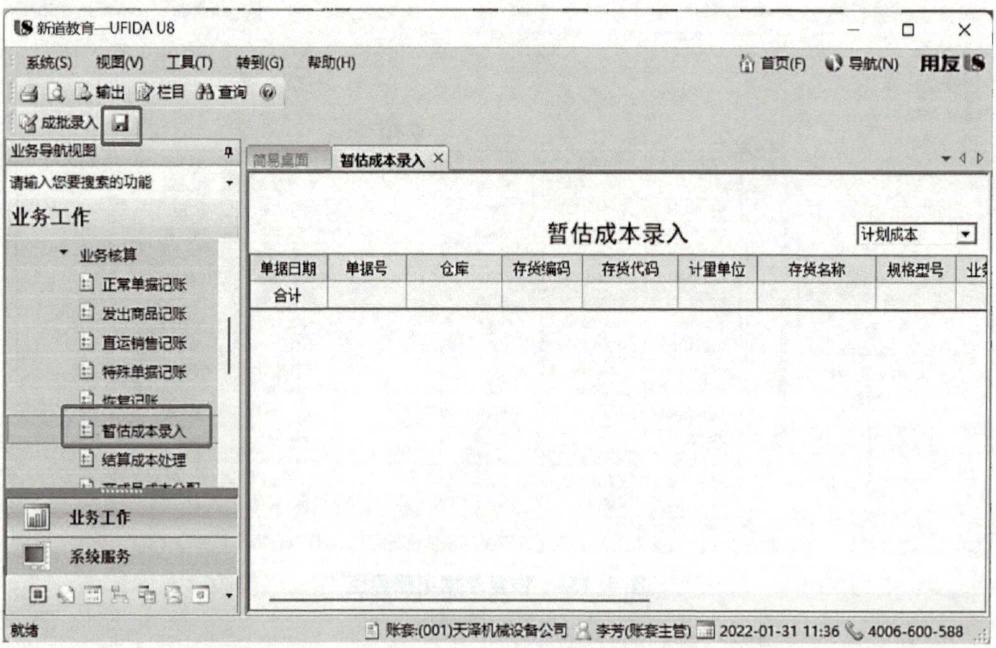

图 5-135 暂估成本录入

（2）单击右上角下拉框选择成本单价，系统提供计划成本、参考成本、上次入库成本、上次出库成本、结存成本供选择。单击“录入”按钮，系统自动按所选成本进行录入，可以修改单价和金额，单击“保存”按钮。

2. 结算成本处理

系统提供月初回冲、单到回冲、单到补差三种方式来处理暂估业务，具体操作步骤如下：

（1）单击“业务核算”|“结算成本处理”，弹出“暂估处理查询”对话框，单击“全选”按钮选中所有仓库，单击“确定”按钮进入“结算成本处理”界面，如图 5-136 所示。

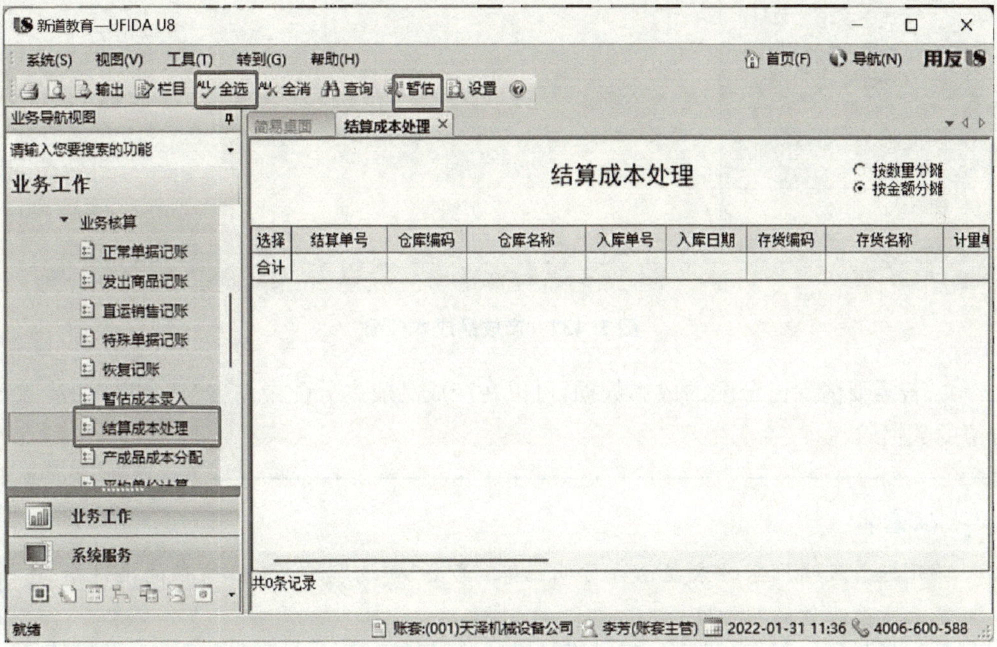

图 5-136　结算成本处理

（2）选中需要结算处理的单据，或单击工具栏中的“全选”按钮选中相应单据，单击工具栏中的“暂估”按钮完成结算成本处理，系统自动生成红、蓝入库单。

（四）产成品成本分配

产成品成本分配表用于对已入库未记明细账的产成品进行成本分配，可随时对产成品入库单提供批量分配成本。可从成本核算系统取得成本，填入入库单，同时提供清除已分配的数据功能。产成品成本分配后可以恢复分配的数据。产成品成本分配表提供排序功能，具体操作步骤如下：

1. 单击“业务核算”|“产成品成本分配”，进入“产成品成本分配”界面，如图 5-137 所示。

2. 单击“查询”按钮进入查询界面，输入查询条件并确认返回，表中将显示符合条件的存货。

3. 输入需要分配的总成本，或点击“全取”“取价”按钮从成本核算系统获取产成品的成本。单击“分配”按钮，把成本分配到产成品的入库单据上。

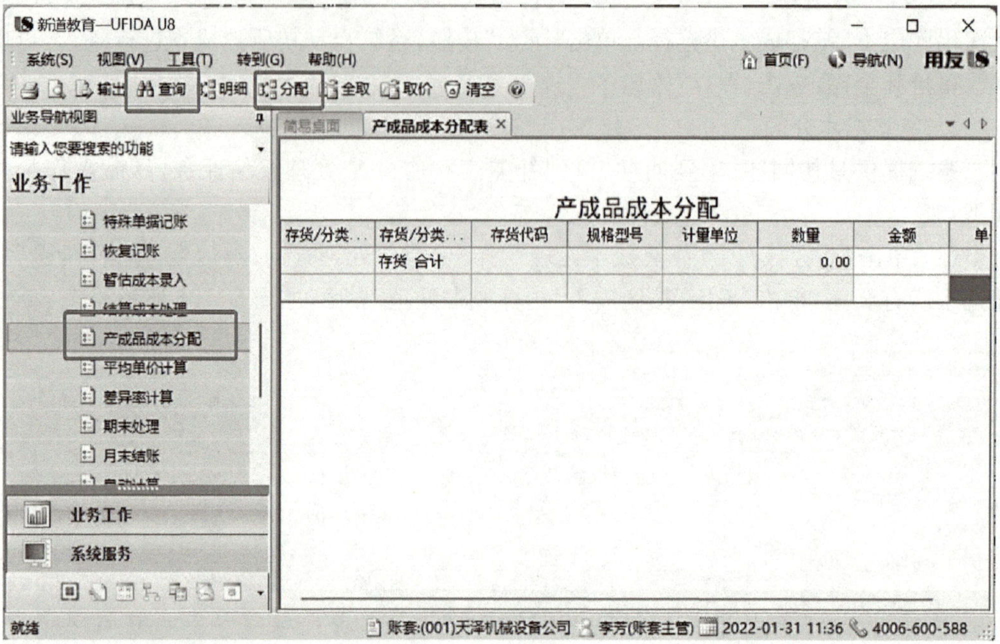

图 5-137 产成品成本分配

4. 若需要清除已分配的成本数据,可以在产成品成本分配中单击“清空”按钮清除已分配的数据。

注意:

开始进入明细账时未显示存货明细账,单击“查询”按钮并输入查询条件后,方可显示所选存货的明细账。

(五)差异率计算

工业企业提供差异率计算,商业企业提供差价率计算。差异率计算用来计算计划价/售价方式核算的存货各月份的出库差异率,便于相关人员随时了解差异率的情况,包括计算本月差异率、查询以前月份差异率、查询以前月份的差异结转单三部分,具体操作步骤如下:

1. 单击“业务核算”|“差异率计算”,弹出“综合差异率计算”对话框,如图 5-138 所示。

2. 指定相关条件后单击“确定”按钮,如果选择当前会计月并且未进行期末处理,则显示差异率计算表;如果选择以前会计月或当前会计月并且已进行期末处理,则显示差异率查询表。

3. 在差异率计算表界面中,可选择计算级次按明细级进行计算。

4. 若需要重新定义差异率公式,可以在差异率计算表中单击“定义”按钮重新自定义差异率公式,并选择某种收发类别或多种收发类别作为单独计算选项在计算表中,选中的收发类别将作为单独的列显示,其他未选择的类别将以合计形式显示。单击“计算”按

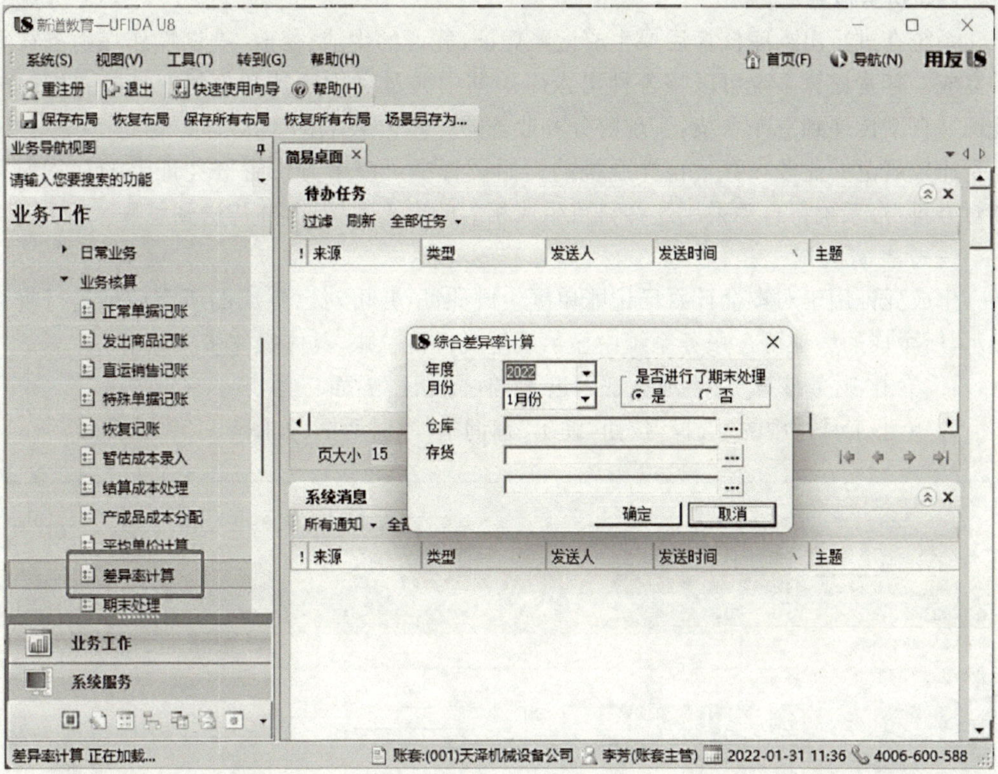

图 5-138　差异率计算

钮，即可按照选择的差异率公式进行计算，并显示计算结果。

注意：

(1) 只有按计划价或售价核算的仓库、部门、存货才能使用本功能。
(2) 本表所计算的本月差异率或差价率不是本会计月份的最终结果，只用于随时了解差异率或差价率的情况，只有进行期末处理后所计算的差异率或差价率才用于出库差异或差价的结转计算。
(3) 未进行期末处理的月份，其“差异结转单”按钮不可选择。

(六) 平均单价计算

主要用于计算本月即时的平均单价，包括计算本月全月平均单价、查询以前月份全月平均单价。操作方法基本与差异率计算相同。

注意：

(1) 只有按全月平均法计价的仓库才能使用本功能。
(2) 计算的平均单价不是本月的最终结果，只用于随时了解本月平均单价的情况，只有进行期末处理后所计算的平均单价才用于计算出库成本。

四、财务核算

系统在进行出入库核算后要生成记账凭证,凭证的生成、修改、查询操作在财务核算中完成。存货核算系统可以将各种出入库单据中涉及存货增减和价值变动的单据生成凭证并自动传递到总账系统,实现财务和业务的一体化操作。

比较规范的业务在存货核算系统的初始设置中可以事先设置好凭证上的存货科目和对方科目,系统将自动采用这些科目生成相应的出入库凭证,并传送到总账。

(一)生成凭证

生成凭证用于对本会计月已记账单据生成凭证,并可对已生成的所有凭证进行查询显示,所生成的凭证可在账务系统中显示及生成科目总账,具体操作步骤如下:

1. 单击“财务核算”|“生成凭证”,进入“生成凭证”界面。

2. 单击工具栏中的“选择”按钮,弹出“查询条件”对话框,如图 5-139 所示。

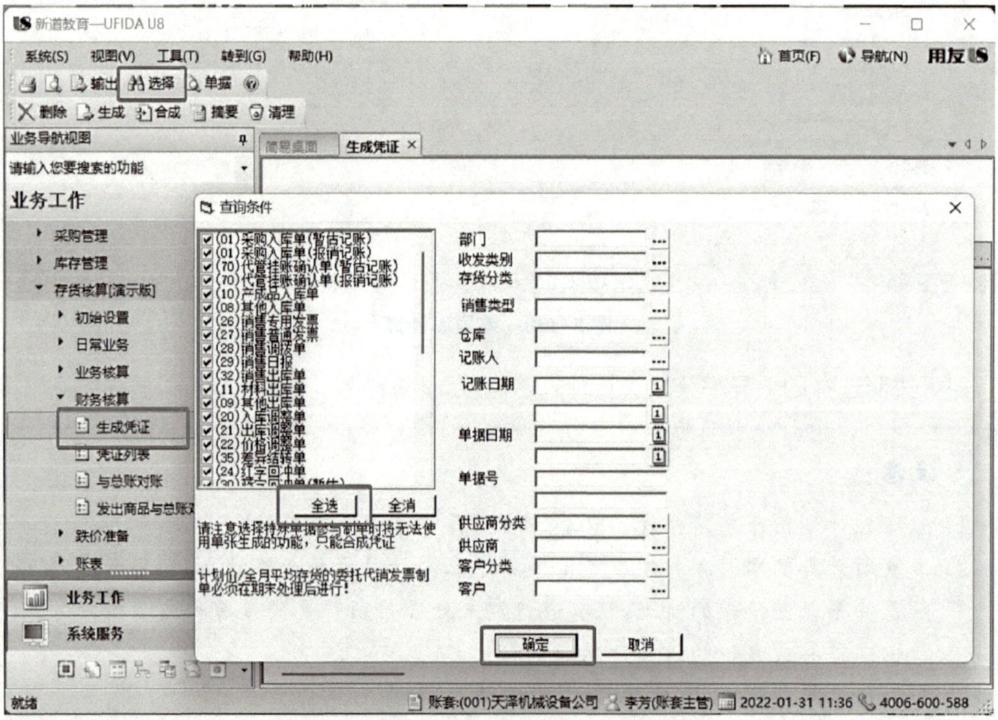

图 5-139　生成凭证查询条件

3. 单击“全选”按钮选中需要生成凭证的单据,单击“确定”按钮进入“选择单据”界面,如图 5-140 所示。

4. 单击“全选”按钮,或单击某一行单据,单击“确定”按钮返回“生成凭证”界面,此时,窗口中会列出需要生成凭证的单据。

5. 选择所要生成凭证的记录,检查科目和金额无误后,单击“生成”或“合成”按钮显示所生成的凭证,可修改凭证类别、凭证摘要、借方科目、贷方科目、金额,可以增加或删除借贷方记录,但应保证借贷方金额相等。

6. 生成凭证并确认无误后,单击“保存”按钮保存此凭证。

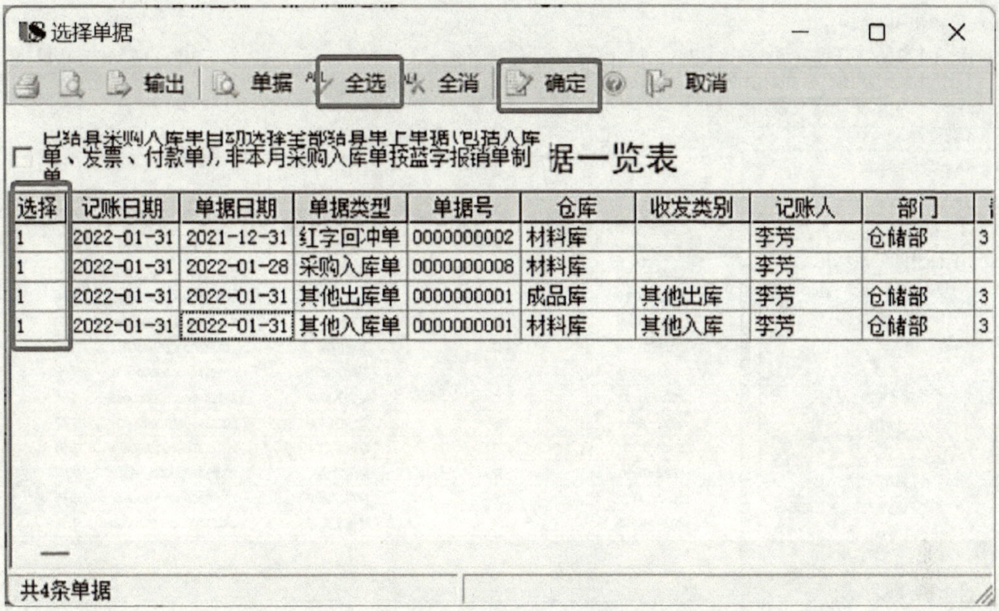

图 5-140　选择单据

注意：

(1) 对组装单、拆卸单、形态转换单、调拨单进行制单时，只能单击“合成”按钮进行制单。

(2) 若未在总账系统选项中选择使用应收应付受控科目，则存货核算系统不能使用应收应付受控科目。

(3) 生成凭证时，表中列示的是已记账但未生成凭证的单据，可以选择单据生成凭证。

(4) 红字回冲单和蓝字回冲单以单据中记录的形式单独列示，不以单据的形式列示。

(5) 对进行结算制单后的采购入库、发票，系统将自动识别不能对采购入库单等进行制单。

(二) 凭证列表

凭证列表显示存货核算系统生成的所有凭证，可以在这里进行凭证的查询、修改、删除和冲销，具体操作步骤如下：

1. 单击“财务核算”|“凭证列表”命令，弹出“查询条件”对话框，指定相应条件后单击“确定”按钮进入“凭证列表”界面，如图 5-141 所示。

2. 选中某张凭证，单击“单据”按钮可联查单据，单击“凭证”按钮可查看凭证的具体内容，单击“删除”按钮可删除该张凭证，单击“冲销”按钮可冲销该张凭证。如果总账系统尚未审核记账，可以删除凭证重新生成，否则只能冲销。

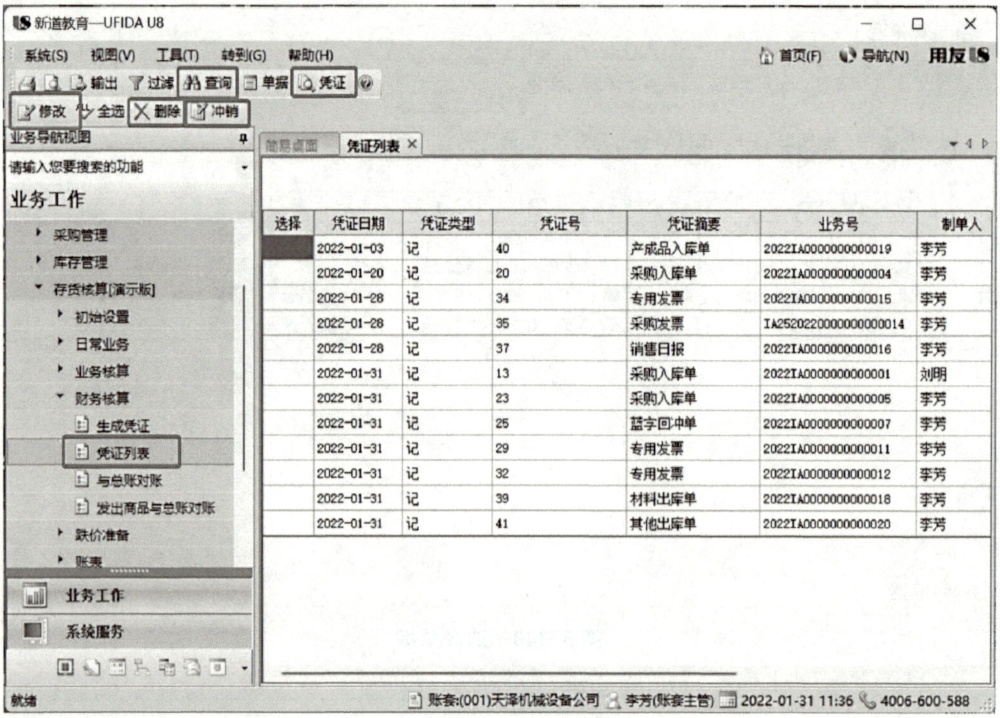

图 5-141 凭证列表

（三）与总账对账

与总账对账指存货核算系统与总账系统按单据核对存货科目和差异科目在各会计月份借方、贷方发生金额、数量以及期末结存的金额、数量信息，具体操作步骤如下：

1. 单击“财务核算”|“与总账对账”命令，进入“与总账对账”界面，如图 5-142 所示。

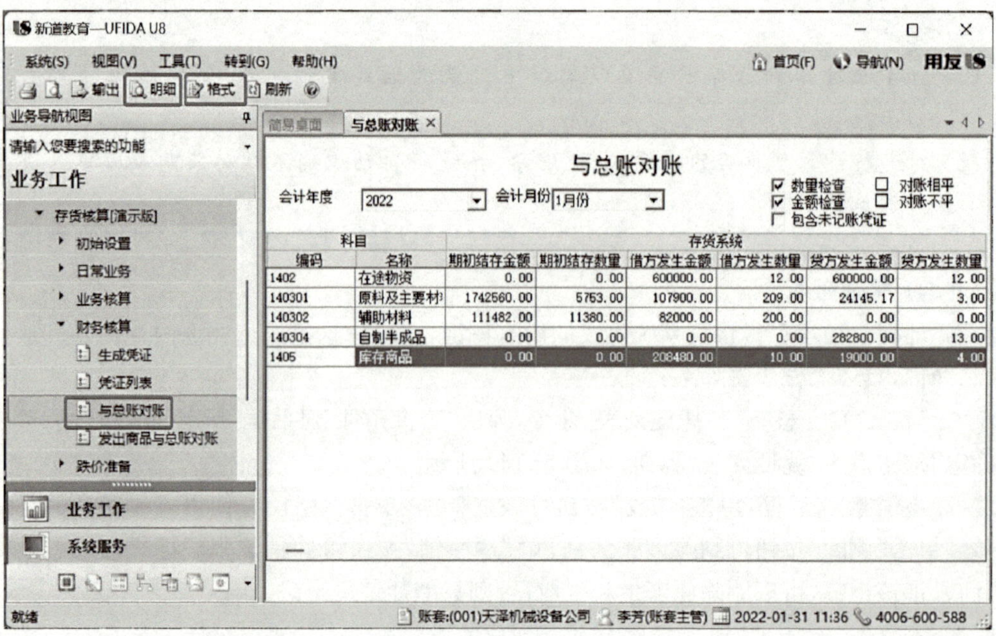

图 5-142 与总账对账

2. 单击“格式”按钮，设置存货核算系统的显示栏目以及总账系统的显示栏目，选择后单击“确认”按钮，系统显示符合条件的对账结果。

五、跌价准备

企业的存货应当在会计期末时按照“账面成本与可变现净值孰低法”进行计量并计提相应的跌价准备，以准确核算期末存货的真实价值。

(一) 跌价准备设置

进行存货跌价业务处理时，首先需要设置存货跌价准备科目和计提存货跌价准备对应的费用科目，如管理费用、经营费用等，以及计提跌价准备的可变现价格，具体操作步骤如下：

1. 单击“跌价准备”|“跌价准备设置”，进入“跌价准备设置”界面，如图 5-143 所示。

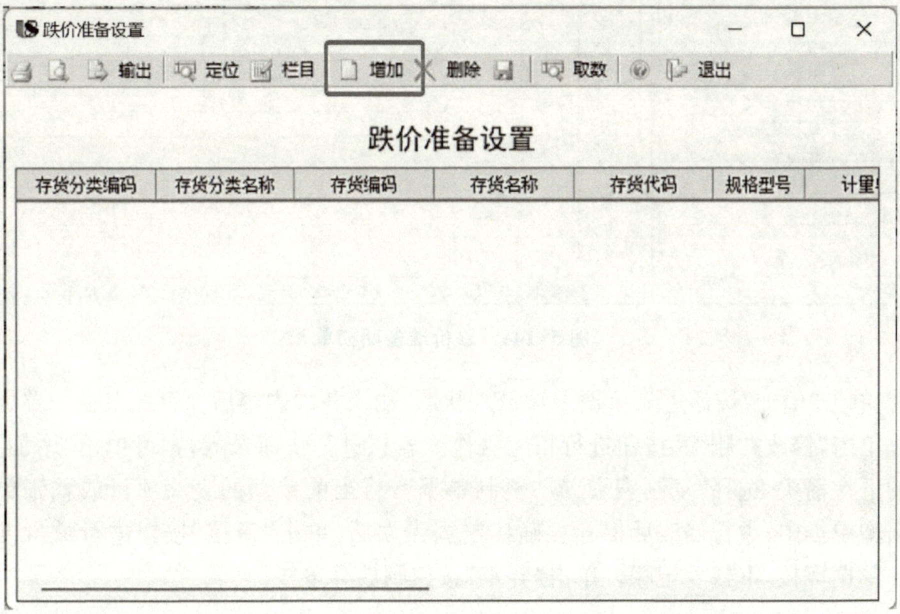

图 5-143　跌价准备设置

2. 单击“增加”按钮增加一条新记录，在存货跌价准备设置中，一条记录中只能输入存货或存货分类，不能两者同时输入。

针对每一存货，单击“取数”按钮，可选择最新成本、销售报价×(1－费率)、参考成本、计划价/售价作为可变现价格。例如，选择可变现价格为销售报价×(1－费率)，若存货 A 取销售报价为 100 元，费用率为 20%，则存货 A 带入的可变现价格为 100×(1－20%)＝80(元)。

若输入的数据有错误，可修改当前光标所在行的数据。如果需要删除某记录，可以单击“删除”按钮删除当前光标所在行的记录。每次对存货跌价准备科目或计提的费用科目进行修改或删除后，需单击“保存”按钮保存修改的结果。

(二) 跌价准备期初

主要用于录入第一次在存货核算系统中计提存货跌价准备之前的跌价准备余额，具体操作步骤如下：

1. 单击“跌价准备”|“跌价准备期初”命令,进入“存货跌价准备期初单”界面,如图 5-144 所示。

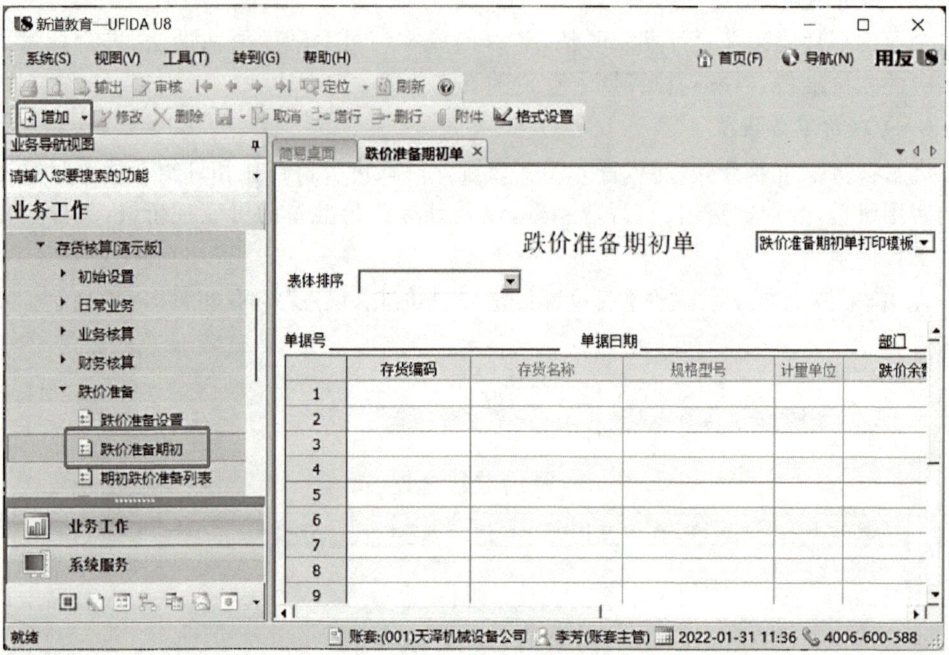

图 5-144　跌价准备期初单

2. 单击“增加”按钮进入单据卡片录入状态,输入各项内容后保存此单据。单据保存后可以单击“修改”“删除”按钮进行相应操作。若想进行快速录入,则可单击“增加”按钮右侧的下拉箭头,选择“复制表头”或“复制单据”,将当前单据的表头项目或整张单据添加入新增单据中,进行修改后保存。确认单据无误后,单击“审核”按钮进行跌价准备期初单的单据审核,审核后记账。单击“弃审”按钮则放弃审核。

注意:

期初跌价准备单必须全部审核后才允许计提跌价准备。

(三) 计提跌价准备

企业应当定期或者至少于每年年度末时对存货进行全面清查,如由于存货遭受毁损、全部或部分陈旧过时或销售价格低于成本等原因,存货成本不可收回的部分,应当计提存货跌价准备。

单击“跌价准备”|“计提跌价准备”,新增计提跌价准备单,具体操作步骤与存货跌价准备期初单相同,不再赘述。

注意:

若计提跌价准备单已审核,则不允许进行修改、删除操作。

（四）跌价准备制单和与总账对账

跌价准备制单及与总账对账的操作步骤和财务核算部分基本一致，不再赘述。

【知识拓展】

存货核算系统在与采购、销售、库存等系统集成使用时，主要完成从其他系统传过来的各种出入库单据、调整单据的查询及单据部分项目的修改、成本计算。存货日常业务主要以单据为载体进行成本核算，接收或者录入各种出入库单据，进行单据记账并计算成本，对已记账单据生成凭证，传递给总账，对存货数据进行统计分析、账表查询。具体流程如图 5-145 所示。

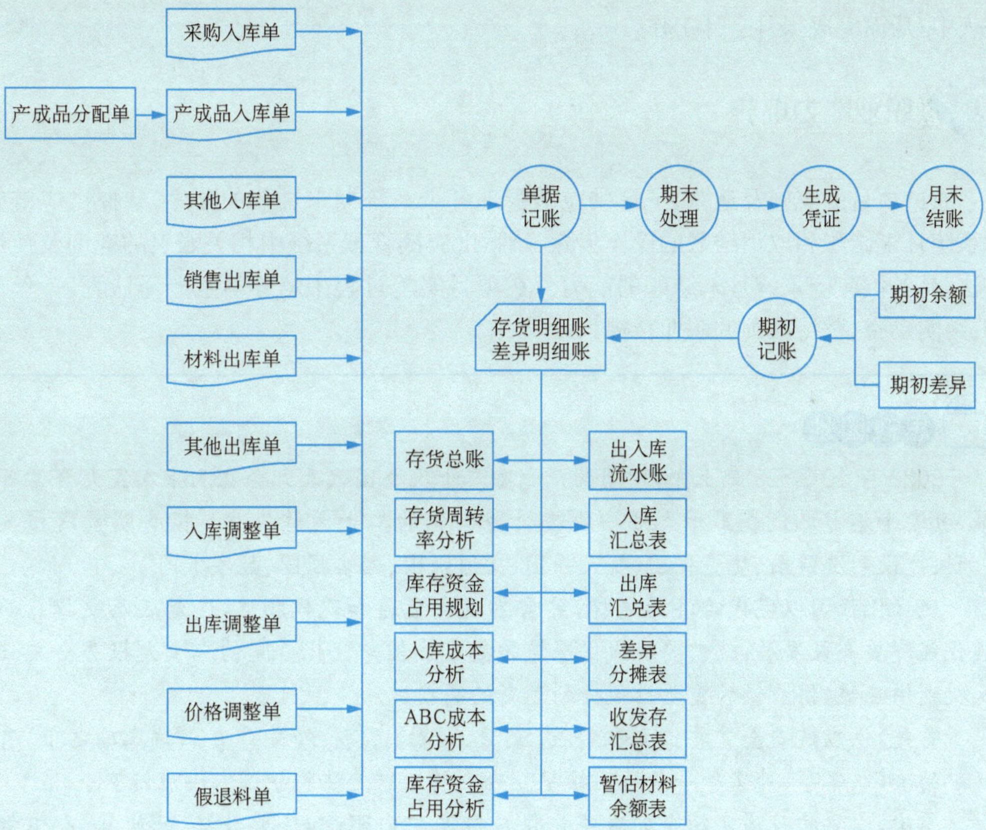

图 5-145　存货核算业务流程

账套数据备份

在电脑中建立一个文件夹并按日期命名，然后将账套输出备份到这个文件夹中。在账套的备份和使用过程中，要养成良好的数据安全和保密意识。

06 项目六

供应链期末业务处理

项目综述

供应链管理系统的期末处理工作主要包括各子系统未完成单据的处理、期末数据处理及期末结账工作。通过期末处理，系统将各子系统的单据封存，各种数据记入有关的账表中，从而完成当月会计工作。

职业能力培养

通过项目的实施及运营，了解供应链管理各个系统期末结账的顺序，掌握供应链管理系统月末结账和取消结账的操作步骤，熟悉供应链管理系统中相关账表的查询及使用方法，具备供应链系统月末结账的能力。在项目实施过程中培养学生严谨认真、一丝不苟、踏实勤奋、坚持准则的职业精神。

思政园地

2022年10月16日上午，中国共产党第二十次全国代表大会在北京人民大会堂开幕，习近平总书记代表第十九届中央委员会向党的二十大作报告。报告明确提出要"加快建设制造强国、质量强国、航天强国、交通强国、网络强国、数字中国"。

现代化强国以现代经济为支撑，更需要现代交通和现代物流，这是底层支撑。而现代经济要高效发展，就需要现代供应链的集成管控与优化。党的二十大报告全文三次提到供应链，供应链的重要性被提到了新的高度。

首先，供应链安全需要建立在科技、交通、金融、军事、外交等安全的基础之上，有适配的金融、军事、外交等手段协同维护。分割的治理无法维护国家供应链安全。

其次，需要构筑虚实结合的数字化供应链高配内驱，加速大数据、云计算、人工智能、物联网等协同构筑智慧供应链大脑，使供应链供需适配、高效优化、提质降本，实现领先。

再次，需要不断形成有全球竞争力的供应链生态集群，尤其是基于支柱型、战略性制造业的产业集群，不断构建完善生态体系，强化自我修复能力。

最后，需要全球化供应链人才体系，既包括生产制造企业内部综合型供应链人才，也包括流通服务领域的供应链人才。

典型工作任务

1. 采购与应付系统期末处理。
2. 销售与应收系统期末处理。
3. 库存与存货系统期末处理。

供应链管理系统月末结账顺序如图 6-1 所示。

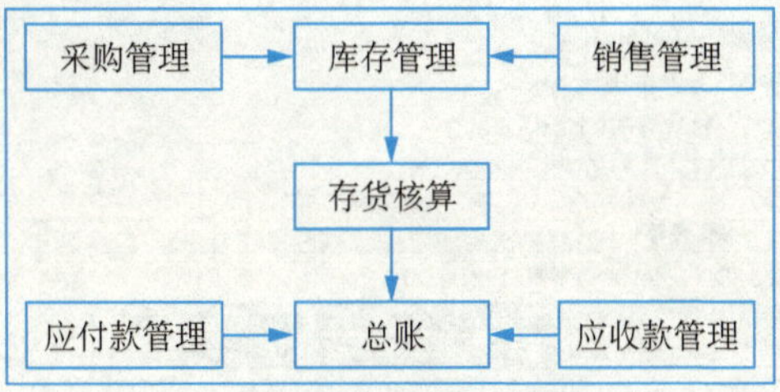

图 6-1 供应链管理系统月末结账顺序

采购管理、销售管理系统完成月末结账后，才能进行库存管理、存货核算、应付款管理、应收款管理系统的月末结账。

如果采购管理、销售管理系统要取消月末结账，必须先取消库存管理、存货核算、应付款管理、应收款管理系统的月末结账。如果库存管理、存货核算、应付款管理、应收款管理的任何一个系统未取消月末结账，那么也不能取消采购管理、销售管理系统的月末结账。

任务一 采购与应付系统期末处理

【任务场景】

天泽机械设备公司顺利完成了本月的采购和应付业务处理，会计期末需要进行月末结账处理。采购与应付款管理月末处理的主要任务是检查所有采购与应付单据是否审核并制单，如果有未审核或未制单的单据，则需进行相应处理后才能结账。所有日常业务产生的单据都处理完毕之后执行月末结账工作，将所有单据计入对应的账表中，完成当月采购及付款业务核算工作。

【任务目标】

1. 掌握采购与应付业务期末结账的基本知识；
2. 熟练掌握采购管理与应付款管理系统月末结账的操作步骤；
3. 具备采购与应付业务月末结账的能力；
4. 培养严谨务实、客观公正、善始善终的职业精神。

【任务内容】

天泽机械设备公司当月采购及应付业务全部处理完毕，确认无误并完成数据备份之后，执行采购及应付系统月末结账。

【任务实施】

一、采购系统月末结账

采购系统月末结账的具体操作步骤如下：

1. 在采购管理系统中执行“月末结账”命令，进入“月末结账”对话框，如图 6-2 所示。

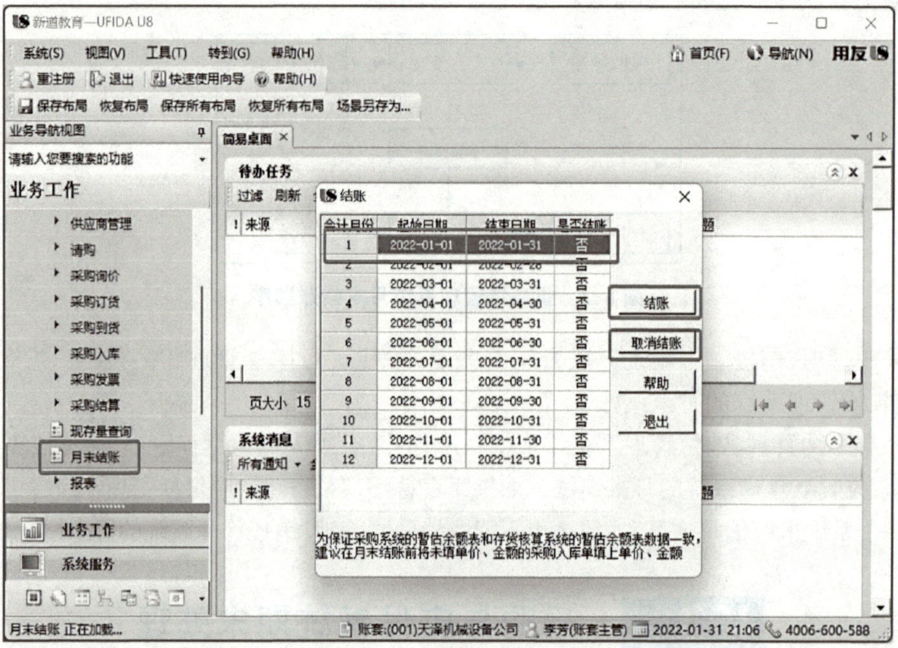

图 6-2 采购月末结账

2. 选中需要结账的会计月份 1 月，单击“结账”按钮，系统弹出“月末结账”提示框，如图 6-3 所示。

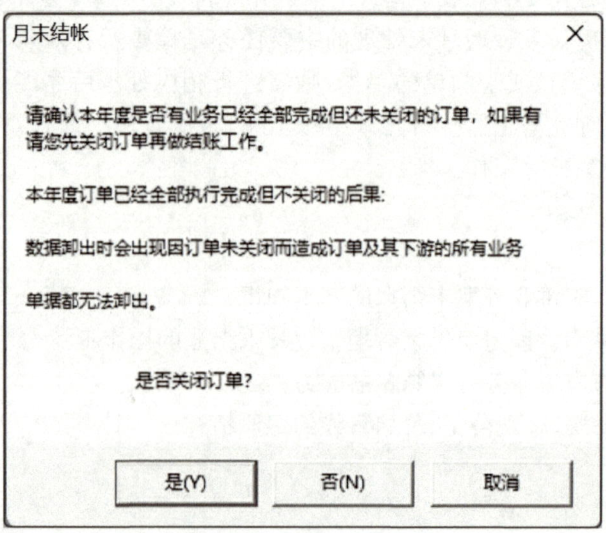

图 6-3 采购结账提示

3. 如果存在未关闭的订单,则单击“是”按钮进入订单中关闭订单;如果无相关订单,则单击“否”按钮完成结账,如图 6-4 所示。1 月份结账完成之后,光标自动跳转到下一月份。

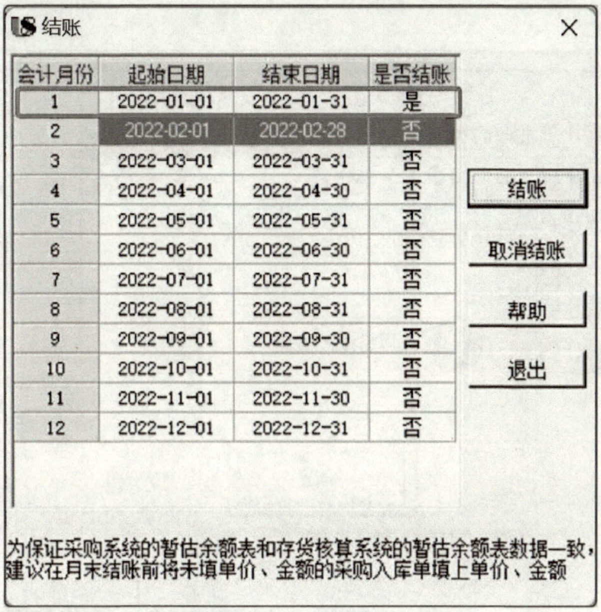

图 6-4　完成结账

4. 如果需要反结账,单击“取消结账”按钮即可。

二、应付款管理系统月末结账

应付款管理系统月末结账的具体操作步骤如下:

1. 在应付款管理系统中执行“期末处理”|“月末结账”命令,弹出“月末处理”对话框,双击需要结账的月份“一月”,在“结账标志”中打上“**Y**”标记,如图 6-5 所示。

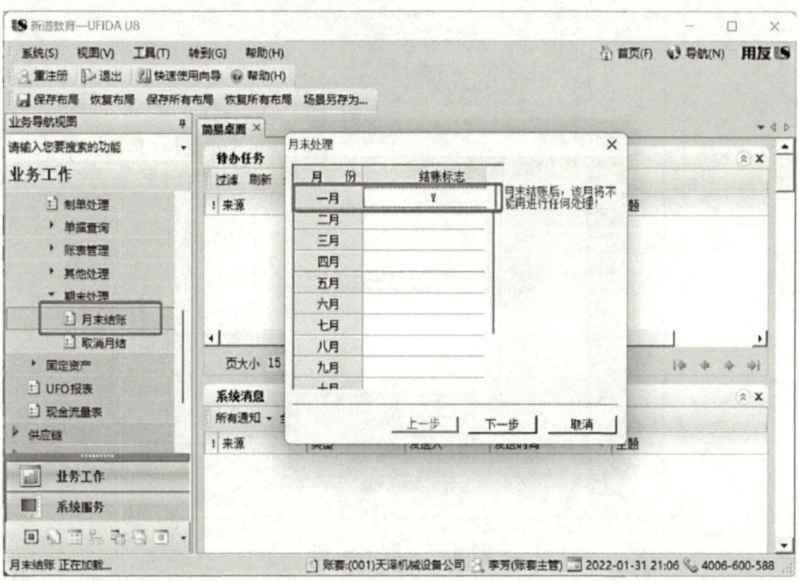

图 6-5　选中结账月份

2. 单击“下一步”按钮,系统自动检查各项单据的处理情况。单击“完成”按钮,系统弹出“1 月份结账成功”提示框,单击“确定”按钮完成结账,如图 6-6 所示。

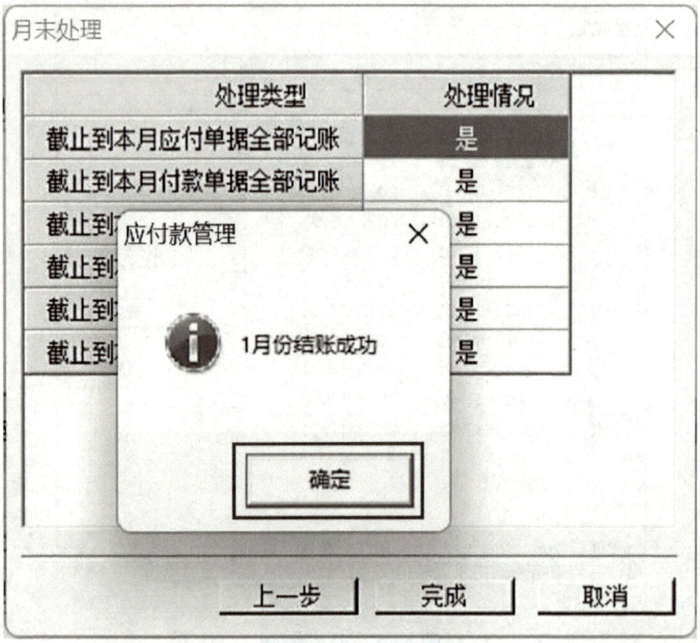

图 6-6　完成结账

3. 如果要取消结账,需执行“期末处理”|“取消月结”命令,弹出“取消结账”对话框,选中需要取消结账的月份,单击“确定”按钮,弹出“取消结账成功”提示框,单击“确定”按钮取消结账,如图 6-7 所示。

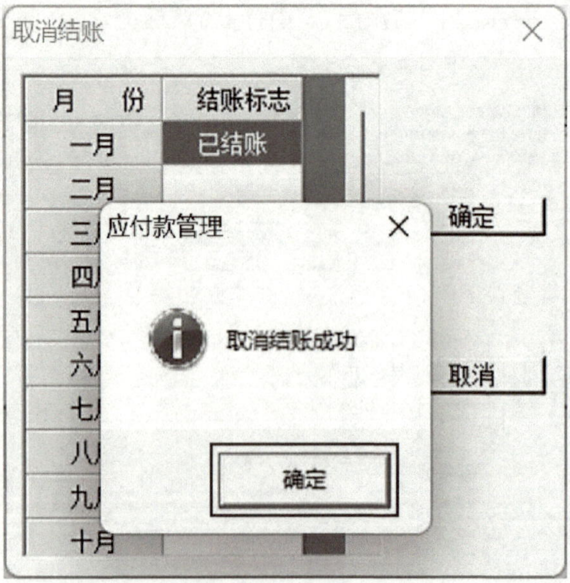

图 6-7　取消结账

注意：

(1) 当月有未处理单据时不能进行月结处理。

(2) 一次只能选择一个月进行结账。

【知识拓展】

月末结账注意事项

1. 结账前应检查本月会计工作是否已全部完成，只有当月所有工作全部完成后才能进行月末结账，否则会遗漏某些业务。

2. 月末结账之前一定要进行数据备份，否则数据一旦发生错误将造成无法挽回的后果。

3. 期初没有记账，将不允许月末结账。

4. 不允许跳月结账，只能从未结账的第一个月逐月结账；也不允许跳月取消月末结账，只能从最后一个月逐月取消。

5. 上月未结账，本月单据可以正常操作，不影响日常业务的处理，但本月不能结账。

6. 月末结账后，已结账月份的采购入库单、采购发票等不可修改、删除。

7. 如果当月业务已全部处理完毕，需要执行月末结账功能。只有月末结账后才可以开始下月工作，执行了月末结账功能后，该月将不能再进行任何处理。

结账规则

1. 应付款管理系统与采购管理系统集成使用，应在采购管理系统结账后再对应付款管理系统进行结账处理。

2. 当应付管理选项中设置审核日期为单据日期时，本月的单据(发票和应付单)在结账前应该全部审核；当设置审核日期为业务日期时，截止到本月月末即使还有未审核单据，仍可以进行月结处理。

3. 当应付选项中设置月结时，必须将当月单据以及业务全部制单，否则不能进行月结处理；未设置月结时，无论当月有无未制单的记录，均可以进行月结处理。

任务二　销售与应收系统期末处理

【任务场景】

天泽机械设备公司顺利完成了本月的销售和应收款业务处理，会计期末需要进行月末结账处理。销售与应收款管理月末处理的主要任务是检查所有销售及应收单据是否处理完毕。所有日常业务产生的单据都处理完毕之后执行月末结账工作,将所有单据计入对应的账表中,供决策部门查询使用。

【任务目标】

1. 掌握销售与应收业务期末结账的基本知识;
2. 熟练掌握销售管理与应收款管理系统月末结账的操作步骤;
3. 具备销售与应收业务月末结账的能力;
4. 培养严谨务实、客观公正、善始善终的职业精神。

【任务内容】

天泽机械设备公司当月销售及应收业务全部处理完毕,确认无误并完成数据备份之后,执行销售及应收系统月末结账。

【任务实施】

一、销售系统月末结账

销售系统月末结账的具体操作步骤如下:

1. 在销售管理系统中执行"月末结账"命令,进入"结账"对话框,如图 6-8 所示。

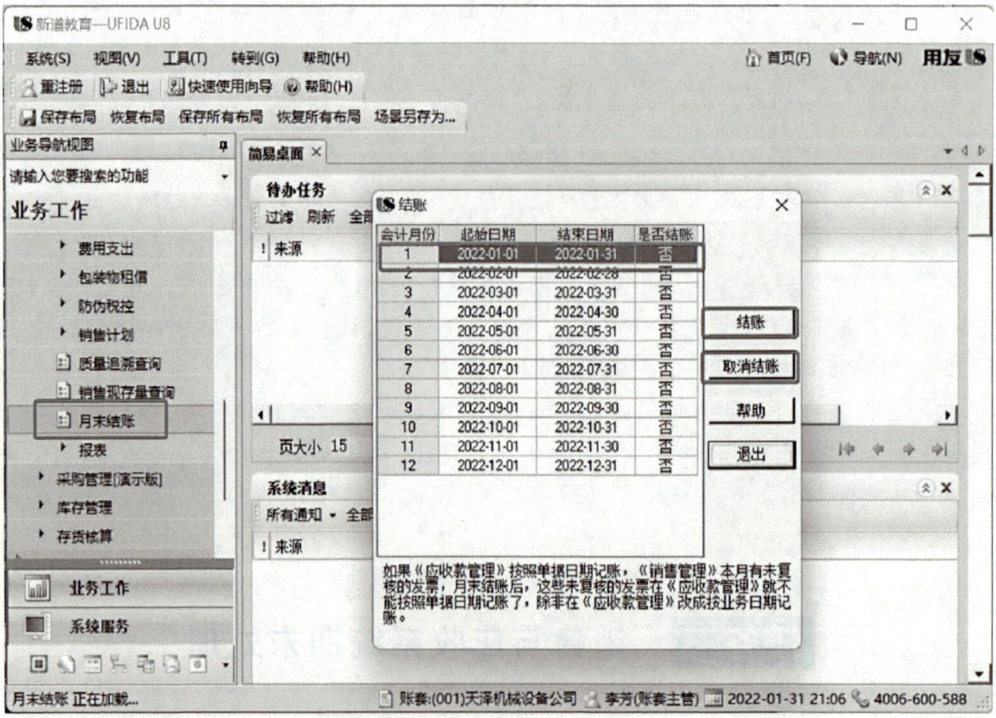

图 6-8 销售管理月末结账

2. 选中需要结账的会计月份 1 月,单击"结账"按钮,系统弹出月末结账提示框,如图 6-9 所示。

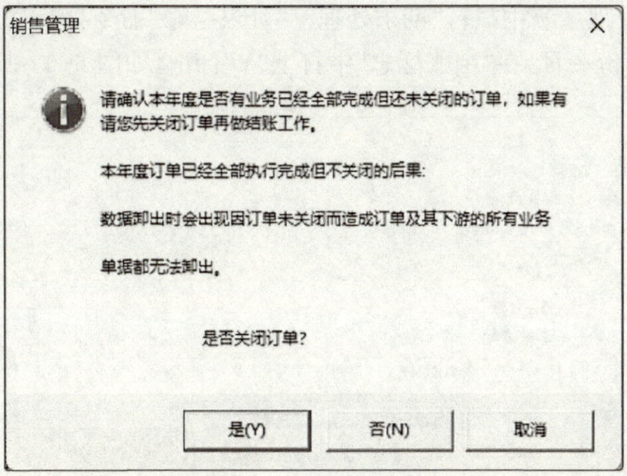

图 6-9　销售结账提示

3．如果存在未关闭的订单，则单击“是”按钮进入订单中关闭订单；如果无相关订单，则单击“否”按钮完成结账，如图 6-10 所示。1 月份结账完成之后，光标自动跳转到下一月份。

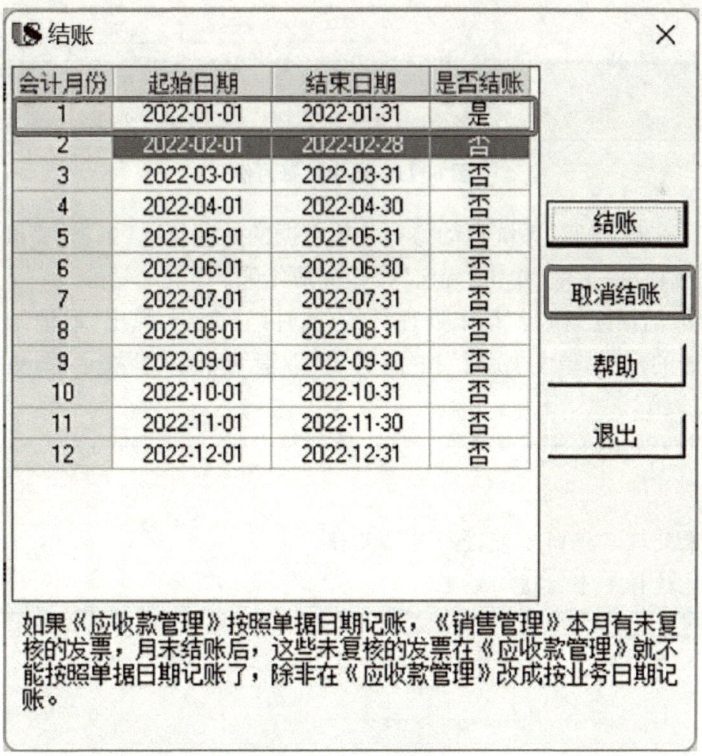

图 6-10　完成结账

4．如果需要反结账，单击“取消结账”按钮即可。

二、应收款管理系统月末结账

应收账款管理系统月末结账的具体操作步骤如下：

1. 在应收款管理系统中执行“期末处理”|“月末结账”命令,弹出“月末处理”对话框,双击需要结账的月份一月,在“结账标志”中打上“**Y**”标记,如图 6-11 所示。

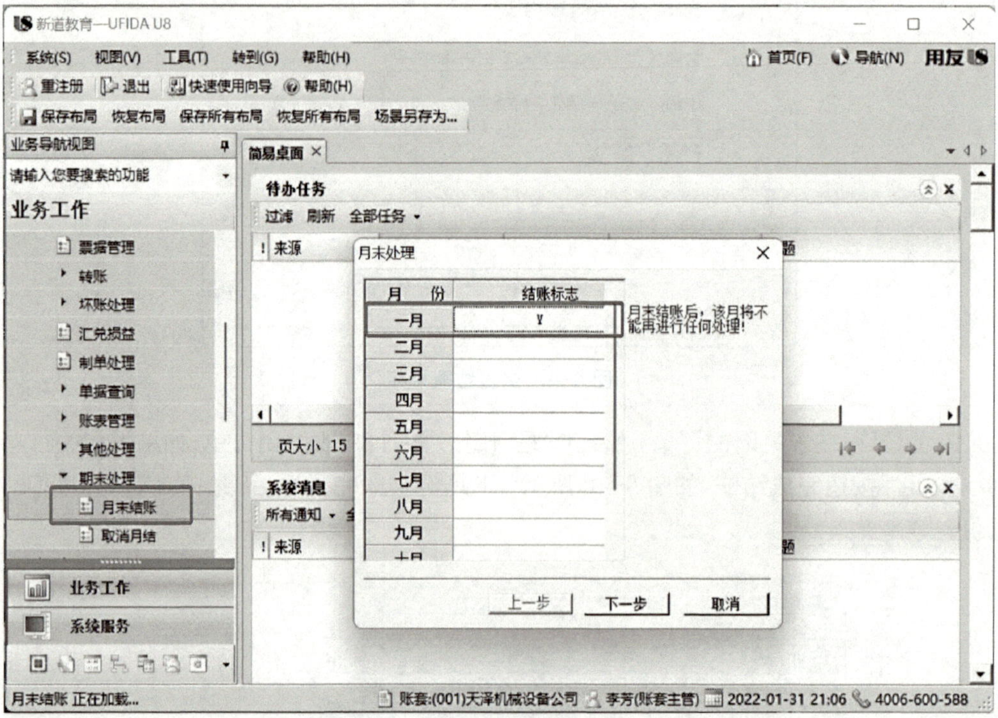

图 6-11　选中结账月份

2. 单击“下一步”按钮,系统自动检查各项单据的处理情况,单击“完成”按钮,系统弹出“1 月份结账成功”提示框,单击“确定”按钮完成结账。

3. 如果要取消结账,执行“期末处理”|“取消月结”命令,弹出“取消结账”对话框,选中需要取消结账的月份,单击“确定”按钮,弹出“取消结账成功”提示框,单击“确定”按钮取消结账。

注意:

(1) 当月有未处理单据时不能进行月结处理。

(2) 一次只能选择一个月进行结账。

【知识拓展】

月末结账注意事项

销售及应收业务的结账注意事项和采购及应付业务结账注意事项的大部分要求都一致,相同部分不再赘述。

1. 如果应收款管理系统按照单据日期记账,销售管理系统本月有未复核的发票,月末结账后，这些未复核的发票在应收款管理系统不能按照单据日期记账，须在应收款管理系统改成按业务日期记账。

2. 应收款管理系统与销售管理系统集成使用，应在销售管理系统结账后再对应收款管理系统进行结账处理。

结 账 规 则

销售及应收的结账规则与采购及应付的结账规则相同，不再赘述。

任务三 库存管理及存货核算系统期末处理

【任务场景】

天泽机械设备公司在完成库存管理及存货核算系统日常业务处理之后，月末需要进行期末处理并完成结账。库存管理与存货核算期末处理主要包括检查各种出入库单据是否已经审核、记账并生成凭证。在日常业务全部完成，且采购和销售系统已结账的情况下，完成库存管理系统结账工作、存货核算月末处理及结账工作。

【任务目标】

1. 掌握库存管理与存货核算业务期末处理的基本知识；
2. 熟练掌握库存管理与存货核算系统期末业务处理的操作步骤；
3. 具备库存管理与存货核算业务月末结账的能力；
4. 培养勤俭节约、踏实认真、艰苦奋斗的职业精神。

【任务内容】

天泽机械设备公司当月日常核算业务全部处理完毕，确认无误并完成数据备份之后，执行库存管理及存货核算系统月末结账。

【任务实施】

一、库存管理系统期末处理

库存管理系统期末处理的具体操作步骤如下：

1. 在库存管理系统中执行“月末结账”命令，进入“结账”对话框，如图 6-12 所示。

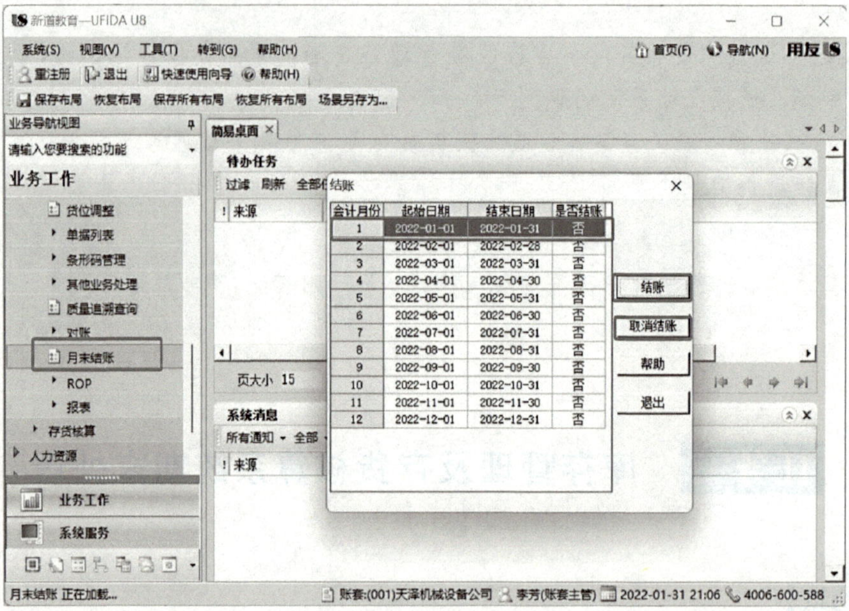

图 6-12 库存管理月末结账

2. 系统自动选中能够执行期末结账的月份，如 1 月，单击“结账”按钮，弹出“库存启用月份结账后将不能修改期初数据，是否继续结账?”提示框，单击“是”按钮完成结账，如图 6-13 所示。在 1 月份结账标识栏中显示“是”，表示 1 月份已结账。

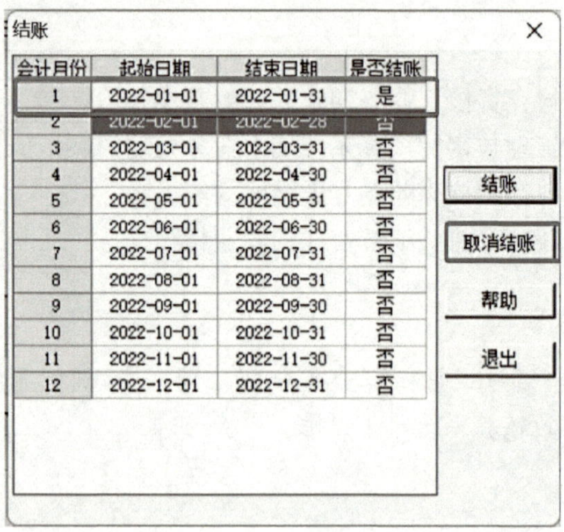

图 6-13 完成结账

3. 如果想取消结账，单击“取消结账”按钮即可。

注意：

(1) 库存管理系统结账只能逐月进行，不允许跳月结账。

(2) 系统自动选中满足结账条件的月份，不允许手动选择。

二、存货核算系统期末处理

存货核算系统期末处理的具体操作步骤如下：

1. 在存货核算系统中执行"业务核算"|"期末处理"命令，弹出"期末处理-1月"对话框，如图 6-14 所示。本对话框左半部分是执行期末处理功能，右半部分是取消期末处理功能。

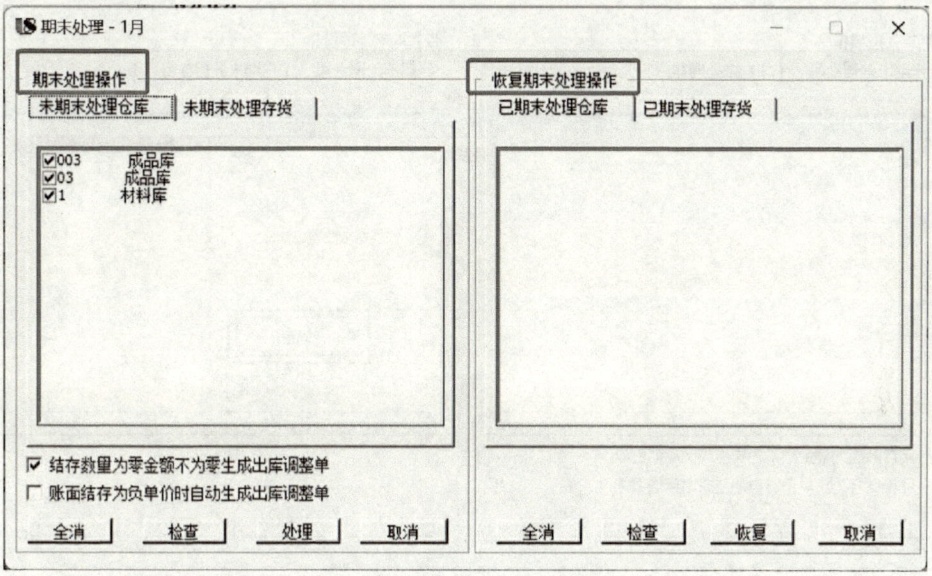

图 6-14　存货核算期末处理

2. 如果按仓库进行核算，则单击相应仓库前面的复选框，或者单击"全选"按钮选中所有仓库，同时根据需要确定是否选中"结存数量为零余额不为零生成出库调整单"复选框，单击"处理"按钮，进行各个仓库期末处理，处理完毕之后系统自动弹出"期末处理完毕！"提示框，单击"确定"按钮，如图 6-15 所示。

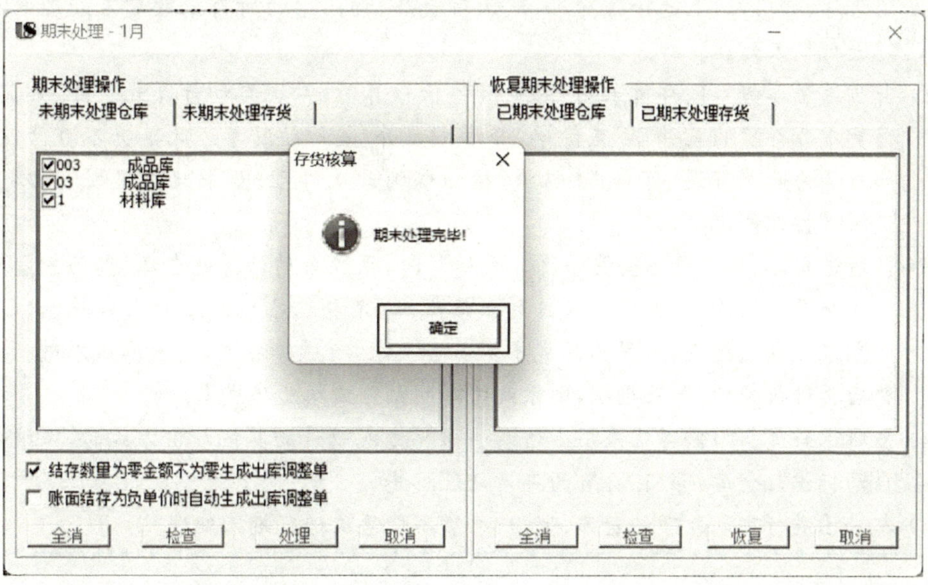

图 6-15　完成期末处理

3. 如果要取消期末处理，在右边“已期末处理仓库”栏中选中相关仓库，单击“恢复”按钮，系统弹出“恢复期末处理完毕!”提示框，单击“确定”按钮恢复期末处理，如图 6-16 所示。

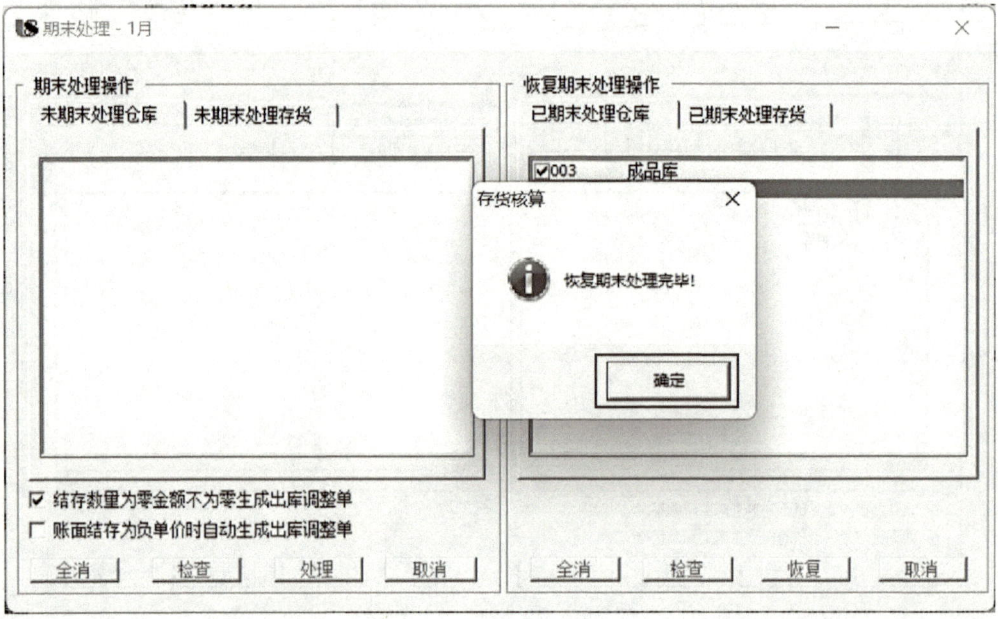

图 6-16　恢复期末处理

注意：

(1) 按仓库或按部门核算时，可以对整个仓库、部门进行期末处理或恢复期末处理，也可选择对仓库、部门中部分存货进行期末处理和恢复期末处理。如果只选择了仓库、部门，而未选择存货，则默认对仓库、部门中的所有未做期末处理的存货进行期末处理。

(2) 当所选仓库、部门、存货采用计划价/售价核算时，系统自动计算此仓库、部门、存货中各存货的差异率/差价率，并形成差异/差价结转单。此单据不可修改，如果认为此单有误，可单击“取消”按钮取消此次处理；如果此单无误，应单击“确认”按钮并记账。

(3) 当所选仓库、部门采用全月平均方式核算时，系统自动计算此仓库、部门中各存货的全月平均单价，并计算本月的出库成本(不包括已填成本的出库单据)，生成期末成本处理表，如果出库成本不符合要求，可选择取消，对出库成本进行调整后再进行处理；如果确认，则系统将对明细账回填出库成本。

(4) 当所选仓库、部门、存货采用上述两种核算方式以外的其他计价方式时，系统将自动标识此仓库、部门、存货的期末处理标志。

(5) 本月已进行期末处理的仓库、部门、存货不能再次进行期末处理。

三、存货核算月末结账

存货核算月末结账的具体操作步骤如下：

1. 在存货核算系统中执行“业务核算”|“月末结账”命令，进入月末结账对话框，如图 6-17 所示。

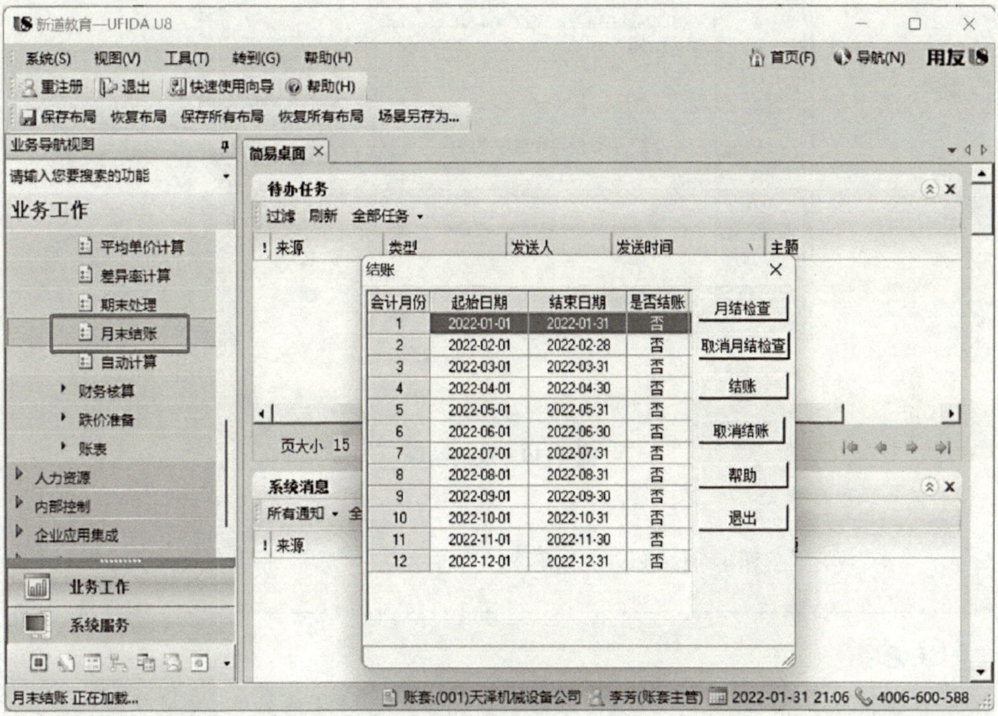

图 6-17　存货核算月末结账

2. 系统自动选中能够执行月末结账的月份，如 1 月，单击“结账”按钮，系统自动完成结账并弹出“月末结账完成！”提示框，如图 6-18 所示。单击“确定”按钮完成结账。

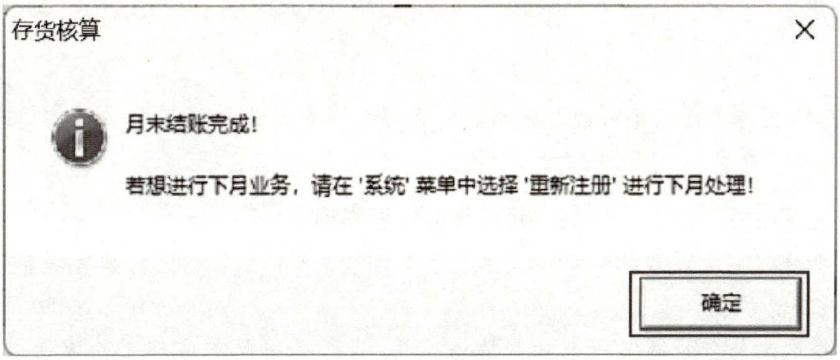

图 6-18　月末结账完成提示

3. 如果想取消当月结账，则需要注册到下月，然后到“月末结账”中单击“取消结账”按钮，弹出“恢复月末结账完成！”提示框，如图 6-19 所示。

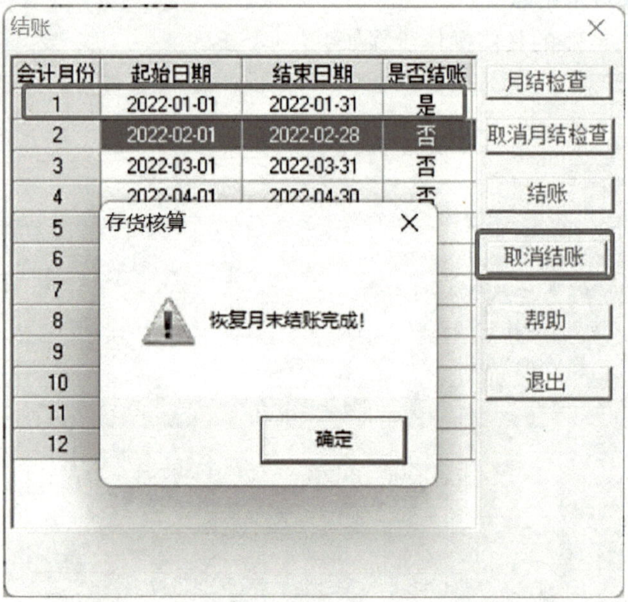

图 6-19 取消结账

4. 单击“确定”按钮取消结账。

注意:

(1) 存货核算系统要在销售、采购、库存等系统结账之后才能结账,其他系统需要取消结账时,必须先取消存货核算系统结账。

(2) 如果总账已结账,则本系统必须在总账取消结账后才能取消结账。

【知识拓展】

库存管理与存货核算系统月末结账的大部分要求与采购及应收系统相似,下面仅就不同之处作介绍。

月末结账注意事项

1. 如果库存管理系统结账前认为现存量与单据不一致,可通过“整理现存量”功能对现存量进行调整。

2. 结账功能与系统中所有功能的操作互斥,即在结账前应确定其他功能均已退出。在网络环境下,要确定本系统所有的网络用户退出了所有的功能。

3. 如果库存管理、存货核算、采购管理、销售管理系统集成使用,只有采购管理、销售管理系统结账后库存管理系统才能进行结账,只有库存管理系统结账之后存货核算系统才能进行结账。

4. 库存管理和预算管理系统集成使用时，如果结账月内有预算审批状态为“待审批”或“审批未过”的其他出库单，则不允许结账。

5. 结账只能由有结账权的人进行。

存货核算月末处理

日常业务全部完成后，可进行存货核算系统的期末处理，主要功能如下：

1. 计算按全月平均方式核算的存货的全月平均单价及出库成本。

2. 计算按计划价/售价方式核算的存货差异率/差价率及其本月的分摊差异/差价。

3. 对已完成日常业务的仓库、部门、存货作期末处理。

4. 如果要对期末处理后结存数量为零、结存金额不为零的存货自动生成出库调整单，可以选择“结存数量为零金额不为零自动生成出库调整单”选项，选择该选项，期末处理后显示零数量、成本一览表。

5. 在采购和销售系统作结账处理后才能使用采购和销售系统。系统提供恢复期末处理功能，但是在总账结账后将不可恢复。

6. 由于存货核算系统可以处理压单不记账的情况，因此进行期末处理之前应仔细检查是否本月业务还有未记账的单据，确认完成本月的全部日常业务后，再做期末处理工作。

7. 由于生成凭证只支持按整单制单，故在第12个会计月期末处理前，一定要将未整单记账的单据所有未记账记录全部记账，并且在月结前生成凭证，否则年结后无法生成凭证。

账套数据备份

在电脑中建立一个文件夹并按日期命名，然后将账套输出备份到这个文件夹中。在账套的备份和使用过程中，要养成良好的数据安全和保密意识。

07 项目七

财务报表编制

项目综述

UFO(User Friend Office)报表系统是用友 ERP-U8V10.1 软件中一个相对独立的子系统，具有自定义报表功能和数据处理功能，并内置了多个行业的报表模板。其主要功能是自定义会计报表，利用模板生成财务报表，对报表进行日常管理，生成图表等。

报表系统的主要任务是设计报表的格式和编制公式，从总账系统或其他业务系统取得相关的会计数据，自动编制各种会计报表，对报表进行审核、汇总，生成各种分析图，并按预定的格式输出各种会计报表。报表系统主要包括以下功能：

1. 提供各行业报表模板。提供 33 个行业的标准财务报表模板，可轻松生成复杂报表。提供自定义模板的功能，可以根据本单位的实际需要定制模板。

2. 文件管理功能。提供各类文件管理功能，并且能够进行不同文件格式的转换，包括 txt 文本文件、.mdb 文件、Excel 文件、Lotus1-2-3 文件。支持多个窗口同时显示和处理，可同时打开的文件和图形窗口多达 40 个。提供了标准财务数据的导入和导出功能，可以和其他流行财务软件交换数据。

3. 格式管理功能。提供丰富的格式设计功能，如设组合单元、画表格线(包括斜线)、调整行高和列宽、设置字体和颜色、设置显示比例等，可以制作各种要求的报表。

4. 数据处理功能。UFO 以固定的格式管理大量不同的表页，能将多达 99 999 张具有相同格式的报表资料统一在一个报表文件中管理，并且在每张表页之间建立有机的联系。提供排序、审核、舍位平衡、汇总功能；提供绝对单元公式和相对单元公式，可以方便、迅速地定义计算公式；提供种类丰富的函数，可以从账务、应收、应付、工资、固定资产、销售、采购、库存等用友产品中提取数据，生成财务报表。

5. 打印功能。“所见即所得”，报表和图形都可以打印输出。报表打印时，可以选择打印格式或数据，设置财务表头和表尾，在 0.3 到 3 倍之间缩放打印，横向或纵向打印等。提供打印预览，可以随时观看报表或图形(包括 UFO 生成的图表对象和 UFO 中的嵌入和链接对象)的打印效果。

6. 二次开发功能。提供批命令和自定义菜单，自动记录命令窗中输入的多个命令，可将有规律性的操作过程编制成批命令文件。提供 Windows 风格的自定义菜单，综合利用批命令，可以在短时间内开发出本企业的专用系统。

职业能力培养

通过项目的实施及运营，了解自定义报表和报表模板的特点。熟练掌握自定义报表的生成方法，熟练使用报表模板生成财务报表，熟练设置报表公式和财务函数。在项目实施过程中培养学生严谨认真、一丝不苟的工作作风，注重提高技能、强化职业判断能力，具备数据思维，树立系统观念，注重数据安全，具有保密意识。

思政园地

请大家思考并讨论财务报表在整个会计工作中的地位和意义。财务报表的阅读是否要经过一定的授权？除了上市公司的财务报表需要强制对外披露外，其他公司的财务报表是否可以随便翻看？

“孟晚舟事件”曾一度举世瞩目。2018 年 12 月 1 日，孟晚舟在加拿大温哥华转机时被刑拘。事件发生时，孟晚舟担任华为 CFO 要职。

在这一事件中，汇丰银行出卖客户的信息，把孟晚舟、华为在汇丰银行里的流水账单等信息透露给了美国政府。美国政府以华为涉嫌与伊朗开展商业贸易违反美对伊朗制裁法案为由，指使加拿大政府逮捕孟晚舟。

经过中国政府的不懈外交斗争，“孟晚舟事件”以孟晚舟无罪释放而胜利解决。孟晚舟于 2021 年 9 月 25 日乘坐中国政府包机返回祖国。同日，人民日报评孟晚舟回国：“没有任何力量能够阻挡中国前进的步伐。”

从这一事件中，我们一方面感受到中国政府对国民的关爱之情，另一方面也认识到企业的会计数据和会计信息是企业重要的资产，应当妥善保管。遵守职业道德，替客户保守商业机密，应当是每一个经济主体的良知和自觉行为。

典型工作任务

1. 自定义报表：报表格式设计，报表公式定义，报表数据处理。
2. 利用报表模板生成报表：设置报表模板，调整报表模板。
3. 会计数据备份与档案管理。

报表管理系统具体工作流程如图 7-1 所示。

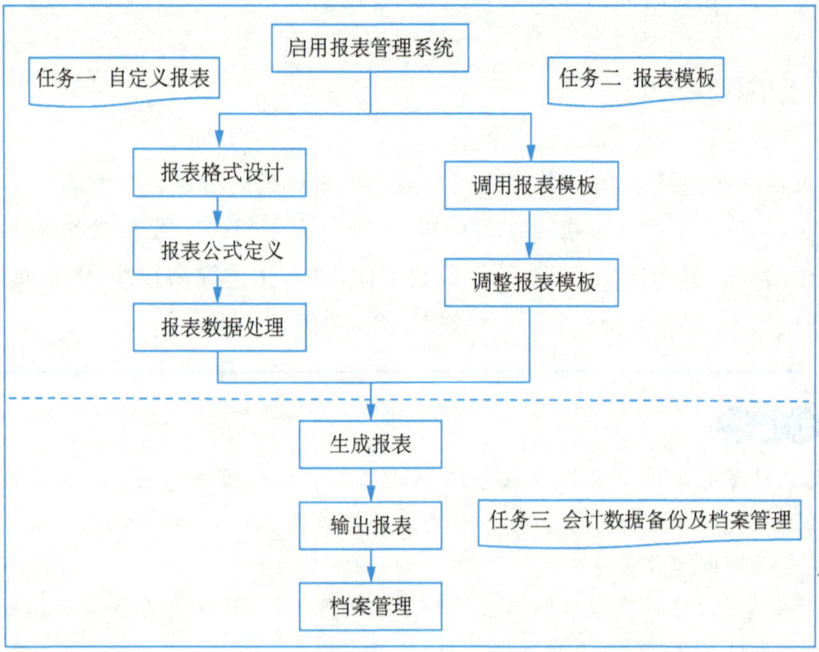

图 7-1 报表管理系统操作流程

任务一 自定义报表

【任务场景】

天泽机械设备公司已经使用用友 ERP-U8V10.1 软件完成了系统初始化、总账系统设置等操作,总账会计李芳在完成了日常会计核算工作后,每个会计期末都要编制会计报表,及时提供财务信息,为公司经营决策作出贡献。现在李芳需要了解在会计信息化环境下,如何完成会计报表的编制。

【任务目标】

1. 了解会计报表管理系统中有关的基本概念及特点,了解自定义报表编制的内容;
2. 理解报表编制的原理,掌握自定义报表编制的流程、方法及操作步骤;
3. 掌握报表格式定义、公式定义的操作方法等知识;
4. 具备熟练运用报表管理系统进行常用会计报表的制作、编辑和数据处理的能力。

【任务内容】

表 7-1 货币资金表

编制单位：　　　　　　　　　　　　年　　月　　日　　　　　　　　　　　　单位:元

项目	行次	期初数	期末数
库存现金	1		
银行存款	2		
合计	3		

本表是固定表，固定表是指表的行数和列数是固定的，在这类表中，表的总单元数不变，也称为不含可变区的表。

表文件名：货币资金表.rep；标题：货币资金表；关键字：编制单位和日期中的年、月、日；公式单元：期初数和期末数下的项目；从总账系统取数，生成本月份的货币资金表。

【任务实施】

一、启用报表管理系统

启用报表系统，建立新表的具体操作步骤如下：

1. 执行“开始”|“程序”|“用友 ERP-U8V10.1”|“企业应用平台”命令。

2. 进入系统登录界面后，进行企业门户注册，输入操作员“01”，选择账套“001 天泽机械设备公司”，操作日期为“2022-01-31”，密码为空，单击“确定”按钮。

3. 选择“业务工作”|“财务会计”|“UFO 报表”命令，进入“UFO 报表”系统。

4. 启动报表系统后，执行“文件”|“新建”命令，系统自动创建一个空白报表，报表名默认为“report1”，如图 7-2 所示。

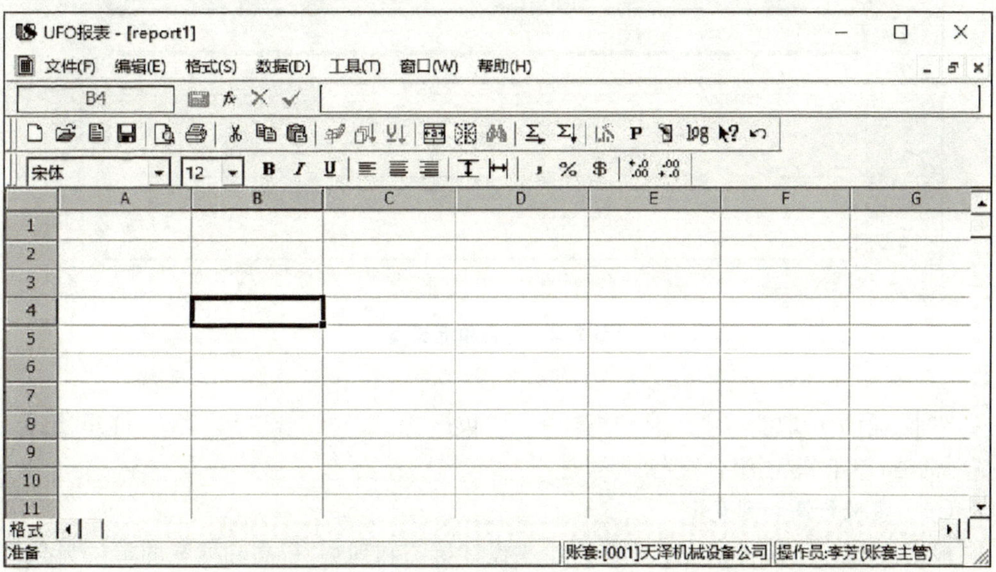

图 7-2 新建 UFO 报表

二、报表格式设计

(一) 设置报表尺寸

设置报表尺寸是指设置报表的行数和列数,具体操作步骤如下:

1. 在“UFO 报表”窗口单击左下角的“格式/数据”按钮,进入“格式”状态。

2. 执行“格式”|“表尺寸”命令,弹出“表尺寸”对话框,在对话框中输入报表的行数和列数,如图 7-3 所示。单击确认后当前处理的报表将按照设置的表尺寸显示。

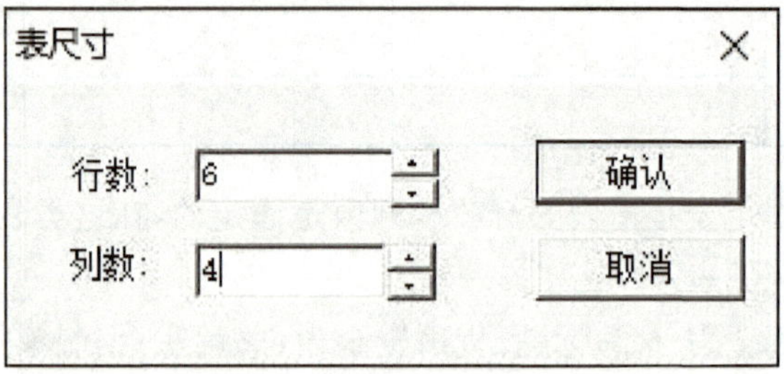

图 7-3　表尺寸设置

3. 修改表尺寸时,重复上述操作。

(二) 设置组合单元

组合单元就是将几个具体单元组合成一个大的单元,以便输入和显示相关信息,如报表标题、编制单位等信息。定义组合单元的具体操作步骤如下:

1. 在“格式”状态下选取要设置为组合单元的区域,执行“格式”|“组合单元”命令,打开“组合单元”对话框。

2. 选择组合方式“整体组合”或“按行组合”按钮设置组合单元,该单元即合并成一个单元格,如图 7-4 所示。

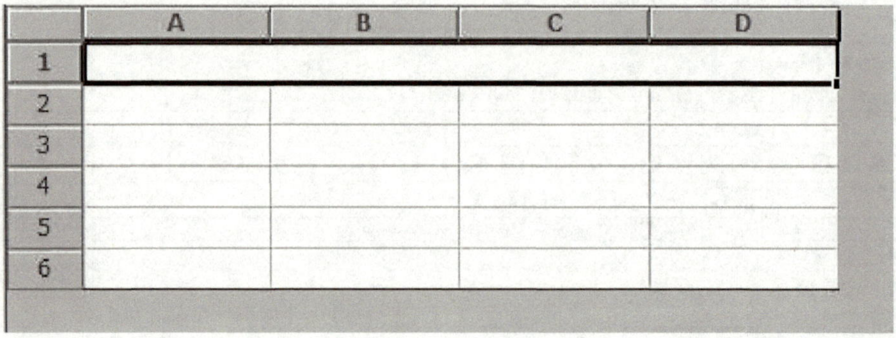

图 7-4　组合单元设置

3. 同理,可选取要取消组合的组合单元,单击“格式”|“组合单元”菜单,打开“组合单元”对话框,单击“取消组合”按钮即可。

(三) 定义行高和列宽

根据报表的大小和文字、数据的多少来设计行高和列宽,行高和列宽的单位为毫米。定义行高与列宽的操作类似,以设置行高为例来说明,具体操作步骤如下:

1. 单击“格式/数据”按钮，进入“格式”状态。

2. 选择要调整行高的单元格。

3. 执行“格式”|“行高”命令，打开“行高”对话框，输入所要设置的行高，如图 7-5 所示。单击“确认”后选定行将按照设置的行高显示。

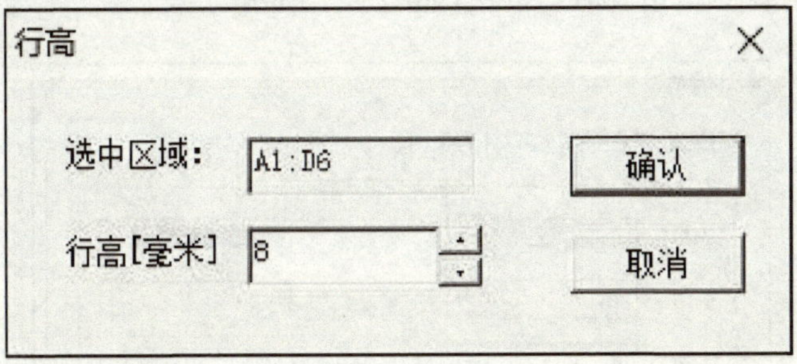

图 7-5　定义行高

（四）画表格线

为了满足查询和打印的需要，要给报表画上表格线。UFO 的画线类型有网线、横线、竖线、框线、正斜线、反斜线 6 种。

画表格线的具体操作步骤如下：

1. 单击“格式/数据”按钮，进入“格式”状态。

2. 选取报表需要画线的区域。

3. 执行“格式”|“区域画线”命令，打开“区域画线”对话框。

4. 在“画线类型”和“样式”中选择一种即可，单击“确认”按钮，如图 7-6 所示。

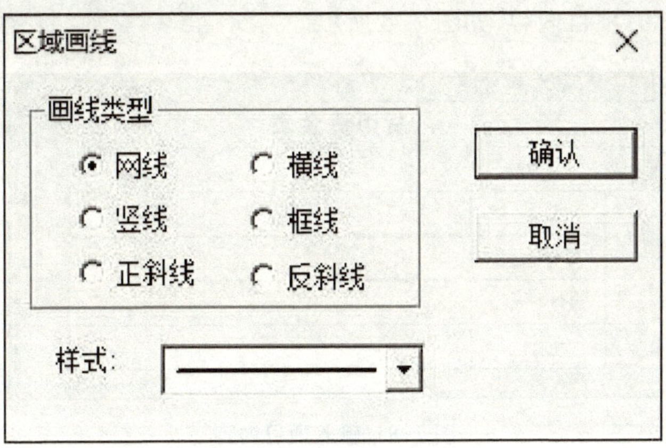

图 7-6　画表格线

(5) 重复前三步操作后，在“区域画线”对话框中选择“样式”为“空线”，可删除区域中的表格线。

（五）定义单元属性

单元属性主要指单元的类型、数字格式、边框线以及单元内容的字体、字号、字形、对齐方式、颜色图案等。

定义单元属性的具体操作步骤如下：

1. 单击“格式/数据”按钮,进入“格式”状态。

2. 选取要设置单元属性的区域,执行“格式”|“单元属性”命令,打开“单元格属性”对话框。

3. 单击“字体图案”选项卡,在“字体”下拉框中选择“黑体”,在“字型”下拉框中选择“粗体”,在“字号”下拉框中选择“14”。单击“对齐”选项卡,分别单击“水平方向”和“垂直方向”后的“居中”选项,单击“确定”按钮,如图 7-7 所示。

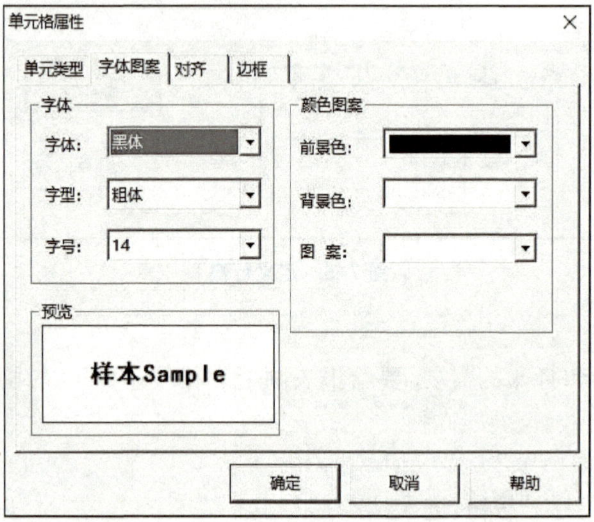

图 7-7 定义单元格属性

(六) 输入项目内容

报表的文字内容主要包括表头内容、表体项目和表尾项目等。根据所给资料直接在对应单元中输入所有项目内容,如图 7-8 所示。

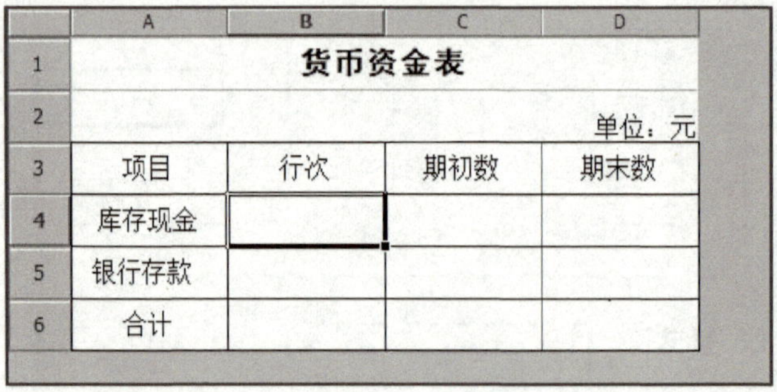

	A	B	C	D
1	货币资金表			
2				单位:元
3	项目	行次	期初数	期末数
4	库存现金			
5	银行存款			
6	合计			

图 7-8 输入项目内容

(七) 设置关键字

关键字主要有:单位名称、单位编号、年、季、月、日等,还可以根据需要自定义关键字。如果关键字的位置不合适,可以通过设置偏移量的方式来调整关键字的位置。

设置关键字的具体操作步骤如下:

1. 单击“格式/数据”按钮,进入“格式”状态。

2. 执行“数据”|“关键字”|“设置”命令,弹出“设置关键字”对话框,选择其中的一个关键字,如图 7-9 所示。单击“确定”后在选定单元中关键字名称显示为红色。

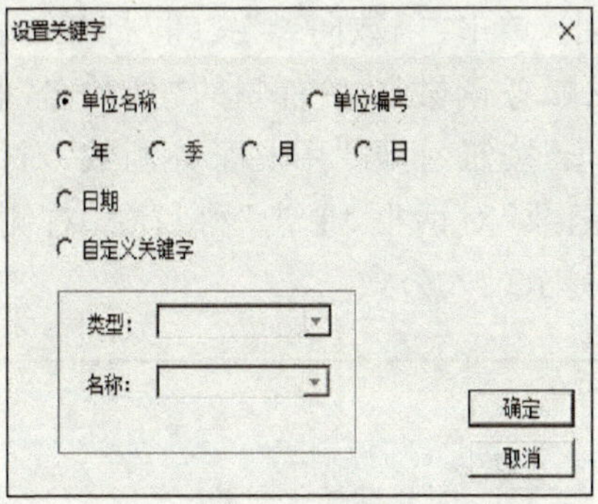

图 7-9　设置关键字

3. 执行“数据”|“关键字”|“偏移”命令，弹出“定义关键字偏移”对话框，在需要调整位置的关键字后面输入偏移量，负数表示向左偏移，正数表示向右偏移，如图 7-10 所示。

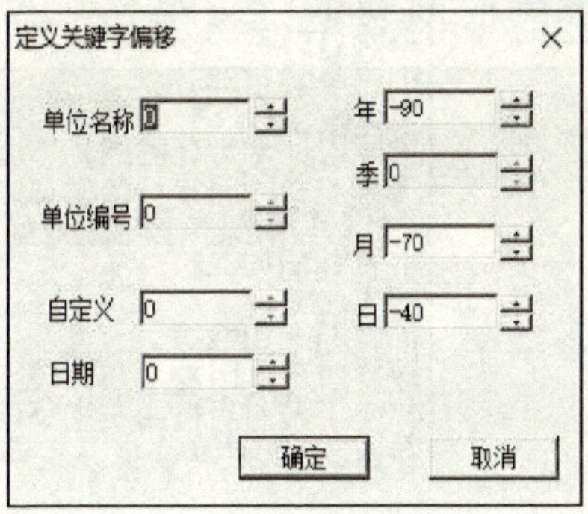

图 7-10　定义关键字偏移

三、报表公式定义

录入单元公式的具体操作步骤如下。

1. 在“UFO 报表”窗口单击“格式/数据”按钮，进入“格式”状态。

2. 选中 C4 单元格，执行“数据”|“编辑公式”|“单元公式”命令，或者单击工具栏中的按钮，打开“定义公式”对话框，如图 7-11 所示。

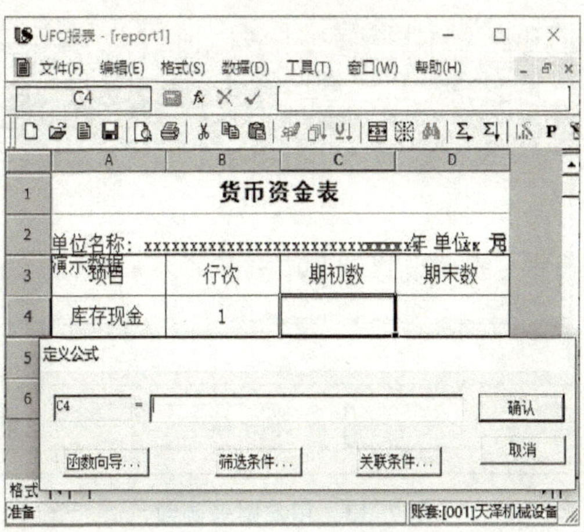

图 7-11　定义公式

3. 在“定义公式”窗口中，单击“函数向导”按钮，打开“函数向导”对话框，在左侧的“函数分类”栏中选择“用友账务函数”，在右侧的“函数名”栏中选择“期初(QC)”，如图 7-12 所示。单击“下一步”按钮，打开“用友账务函数”对话框，如图 7-13 所示。单击“参照”按钮，打开“账务函数”对话框，单击“科目”栏右侧的按钮，参照选择会计科目，如图 7-14 所示。根据提示录入公式。

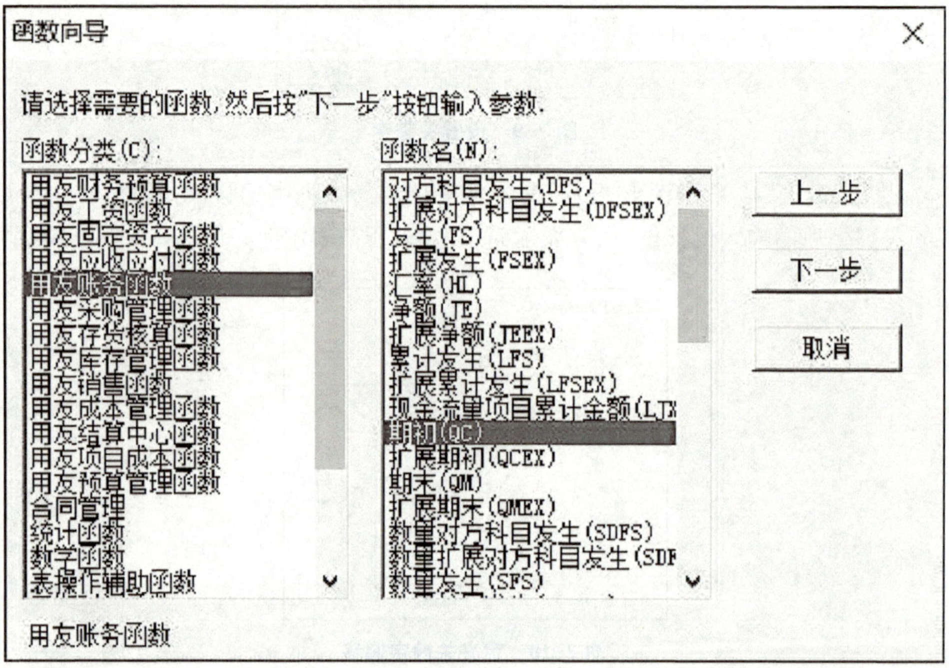

图 7-12　函数向导

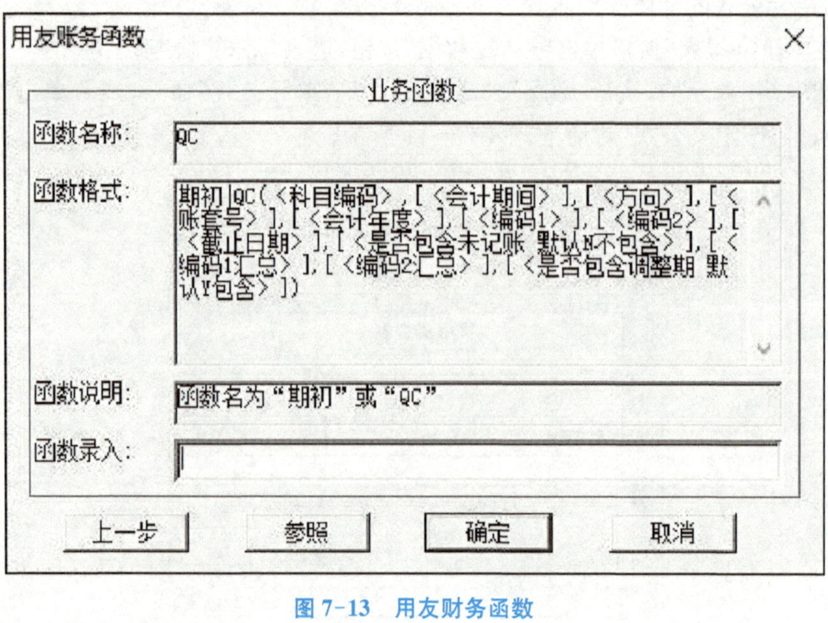

图 7-13　用友财务函数

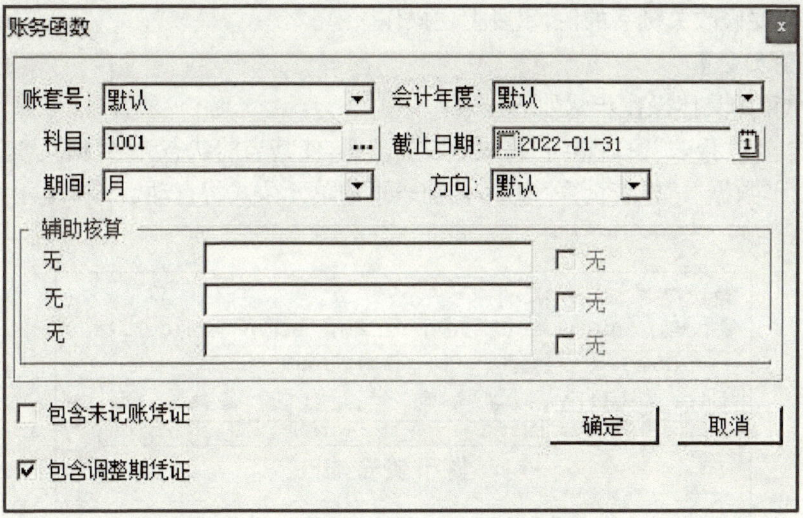

图 7-14　财务函数

4. 单击“确定”按钮保存公式，并按此方法录入其余公式。

四、报表数据处理

（一）打开报表

在“UFO 报表”窗口执行“文件”|“打开”命令或单击“打开”按钮，选择路径并打开相应的报表文件。

（二）录入关键字

录入关键字的具体操作步骤如下：

1. 在“UFO 报表”窗口单击“格式/数据”按钮，使其当前状态为“数据”状态。

2. 执行“数据”|“关键字”|“录入”命令，弹出“录入关键字”对话框，在已定义的关键字编辑框中录入关键字的值，如输入单位名称“天泽机械设备公司”，年“2022”，月“1”，季“1”，日“31”，如图 7-15 所示。

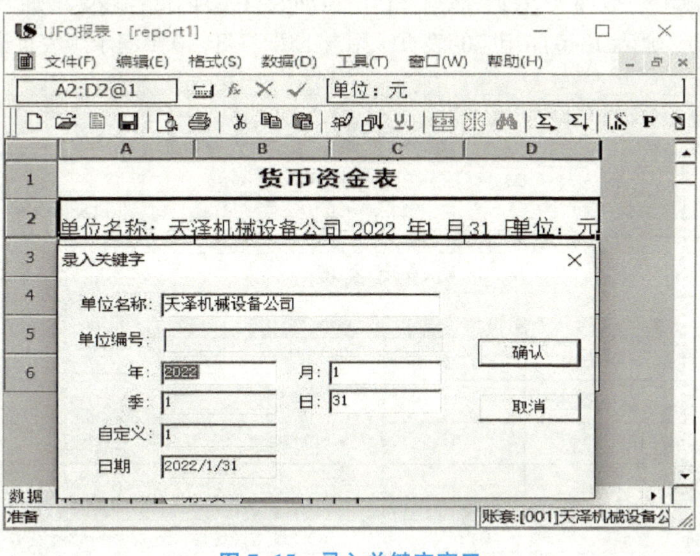

图 7-15　录入关键字窗口

3. 如果要修改关键字的值,重复上述操作。

(三) 整表重算

整表重算的具体操作步骤如下:

1. 在“UFO 报表”窗口单击“格式/数据”按钮,使其当前状态为“数据”状态。

2. 执行“数据”|“整表重算”命令,当前表页的单元公式将自动运算并显示结果,如图 7-16 所示。

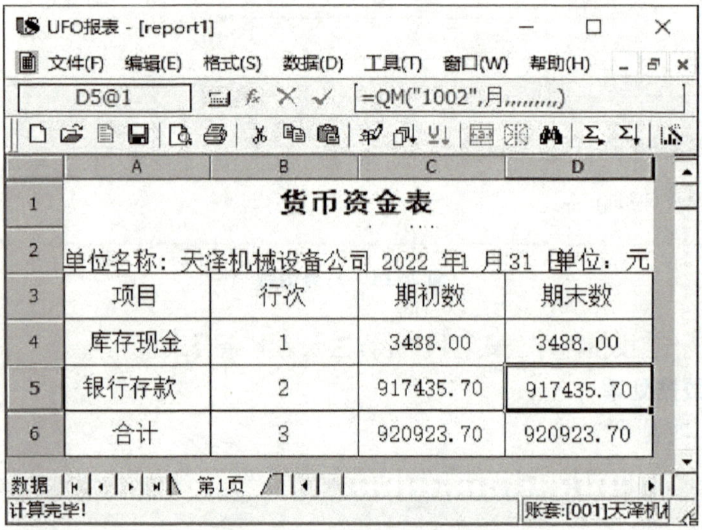

图 7-16 货币资金表生成

(四) 增加表页

增加表页分为插入表页和追加表页两种方式,插入表页是在当前页的前面插入一张新表页,追加表页是在已有表页的后面增加一张新表页。

增加表页的具体操作步骤如下:

1. 执行“编辑”|“追加”|“表页”命令,打开“追加表页”对话框,输入“追加表页数量”,如图 7-17 所示。单击“确认”后追加相应的表页。用友 ERP-U8V10.1 演示版表页最多为 4 页。

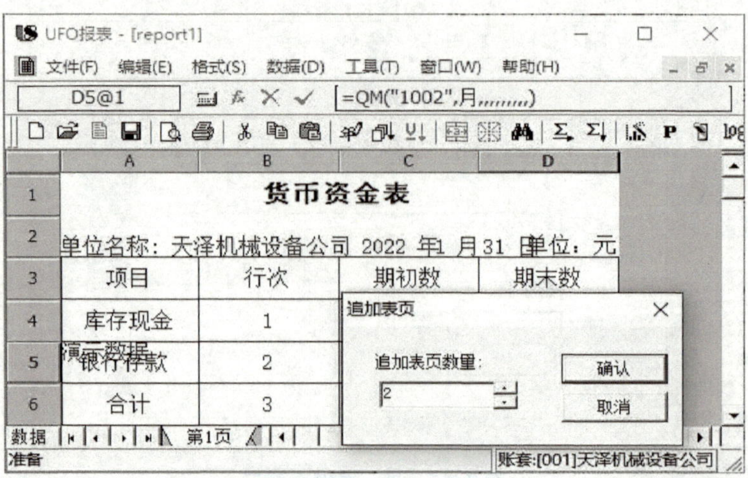

图 7-17 追加表页窗口

2. 切换到第 2 张表页，选择“数据”|“关键字”|“录入”命令，输入月“2”，日“28”，即可得到 2 月份的报表。

（五）审核报表

审核报表的具体操作步骤如下：

1. 在“格式”状态下，执行“数据”|“编辑公式”|“审核公式”命令，弹出“审核公式”对话框，输入相应公式，如图 7-18 所示。

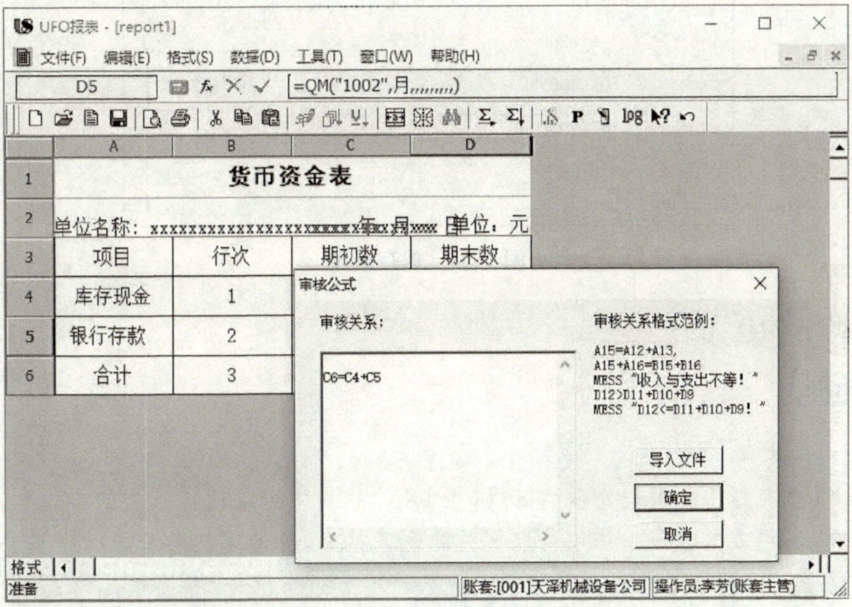

图 7-18　定义审核公式

2. 单击“格式/数据”按钮，进入“数据”状态。

3. 执行“数据”|“审核”命令，系统将按照审核公式逐条审核表内的关系。

> **注意：**
>
> （1）审核公式在格式状态下编辑，在数据状态下执行。
>
> （2）如果没有通过审核，则弹出审核公示中设置的文字提示信息窗口。

（六）保存报表

保存报表的具体操作步骤如下：

1. 执行“文件”|“保存”命令，打开“保存为”列表框，如果不是第一次保存，则打开“另存为”对话框。

2. 选择要保存的文件夹，输入报表文件名“货币资金表”，选择保存类型“报表文件(*.rep)”，如图 7-19 所示。

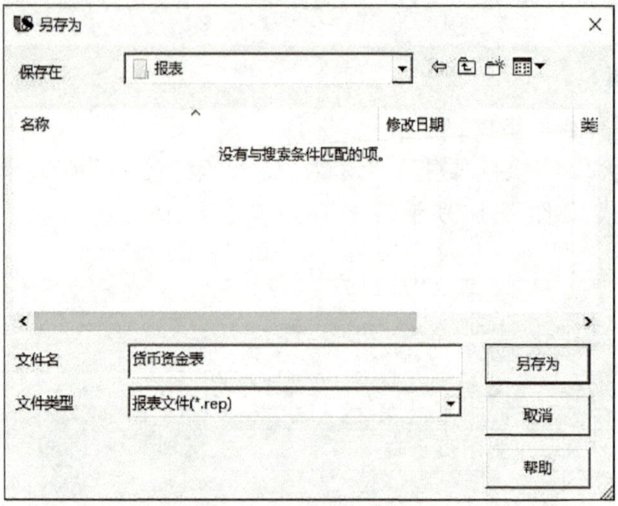

图 7-19 保存报表

3. 单击“另存为”按钮。

【知识拓展】

UFO 报表是用友报表处理的工具,在 UFO 报表中可以设计报表的格式和定义公式,从总账系统或其他子系统中读取有关的财务信息,自动编制各种会计报表,对报表进行审核、汇总,生成各种分析报表(如企业财务指标分析表)并按预定格式输出各种会计报表。

在 UFO 报表系统中,报表有格式状态和数据状态两种状态。

在格式状态下,仅显示报表的格式,报表的数据全部隐藏。在此状态下所做的操作,对本报表所有的表页都起作用,但不能进行数据的录入、计算等操作。

在数据状态下,显示报表的全部内容,包括格式和数据。在此状态下,可管理报表的数据,如输入关键字、计算表页等,但不能修改报表的格式。

格式设置指自定义生成报表时,可以利用 UFO 报表提供的丰富的格式设计功能,根据企业实际需要设置报表的格式,比如定义组合单元、画表格线、调整行高和行宽等。

关键字指 UFO 报表中特殊的数据单元,可以作为一个表页的唯一标识,方便快捷地选择表页。关键字的显示位置在格式状态下设置,其值在数据状态下录入,每个报表可以定义多个关键字。

一个 UFO 报表最多可容纳 99 999 张表页,每一张表页是由许多单元组成的,一个报表中的所有表页具有相同的格式,但其中的数据不同。在用友 ERP-U8V10.1 教学演示版中,一个报表只允许设置最多 4 张表页。

任务二 报表模板

用友 ERP-U8V10.1 软件提供了大量的会计报表模板，企业只需要调用会计报表模板并根据本企业的需要略加修改，就可以快速生成相关报表。

【任务场景】

天泽机械设备公司已经使用财务软件完成了系统初始化、总账系统填制凭证、出纳签字、审核凭证、记账和期末业务处理的操作，现在需要调用新会计制度科目中的资产负债表用于企业核算，并依据模板生成当月的资产负债表。会计刘明需要了解在会计信息化环境中如何完成会计报表的编制以及应注意的问题。

【任务目标】

1. 了解报表模板的内容；
2. 掌握利用模板编制报表的流程、方法及操作步骤等相关知识；
3. 具备熟练利用报表模板编制会计报表的能力。

【任务内容】

表 7-2 资产负债表

会企 01 表

单位名称：天泽机械设备公司　　2022 年 01 月 31 日　　单位：元

资产部分

资产	行次	年初数	期末数
流动资产：			
货币资金	1	QC("1001",全年,,,年,,)+ QC("1002",全年,,,年,,)+ QC("1009",全年,,,年,,)	QM("1001",月,,,年,,)+ QM("1002",月,,,年,,)+ QM("1009",月,,,年,,)
交易性金融资产	2	QC("1101",全年,,,年,,)－ QC("1102",全年,,,年,,)	QM("1101",月,,,年,,)－ QM("1102",月,,,年,,)
应收票据	3	QC("1121",全年,,,年,,)	QM("1121",月,,,年,,)
应收账款	4	QC("1122",全年,,,年,,)－ QC("1231",全年,,,年,,)	QM("1122",月,,,年,,)－ QM("1231",月,,,年,,)
预付账款	5	QC("1123",全年,,,年,,)	QM("1123",月,,,年,,)
应收利息	6	QC("1132",全年,,,年,,)	QM("1132",月,,,年,,)
应收股利	7	QC("1131",全年,,,年,,)	QM("1131",月,,,年,,)
其他应收款	8	QC("1221",全年,,,年,,)	QM("1221",月,,,年,,)

续表

资产	行次	年初数	期末数
存货	10	QC("1401",全年,,,年,,)+ QC("1402",全年,,,年,,)+ QC("1403",全年,,,年,,)+ QC("1405",全年,,,年,,)+ QC("1406",全年,,,年,,)+ QC("1408",全年,,,年,,)+ QC("1411",全年,,,年,,)+ QC("5001",全年,,,年,,)+ QC("1404",全年,,,年,,)	QM("1401",年,,,年,,)+ QM("1402",年,,,年,,)+ QM("1403",年,,,年,,)+ QM("1405",年,,,年,,)+ QM("1406",年,,,年,,)+ QM("140 8",年,,,年,,)+ QM("1411",年,,,年,,)+ QM("5 001",年,,,年,,)+ QM("1404",年,,,年,,)
一年内到期的非流动资产	20		
其他流动资产	21		
流动资产合计	26	ptotal(?C6:?C16)	ptotal(?D6:?D16)
非流动资产:			
可供出售金融资产	28	QC("1503",全年,,,年,,)	QM("1503",月,,,年,,)
持有至到期投资	29	QC("1501",全年,,,年,,)	QM("1501",月,,,年,,)
长期应收款	30	QC("1531",全年,,,年,,)	QM("1531",月,,,年,,)
长期股权投资	32	QC("1511",全年,,,年,,)	QM("1511",月,,,年,,)
固定资产	35	QC("1601",全年,,,年,,)- QC("1602",全年,,,年,,)- QC("1603",全年,,,年,,)	QM("1601",月,,,年,,)- QM("1602",月,,,年,,)- QM("1603",月,,,年,,)
在建工程	37	QC("1604",全年,,,年,,)	QM("1604",月,,,年,,)
工程物资	38	QC("1605",全年,,,年,,)	QM("1605",月,,,年,,)
固定资产清理	40	QC("1606",全年,,,年,,)	QM("1606",月,,,年,,)
无形资产	45	QC("1701",全年,,,年,,)- QC("1702",全年,,,年,,)- QC("1703",全年,,,年,,)	QM("1701",月,,,年,,)- QM("1702",月,,,年,,)- QM("1703",月,,,年,,)
长期待摊费用	48	QC("1801",全年,,,年,,)	QM("1801",月,,,年,,)
递延所得税资产	50	QC("1811",全年,"借",,年,,)	QM("1811",月,"借",,年,,)
其他非流动资产	51		
非流动资产合计	52	ptotal(?C18:?C30)	ptotal(?D18:?D30)
资产总计	55	?C17+?C31	?D17+?D31

负债及所有者权益部分

负债及所有者权益	行次	年初数	期末数
流动负债:			
短期借款	61	QC("2001",全年,,,年,,)	QM("2001",月,,,年,,)
交易性金融负债	62	QC("2101",全年,,,年,,)	QM("2101",月,,,年,,)
应付票据	63	QC("2201",全年,,,年,,)	QM("2201",月,,,年,,)
应付账款	64	QC("2202",全年,,,年,,)	QM("2202",月,,,年,,)
预收账款	66	QC("2203",全年,,,年,,)	QM("2203",月,,,年,,)
应付职工薪酬	68	QC("2211",全年,,,年,,)	QM("2211",月,,,年,,)
应交税费	69	QC("2221",全年,,,年,,)	QM("2221",月,,,年,,)
应付利息	70	QC("2231",全年,,,年,,)	QM("2231",月,,,年,,)
应付股利	71	QC("2232",全年,,,年,,)	QM("2232",月,,,年,,)
其他应付款	73	QC("2241",全年,,,年,,)	QM("2241",月,,,年,,)
一年内到期的非流动负债	75		
其他流动负债	78		
流动负债合计	80	ptotal(?G6:?G17)	ptotal(?H6:?H17)
非流动负债:			
长期借款	82	QC("2501",全年,,,年,,)	QM("2501",月,,,年,,)
应付债券	84	QC("2502",全年,,,年,,)	QM("2502",月,,,年,,)
长期应付款	86	QC("2701",全年,,,年,,)	QM("2701",月,,,年,,)
专项应付款	87	QC("2711",全年,,,年,,)	QM("2711",月,,,年,,)
预计负债	88	QC("2801",全年,,,年,,)	QM("2801",月,,,年,,)
递延所得税负债	90	QC("2901",全年,"贷",,年,,)	QM("2901",月,"贷",,年,,)
其他非流动负债	91		
非流动负债合计	95	ptotal(?G20:?G26)	ptotal(?H20:?H26)
负债合计	96	?G18+?G27	?H18+?H27
所有者权益:			
实收资本	98	QC("4001",全年,,,年,,)	QM("4001",月,,,年,,)
资本公积	100	QC("4002",全年,,,年,,)	QM("4002",月,,,年,,)
盈余公积	103	QC("4101",全年,,,年,,)	QM("4101",月,,,年,,)
未分配利润	105	QC("4103",全年,,,年,,)+QC("410406",全年,,,年,,)	QM("4103",月,,,年,,)+QM("410406",月,,,年,,)
所有者权益合计	108	ptotal(?G30:?G33)	ptotal(?H30:?H33)
负债及所有者权益合计	110	?G28+?G34	?H28+?H34

表 7-3 利润表

会企 02 表

编制单位:天泽机械设备公司　　2022 年 01 月 31 日　　单位:元

项目	行次	本月数	本年累计
一、营业收入	1	fs(6001,月,"贷",,年)+fs(6051,月,"贷",,年)	?C5+select(?D5,年@=年 and 月@=月+1)
减:营业成本	4	fs(6401,月,"借",,年)+fs(6402,月,"借",,年)	?C6+select(?D6,年@=年 and 月@=月+1)
税金及附加	5	fs(6403,月,"借",,年)	?C7+select(?D7,年@=年 and 月@=月+1)
销售费用	14	fs(6601,月,"借",,年)	?C8+select(?D8,年@=年 and 月@=月+1)
管理费用	15	fs(6602,月,"借",,年)	?C9+select(?D9,年@=年 and 月@=月+1)
财务费用	16	fs(6603,月,"借",,年)	?C10+select(?D10,年@=年 and 月@=月+1)
加:投资收益	17	fs(6111,月,"贷",,年)	?C11+select(?D11,年@=年 and 月@=月+1)
二、营业利润	19	C5－C6－C7－C8－C9－C10+C11	?C12+select(?D12,年@=年 and 月@=月+1)
加:营业外收入	23	fs(6301,月,"贷",,年)	?C13+select(?D13,年@=年 and 月@=月+1)
减:营业外支出	25	fs(6711,月,"借",,年)	?C14+select(?D14,年@=年 and 月@=月+1)
三、利润总额	27	C12+C13－C14	?C15+select(?D15,年@=年 and 月@=月+1)
减:所得税费用	28	fs(6801,月,"借",,年)	?C16+select(?D16,年@=年 and 月@=月+1)
四、净利润	30	C15－C16	?C17+select(?D17,年@=年 and 月@=月+1)

【任务实施】

一、设置报表模板

可以通过设置报表模板功能设计格式、定义单元公式、设置关键字、提取数据来完成报表的编制。

设置报表模板的具体操作步骤如下:

1. 执行"业务工作"|"财务会计"|"UFO 报表"命令,进入"UFO 报表"窗口。
2. 执行"文件"|"新建"命令,打开报表"格式"状态窗口。
3. 执行"格式"|"自定义模板"命令,如图 7-20 所示。

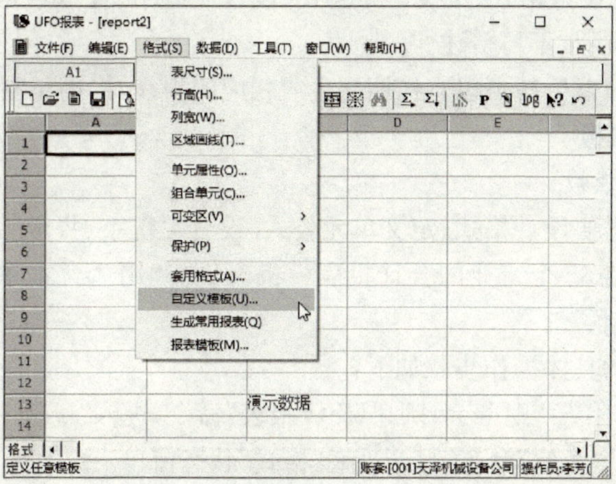

图 7-20　选择自定义报表模板

4. 在“自定义模板”窗口，选择“2007 年新会计制度科目”，单击“下一步”按钮，如图 7-21 所示。

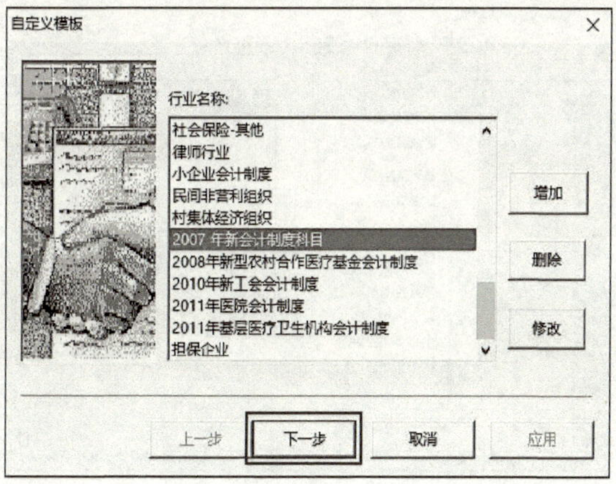

图 7-21　自定义报表模板 1

5. 在“自定义模板”窗口选择“资产负债表”，单击“完成”按钮，如图 7-22 所示。

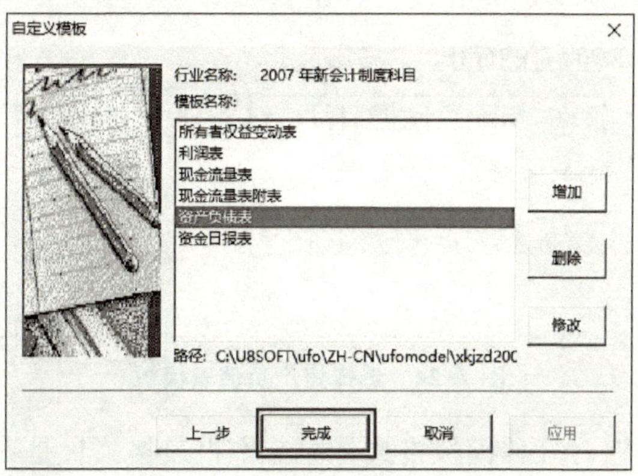

图 7-22　自定义报表模板 2

6. 设计表尺寸、设计格式、定义单元公式、设置关键字、提取数据。这与之前的自定义报表的操作步骤类似,不再赘述。

报表模板设置好以后就可以直接调用生成相应的报表,提高编制效率。

二、调用报表模板

(一) 调用报表模板

编制一张报表需要设计格式、定义单元公式、设置关键字、提取数据等,比较复杂,系统已为我们设计多达 33 个行业的会计报表模板,只要调用适合本单位的会计报表就可以轻松进行报表编制了。

调用报表模板的具体操作步骤如下:

1. 执行“业务工作”|“财务会计”|“UFO 报表”命令,进入“UFO 报表”窗口。
2. 执行“文件”|“新建”命令,打开报表“格式”状态窗口。
3. 执行“格式”|“报表模板”命令,弹出“报表模板”对话框,在“您所在的行业:”下拉列表框中选择“2007 年新会计制度科目”,“财务报表”下拉列表框中选择“资产负债表”,如图 7-23、图 7-24 所示。

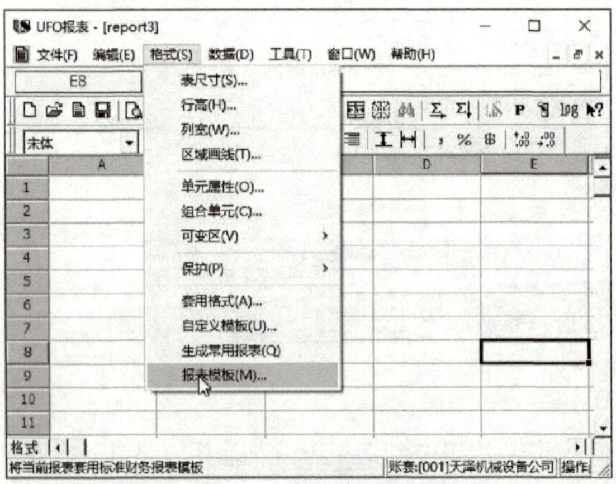

图 7-23 选择报表模板

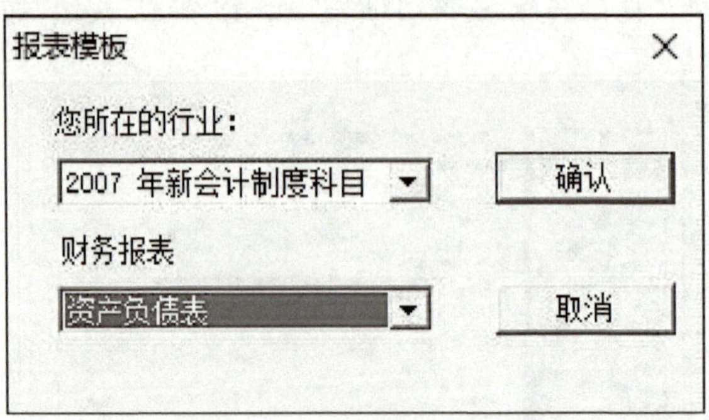

图 7-24 选择资产负债表模板

4. 单击“确认”按钮,弹出“模板格式将覆盖本报表格式! 是否继续?”提示框,单击“确定”按钮即可打开“资产负债表”模板。

（二）调整报表模板

调整报表模板的具体操作步骤如下：

1. 在“编制单位”栏中输入“天泽机械设备公司”，单击报表左下角的“格式/数据”按钮，弹出“是否确定全表重算?”的信息提示对话框，单击“否”按钮，进入“数据”状态。

2. 根据本企业的实际情况，调整报表格式，修改报表公式。

3. 保存调整后的报表模板。

（三）生成报表数据

生成报表数据的具体操作步骤如下：

1. 执行“数据”|“关键字”|“录入”命令，弹出“录入关键字”对话框。输入年“2022”，季“1”，月“1”，日“31”，如图 7-25 所示。

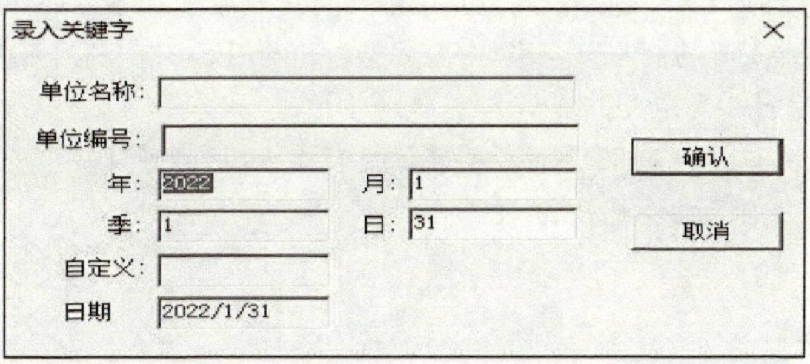

图 7-25 录入关键字

2. 单击“确认”按钮，弹出“是否重算第 1 页?”的提示框。

3. 单击“是”按钮，系统自动根据单元公式计算 1 月份数据，生成资产负债表，如图 7-26 所示。

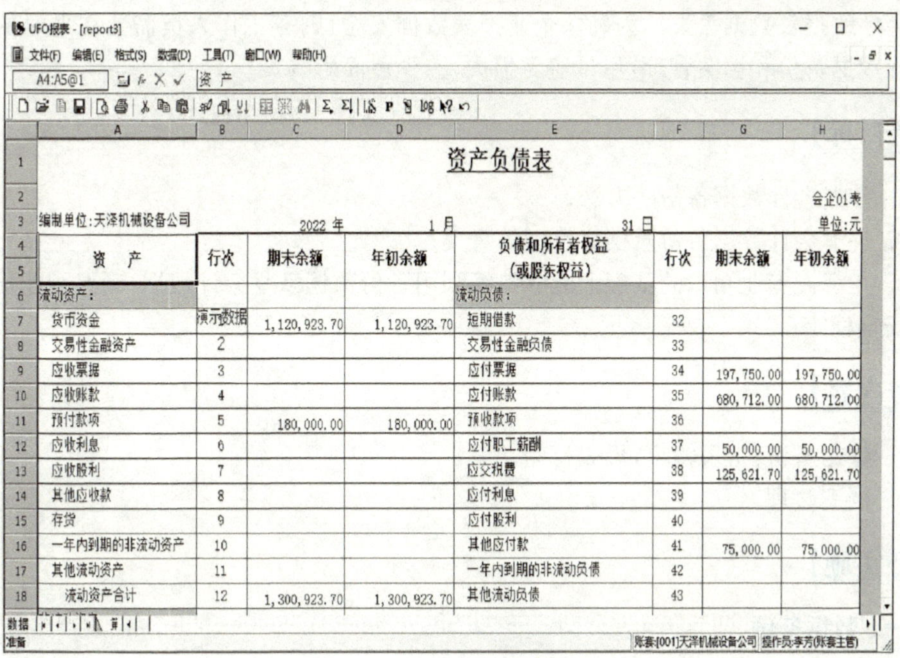

资产负债表

会企01表

编制单位:天泽机械设备公司 2022 年 1 月 31 日 单位:元

资　产	行次	期末余额	年初余额	负债和所有者权益（或股东权益）	行次	期末余额	年初余额
流动资产：				流动负债：			
货币资金	演示数据	1,120,923.70	1,120,923.70	短期借款	32		
交易性金融资产	2			交易性金融负债	33		
应收票据	3			应付票据	34	197,750.00	197,750.00
应收账款	4			应付账款	35	680,712.00	680,712.00
预付款项	5	180,000.00	180,000.00	预收款项	36		
应收利息	6			应付职工薪酬	37	50,000.00	50,000.00
应收股利	7			应交税费	38	125,621.70	125,621.70
其他应收款	8			应付利息	39		
存货	9			应付股利	40		
一年内到期的非流动资产	10			其他应付款	41	75,000.00	75,000.00
其他流动资产	11			一年内到期的非流动负债	42		
流动资产合计	12	1,300,923.70	1,300,923.70	其他流动负债	43		

图 7-26 生成资产负债表

4. 单击“保存”按钮,选择要保存的文件夹,输入报表文件名“资产负债表”,选择保存类型“报表文件(＊.rep)”。

【知识拓展】

报表模板是预先设立了标准格式和各单元的计算公式的会计报表,可大大减少报表格式设置和公式定义的工作量。

利用报表模板可以生成资产负债表、利润表、现金流量表和股东权益变动表。在报表模板中预置了大量的报表公式,在公式定义中又使用了大量的用友财务函数。

在提取资产负债表的项目金额时主要提取两个不同时点的数据,即期初数与期末数,各自对应的函数名为“QC()”和“QM()”。利润表各项目对应的账户为损益类账户,在提取项目金额时应提取发生额,对应的函数名为“FS()”。利用用友财务函数,可以快速高效地进行公式定义。

UFO 报表系统提供了 33 个行业的会计报表模板,用户可以从中查找适合本企业的报表模板,生成自己的会计报表。

任务三　会计数据备份及档案管理

【任务场景】

企业在使用用友 ERP-U8V10.1 软件进行报表处理的过程中,一些不可预见的原因可能会导致报表数据丢失。为确保企业报表数据安全,财务工作人员需要在平时的工作中加强数据备份和档案管理,尽量避免损失,减少负面影响。

【任务目标】

1. 掌握会计数据备份的方法;
2. 理解会计数据备份及档案管理的意义;
3. 在掌握专业知识的基础上能够熟练利用备份数据恢复会计数据,确保企业报表数据的安全稳定。

【任务内容】

1. 数据备份:报表输出,报表打印。
2. 档案管理。

【任务实施】

一、数据备份

我国《企业会计信息化工作规范》第三十八条规定:企业应当建立电子会计资料备份

管理制度，确保会计资料的安全、完整和会计信息系统的持续、稳定运行。

会计报表是企业的重要会计资料和会计档案，必须要加强数据备份和档案管理工作，及时进行数据备份和输出，交由专人负责保管，按照我国会计法的相关规定，严格管理会计档案。

（一）报表输出

报表输出是常见的数据备份方式。把报表以不同种类的文件格式存储在多个存储介质上，当发生数据灾难的时候，可以及时地进行数据还原，降低数据损失的负面影响，有效保护会计数据的安全。

报表系统的输出功能十分强大，能够实现不同格式的文件之间的转换，报表系统默认的报表文件格式是后缀为“.rep”的文件，报表文件包括一页或者多页格式相同但数据不同的表页。

报表文件能转换为 Access 文件、Excel 文件、txt 文本文件、Lotus1-2-3 文件、xml 文件、html 文件，上述格式的文件也可以转换为 UFO 报表文件。

报表输出的具体操作步骤如下。

1. 在报表的“数据”状态下，选中要输出的表页，执行“文件”|“另存为”命令，打开“另存为”窗口。输入文件名，在文件类型下拉箭头选择“MS Excel 文件（*.xls）”，如图 7-27 所示。

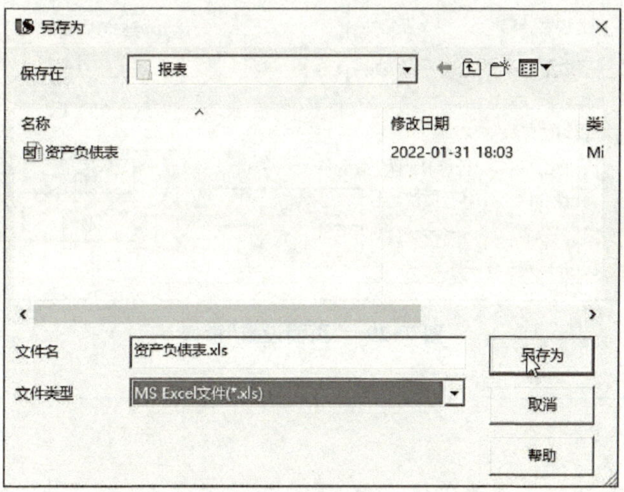

图 7-27　“另存为”窗口

2. 单击“另存为”按钮，系统弹出“是否同时将格式转换为 Excel？转换格式可能需要很长时间。”对话框，如图 7-28 所示。

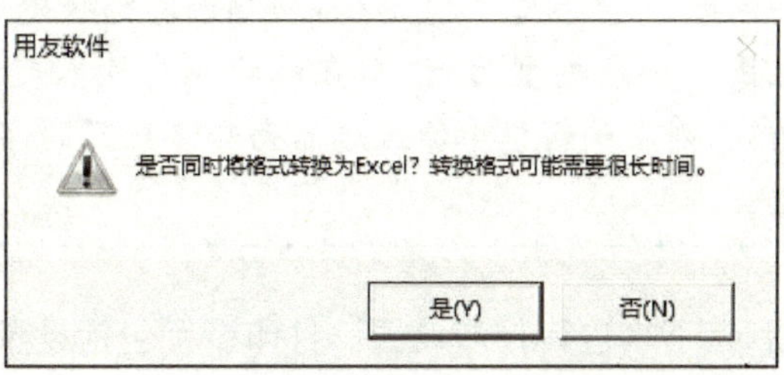

图 7-28　转换为 Excel

3. 单击"是"按钮,完成报表格式转换输出。

如果执行"文件"|"表页另存为"命令,则可以把当前表页转换为其他文本格式。

(二) 报表打印

报表打印是将编制出来的报表以纸介质的形式进行输出与保存,以便后续报送有关部门。报表打印也是一种有效的数据备份方式。

报表打印之前需要进行页面设置,可以设置报表的页边距、缩放比例、页首和页尾。

页面设置的具体操作步骤如下:

1. 激活要进行页面设置的报表文件的窗口。
2. 单击"文件"|"页面设置",弹出"页面设置"窗口。
3. 在对应页边距编辑框中输入页边距的值。
4. 在"缩放比例"编辑框中输入缩放倍数,缩放倍数范围在 0.3 倍到 3 倍之间。
5. 在"页首页尾"中选择页首和页尾的类型和范围,如图 7-29 所示。

进行页面设置之后,报表窗口并没有变化,在"打印预览"中可以查看页面设置效果。

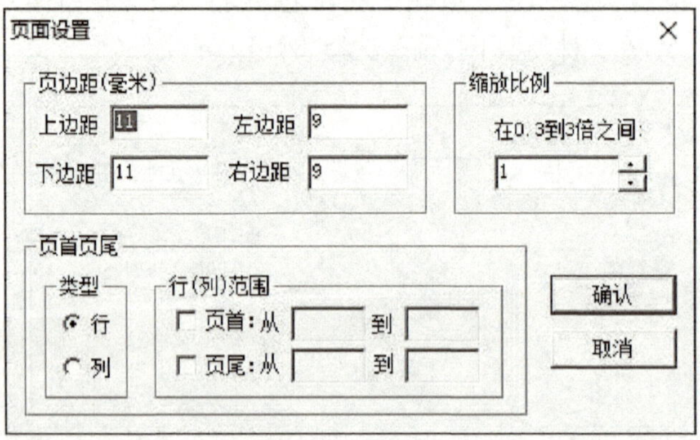

图 7-29 "页面设置"窗口

注意:

(1) 页边距:页边距以毫米为单位。上、下边距范围:4～106 毫米,缺省为 11 毫米。左、右边距范围:4～88 毫米,缺省为 9 毫米。

(2) 缩放比例:缩放倍数在 0.3 倍到 3 倍之间。

(3) 页首页尾类型:选择"行"则以行为页首和页尾,选择"列"则以列为页首和页尾。

(4) 页首页尾行(列)范围:单击前面的复选框,则相应的编辑框变亮,在其中输入页首范围和页尾范围。如果类型为行,则在编辑框中输入起始行和终止行的数字。如果类型为列,则在编辑框中输入起始列和终止列的字母。根据需要进行具体参数的设置。

页面设置完成以后,接下来进行打印设置。打印设置包括设置打印机、打印纸、打印质量等。

打印设置的具体操作步骤如下：

1. 激活要打印的报表文件或图表的窗口。

2. 如果要打印报表，则点击要打印表页的页标，使其成为当前表页。

3. 单击“文件”|“打印”，弹出“打印设置”对话框。

4. 在“打印”对话框中设置打印机、打印纸的大小、打印方向、纸张来源、图像的分辨率、图像抖动、图像的浓度、打印品质、打印到文件、打印范围。如果不想打印报表中的某些行或某些列，进入“格式”状态，把行高或列宽调整为“0”即可。

在打印之前，可以利用打印预览随时观看报表或图表的实际打印效果。

打印预览的具体操作步骤如下：

1. 激活要打印的报表文件或图表的窗口。

2. 如果要预览报表，点击要预览的表页的页标，使其成为当前表页。

3. 单击“文件”|“打印预览”，进入“打印预览”屏幕。

“打印预览”屏幕上方有一排按钮，单击这些按钮有不同的效果。

“打印”按钮：单击此按钮后，弹出“打印”对话框，在其中可进行打印设置。

“关闭”按钮：单击此按钮后，关闭打印预览，回到原窗口。

进入打印预览时，打印纸的显示比例为最小。当鼠标指针在模拟打印纸上移动时，鼠标指针将变为放大镜形状，单击鼠标按钮可放大显示比例。放大两次后，显示比例达到最大，鼠标指针恢复为通常形状。此时单击鼠标指针，打印纸的显示比例还原为最小。

二、档案管理

会计信息化环境下生成的会计资料是企业重要的会计档案，企业应严格遵守相关规定，对会计档案进行妥善保管和严格管理，以确保我国企业会计信息的安全稳定。

企业会计信息系统数据服务器的部署应当符合国家有关规定。数据服务器部署在境外的，应当在境内保存会计资料备份，备份频率不得低于每月一次。境内备份的会计资料应当能够在境外服务器不能正常工作时独立满足企业开展会计工作的需要以及外部会计信息的需要。

企业不得在非涉密信息系统中存储、处理和传输涉及国家秘密、关系国家经济信息安全的电子会计资料；未经有关主管部门批准，不得将其携带、寄运或者传输至境外。

企业内部生成的会计凭证、账簿和辅助性会计资料，同时满足下列条件时，可以不输出纸面资料：

1. 所记载的事项属于本企业重复发生的日常业务；

2. 由企业信息系统自动生成；

3. 可及时在企业信息系统中以人类可读形式查询和输出；

4. 企业信息系统具有防止相关数据被篡改的有效机制；

5. 企业对相关数据建立了电子备份制度，能有效防范自然灾害、意外事故和人为破坏的影响；

6. 企业对电子和纸面会计资料建立了完善的索引体系。

【知识拓展】

会计报表是财务工作的重要成果,反映了企业在资产负债表日的财务状态和一定时期的经营成果和现金流量。会计报表编制好以后,一定要及时备份归档并妥善保管。

报表格式在设置过程中,切记要随时保存,以防电脑故障导致编辑结果丢失,也便于以后随时调用。如果没有保存就退出,系统会提示“是否保存报表?”以防止误操作。

报表文件的输出格式在用友 UFO 报表系统中常用的是.rep 文件,除此之外,还包括.xls、.mdb、.txt 和.wk4 等格式文件。报表可以以电子形式存储,也可以打印出来加以归档保管。

在网络病毒四处潜伏和数据风险无处不在的时代背景下,会计工作人员应强化风险防范意识,加强对重要财务数据的备份工作,将会计报表以不同的介质储存并安全保管,为单位的高质量发展提供财务数据动能,贡献决策有用的会计数字化力量。

账套数据备份

在电脑中建立一个文件夹并按日期命名,然后将账套输出备份到这个文件夹中。在账套的备份和使用过程中,要养成良好的数据安全和保密意识。

参考文献

[1] 杨华,孔祥坤.会计电算化[M].郑州:河南科学技术出版社,2015.

[2] 李爱红,刘振威.用友 ERP-U8.72 财务业务一体化实训教程[M].郑州:郑州大学出版社,2013.

[3] 孙义,柏宏伟.会计信息化综合模拟实训[M].北京:高等教育出版社,2019.

[4] 李爱红,许捷.会计信息系统应用(用友 U8V10.1 版)[M].2 版.北京:高等教育出版社,2021.

[5] 牛永芹,刘大斌,杨琴.ERP 财务业务一体化实训教程(用友 U8V10.1 版)[M].北京:高等教育出版社,2016.